Departamento Jurídico 4.0 e *Legal Operations*

www.saraivaeducacao.com.br
Visite nossa página

Departamento Jurídico 4.0 e *Legal Operations*

COORDENADORES

Bruno Feigelson | Daniel Marques |
Maria Alicia Lima Peralta | Paulo Samico | Tayná Carneiro

Adriana L. Cardinali Straube | Alessandro Maurício Januário Ribeiro | Aline Steinwascher | Amira Chammas | Ana Costa | Atademes Branco Pereira | Benedito Villela | Bruno Canto | Bruno Crepaldi | Bruno Curi | Bruno Feigelson | Caio Carvalho Rossetti | Caio César de Pádua Santos | Camila Nascimento | Camila Nicolau | Carla Simas | Cláudia Tunger | Cristiano Borges Castilhos | Daniel Marques | Daniel Santos Lyra | Daniel Stade Ruy | Daniela Vilhena | Daniella Pessanha | Eduardo Hiroshi Hirano | Eduardo Sampaio da Silveira Gil | Elton Flávio Silva de Oliveira | Fabian Rocha | Fabiana Velasco | Fábio Magalhães | Filippo Scelza | Gabriela Bratkowski Pereira | Guilherme Araújo | Guilherme Tocci | João Paulo Prado | Julia Ivantes | Kauan Wiese | Kleber Silva | Lívia Carolina | Luis Henrique Anastácio Ramos | Marcela Dominguez | Maria Alicia Lima Peralta | Maria Goldberg | Meiriely Cortes Doro | Natasha Machado Kurrik | Pamela Marsura | Patrícia Peck | Paula Hermógenes | Paulo Samico | Paulo Silva | Rafaella N. de Carvalho Corti | Ricardo Cavallo | Ricardo Yamin Fernandes | Rodrigo Cantarino | Rodrigo Cunha | Sandra Miguez | Simone Oliveira | Tayná Carneiro | Tiago de Oliveira Pedrosa | Victor Bastos | Walner Júnior | Walquiria Nakano Eloy Favero

Prefácio escrito pelo Ministro Luis Felipe Salomão, do Superior Tribunal de Justiça (STJ)

saraiva jur

saraiva EDUCAÇÃO | saraiva jur

Av. Paulista, 901, Edifício CYK, 4º andar
Bela Vista – São Paulo – SP – CEP 01310-100

SAC | sac.sets@saraivaeducacao.com.br

Diretoria executiva	Flávia Alves Bravin
Diretoria editorial	Ana Paula Santos Matos
Gerência de produção e projetos	Fernando Penteado
Novos projetos	Aline Darcy Flôr de Souza Dalila Costa de Oliveira
Edição	Jeferson Costa da Silva (coord.) Daniel Pavani Naveira
Design e Produção	Daniele Debora de Souza (coord.) Daniela Nogueira Secondo Camilla Felix Cianelli Chaves Claudirene de Moura Santos Silva Deborah Mattos Lais Soriano Tiago Dela Rosa
Planejamento e projetos	Cintia Aparecida dos Santos Daniela Maria Chaves Carvalho Emily Larissa Ferreira da Silva Kelli Priscila Pinto
Diagramação	Rafael Cancio Padovani
Revisão	Juliana Bormio
Capa	Lais Soriano
Produção gráfica	Marli Rampim Sergio Luiz Pereira Lopes
Impressão e acabamento	

DADOS INTERNACIONAIS DE CATALOGAÇÃO NA PUBLICAÇÃO (CIP)
VAGNER RODOLFO DA SILVA – CRB-8/9410

D419 Departamento Jurídico 4.0 e Legal Operations/ coord. Bruno Feigelson ... [et al.]. – São Paulo : SaraivaJur, 2022.

448 p.

ISBN 978-65-5559-913-8 (Impresso)

1. Direito. 2. Inovação Jurídica. 3. Legal Business Partner. 4. Legal Operations. 5. Legal Design. I. Feigelson, Bruno. II. Marques, Daniel. III. Peralta, Maria Alicia Lima. IV. Samico, Paulo. V. Carneiro, Tayná. VI. Título.

CDD 340
2022-2625 CDU 34

Índices para catálogo sistemático:

1. Direito 340
2. Direito 34

Data de fechamento da edição: 30-9-2022

Dúvidas? Acesse www.saraivaeducacao.com.br

COD. OBRA 714597 CL 607911 CAE 808698

A opinião dos autores não reflete necessariamente a opinião institucional das empresas às quais eles estão vinculados. Os textos buscam estimular o debate sobre temas importantes para o Departamento Jurídico da organizações do país, sempre prestigiando a pluralidade de ideias, a discussão propositiva e o compartilhamento de conhecimento prático e teórico de qualidade.

SELO *FUTURE LAW*

Queridas e queridos leitores,

É com grande satisfação que escrevemos esta carta de apresentação do selo *Future Law*. A *Future*, é assim que nos chamam os mais íntimos, é uma *EdTech* que tem por PTM[1] preparar e conectar os profissionais do Direito à realidade exponencial. Nascemos para contribuir nesse ambiente de grandes transformações por que passa a sociedade, a economia, e, portanto, o mundo jurídico. Rapidamente fomos abraçados por uma comunidade de carinhosos *future lawyers* que amam nossos cursos, eventos, *podcasts*, periódicos, livros e projetos especiais.

Esperamos que você tenha uma excelente experiência com a obra que está em suas mãos, ou no seu leitor digital. Buscamos sempre encantar nossos leitores, e, para tanto, escolhemos os melhores autores e autoras, todos expoentes

---

[1] PTM ou Propósito Transformador Massivo é uma declaração do propósito e objetivo maior da empresa. Representa um fator essencial na alavancagem organizacional, pois é o princípio que norteia as decisões estratégicas e os processos de criação e inovação. O Google, por exemplo, tem como PTM: "Organizar a informação do mundo". Ver: ISMAIL, Salim; VAN GEES, Yuri; MALONE, Michael S. *Organizações exponenciais:* por que elas são 10 vezes melhores, mais rápidas e mais baratas que a sua (e o que fazer a respeito). Rio de Janeiro: Alta Books, 2018.

nos temas mais inovadores, e com uma clara missão: rechear nossas publicações por meio de trabalhos práticos, teóricos e acadêmicos.

Do fundo de nosso coração, almejamos que advogadas(os), juízas(es), defensoras(es), membros do MP, procuradoras(es), gestoras(es) públicas(os) e privadas(os), *designers*, analistas de dados, programadoras(es), CEOs, CTOs, *venture capitalists*, estudantes e toda uma classe de profissionais que está nascendo sejam contempladas(os) pelo nosso projeto editorial.

Com a profusão e complexidade de temas abarcados pelo Direito, a *Future Law* se propõe a compreender como as Novas Tecnologias advindas da Quarta Revolução Industrial impactaram a sociedade e, por consequência, o Direito. Temas como Metaverso, NFTs, Inteligência Artificial, Ciência de Dados, Justiça Digital, Internet das Coisas, Gestão Ágil, Proteção de Dados, *Legal Design*, *Visual Law*, *Customer Experience*, *Fintechs*, *Sandbox*, *Open Banking*, *Life Sciences* e *Legal Operations* estão difundidos ao longo de todas as nossas publicações.

Somos jovens, mas intensos, e, por meio deste projeto, alcançamos uma fração do nosso intuito, produzindo conteúdo relevante e especializado, a profissionais e estudantes obstinados, que compartilham do nosso propósito e que compreendem que o futuro do Direito será daqueles que, hoje, conseguirem absorver este conhecimento e aplicá-lo em prol da inovação e de um Direito mais acessível, intuitivo, diverso, criativo e humano.

Não vamos gastar mais seu tempo... Passe para as próximas páginas e aproveite a leitura!

Metaverso, Primavera de 2022.

Saiba mais sobre nossos projetos em:

SCAN ME

Tayná Carneiro | CEO | *Future Law*

Bruno Feigelson | Chairman | *Future Law*

PREFÁCIO

OS DEPARTAMENTOS JURÍDICOS CORPORATIVOS NA VANGUARDA DA INOVAÇÃO

Recebi com satisfação o convite para prefaciar a obra coletiva intitulada *Departamento Jurídico 4.0 e Legal Operations*, voltada sobretudo aos temas da tecnologia e da inovação, e logo fui levado a uma reflexão acerca da função social da empresa e do papel do setor jurídico nesse contexto.

O conceito de função social da empresa, como se sabe, pode ser encontrado na leitura de um conjunto de princípios espalhados na Constituição Federal de 1988. Além de promover a livre-iniciativa, propiciar o pleno emprego e a valorização do trabalho humano, a empresa cumpre sua função social ajudando o Estado a preservar a ordem econômica e assegurando aos cidadãos uma existência digna, conforme os ditames da justiça social – é o que prescreve o art. 170 da CF.

Na atualidade, esse desafio é complexo. A empresa deve ser vetor de boas práticas de governança, referência em cultura ética, pioneira em padrões de conformidade, exemplo de marca empregadora, modelo nas iniciativas de responsabilidade social, personificação das melhores técnicas de desenvolvimento sustentável e de integração.

Esses aspectos, aliás, podem ser resumidos na tão mencionada ESG, sigla que, traduzida, remete à importância de políticas ambientais, sociais e de governança para as empresas. Esses objetivos – senão exigências da sociedade contemporânea – certamente não podem ser alcançados sem a orientação do respectivo departamento jurídico corporativo.

Apenas a título ilustrativo, vale referir um relatório de pesquisa realizada com mais de 4.000 pessoas em que 73% dos respondentes, na França[2], admitiram não observar políticas e processos internos para ter seu trabalho realizado. O dado serve de alerta aos advogados internos para que se empenhem no dever de alinhar os processos empresariais ao cumprimento da legislação em vigor, atrativa aos outros colaboradores. Contar com escritórios externos especializados e buscar a revisão constante dos processos internos seguramente ajudará no enfrentamento desse problema.

O livro que ora apresento reúne conteúdo apropriado para aqueles que desejam examinar, com profundidade, a responsabilidade que os departamentos jurídicos devem assumir nas organizações da sociedade contemporânea.

Para que exerça esse papel com eficiência, é necessário que o jurídico assuma o protagonismo ao lado das outras áreas funcionais de criação.

Nesse passo, como coordenador do Centro de Inovação, Administração e Pesquisa do Judiciário – CIAPJ da Fundação Getulio Vargas, tenho a oportunidade de acompanhar o estudo de possíveis soluções destinadas a conferir celeridade e efetividade ao Poder Judiciário, de modo a levar aos cidadãos uma tutela jurisdicional adequada. Nesse núcleo, há projetos que desenvolvem sistemas e buscam automatizar tarefas repetitivas, colaborando diretamente com o aumento da produtividade nos tribunais. Os projetos de inteligência artificial já são uma realidade, motivo pelo qual precisamos buscar uma regulação coerente com a importância que o assunto possui.

Portanto, aproximar-se de novas tecnologias é um movimento eficaz para alcançar a sonhada justiça social de forma muito mais célere. Quando a equipe jurídica está inserida nas novas tendências e busca na inovação o caminho para o progresso, ocorre a mitigação de riscos aos consumidores e o apoio irrestrito à legislação em vigor, requisitos que decerto devem ser cumpridos antes de qualquer lançamento de um produto ou serviço no mercado.

---

2 Conferir: <https://www.onit.com/elr/?utm_source=securedocs-elr-chapter1>.

O livro está dividido em quatro eixos. O primeiro reúne artigos relacionados à gestão e ao apoio do departamento jurídico às demais áreas da empresa. O leitor encontrará valioso conteúdo alusivo às novas habilidades que o advogado corporativo deve desenvolver, ao conceito de *Legal Business Partner*, aos dilemas enfrentados pelos advogados *in-house* e às trilhas para o crescimento interno e o desenvolvimento de carreira. O segundo eixo desta obra se refere à inovação, às novas tecnologias e ao apoio à diversidade e à inclusão. É com entusiasmo que se percebe a atuação direta dos "jurídicos" por uma sociedade mais inclusiva e diversa, fomentando conteúdo para a construção de um mundo livre de preconceitos. Há ainda temática ligada à inovação aberta, simplificação e transformação digital, novas tecnologias – como inteligência artificial, *big data* e *legal design* –, além de estratégias corporativas para a construção de uma agenda voltada às boas práticas ESG, com foco em uma atuação sustentável, com medidas efetivas, sob a perspectiva da responsabilidade social, pautadas consoante uma governança ética e íntegra. O terceiro pilar da obra abraça casos de sucesso.

Constatei o compartilhamento de ricas experiências que poderão inspirar jovens profissionais a construir uma carreira sedimentada em excelentes práticas. Aqui, entre outros assuntos, fala-se da manutenção da robustez de controles internos para a mitigação de riscos, do relevante debate sobre a análise econômica do direito e o diálogo entre as Cortes Constitucionais, das fronteiras da regulação e da importância de saber realizar a boa comunicação para não associar a área de *compliance* ao medo. Por fim, o quarto pilar inova ao trazer para o leitor um eixo dedicado ao núcleo de *Legal Operations*, com textos focados em uma nova estrutura multidisciplinar que reúne inteligência de dados e planejamento financeiro nas empresas. Logo, essa é uma área que tem a missão de buscar a interdisciplinaridade na rotina dos advogados, aproximando-os de outras profissões, como as de contador, cientista, *designer*, programador e técnico em tecnologia da informação. Cada um dos textos que ilustram essa parte tem por objetivo demonstrar como o departamento jurídico deve ser estruturado em uma empresa ou em um escritório.

Os departamentos jurídicos devem ser protagonistas e buscar soluções, sair da passividade. Usar as novas ferramentas e estimular que elas sejam apreciadas com responsabilidade, quando utilizadas com prudência e inteligência, é o mesmo que pavimentar o caminho para que as empresas produzam lucro sem esquecer sua função social, estabelecida nos princípios dispostos na Constituição.

Da mesma forma que o Poder Judiciário está buscando se reinventar, o livro convida o advogado e as empresas a trilharem o mesmo caminho.

A obra estimula o leitor a rever sua forma de atuação, incentivando seus clientes à prévia consulta a fim de evitar litígios que podem durar anos, e, caso aconteça algum imprevisto, que ele esteja aberto à promoção de acordos, repensando sua conduta em benefício do consumidor.

É um livro que tem o condão de sistematizar boas práticas no mercado jurídico brasileiro e certamente será uma referência de leitura para os advogados que querem unir inovação e excelentes resultados para suas empresas – uma inestimável coletânea com talentosos autores difundindo seus conhecimentos.

Boa leitura!

Luis Felipe Salomão, Ministro do Superior Tribunal de Justiça.

NOTA DOS COORDENADORES

Este livro tem o objetivo de reforçar a atuação do Jurídico junto às áreas de negócio, como um parceiro essencial na tomada de riscos e na contribuição para os resultados financeiros, olhando para a inovação e a tecnologia como aliadas.

A obra está dividida em 3 grandes eixos (gestão, inovação e *cases* de sucesso) mais uma parte especial sobre *Legal Operations*, em que são abordadas cada uma das 12 competências do CLOC (Corporal Legal Operations Consortium).

O objetivo é que o mercado seja preparado por autores que são referência nesses pilares de atuação e que esta publicação seja referência de leitura para os advogados internos, que, além do dever de proteger o negócio, devem observar em suas atividades a transformação digital pela qual a indústria está passando.

O operador do Direito precisa estar "antenado" para garantir mais agilidade e simplicidade aos processos, dando o suporte necessário de forma dinâmica e sem perda da segurança jurídica. A missão é usar a tecnologia e a inovação disruptiva como aliadas para entregas melhores e consistentes, aplicando a intervenção humana em locais nos quais de fato faz a diferença. Isso é ser um Departamento Jurídico 4.0!

SUMÁRIO

EIXO I – GESTÃO E APOIO DO JURÍDICO JUNTO ÀS DEMAIS ÁREAS DA EMPRESA

EIXO II – INOVAÇÃO: AS NOVAS TECNOLOGIAS E O JURÍDICO MAIS DIVERSO E INCLUSIVO

EIXO III – *CASES* DE SUCESSO

EIXO IV – *LEGAL OPERATIONS*

OPINIÃO

LIEL MIRANDA

A maior contribuição do Jurídico é trazer a perspectiva externa para que as decisões possam ser tomadas com entendimento muito claro dos riscos e oportunidades, mas principalmente do contexto em que a empresa está operando. Outro grande papel do Jurídico é que ele traz a possibilidade de que se tome decisões hoje que vão ter impactos no médio e longo prazo, sabendo as consequências e pesando as responsabilidades. O Jurídico, portanto, olha para fora e olha para o futuro para ajudar no processo decisório das estratégias e dos negócios.

O Jurídico tem que ter atitude proativa de tentar simplificar e tentar criar uma cultura ágil não só dentro do Departamento, mas em todos os processos que têm relação com ele e permeiam a organização. Então, ele deve assumir o papel de destaque buscando oportunidades, porque estará envolvido em grande parte dos processos, seja em contratos, negociações ou pareceres... A atitude proativa tem impacto na organização como um todo, na medida em que o Jurídico simplifica e agiliza processos que movimentam positivamente toda a companhia.

Em relação à diversidade, equidade e inclusão (D&I), entendo que essa estratégia deve ser o objetivo de todos os líderes de uma organização. O Jurídico, como qualquer outra função, tem que ter isso como parte do DNA de sua liderança para que de fato seja um valor da empresa e seja uma prática em todas as funções. É a liderança pelo exemplo na prática. Ainda, o Jurídico tem a capacidade de garantir que qualquer desvio nessa política de D&I seja propriamente gerenciada, já que também possui a responsabilidade pelo *Compliance*. Assim, é muito importante que os processos de *compliance* sejam comunicados e as políticas sejam muito claras para que todo mundo saiba e não restem dúvidas sobre o que é aceitável e o que não é aceitável no curso das atividades. Precisamos representar e entender os Brasis. Somente atenderemos os consumidores e seremos uma empresa inovadora se tivermos colaboradores de diferentes realidades e visões de mundo. Pessoas diversas trazem novas ideias e soluções para endereçar os problemas. Empresas que trabalham a diversidade, equidade e inclusão representam melhor seus consumidores, ficam mais ágeis, flexíveis e, portanto, mais competitivas.

Liel Miranda
Presidente da Mondelēz Brasil
Presidente do Conselho Deliberativo do MOVER

EIXO I

GESTÃO E APOIO DO JURÍDICO JUNTO ÀS DEMAIS ÁREAS DA EMPRESA

1.

AS COMPETÊNCIAS DO *LEGAL BUSINESS PARTNER*

Paulo Samico[1]

"O maior impedimento para a realização dos serviços jurídicos é o próprio advogado." Essa frase foi dita por Richard Susskind no encontro anual da American Bar Association, a OAB dos Estados Unidos, ao afirmar que a mentalidade dos advogados deveria mudar. O autor britânico fez essa afirmação dado o sistema jurídico ser custoso, ininteligível e extremamente lento, um problema crônico presente em todos os países.

Nesse evento, Susskind analisou a transformação digital abrupta provocada pela pandemia da Covid-19 a partir de 2020, situação que tirou muitos operadores do Direito da zona de conforto ao terem que se adaptar às videoconferências e administrar novas tecnologias e formas de trabalhar.

Curiosamente, segundo o escritor, ainda que o sistema de justiça não tenha parado e precisemos estar mais abertos ao "novo", característica marcante das pessoas mais novas, são justamente os jovens advogados que tendem a ser mais

---

1 Advogado. *Legal Counsel Business Support* da Mondelēz. Bacharel em Direito pela Universidade Federal do Rio de Janeiro (UFRJ), pós-graduado em Direito Processual pela Universidade Candido Mendes (UCAM) e pós-graduado em Direito Regulatório pela Universidade do Estado do Rio de Janeiro (UERJ). Coordenador de Departamentos Jurídicos da AB2L. Coordenador da Legal & Business, uma coluna do JOTA.

conservadores. Já os mais experientes na profissão acabam sendo os mais abertos a conhecer novas formas de trabalhar. Porém... não importa a idade. As pessoas não querem advogados. Querem justiça, segurança e previsibilidade na certeza de que nenhum problema inesperado ocorrerá. E como conseguir essa realidade sem ter o apoio de um advogado ou uma advogada? Seria possível?

Considerando o ambiente empresarial, os três desejos de justiça, segurança e previsibilidade expostos acima são consequências diretas do envolvimento do jurídico nas atividades de uma organização. Ter um profissional que domina o conhecimento técnico do Direito e é capaz de entender as peculiaridades do negócio representa segurança. É notório que o advogado interno agrega valor.

Assim nasce o *Legal Business Partner*, o advogado parceiro do negócio nas atividades mais tradicionais, que deve ser conhecido como o facilitador para a realização das iniciativas corporativas e o viabilizador da disrupção causada pela inovação e tecnologia.

Desenvolvido por David Ulrich, professor da Universidade de Michigan e especialista em Recursos Humanos (RH) na década de 1980, o conceito de *Business Partner* ganhou destaque ao aproximar a área de recursos humanos à área de negócios. Ter uma área funcional alinhada às necessidades do que a empresa realmente precisa poderia ser uma forma efetiva para aumentar os resultados, segundo o acadêmico.

Se em RH o *Business Partner* deve conhecer os processos internos, entender a operação e a área de atuação para desenvolver melhor seus profissionais da empresa, bem como discutir soluções específicas às atividades corporativas do seu segmento, qual seria o papel de um advogado com as mesmas funções? Se a lei é o limite da atuação jurídica, qual seria a principal missão de um advogado interessado no sucesso das iniciativas da organização? Seria possível ter um advogado que desempenhasse o papel de facilitador e fosse sinônimo de solução, mesmo no mar de burocracias que deságua no oceano da complexidade normativa brasileira?

Ao final deste capítulo, pretendemos responder a essas perguntas. Antes, é interessante conhecer quais seriam as competências necessárias para que o advogado possa enfim ser associado a um verdadeiro parceiro de negócios. Tais competências – ou virtudes – não são exaustivas, mas podem ilustrar o que se espera de um *Legal Business Partner*:

1) Antecipar problemas: a advocacia preventiva pode ser considerada por muitos clientes um tipo de advocacia pessimista. Entretanto, conjecturar cenários é essencial para uma blindagem jurídica efetiva, que se antecipa aos problemas. É importante vislumbrar situações de crise e suportar na construção de um plano de continuidade de negócios para contribuir diretamente com a saúde financeira da organização.
2) Viabilizar iniciativas: vivemos em um país com milhares de normas jurídicas em suas mais diferentes competências e hierarquias. Quando houver zona cinzenta ou falta de clareza normativa, é necessário que o *Legal Business Partner* ("Legal BP") garanta a realização das iniciativas pensadas pelo negócio por meio da inteligência jurídica e do bom senso, deixando claro para o cliente interno a limitação intransponível da lei, mas suportando o negócio com eventuais adaptações para que não se incorra em qualquer infração ou engessamento das ideias.
3) Conhecer o cliente: o Legal BP não conseguirá trazer as soluções jurídicas que se espera dele se não conhecer a empresa, o setor econômico ou a área de atuação do negócio. É importante que conheça os concorrentes, os produtos e/ou os serviços oferecidos e, sobretudo, as leis do setor. Caso não seja sua especialidade e o setor seja regulado, é extremamente importante contar com o apoio de um especialista em regulatório para entender de forma prática quais são as fronteiras legais e os principais problemas que podem ocorrer em virtude de um projeto executado.
4) Gerenciar usando dados: utilizar os números para ter uma opinião legal assertiva é essencial em uma realidade em que apenas 95% das organizações ainda não estão trabalhando efetivamente com integração de dados. Compreender as competências de uma gestão *data-driven*, a gestão orientada a dados, afasta posicionamentos conservadores e cenários pouco prováveis, fazendo do pragmatismo uma qualidade do seu modelo de gestão. Excelentes ideias podem ser sufocadas pelo excesso de cautela e aprender a usar os dados a favor do cliente pode elevar os resultados a outras perspectivas, mesmo que o sistema brasileiro de justiça ainda não esteja preparado para isso e ainda muito longe do *open justice*.
5) Planejar estrategicamente: o planejamento de atividades é essencial em uma realidade corporativa com menos pessoas dedicadas a projetos específicos. É importante organizar-se para administrar as tarefas simples

do cotidiano (o BAU, sigla de *Business as Usual*) e aquelas ligadas aos projetos estratégicos. Na atividade jurídica, o planejamento estratégico também está ligado ao conhecimento dos possíveis obstáculos para ganho de uma vantagem competitiva. Ou seja: é efetivamente entender o ambiente hostil do mundo dos negócios para buscar cenários melhores com base em planejamento e probabilidades.

6) Estimular a inovação: recursos como *Blockchain*, inteligência artificial, inteligência de dados, *Big Data* e *machine learning* não devem ser um mistério para o Legal BP. Estar por dentro da inovação disruptiva é essencial para entender para onde as organizações estão indo. Na esfera jurídica, quando o Legal BP sabe o que é *Legal Design* e usa o *Visual Law*, utiliza os *Smart Contracts*, provê um bom *Contract Lifecycle Management* (CLM) para a organização e está familiarizado com o conceito de *Open Innovation*... será referência para seus clientes.
7) Impulsionar a cultura ética: transformar projetos arriscados sob a perspectiva regulatória em iniciativas em conformidade com a legislação em vigor, estimular boas práticas de governança de maneira simples e eficaz e ser o primeiro a respeitar as políticas e os procedimentos internos fazem do Legal BP patrocinador de um clima organizacional sustentável e saudável para toda a organização.
8) Ser proativo: entender quais são os gargalos da operação e propor soluções sem ser provocado é uma ótima forma de ser um Legal BP que faz a diferença. Caso o problema da empresa seja a burocracia, encontre uma forma de simplificar processos e manter a robustez da governança. Não entendem as políticas? Elabore um FAQ ou torne os documentos mais didáticos utilizando *Visual Law* e a linguagem simples. A proatividade revelada por meio da simplicidade e fluxos mais inteligíveis reafirma a parceria que o Legal BP deve significar para o cliente interno.
9) Tomar riscos: a tomada de risco de forma inteligente e calculada não é sinônimo de irresponsabilidade. Na medida em que o Legal BP é o guardião da gestão legal e da ética na cultura organizacional, cabe a ele desenvolver seu lado empreendedor para mitigar os riscos inerentes à operação. Um ótimo exemplo é quando o Legal BP utiliza as áreas especialistas do Departamento Jurídico para se munir de dados e, a partir da advocacia preventiva, planeja os passos para assumir riscos administráveis com o objetivo de amenizar as ameaças que podem surgir.

10) Aplicar o *customer experience*: por ter a certeza de que não há concorrência como na advocacia autônoma, muitos advogados internos não colocam como meta promover uma pesquisa interna de satisfação sobre sua atuação. O "encantamento" do cliente e a arte de "atender bem" não vira um objetivo. A aplicação dos conceitos de *customer experience* precisa entrar na rotina do Legal BP. Estar aberto a críticas – da mesma forma que se recebe os elogios – é parte intrínseca de quem se compromete a ser Legal BP e tem como meta atingir o patamar do alto rendimento e *performance*. Ter o cliente como fã faz com que ele entenda até mesmo se o resultado esperado não for alcançado.
11) Aderir ao *lifelong learning*: se a educação continuada faz parte da realidade profissional daqueles que querem ser destaque em sua área de atuação, o Legal BP deve adotar essa competência como principal lema. Ele deve ter o perfil generalista ao ter uma boa cultura geral, entender o ambiente político-econômico do negócio para mapear os riscos e estar por dentro das constantes mudanças da legislação. Buscar a capacitação constante permite o entendimento básico para dialogar com o advogado especialista, garantindo o êxito do assessoramento e a excelência na prestação do serviço jurídico do Legal BP. Cabe destacar também que a busca de conhecimento fora do ensino jurídico destaca esse perfil de advogado, que, ao ser reconhecido pela multidisciplinariedade e pela diversidade de conteúdo, agrega muito mais.
12) Desenvolver as *soft skills*: a resiliência, a liderança, a criatividade e a inteligência emocional são algumas das habilidades comportamentais imprescindíveis para que o Legal BP desempenhe seu papel de assessor da área de negócios e saiba lidar com pessoas. Estudar sobre como desenvolver suas *soft skills* fará com que o cliente enxergue valor na parceria com o Jurídico e quem ganha é a organização, com resultados ainda mais expressivos.

É importante repetir que as competências expostas acima não são exaustivas. Um Legal BP, o parceiro de negócios com conhecimento técnico-jurídico, deve ser mais do que um excelente advogado. Esse profissional deve ser um excelente advogado especializado no negócio em que atua, com atitude de dono e compromisso por assumir responsabilidades e tomar riscos, algo não inerente ao advogado tradicional.

Seu papel fundamental é de ser um influenciador, um promotor da prevenção e da cultura ética para assegurar que as decisões da empresa nunca irão atravessar a barreira da legalidade e da integridade. Para atender o negócio, ele deve entender com profundidade do setor, participando das decisões com opinião coerente e antenada com a cultura organizacional da empresa.

Dos questionamentos feitos no início deste capítulo, a única pergunta que ainda não ficou respondida é se seria possível ter um advogado que desempenhasse o papel de facilitador e fosse sinônimo de solução. Logo um advogado, profissional que geralmente está associado a barreiras, conservadorismo, negativas e obstáculos.

Caso os doze tópicos listados acima não tenham sido suficientes para convencer o leitor ou a leitora que prestigia o autor na leitura deste breve capítulo, serei enfático: sim, é possível. Se o Legal BP conhecer o negócio, for fomentador da simplificação, envidar os esforços para mitigar os riscos e utilizar seu conhecimento técnico para aproveitar as oportunidades que se apresentam... será conhecido como um grande incentivador que potencializa as forças da organização, um genuíno modelo de proatividade para as demais áreas, aquele que faz a diferença e que é visto como uma referência em termos de excelência profissional.

2.

AS CINCO *SOFT SKILLS* FUNDAMENTAIS PARA O ADVOGADO *BUSINESS PARTNER*

Luis Henrique Anastácio Ramos[1]

INTRODUÇÃO

Discorrer sobre *soft skills* é, ao mesmo tempo, exercitar um olhar para dentro de si, encontrando erros, acertos, fortalezas e, sobretudo, perceber que não somos seres estáticos, tampouco plenos conhecedores de nós mesmos. As *soft skills* podem guardar relação com a personalidade do ser humano, suas características e comportamentos oriundos de sua criação, de sua vivência e de experiências de vida que moldam sua forma de pensar e de agir. Mas também podem ser desenvolvidas e aprimoradas. Por isso acredito que estamos sempre em constante mutação.

Isso se aplica e muito ao ambiente profissional, em especial ao ambiente jurídico, que vive um momento de grande transformação.

A postura do advogado diante das rápidas e constantes mudanças no comportamento social e corporativo tem sido cada vez mais abordada nos debates sobre a Advocacia 4.0. A necessidade de (re)adaptação deste profissional – digo

---

1 Advogado. Gerente Jurídico na C&A Modas S.A. Vice-Presidente da Comissão de Direito da Moda da OAB/SP e Coordenador do Comitê Jurídico da ABVTEX. Professor convidado dos cursos de pós-graduação em *Fashion Law* da Faculdade Santa Marcelina e Istituto Europeo di Design (IED). Graduado em Direito pela UNIFEO e pós-graduado com MBA em Direito Empresarial pela FGV. Coautor de livros jurídicos.

necessidade porque acredito piamente não ser mais uma opção e sim uma questão de sobrevivência neste meio – tem fundamental importância na evolução da advocacia no Brasil e no mundo.

Nesse contexto de (re)adaptação, mesmo diante de um cenário cada vez mais competitivo, o profissional que se destacar em questões não antes reconhecidas em um advogado será cada vez mais apreciado pelo mercado de trabalho.

Reflexo ou não de um *mindset* que acredito ter origem nos cursos de graduação, pós-graduação etc., o fato é que até então o critério de valorização de um advogado advinha substancialmente de sua formação acadêmica que, no fundo, prestigia e naturalmente promove o desenvolvimento muito focado nas habilidades técnicas e teóricas desse profissional.

A reflexão que pretendo promover neste capítulo de forma alguma tem a intenção de desprestigiar o estudo e a formação acadêmica – o que é e sempre será de suma importância para o desempenho do papel do advogado, seja ele corporativo ou não. Mesmo porque, como profissionais do direito, nossas habilidades jurídicas são fundamentais para as nossas funções. Contudo, a preferência que historicamente foi colocada sobre a formação técnica e teórica como critério de escolha para um profissional da área, no meu entendimento e na visão do executivo brasileiro, não é o principal diferencial hoje em dia.

Em outras palavras, as *hard skills* não são mais suficientes para o Advogado 4.0. Uma pesquisa realizada em 2020 pela consultoria Page Personnel apontou que 80% dos executivos ouvidos na América Latina não contratariam um profissional que atendesse às competências técnicas, mas não às *soft skills* desejadas.

Nota-se, portanto, que, na cena atual e prospectiva, habilidades comportamentais têm se tornado cada vez mais relevantes em comparação com habilidades e conhecimentos técnicos de um profissional.

De acordo com a *coach* Lucedile Antunes, o desgaste e a desmotivação na relação entre as pessoas são também fruto de problemas comportamentais. O segredo para uma carreira de sucesso se encontra no equilíbrio entre as *soft* e as *hard skills*, de modo que as habilidades técnicas e teóricas sejam somadas aos comportamentos necessários para o advogado moderno.

Quando trazemos esse debate para o campo do direito, em especial para os profissionais do direito empresarial e corporativo, é comum Departamentos Jurídicos terem como objetivo serem vistos como parte do negócio, e não somente um centro de custo (e de despesa) para as companhias.

Ser um Departamento *business partner* tem sido um discurso comum entre os profissionais da área. Mas, afinal, quais são os comportamentos necessários para se tornar um profissional parceiro do negócio?

Com o intuito de auxiliar o profissional do direito a se tornar um Advogado 4.0, apresento neste capítulo o "jeito" de se comportar como um advogado verdadeiramente *business partner*, abordando cinco *soft skills* que entendo ser fundamentais para esta finalidade.

1. COMUNICAÇÃO QUE CONECTA E GERA BEM-ESTAR

Essa é uma das *soft skills* mais poderosas para o estabelecimento de uma relação entre pessoas. Ser entendido pelos interlocutores é básico. Se o advogado ou profissional do direito se considerar incompreensível, este capítulo não trará solução. A comunicação aqui explorada retrata aquela que genuinamente conecta pessoas e promove diálogos claros, simples e que gere bem-estar. Esses três elementos são fundamentais para que o advogado tenha uma comunicação eficiente com seus clientes.

Para o profissional do Direito, se de um lado a comunicação é a chave para a conexão e criação de um bom relacionamento, por outro, pode afastá-lo das pessoas, se utilizada incorretamente. Uma recente pesquisa promovida pela AB2L (Associação Brasileira de *Lawtechs* e *Legaltechs*) sobre a relação entre clientes e advogados concluiu que há uma significativa disparidade entre expectativa e realidade no que tange a alguns comportamentos do advogado na relação com seus clientes. De acordo com a pesquisa:

> Para os Advogados terem sucesso, existem alguns pontos importantes que não devem acontecer neste primeiro contato, sendo os principais: postura arrogante (que pode estar diretamente conectada com a empatia), falta de compromisso e demonstração de desinteresse.

O profissional do direito não deve utilizar uma linguagem jurídica ou prolixa com seus clientes, pois poderá transparecer uma postura arrogante e prepotente, que certamente o afastará das pessoas. Peço licença para compartilhar uma passagem profissional que vivenciei nesse sentido.

Lembro-me que certa vez uma gerente de outra área da empresa em que trabalho me procurou para perguntar o que significava a palavra "diapasão".

Expliquei o significado e perguntei o porquê do questionamento. Ela me respondeu que estava se comunicando por escrito (pelo canal interno da empresa) com um determinado advogado havia usado essa expressão.

Esse é apenas um exemplo de como a linguagem inadequada pode afastar e desconectar as pessoas, pois notem que a gerente a que me referi não procurou o mesmo advogado que havia lhe encaminhado o texto com referido termo. Ela procurou a mim, certamente porque a linguagem utilizada pelo advogado gerou um sentimento de arrogância e superioridade, afastando-os.

Comunicação clara é aquela que se compreende, e por isso deve ser adaptada para cada interlocutor. Como os assuntos jurídicos não raras vezes são complexos, para facilitar a clareza na comunicação e a correta compreensão da mensagem que se pretende passar, uma dica de ouro que aprendi na minha carreira e que procuro praticar em minhas interações é o uso de analogia. Conheça seu interlocutor e procure traduzir a mensagem por meio de analogias customizadas à sua realidade. Isso facilita e às vezes acrescenta bom humor na conversa.

Outro elemento que entendo ser fundamental para a comunicação que conecta é o sentimento de bem-estar. Por mais que seja um elemento subjetivo e intangível, há alguns gatilhos que podem ajudar. Um deles é o uso do bom humor. Colocar humor nas interações certamente ajuda o advogado a quebrar eventuais conceitos pré-existentes nas pessoas – pois não me assustaria se seu interlocutor tiver tido interações desagradáveis com advogados em sua carreira – e com isso cativar e se conectar genuinamente com as pessoas dentro de uma organização.

O advogado que se posiciona de maneira leve, sutil e com uma boa dose de bom humor, consegue dar seu tom e seu posicionamento com mais facilidade, e será visto como um profissional que possui uma comunicação prazerosa e conectiva.

Mau humor e o excesso de crítica não resolvem problemas. Positividade pode também não resolver, mas ao menos gera sentimento de bem-estar na comunicação. Pensem o quão desagradável é interagir com uma pessoa que enxerga pontos negativos em quase tudo, desestimulando ideias e "murchando" a conversa. Advogados costumam ser extremamente analíticos e podem cair na armadilha de serem vistos como "chatos".

Além disso, a arte da escuta, que parece simples, faz uma enorme diferença no relacionamento e na comunicação humana. Todos nós certamente já nos deparamos com pessoas que interrompem seus interlocutores, ou os ouvem sem a devida atenção e dedicação. Concordo muito com a Maryana Rodrigues, fundadora da consultoria HumorLab, quando diz que "O fato de simplesmente ouvir 100% e genuinamente alguém já pode elevar o bom humor".

Enfim, conhecer o cliente e humanizar a relação por meio da comunicação simples e bem-humorada contribui muito para que as portas se abram e o advogado possa participar genuinamente da vida profissional (e por que não pessoal?) de seus clientes. Essa *soft skill* tem um enorme valor para o advogado que pretende ser *business partner.*

2. ADAPTABILIDADE

Poucas são as certezas que temos na vida, mas uma delas é bastante óbvia: a de que tudo muda e de forma muito rápida. Por isso, ser adaptável no universo corporativo é mais do que uma qualidade, é atualmente uma questão de sobrevivência.

As transformações com as quais nos deparamos no mundo impõem uma rápida adaptação do profissional, fazendo com que essa *soft skill* se torne, portanto, muito valiosa para o mercado de trabalho. De acordo com a executiva Daniela Calaes: "Ser mutável e adaptável é prerrogativa para a sobrevivência das corporações e dos seres humanos".

Se você almeja se tornar um Advogado 4.0 (se não almejar é provável que perca espaço em sua profissão) é preciso estar genuinamente apto a se transformar, aprender e reaprender a forma de abordar, de se comunicar, de liderar e pensar o direito e sua evolução.

A pandemia da Covid-19 certamente foi o momento de maior transformação para o advogado. Não apenas pelo novo formato de trabalho e gestão de equipe, mas principalmente pela necessidade que as empresas tiveram de convocar seus corpos jurídicos a contribuir para a gestão de crise e contingenciamento de suas ações ao longo dos momentos mais críticos que vivenciamos de 2020 em diante. Nesse período, o advogado foi impulsionado à transformação e adaptação a um novo jeito de pensar e agir, assumindo alguns riscos não apenas em prol de uma estratégia corporativa, mas sim pela sobrevivência da empresa. Além disso, a necessidade de transformação digital a partir do uso de meios tecnológicos de comunicação, com as pessoas e com a justiça, contribuiu para uma mudança de postura e um formato de trabalho desse profissional.

No mundo corporativo, ainda vejo uma necessidade de adaptação do advogado ao que chamo de "flexibilidade no processo de experimentação". As empresas cada vez mais têm utilizado metodologias que incentivam a prototipação e experimentação por meio de projetos pilotos. Com isso, os clientes internos dos Departamentos Jurídicos passaram a exigir do advogado corporativo mais agilidade nas respostas, assim como uma postura cada vez mais flexível diante de eventuais riscos marginais que possam existir, lembrando se tratar de um "piloto".

Nesse sentido, o advogado *business partner* deve exercer suas habilidades e influência de modo a estar sempre muito próximo e integralmente envolvido nos projetos corporativos (e não apenas quando é requisitado para um parecer jurídico), para que possa respirar o ambiente de experimentação, assim como é imprescindível que deixe de lado a intolerância a erros e o perfeccionismo que, de um modo geral, são características muito presentes nos advogados, sejam eles corporativos ou não. O advogado corporativo precisa entender que em um ambiente de experimentação, o exercício de tentativa e erro é fundamental para o sucesso de um projeto.

Não existe receita pronta para o desenvolvimento dessa *soft skill*, o advogado deve perceber os movimentos que propiciam mudanças a sua volta, e estar flexível e apto a (re)aprender novos métodos, conceitos e comportamentos, utilizando suas habilidades jurídicas sempre como um viabilizador para o desenvolvimento dos negócios.

3. PENSAMENTO EMPREENDEDOR

Para mim esta é a *soft skill* que mais torna um advogado integralmente *business partner*. Ser estratégico e, acima de tudo, reconhecido por isso no mundo corporativo, depende do nível de empreendedorismo que o profissional exercita no seu dia a dia.

É comum que o profissional do direito se limite às questões jurídicas de seu domínio, e, agindo assim, poderá ser e crescer profissionalmente como um ótimo especialista, um solucionador de problemas específicos, o que é do jogo. Tal forma de atuação, se alinhada com uma boa comunicação, empatia, dentre outras *soft skills*, pode, inclusive, levar esse profissional a ser também um parceiro de negócio. Porém, para assuntos específicos de seu domínio, apenas.

O pensamento empreendedor, no entanto, visa maior ambição. Nas palavras de Graziela Merlina:

> O Pensamento empreendedor enxerga abundância onde muitos insistem em dizer que há escassez. É uma *soft skill* que nos faz ir além de nós mesmos e entender que aquilo que não temos ou não sabemos é uma questão de acesso. Coloca-nos disponíveis a acessar recursos e conhecimentos de outros na mesma medida em que permitimos que os nossos sejam acessados.

A matéria-prima do advogado corporativo não deve ser a lei, pois assim será refém da "gravata mental" que certamente o afastará de seus clientes. A matéria-prima do advogado corporativo deve ser o *business* que sua empresa pratica, em todas as suas dimensões.

Ter curiosidade e vontade de entender e aprender o que o seu cliente faz, como ele faz e quais são seus objetivos é um diferencial para o advogado que busca esse lugar. Para tanto, é imprescindível dedicar tempo ao aprendizado alheio às questões jurídicas, e não só isso, é fundamental também colocar em prática suas idealizações. Tomar o risco de fazer (colocar em prática mesmo) o que se idealiza, aprendendo e reaprendendo com erros e acertos, talvez seja o primeiro grande passo para se ter consistência no pensamento empreendedor. Essa *soft skill*, inclusive, aceita que o imperfeito faz parte e é um importante agente no processo de (re)aprendizado.

Como já mencionado neste capítulo, o advogado costuma ter um senso de perfeição muito vivo em seus pensamentos e ações, o que pode limitá-lo a ser flexível. A postura extremamente conservadora pode afastá-lo de seus clientes, que passam a enxergar o advogado como uma barreira para os objetivos traçados.

Esse é o que chamo de advogado "glóbulo branco", que significa o profissional que atua de forma defensiva contra novas ideias e inovações (que podem ser revolucionárias), pelo simples fato de que tais ideias podem eventual e teoricamente apresentar riscos (muitas vezes marginais) aos negócios. Esse é o advogado que diz "não" sem antes entender e compreender o potencial e o impacto positivo das ideias.

Apenas como lembrança, glóbulos brancos são o conjunto de células que defendem o corpo humano contra substâncias estranhas, por isso a analogia criada por Gustavo Caetano, fundador da SambaTech.

O advogado com mente empreendedora aceita que o crescimento passa por assumir alguns riscos calculados e, portanto, deve se desvencilhar daquele pensamento exclusivamente legalista e passar a pensar e agir como se fosse dono do negócio.

Uma dica para que esse comportamento seja incorporado de forma orgânica no dia a dia dos profissionais de Departamento Jurídico é vincular as metas dos advogados às de seus clientes (e vice-versa), pois objetivos em comum facilitam a relação e a busca pelos resultados. Isso naturalmente coloca o advogado inserido no interesse de seus clientes, que passam a enxergá-lo genuinamente como um parceiro de negócio.

4. INOVAÇÃO, TECNOLOGIA E AMBIENTE CRIATIVO

Não podemos falar de Advocacia 4.0 e do *advogado business partner* sem abordar inovação e tecnologia. O *mindset* de inovação é sinônimo de estar conectado e inserido no contexto de transformação digital e na busca contínua pela evolução nas formas de introduzir a tecnologia para o desempenho do trabalho, individual e coletivo. Ter essa mentalidade levará o profissional do direito a alcançar resultados cada vez mais eficientes, alinhando assertividade e velocidade nas entregas.

Mas qual a relação entre essa *soft skill* e o objetivo do advogado de se tornar *business partner?*

Com a quantidade de informações que recebemos diariamente e com uma rotina cada vez mais acelerada, o advogado certamente se depara com dificuldades para encontrar tempo e se dedicar aos seus objetivos voltados ao desenvolvimento de uma mentalidade empreendedora. Em outras palavras, para que o advogado possa compreender e praticar todas as *soft skills* abordadas neste capítulo, dentre outras, ele precisa de tempo, que atualmente está cada vez mais escasso.

Com a utilização da tecnologia, o advogado consegue, por exemplo, colocar a "máquina" para executar tarefas repetitivas e que pouco valor agrega para o seu desenvolvimento como pessoa e profissional, mas que de alguma forma são importantes e por isso devem ser feitas. Ou seja, automatizando alguns processos, a agenda do profissional corporativo estará mais disponível para que a utilização de seu tempo se dê de maneira mais estratégica.

Para exemplificar, cito uma iniciativa que estamos implementando no time jurídico há alguns meses. Nós criamos uma célula interna de *Legal Operation*, que tem dois principais objetivos: (i) centralizar as atividades repetitivas e de rotina dos advogados; e (ii) buscar tecnologia para automação de tais tarefas, de modo obter mais eficiência e melhor utilização do tempo humano.

Com isso, nosso maior objetivo é abrir espaço na agenda dos advogados para que possam se dedicar quase que exclusivamente aos assuntos e projetos estratégicos da companhia, praticando as habilidades que entendemos ser fundamentais para que estejam cada vez mais próximos e sejam genuinamente parceiros de negócio de nossos clientes internos.

E não é só isso. Nós, advogados, precisamos também exercitar cada vez mais nossa criatividade, questionar o *status quo* e entender que ser estático significa ficar para trás. Mas, para isso, precisamos dedicar tempo ao ócio criativo. Eu me conecto muito com a afirmação da advogada e *coach* Daniely Alves da Costa Martins, que diz:

> ativar os nossos melhores recursos internos não é tarefa fácil. Além disso, atingir pensamentos inovadores, o famoso "pensar fora da caixa", torna-se tarefa hercúlea se a mente estiver inundada de preocupação, estresse e pensamentos automáticos.

A máquina não substituirá o advogado. A inovação e a tecnologia aplicada ao direito são, na verdade, alavancas fundamentais para que o Advogado 4.0 possa utilizar seu tempo de forma cada vez mais estratégica e conectada com as exigências que o mundo moderno impõe.

5. LIDERANÇA

A liderança é uma habilidade muito vasta e com várias derivações e conceitos. Os estudos corporativos indicam a existência de vários formatos de liderança: a servidora, a hierárquica, a autêntica, aquela exercida por meio do exemplo, dentre outras.

Discorrerei a partir desta última, por entender que tem uma relação direta com a reflexão proposta neste capítulo, no que tange aos comportamentos de uma equipe jurídica *business partner*.

Não é à toa que deixei a *soft skill* Liderança como última a ser explorada, pois liderar é, sobretudo, ser exemplo. Um líder *business partner* não seria um bom exemplo sem antes exercer com consistência as *soft skills* citadas neste capítulo – além, é claro, de outras muito importantes para o papel de liderança.

Se pararmos para pensar poucos minutos nas habilidades comportamentais que admiramos, nossos pensamentos naturalmente serão remetidos a pessoas com quem convivemos, por quem somos e fomos liderados, no passado e no presente, as quais se tornaram nossas referências.

Eu particularmente tive e tenho a sorte de liderar e ser liderado por pessoas que me inspiram e me fazem ser melhor a cada dia. Com cada uma delas fui aprendendo habilidades diferentes e positivas, que me fizeram ser quem eu sou hoje, mesmo ciente de que amanhã serei (e quero ser) diferente.

Digo isso porque o advogado *business partner* que lidera e inspira seu time a ser *business partner* multiplicará essa postura e a marca de seu departamento jurídico dentro de uma organização. É fundamental que o líder exponha e dê espaço para seus liderados exercerem o papel de *business partner* diretamente junto aos vários departamentos de uma empresa. Essa não deve ser uma atividade exclusiva dos níveis de liderança. Pelo contrário, dar autonomia e responsabilidade, responsabilizando, faz com que o líder exerça sua liderança por meio de seus liderados, e com isso o time cresça e a apareça, dentro e fora da empresa.

Infelizmente ainda existe aquele modelo antiquado de Departamento Jurídico, em que os advogados apenas aguardam as demandas e consultas chegarem para então atuar. Isso faz parte da atuação de um advogado e continua tendo seu valor. Contudo, fazer só isto é sinônimo de retrocesso. É importantíssimo que um líder construa uma agenda com e para o seu time, com propósito claro definido e aceito por todos, estabelecendo os objetivos a serem alcançados no curto, médio e longo prazos, e com a indicação das ações táticas necessárias para o alcance de cada objetivo. Atualmente existem várias ferramentas e metodologias de acompanhamento de tarefas que podem auxiliar os profissionais nesse sentido.

Ter um propósito claro e atuar para ele auxilia no engajamento e gera sensação de pertencimento nas pessoas, promovendo um ambiente seguro e de confiança.

Aliado a isso, a diversidade é extremamente importante para que se tenha um ambiente de multiplicidade de pensamentos, culturas e experiências. Quanto mais plural for o time, maior a capacidade de inovar, "pensar fora da caixa" e resolver problemas. O líder que consegue utilizar tal multiplicidade em favor dos objetivos de seu time certamente alcançará resultados prósperos e inovadores.

CONCLUSÃO: NÃO SEJA VISTO COMO UM CENTRO DE CUSTO

A questão que se coloca diante dessa situação é: como ser reconhecidamente um Departamento Jurídico estratégico e fazer parte do *business*? A primeira resposta é: tire a "gravata", e com ela todo o formalismo que por décadas foi inerente ao universo jurídico. O advogado deve mudar a forma de escrever e falar, desburocratizar-se e adaptar-se aos seus clientes. Assim, terá a confiança necessária que precisa para que seus clientes abram as portas de suas áreas. O advogado passará, então, a participar do *business*.

É preciso também entender a fundo do negócio de sua empresa e do setor em que ela atua. As metas e desafios de seus clientes internos devem ser tratados como matéria prima para o advogado. E para isso, é imprescindível estar próximo, colado nas pessoas. Caso contrário, o advogado ficará restrito às questões puramente jurídicas, e deixará de contribuir genuinamente com a sua empresa.

O advogado *business partner* é aquele que atua de forma a viabilizar e maximizar a receita da companhia. É aquele que entende os riscos inseridos no negócio e busca mitigá-los, buscando diminuir provisões (atendendo as normas contábeis), por exemplo. Ou buscando recursos à empresa por meio de créditos fiscais, depósitos judiciais, dentre outras oportunidades. O *business partner* também se antecipa às necessidades da companhia. Por exemplo, sabendo de um grande projeto com necessidade de investimento e conhecendo a dimensão do caixa da empresa, o advogado se prepara para atuar na captação de recursos no mercado, orientando melhor as áreas envolvidas.

Enfim, são inúmeros os exemplos que podem ilustrar os resultados práticos da atuação de um advogado *business partner*. As cinco *soft skills* que apresento neste capítulo nada mais são do que as habilidades comportamentais que entendo ser fundamentais e necessárias para – não mais no futuro, e sim no presente – o desenvolvimento do Advogado 4.0 que pretende ser verdadeiramente um *business partner*.

REFERÊNCIAS

ANTUNES, Lucedile. *Soft Skills*: competências essenciais para os novos tempos. São Paulo: Literature Books International, 2020.

ANTUNES, Lucedile; SPADOTO, Marcel. *Soft Skills*: habilidades do futuro para o profissional do agora. São Paulo: Literature Books International, 2021.

BARBIERO, Juliana. *A relação entre clientes e advogados e o impacto da tecnologia no Direito*. AB2L, 2022.

PAGEPERSONNEL. *Habilidades 360º*: América Latina 2020. Impulsione seu negócio com talentos híbridos. Disponível em: <file:///Users/brlhar/Documents/habilidades_360deg_america_latina_2020_-pp-impulsione_seu_negocio_com_talentos_hibridos-1-33_1_0.pdf>. Acesso em: 9 de abril de 2022.

3.

OS DILEMAS DOS ADVOGADOS CORPORATIVOS

Maria Neuenschwander Escosteguy Carneiro Goldberg[1]

1. ESCOLHENDO CAMINHOS NA CARREIRA JURÍDICA

A beleza da carreira jurídica está no amplo cardápio de possibilidades: setor público ou privado, fiscalizar a lei, defender os que não podem pagar advogado, julgar, advogar. Direitos clássicos como o romano, civil, consumidor, família, penal, processual, administrativo, societário, tributário ou direitos modernos como digital, proteção de dados, visual, do metaverso, dentre outros...

Como escolher que caminho traçar? Para os que optam por atuar no ramo privado, restam ainda "sub-escolhas" não menos importantes: advogar em escritório e, neste âmbito, em qual ramo, ou ser advogado *in-house*/corporativo? Penso que o nosso aperfeiçoamento como seres humanos está diretamente relacionado a boas escolhas de carreira, adaptadas às oportunidades que vão se apresentando. Ter clareza sobre essas escolhas faz toda diferença na *performance* e na qualidade de vida, pois a atividade jurídica está preponderantemente pautada em pessoas e pessoas precisam estar satisfeitas com suas escolhas e caminhos.

---

1 Diretora Jurídica de *Compliance* e DPO do Grupo YDUQS. Formada pela PUC-RJ, Pós-Graduada em Direito Empresarial pelo IBMEC, Mestre em Regulação e Concorrência pela UCAM-RJ e graduada no Programa de Desenvolvimento de Lideranças pela Harvard Business School.

As escolhas se tornam ainda mais complexas no cenário em que vivemos. Há controvérsia sobre se a globalização aumenta ou reduz as oportunidades de trabalho, mas:

> "[O] que não pode(mos) ser é negacionista(s), fingindo que o fenômeno não afeta a prestação de serviços jurídicos e esperando que, se ignorado, ele magicamente desapareça. Pelo contrário, cabe ao advogado brasileiro se preparar para aproveitar as oportunidades surgidas (...).
>
> A primeira recomendação seria uma mudança de mentalidade da postura isolacionista. Em geral, nos cursos de graduação aprende-se direito brasileiro, e nada além do direito brasileiro, como se o Brasil estivesse em um planeta diferente dos demais países do mundo. E isso acontece apesar de sofrermos influência de direito estrangeiro, da inspiração do BGB alemão no Código Civil de 2002 à ascendência dos professores italianos no processo civil, passando pelo uso de modelos norte-americanos em áreas como mercado de capitais e direito da concorrência. (...)
>
> Nessa linha, o advogado também deve buscar conhecimento em outras áreas, como ciências sociais, economia e psicologia, o que é comum na formação de profissionais em outras jurisdições. (...)
>
> Com efeito, a maior barreira aos advogados para se beneficiarem das oportunidades são as falhas na sua formação, devido a um curso de Direito que preza demais pelo ensino de conteúdo das normas, em vez de focar o desenvolvimento das habilidades e competências. As leis mudam – e isso ocorre com cada vez mais frequência; não se pode prever como será o direito a médio e longo prazos, mas o advogado sempre precisará ter raciocínio jurídico, lógica, excelente oratória, escrita persuasiva e capacidade de negociação, entre outras qualidades. Aliás, essas qualidades são típicas de seres humanos (pelo menos por enquanto) e, por conseguinte, são excelentes vacinas contra efeitos deletérios da tecnologia no mercado de trabalho dos advogados. (...)[2]

A ser investigada – pois não disponho de dados que permitam categoricamente confirmar – é a hipótese de que os advogados corporativos que atuavam

---

2 MUNIZ, Joaquim. A advocacia em um mundo globalizado. In: *O advogado do século XXI*. Rio de Janeiro: Nova Fronteira, 2021, p. 175-176.

de forma especializada, além de restringirem suas possibilidades de carreira nos tempos atuais talvez também tenham mais dificuldade de superar as falhas de formação que hoje somos capazes de identificar como as deficiências em *soft skills* e demais competências de gestão, negociação, comunicação, dentre outras tão necessárias na atuação dos advogados corporativos.

2. A QUEM SERVE O ADVOGADO CORPORATIVO?

Uma vez feitas as que chamei de escolhas fundamentais (esfera pública ou privada? Advogar em escritório ou em empresa? Especializar ou generalizar?) na carreira jurídica, na esfera privada, advogando, é preciso sempre lembrar a moderna acepção do verbo "servir" o cliente.

Aqui se estabelece o primeiro dilema dos advogados corporativos, inseridos dentro de um contexto de negócio com diversos *stakeholders*, acionistas, fornecedores, consumidores finais. Como servir seus clientes internos diretos (as áreas de negócio mais comumente) e também servir o propósito do próprio negócio? Muitas vezes as posições não são imediatamente convergentes e se espera dos advogados corporativos essa harmonização.

Por esse motivo, os advogados corporativos devem ser orientados muito claramente acerca de a quem o serviço jurídico deles irá servir e com quais compromissos. Quando isso está claro, estes advogados viram verdadeiros líderes (e não gerentes). Essas ideias são muito bem exploradas por Seth Godin em *Tribes*[3]:

> A arte da liderança é entender com o quê não se pode comprometer. As maiores características, motivações e lideranças vêm do líder servil, o qual entende com o quê não pode se comprometer e por esta razão está em melhor posição para servir seus clientes[4].

Ao se tornar um líder, que sabe verdadeiramente qual o seu papel, com quem é seu compromisso, o advogado tem, sequencialmente um novo desafio.

---

3 Penguin Books, 2008.

4 Tradução livre. No original: "The art of leadership is understanding what you cannot compromise on. The greatest character, motivation and leadership flows from the servant leader who understands what they cannot compromise on. In understanding what they cannot compromise on, a leader is best positioned to serve their followers".

3. COMO GERAR CONEXÃO COM OS CLIENTES AOS QUAIS ELE SERVE?

A conexão, a meu ver, somente vem quando o time de advogados corporativos atua como líderes – independentemente do seu grau de senioridade:

> Líderes são aqueles que querem abrir mão de algo deles mesmos pela coletividade: seu tempo, energia, dinheiro e até mesmo sua comida. Quando importa, tais líderes escolhem comer por último[5].

É uma mudança cultural muito relevante, que tem reflexos nas relações interpessoais tão necessárias que se estabelecem entre clientes internos e advogados corporativos.

Essa conexão deve começar pelo entendimento do próprio papel protagonista – e não passivo – do advogado. Ele deve buscar sentir a dor do seu cliente interno, entender o que acontece na ponta, para serem capazes de penetrar no universo dele e fazer com que se sintam entendidos, em primeiro lugar.

Para tanto, lições de *marketing* nunca se fizeram tão adequadas e importantes:

> Para gerarem conexão e credibilidade com seus clientes internos, os advogados corporativos devem focar na menor audiência possível e tentar fazer a diferença para esta. Modificando a visão de 10 clientes, conseguem credibilizar suas recomendações para mais 50[6].

Os clientes não querem o memorando, a petição, o despacho, o contrato. Eles querem primeiramente a sensação de entendimento, resolução, alívio, cuidado, esforço.

A maneira como a questão jurídica é posta, o *storytelling*, é fundamental[7].

Essa conexão com o cliente interno também é facilitada se o time de advogados corporativos entender que tipo de detalhe jurídico é importante ser ou

---

5 Tradução livre. SINEK, Simon. *Leaders eat last*: why some teams pull together and others don't. Penguin Books, 2017. No original: "Leaders are the ones who are willing to give up something of their own for us. Their time, their energy, their money, maybe even the food off their plate. When it matters, leaders choose to eat last".

6 GODIN, Sethe. *Tribes*. Penguin Books, 2008.

7 "We don't buy what we need. We buy the stories we tell ourselves." GODIN, Seth. *Tribes*. Penguin Books, 2008.

não compartilhado com o cliente interno. Quando existe este cuidado, a experiência do cliente interno ganha um salto de qualidade. É possível aplicar a lição de encantamento Disney a essa realidade, mas é necessário que os advogados sejam treinados a abrir novas possibilidades de abordagem.

A conexão é também gerada quando os advogados corporativos são capazes de quebrar a resistência que existe neles mesmos e nos clientes ao quererem saber tudo e resolver todos os problemas que se colocam idealmente para solução "pelo jurídico".

Uma atuação profissional exige que se admita que ninguém sabe tudo, que muitos problemas são de difícil solução e que resistências devem ser quebradas para que algo novo e conjunto seja construído em prol da organização e seus *stakeholders*.

> Um profissional não leva uma falha (ou sucesso) para o pessoal.
>
> Quando as pessoas dizem que um artista tem uma couraça, não significa que ele é denso ou entorpecido, mas que ele colocou sua consciência profissional em um local diferente do seu ego pessoal. Tem que ter um caráter forte para fazer isso porque nossos instintos mais profundos vão contra isso. A evolução nos programou para sentirmos rejeição. Essa era a maneira pela qual as tribos garantiam obediência, manejando a ameaça de expulsão. O medo da rejeição não é apenas psicológico; é biológico. Está em nossas células. A resistência sabe disso e usou isso contra nós. Usa o medo de rejeição para nos paralisar e impedir, senão de fazermos o trabalho, mas de nos impedir de exposição pública. Tive um amigo próximo que trabalhou anos em um romance excelente e profundamente pessoal. Estava finalizado. Estava em sua caixa de correio. Mas ele não conseguia se convencer a enviá-lo. O medo de rejeição o impediu. O profissional não pode levar a rejeição pessoalmente porque ao fazer isso reforça a resistência. Editores não são inimigos; críticos não são inimigos. A resistência é inimiga. A batalha está em nossas cabeças[8].

---

[8] Tradução livre. PRESSFIELD, Steven. *The War of Art*: Break through the blocks and win your inner creative battles. New York: Warner Books, 2003, p. 87-88. No original: "A professional dos not take failure (or success) personally. When people say an artist has a thick skin, what they mean is not that the person is dense or numb, but that he has seated his professional consciousness in a place other than his personal ego. It takes tremendous strength of character to do this,

4. OBRIGAÇÃO DE MEIO OU OBRIGAÇÃO DE RESULTADO?

Nas obrigações de meio, é esperado que o devedor se utilize de prudência e todo cuidado possível para que o resultado contratado seja alcançado. Classicamente, a relação dos advogados com seus clientes é uma obrigação de meio, ou seja, é esperado que os primeiros, neste caso devedores da obrigação, realizem os procedimentos necessários para que seja alcançado o resultado esperado por seus clientes.

Esta não sendo conquistada, o advogado, devedor, apenas responderá se houver agido de forma que tenha colaborado para o insucesso do resultado, ou seja, tenha agido dolosamente.

Conforme Caio Mário da Silva Pereira: "nas [obrigações] de meio, a inexecução caracteriza-se pelo desvio de certa conduta ou omissão de certas precauções a que alguém se comprometeu, sem se cogitar do resultado final"[9].

Outro exemplo é o caso do médico que se obriga a utilizar seus melhores esforços e usar de todos os meios disponíveis para a cura do paciente que o contratou, mas sem jamais garantir o resultado, ou seja, a própria cura. Tal como no exemplo do advogado, este responderá se na execução dos meios tenha colaborado de alguma forma para o insucesso do resultado. Em ambos os casos, verificando-se a responsabilidade na realização dos meios, haverá responsabilidade também pelo resultado final.

A obrigação de resultado, por sua vez, tem como objetivo a realização de uma atividade que visa obter um resultado claro e definido.

Como exemplo de obrigação de resultado, podemos citar a contratação de um empreiteiro para a realização e entrega de obra certa e finalizada. Nesse tipo

---

because our deepest instincts run counter to it. Evolution has programmed us to feel rejection in our guts. This is how the tribe enforced obedience, by wielding the threat of expulsion. Fear of rejection isn't just psychological; it's biological. It's in our cells. Resistance knows this and used it against us. It uses fear of rejection to paralyze us and prevent us, if not from doing our work, then from exposing it to public evaluation. I had a dear friend who had labored for years on an excellent and deeply personal novel. It was done. He had it in its maling box. But he couldn't make himself send it off. Fear of rejection unmanned him. The professional cannot take rejection personally because to do so reinforces Resistance. Editors are not the enemy; critics are not the enemy. Resistance is the enemy. The battle is inside our heads. (...)".

9 PEREIRA, Caio Mario da Silva. *Teoria geral das obrigações*. Rio de Janeiro: Forense, 1993, v. II, p. 214.

de obrigação, se espera que o empreiteiro, devedor, cumpra os meios necessários da melhor forma possível para garantir a entrega do objeto contratado, a obra finalizada.

Fica claro, portanto, que toda obrigação necessita ser classificada de forma clara quanto à sua natureza, pois, de acordo com a sua classificação, modificam-se a forma de imputação de responsabilidade.

Quando os advogados corporativos são capazes de entender que eles não são os oráculos infalíveis de onde devem sair todas as soluções e que os clientes internos são seus parceiros – e não seus inimigos –, nota-se um verdadeiro alinhamento dos mesmos com o propósito organizacional.

As organizações exigem que os advogados – ao contrário do que aprendemos na escola de Direito – tenham obrigações de resultado, e não de meio. Resta a nós calibrarmos qual é o nosso compromisso de resultado:

> As empresas mais lucrativas do mundo impõem uma pressão gigantesca em cima de seus diretores, de seus executivos e de seus funcionários, para que esses atinjam seus resultados, sejam metas de faturamento, fluxo de caixa, metas de corte de gastos, retorno de investimentos, índices de vendas etc. Como diz Bem Heineman Jr., em High Performance with High Integrity (Memo to the CEO), contando parte de sua história profissional vivida na GE, a solução para ser ousado na condução dos negócios sem destruir credibilidade da Companhia é fundir alto desempenho com altos níveis de integridade.
>
> O Advogado Corporativo que terá espaço no futuro será o profissional que souber fiscalizar as atividades da Companhia, de modo a garantir a missão de atingir seus resultados econômico-financeiros sem que seja colocada em cheque a reputação ou o patrimônio da Companhia. O Advogado Corporativo do futuro ainda deverá ser permissivo, não frear ou obstaculizar projetos de forma, possibilitando que os objetivos do negócio sejam concretizados.
>
> O movimento do Advogado Corporativo deve ser de aproximação com as áreas de negócio da Companhia. No ano de 2014, Donny Ching, Diretor Jurídico da Shell, escreveu um artigo que destaca a importância do Departamento Jurídico Corporativo, como um parceiro de negócios, que

> tem o direito e o dever de sentar a mesa para as discussões e deliberações chave da Companhia. (...)
>
> A aproximação do Advogado Corporativo com as áreas de negócios da Companhia é a forma mais eficaz de se garantir alta performance com alta integridade. Quando o Advogado Corporativo se torna um homem de negócios, ele trabalha em prol das metas da empresa, para viabilizar que todos os resultados sejam entregues. É importante que a performance do Advogado Corporativo também seja analisada e avaliada de acordo com o atingimento das metas de seus clientes internos. Se a área de negócios prospera, sem solavancos, é também porque o trabalho do Advogado Corporativo deu certo. O sucesso de um está diretamente atrelado ao sucesso do outro.

Sinto muitas vezes os advogados corporativos com medo de se posicionarem, de apontar que não têm respostas ou, ainda, no caminho oposto, mas com o mesmo efeito final de afastá-los do propósito da organização, de apontarem riscos desnecessários apenas e tão somente pelo medo de responsabilização individual futura. Portanto, vejo como absolutamente fundamental um repensar constante do papel do advogado corporativo, de suas competências e habilidades e da sua relação e comunicação aprimorada junto a seus clientes internos e demais *stakeholders*.

4.

LEGAL MARKETING E VENDAS: OS ASPECTOS CONCORRENCIAIS, REGULATÓRIOS E DE PROPRIEDADE INTELECTUAL

Pamela Marsura Verreschi de Oliveira[1]

Aquela história de que "a união faz a força" pode ser uma excelente verdade e também uma grande mentira. Nossas regras concorrenciais e regulatórias que visam garantir a manutenção da livre concorrência e preservar o consumidor contra empresas mal intencionadas, monopólios, quarteis e acordos de preços, também possuem um gume contrário aos bem intencionados e impedem o esforço comum contra o mesmo "inimigo", o *benchmarketing* de ações que deram certo e inovações em prol do consumidor.

Empresas de um mesmo setor podem ser concorrentes entre si e, também, sem sombra de dúvidas, partilharem dores e pontos de convergência que, se bem trabalhados, militam a favor um interesse maior. E essa é a grande dicotomia do tema que iremos abordar nas próximas linhas, dividido, em especial, em três grandes tópicos, a saber: (a) informações de mercado; (b) sugestão de preços; e (c) combate à pirataria.

---

1 Advogada. *Legal Manager* do setor esportivo. Membro da comissão de Mídia, Entretenimento e Cultura da OAB/SP. Bacharel em Direito pela Universidade Presbiteriana Mackenzie, com especializações em comunicação e gestão de departamento jurídico pelo Insper – Instituto de Ensino e Pesquisa de São Paulo.

Para inaugurar a narração, acredito que esse é um dos tópicos mais importantes e de mais polêmica entre Departamentos jurídicos e canais de vendas e *marketing*: a observância irrestrita às regras concorrenciais.

De um lado, temos o conhecimento do mercado como o grande balizador para definir uma boa e uma má estratégia de vendas e *marketing*. De outro lado, a sensibilidade de informações e preservação da livre concorrência.

Nos ensinamentos básicos de vendas de todas as universidades, antes de entrar em um segmento, nos ensinam a descobrir qual a fatia do mercado e o comportamento dos demais *players* do setor em que pretendemos jogar. Para essa definição, nos dizem que devemos nos basear em múltiplos aspectos do mercado, como a porcentagem de vendas, saída de produtos, exposição e posicionamento de marcas e segmentos, comportamento de consumidores ou, mesmo, a quantidade de interações e *leads* em seu funil de vendas.

Ou seja, um alto conhecimento do mercado é fator decisivo de posicionamento para uma marca, basta comparar, por exemplo, se houve um crescimento em *market share* de 10% em relação ao ano anterior, mas seus competidores cresceram 20% no mesmo período. Apesar de você ter um claro crescimento, ao analisar as informações do mercado, é possível identificar se houve perda de participação no segmento e é necessário "tampar esse ralo" para voltar a crescer de forma proporcional aos demais concorrentes. O famoso "não basta olhar somente o próprio umbigo" nos ensina todo dia que a definição de sucesso é altamente dependente de qual perspectiva e referência este sucesso está sendo analisado.

Em um mundo perfeito, o uso de informações de mercado é altamente rico e benéfico ao consumidor, mas deve ser visto como um poder gigante e uma responsabilidade ainda maior para quem detém tais dados. Todavia, não vivemos em um mundo perfeito e estamos longe disso. Pleitear por uma ausência total de controle no uso e coleta dessas informações, abriria a Caixa de Pandora para empresas mal intencionadas usarem tais informações de forma ilícita e, portanto, possibilitar a agirem em benefício próprio, como nos casos de monopólios e/ou carteis de preços.

Hoje, pode se dizer que o grande desafio enfrentado pelas empresas é como obter um conhecimento de mercado legítimo sem violar aspectos regulatórios e concorrenciais. Alguns setores, como o de tabaco e bebidas, já altamente regulados, possuem regras específicas e facilitam a forma de jogar dessas empresas. Em contrapartida, outros setores, como varejo e novas indústrias, com ausência de legislação específica, acabam por ser mais conservadores e menos inovadores, devido à sombra e ao verdadeiro risco de penalidades altíssimas.

Ao investir elevadas cifras em inovações, por exemplo, as empresas precisam certificar-se, antes, da efetividade de tais ações cujo padrão só pode ser comprovado justamente pelas análises de dados do mercado, garantindo uma proteção eficaz e adequada de tais ações.

E é essa famosa "zona cinza" gerada pela falta de regulação específica, que faz com que grande parte das empresas de determinados setores tenham inovações "freadas" e, por vezes, adotem sempre os mesmos comportamentos.

Para quebrar este ciclo, destacam-se aquelas empresas que desafiam o *status quo* e tomam as famosas decisões de risco, abrindo caminho para milhares de outras empresas que estavam apenas esperando alguém dar o primeiro passo. Tais tomadas de decisões, por vezes, podem ser bem-sucedidas, como no caso de adoção de assinaturas eletrônicas – tema também não claramente regulado com uma norma de uma medida provisória que, devido a fatores externos e ao primeiro pontapé inicial, hoje é amplamente utilizado entre as empresas e por pessoas naturais – e os famosos programas de estágios inclusivos iniciados por grandes empresas como Magalu; outras, por vezes, acabam sofrendo na malha do CADE e tendem até a fechar seu negócio.

Com os avanços tecnológicos, a obtenção de informações tem se tornado mais fácil e sido uma grande aliada às empresas que buscam ampliar sua competitividade no setor e alavancar seus resultados.

Grandes empresas de dados do mercado têm disponibilizado informações públicas de consumo com base em coletas automáticas, como média de preço de determinados produtos, por meio de Google Ads, por exemplo, ou, ainda, outras empresas têm criado produtos com base em informações setoriais obtidas por acordos de parcerias voluntários com *players* do setor.

O "medo" de dar acesso ao *player* de uma informação sensível é por vezes posto em xeque quando comparado ao benefício que poderia proporcionar ao seu consumidor se tivesse o acesso a essa mesma informação por parte desse *player*. O interesse comum, na maioria das vezes, tende a gritar mais alto e tirar as amarras de monopolizar todas as informações e crescer sozinho.

Nesse sentido, vemos um movimento de grandes empresas em fornecer voluntariamente determinados dados de mercado, não sensíveis, para gerar benefício ao consumidor: um produto final que poderá beneficiar de forma igual todos os *players* do mercado e vence quem o fizer de forma mais inteligente em relação ao consumidor final. É importante deixar claro que o fornecimento dessas informações deve ser voluntário e não estar relacionado à qualquer benefício financeiro e/ou penalidade caso não o façam.

O papel dessas empresas fornecedoras de dados é, portanto, garantir a anonimização e o cumprimento da (pouca) legislação existente hoje no Brasil sobre o tema, ou seja, condições iguais e sem privilégios para todos os *players*.

Via de regra, a coleta de dados de forma isolada não caracteriza uma violação concorrencial por si só. O que torna informações sensíveis suscetíveis à proteção legal é a forma de realização da coleta e a sazonalidade das informações obtidas – que pode, ou não, gerar uma vantagem competitiva para o detentor daquela informação, por exemplo, informações específicas sobre *marketshare* de determinada loja que, a partir dela, possa levar a um padrão de comportamento diferente e privilegiado em relação aos demais *players*.

É óbvio que, quanto mais específica e atual a informação, mais sensível será o dado. Informações macro sobre produtos e concorrentes e/ou disponíveis publicamente, como preço de produto e/ou dados de navegação e/ou interações disponibilizados por ferramentas *on-line*, ou seja, informações que poderiam ser obtidas por qualquer pessoa, não deveriam ser consideradas informações sensíveis. Ao passo que tal informação possa gerar uma vantagem em relação a outro *player* do mercado e uma reação rápida, aumenta a sua sensibilidade e é preciso muita cautela antes de tratá-la/recebê-la e/ou fornecê-la.

Portanto, podemos concluir que, sem a certeza de quais regras se pode jogar e pela necessidade de prevenir ações mal-intencionadas de determinadas empresas, seguimos com um freio para mais inovações em determinados segmentos, gerando um impacto direto no consumidor que pode deixar de ter a melhor experiência de consumo realizada por meio de uma análise criteriosa e cuidadosa do padrão daquele setor.

Como se vê, algumas empresas que buscam alternativas para criar e inovar dentro deste ambiente trouxeram um fôlego para todos os setores, mas ainda estamos longe das oportunidades e alcance que um bom dado pode gerar para o negócio.

Outro tema também bastante controvertido e debatido entre jurídicos internos e áreas de negócio é como garantir a valorização da marca e a sua não depreciação, seja por um volume de estoque desregulado, *mark-downs* recorrentes e preços irrisórios *versus* a manutenção da liberdade de operar de um varejista. A não interferência no negócio alheio e a confiança de interesses comuns é o remédio para sair de situações indesejadas.

Muito mais do que determinar regras específicas e/ou tentar interferir no negócio adverso com o estabelecimento ilegal de preços de venda, por exemplo, têm se verificado que a solução para garantir a valorização da marca e a sua não depreciação se dá pelo jogo em equipe. A simples sugestão de preço, se não estiver alinhada com interesses comuns e o mesmo propósito entre varejista e fornecedor, não terá nenhuma eficácia.

Quando um varejista enxerga coletivamente, ou seja, se o seu consumidor ganhar, consequentemente seu revendedor ganhará, ele segue assim na mesma cadeia, alinham os propósitos e têm o mesmo interesse comum, abrindo-se um vantagem competitiva enorme em comparação a outros *players* do mercado que ainda limitam-se a olhar, como mencionamos acima, o "próprio umbigo".

É comum no mercado vermos grandes varejistas e/ou fornecedores sugerindo preços de venda aos seus revendedores, de modo a compartilhar com sua cadeia um posicional inicial esperado da sua marca no mercado, cujos preços sugeridos podem ou não ser acatados por tais revendedores. Contudo, é fundamental que a decisão final quanto à definição do preço de venda, bem como de vendê-los com maior ou menor desconto, caiba inteira e exclusivamente ao próprio revendedor, como agente econômico independente. Como agentes econômicos independentes, varejista e revendedor possuem estratégias comerciais distintas entre si, e são essas particularidades que os definem como mais ou menos eficientes do ponto de vista econômico.

Ao sugerir um preço, é preciso que a empresa deixe claro ao seu revendedor que a decisão estratégica de adquirir determinado volume de produto e/ou revendê-lo por determinado preço é única e exclusivamente do próprio revendedor, não podendo este, por exemplo, imputar eventuais insucessos de suas próprias estratégias comerciais ao fornecedor.

A sugestão de preço não tem caráter impositivo e/ou vinculante. Essa liberdade de precificação deve ser garantida inclusive pela não aplicação de quaisquer retaliações e/ou penalidades (positivas ou negativas) diante do comportamento final de tais revendedores.

É preciso esclarecer que quando uma empresa revende produtos por preços diferentes aos praticados por outros *players* do mercado, está tão somente a adotar estratégia comercial que, naquele momento específico, parece fazer mais sentido aos seus negócios, o que é reflexo dos princípios da livre concorrência e livre-iniciativa, ambos amparados constitucionalmente.

Do mesmo modo, o revendedor, ao tomar uma decisão estratégica de adquirir determinado volume de produto para revenda, por sua livre e espontânea vontade, assume integralmente os riscos de estoque e revenda de tais produtos, não cabendo a ele imputar seus sucessos e insucessos ao seu fornecedor.

Por fim e não menos importante, no movimento de união faz a força, temos o tema de propriedade intelectual e combate à pirataria.

Todo advogado aprende na faculdade que "empresas concorrentes não podem conversar entre si" e temem sumariamente qualquer conflito de interesses ou troca de informações sensíveis. Todavia, o que não nos ensinam é que, ao atuar em um mesmo setor, algumas batalhas são comuns e, unido forças, as montanhas se movem mais rápido.

O que quero dizer com todos esses ditos é que, em especial, mas não se limitando, ao abordarmos o tema de pirataria temos um "inimigo" comum a várias empresas que, neste momento, deixam de ser concorrentes e passam a ser aliadas para evitar tais infrações e garantir a proteção à sua marca e experiência de produto ao seu consumidor.

E como unir forças sem que pareça uma infração à normas concorrenciais e regulatórias? Daí exalta-se o papel importante de associações setoriais e institutos de proteção à marca. Ou seja, entidades autônomas e independentes que têm por objetivo consolidar interesses comuns do setor e garantir a licitude na troca de informações e esforços comuns para determinados temas.

Combate à pirataria é um tema presente em qualquer grande empresa, de qualquer segmento, seja um produto de vestuário ou uma bebida alcoólica. Na maioria das vezes, as grandes indústrias infratoras compensam seus custos operacionais ampliando sua gama de produtos, ou seja, ao produzir um produto falsificado de uma determinada marca, aproveita o mesmo maquinário e operacional para produzir de outras dez marcas concorrentes dentro do mesmo setor.

E é justamente nesse contexto que concorrentes passam (ou deveriam) a ser unir entre si e entre outros órgãos públicos, dividindo custos, estratégias e ações de combate e apreensão de produtos piratas. Ao enxergar o ganho efetivo para o setor e a licitude de tais ações, a participação de empresas em associações setoriais têm sido algo cada vez mais frequente em todos os mercados. É nítido o ganho efetivo e operacional dessa união de esforços, que deve ser sempre norteada pelo princípio do interesse comum.

Aprendi com um grande mentor, em uma empresa na qual trabalhei, que às vezes é preciso navegar na zona cinza para tomar uma melhor decisão. Entre o preto e o branco, no final do dia, pode estar a resposta. É verdade que nossas decisões não são imediatas e nossa legislação, assim como o mercado, tem passado por constantes transformações.

O conhecimento e o senso crítico para analisar com boa-fé a situação concreta é que permitirão uma melhor tomada de decisão. É preciso desamarrar-se dos preconceitos e interesses individuais e se perguntar sempre, de forma genuína, qual o objetivo real com aquela ação, seja com relação ao recebimento de informação, seja sugestão de preço ou conversando com outro *player* do mercado; se a resposta final for de interesse comum e benefício real à parte insuficiente da relação, estamos no caminho certo e, na maioria das vezes, tomando os cuidados necessários, é possível seguir em frente.

Não podemos nos enganar e criar um interesse comum para mascarar uma verdade que sequer temos coragem de admitir. Como mencionei acima, para alcançar a resposta para essa pergunta, é preciso questionar-se sobre a mesma resposta, três, quatro, cinco vezes. Dividir opiniões, conhecer o comportamento do mercado e entender o objetivo por trás da norma, ter empatia para reconhecer seus prós e seus contras e, então, tomar a melhor decisão.

Jogar junto com o negócio é sonho de todo grande jurista, ser um facilitador e ser visto com o famoso "faz acontecer". Contudo, mais do que sonhar, é preciso manter sempre por perto o alerta e seu propósito. Reconhecer seu papel e saber que a premissa básica de qualquer relação é jogar limpo é fundamental. Para um advogado, é premissa básica garantir a segurança jurídica das ações da sua empresa e aprender a dizer "nãos" necessários, quando preciso.

5.

CRISES GLOBAIS E *SUPPLY CHAIN*: O PAPEL DO ADVOGADO CORPORATIVO NA GESTÃO CONTRATUAL COM FORNECEDORES

Caio César de Pádua Santos[1]

Nas últimas décadas, os negócios têm se tornado cada vez mais internacionais – com frequência, globais –, graças à redução das tradicionais barreiras *cross-border* para movimentação de produtos, serviços, capital, pessoas e informação. Isso se traduziu em toda uma filosofia de gestão da cadeia de suprimentos contemporânea (*Supply Chain Management* – SCM) preocupada em tornar as cadeias de suprimentos muito mais integradas do que costumavam ser[2].

Nesse contexto, a economia mundial se torna significativamente mais vulnerável a eventos extraordinários que, afetando um dos elos da cadeia, propaga os seus impactos em efeito cascata, gerando reflexos consideráveis na economia, inclusive em escala global.

Citem-se como exemplos a crise do sistema financeiro de 2008, deflagrada pela especulação imobiliária nos Estados Unidos e, mais recentemente, o Brexit,

---

1 Advogado. Gerente Jurídico na Kuehne + Nagel. Bacharel em Direito pela PUC Minas. Especialista em direito dos contratos e direito empresarial. Membro da Associação Brasileira de Direito e Economia – ABDE.

2 WORLD ECONOMIC FORUM. *The Big Challenges for Supply Chains in 2022*. Disponível em: <https://www.weforum.org/agenda/2022/01/challenges-supply-chains-covid19-2022>.

o congestionamento do Canal de Suez, a pandemia da Covid-19, a desaceleração da economia chinesa, a guerra na Ucrânia e até mesmo catástrofes naturais como furacões, incêndios de grandes proporções e chuvas fortes.

Todos esses eventos foram capazes de promover rupturas consideráveis na cadeia de suprimentos em nível global, gerando escassez de insumos e, via de consequência, aumento dos custos em toda a cadeia de produção, conflitos diplomáticos entre Estados, fricções em relações comerciais privadas e insolvência de inúmeros *players*. Nesse cenário, as organizações têm oportunidade de mostrar sua preparação e capacidade de rápida resposta às mudanças – as fortes sobrevivem, enquanto as inaptas ruem diante da crise.

Como Warren Buffet costuma dizer, "you only learn who has been swimming naked when the tide goes out" e, diante dos efeitos do incerto é que as organizações demonstram sua força, seja pela adoção inteligente de mecanismos preventivos de adversidades, seja pela resposta rápida às mudanças e a capacidade de adaptação, transformando reveses em oportunidades e em ganho de competitividade.

E, se a resposta rápida à adversidade é pressuposto para a sobrevivência no cenário de crise, o redesenho das estruturas institucionais que conformam a organização é fundamental quando ele sobrevém. Isso envolve, por óbvio, a capacidade das organizações de gerir de forma inteligente as relações comerciais e os contratos que as materializam, readequando os instrumentos à nova realidade, com foco permanente na continuidade saudável do negócio.

Nesse cenário, o advogado corporativo é peça-chave na qualidade de um dos principais parceiros e conselheiros da organização que integra, juntamente com outros *stakeholders* e funções relevantes, entre as quais finanças, operações, comercial, *procurement* etc. Entretanto, para que possa atuar de forma efetiva na resposta às crises, não basta que o advogado tenha uma formação sólida nas ciências jurídicas. Uma formação generalista e interdisciplinar do advogado que atua nas áreas comercial e de cadeia de suprimentos é fundamental.

De fato, a compreensão dos fundamentos básicos de outras ciências além do direito, entre as quais a política, finanças, contabilidade e economia é elementar para o advogado que pretende orientar negócios em um contexto de globalização e volatilidade. E cremos que essas aptidões não mais devem ser encaradas como adicionais ou diferenciais, mas como pressuposto da formação básica de um advogado que pretenda ser efetivo em um ambiente de negócios.

É particularmente relevante que o advogado corporativo tenha uma compreensão sólida sobre o funcionamento de mercado, com domínio da macroeconomia e conceitos como taxa de câmbio e regimes cambiais, políticas monetárias etc. Igualmente importante é o domínio da microeconomia e a habilidade de avaliação de comportamentos econômicos de indivíduos e grupos de indivíduos, como famílias, empresas, grupos de consumidores etc.

O entendimento do funcionamento dos custos de transação, custo de oportunidade, a compreensão da racionalidade limitada dos agentes econômicos, da teoria dos contratos incompletos, da assimetria informacional, da seleção adversa, do conflito de agência e risco moral e de vieses cognitivos é ferramental básico para a compreensão da dinâmica de formação e cumprimento contratual ou mesmo na gestão de disputas[3].

O domínio desses conceitos permite ao advogado corporativo analisar a tomada de decisão desses grupos, bem como sua relação com o uso dos recursos, preços, bens e serviços, tornando o profissional capaz de antecipar necessidades do negócio, propor soluções que satisfaçam interesses mútuos das partes e, ainda, de prever e frear comportamentos oportunistas e antijurídicos, protegendo os interesses da organização.

Mais que isso, o advogado corporativo deve ser capaz de conciliar essas aptidões e conhecimentos técnicos com visão estratégica e de longo prazo, com foco permanente na continuidade do negócio e na preservação de relações comerciais importantes para a organização que integra.

Para isso, é importante que tenha em mente uma postura colaborativa e voltada à geração de valor com os parceiros comerciais, em detrimento da típica postura adversarial e combativa que se ensina nos cursos de direito.

A postura colaborativa do advogado corporativo se torna fundamental na medida em que as organizações passaram a compreender que seus fornecedores são parceiros críticos na redução de custos, aumento da qualidade dos produtos e serviços e inovação. Não por outra razão as lideranças têm pregado, rotineira-

---

[3] A propósito, ver: MACKAAY, Ejan; ROUSSEAU, Stéphane. *Análise econômica do direito*. Tradução Rachel Sztajn. 2. ed. São Paulo: Atlas, 2015; ARAUJO, Fernando. *Teoria económica do contrato*. Coimbra: Almedina, 2007.

mente, a necessidade de preservação de relacionamentos estratégicos com objetivos e riscos compartilhados[4].

No entanto, de forma paradoxal, quando as negociações contratuais começam, seja no momento prévio à celebração do contrato, seja no momento de renegociá-lo ou gerir uma disputa, não raras vezes as organizações adotam uma mentalidade contraditória e uma abordagem de contratação transacional, esmerando-se na tentativa de prever cada cenário provável ou possível e depois tentam colocar tudo "em preto e branco"[5], ou de adotar uma postura intransigente e inflexível perante o parceiro comercial.

Uma variedade de cláusulas contratuais – como "rescisão por conveniência", que concede a uma das partes total liberdade para rescindir o contrato após um período especificado –, multas estratosféricas e desarrazoadas são usadas para tomar a contraparte como refém (o chamado "*hold-up* contratual"). No entanto, essas táticas não apenas conferem uma falsa sensação de segurança (porque os custos de transação de ambas as empresas são muito altos para realmente invocar as cláusulas), mas também promovem comportamentos indesejados que prejudicam o relacionamento e a própria consecução do contrato[6].

Essas táticas antiquadas de negociação contratual talvez fizessem sentido no contexto de contratos transacionais simples como, por exemplo, uma compra e venda de bem móvel – em que se paga o preço, recebe-se o bem em tradição imediata e encerra-se a dinâmica contratual. No entanto, a complexidade do sistema econômico moderno torna cada vez mais comuns contratações de matizes complexas, em que se misturam diversas figuras contratuais em um mesmo arranjo, como a compra e venda e a prestação de serviços, muitas vezes materializando uma relação de longo prazo.

Cite-se como exemplo a terceirização de atividades, contratos-aliança, *joint ventures*, franquias, parcerias público-privadas, grandes projetos de construção e fornecimentos gerais de longo prazo, sujeitos a inúmeras variáveis capazes de alterar as premissas que constituíram a base do negócio.

---

4 FRYDLINGER, David; HART, Oliver; VITASEK, Kate. A New Approach to Contracts: how to build better long-term strategic partnerships. *Havard Business Review*, sep.-oct. 2019. Disponível em: <https://hbr.org/2019/09/a-new-approach-to-contracts>.

5 *Ibid.*

6 *Ibid.*

Assim, é interessante a compreensão da teoria dos contratos relacionais, cujo precursor foi Ian Macneil, e que se configura por uma visão dos contratos como instrumentos que materializam verdadeiras relações, em detrimento de transações simples e discretas. Assim, mesmo uma transação aparentemente simples pode ser compreendida como componente de um contexto econômico e social muito maior[7].

A teoria de Macneil, embora tenha suas falhas e imperfeições, foi significativamente propagada nas últimas décadas e encontrou nova roupagem no trabalho de outros estudiosos contemporâneos como David Frydlinger, Kate Vitasek e Oliver Hart[8], este último ganhador do prêmio Nobel de economia de 2016 com seu trabalho dedicado à teoria dos contratos.

E o que todos eles têm em comum é a visão, da qual compartilhamos, de que a postura mais adequada para uma negociação contratual parece ser adotar um tipo de arranjo totalmente diferente daqueles perpetuados ao longo das décadas passadas: enxergar os instrumentos como contratos relacionais que especifiquem objetivos mútuos e estabeleçam estruturas de governança para manter as expectativas e interesses das partes alinhados no longo prazo[9] e fomentar a confiança recíproca. Na medida em que o contrato é projetado, desde o início, para promover a confiança e a colaboração, este contrato é especialmente útil para relacionamentos altamente complexos nos quais é impossível prever todos os cenários hipotéticos.

Essa mentalidade se torna igualmente relevante durante a gestão das relações contratuais (incluindo as disputas delas advindas) nos momentos de crise, especialmente quando em proporção global e capazes de afetar toda a cadeia, ainda que em maior ou menor grau.

Diversas disputas surgirão relacionadas a crises globais e problemas reflexos na cadeia de suprimentos, isso é certo. Assim, é importante se ter em mente

---

7 MACNEIL, I. R. Reflections on Relational Contract Theory After a Neoclassical Seminar. In: COLLINS, H.; CAMPBELL, D.; WIGHTMAN, J. (Eds.). *The Implicit Dimensions of Contract*. Hart: Oxford, 2003.

8 FRYDLINGER, David; HART, Oliver; VITASEK, Kate. A New Approach to Contracts: how to build better long-term strategic partnerships. *Havard Business Review*, sep.-oct. 2019. Disponível em: <https://hbr.org/2019/09/a-new-approach-to-contracts>.

9 *Ibid*.

que a gestão proativa e colaborativa dessas controvérsias confere mais chances à organização de solucioná-las de forma eficiente e bem-sucedida.

Uma aproximação razoável e colaborativa dos fornecedores para resolução de controvérsias evitará ou solucionará disputas de forma muito mais célere e menos custosa (incluídos aqui os custos de transação da seleção de outro fornecedor, negociação do respectivo contrato e implementação do cumprimento).

Isso não significa, obviamente, deixar de lado todas as medidas necessárias para proteção dos interesses da organização. Simultaneamente à tentativa de resolução amigável de uma controvérsia, deve-se ter como igualmente importante a preparação para o pior: municiar-se de evidências e a construção de uma narrativa sólida que sustentará os interesses da organização no caso de uma disputa.

Isso inclui, por exemplo, avaliar se os descumprimentos contratuais do fornecedor estão devidamente documentados e organizados, além de uma análise profunda das disposições contratuais, da legislação aplicável e do entendimento dos tribunais sobre a matéria em discussão.

Mais uma vez, a interdisciplinaridade do advogado corporativo lhe permitirá orientar o negócio rumo à decisão correta: a saber, compreender se o descumprimento é resultado de um contexto econômico maior pode sugerir ser razoável um esforço excepcional para preservação da relação ou concessões maiores; o entendimento sobre a dinâmica de preços e o funcionamento de mercado ou mesmo do próprio modelo da transação (como no caso de contratações em regime *cost plus*) pode levar o advogado a reputar razoável um pleito de revisão de preços em razão de elevação extraordinária de preço de insumos, orientando o negócio a uma solução mais célere e eficiente.

Assim, a visão holística do advogado corporativo, aliada ao pensamento voltado à construção e preservação de relações e a postura colaborativa, serão fatores decisivos na contribuição efetiva para o negócio e no suporte à tomada de decisões eficazes pela liderança da organização, especialmente em cenários de crise.

REFERÊNCIAS

ARAUJO, Fernando. *Teoria económica do contrato*. Coimbra: Almedina, 2007.

FRYDLINGER, David; HART, Oliver; VITASEK, Kate. A New Approach to Contracts: how to build better long-term strategic partnerships. *Havard Business Review*, sep.-oct. 2019. Disponível em: <https://hbr.org/2019/09/a-new-approach-to-contracts>.

MACKAAY, Ejan; ROUSSEAU, Stéphane. *Análise econômica do direito*. Tradução Rachel Sztajn. 2. ed. São Paulo: Atlas, 2015.

MACNEIL, I. R. Reflections on Relational Contract Theory After a Neoclassical Seminar. In: COLLINS, H.; CAMPBELL, D.; WIGHTMAN, J. (Eds.). *The Implicit Dimensions of Contract*. Hart: Oxford, 2003.

WORLD ECONOMIC FORUM. The Big Challenges for Supply Chains in 2022. Disponível em: <https://www.weforum.org/agenda/2022/01/challenges-supply-chains-covid19-2022>.

6.

A IMPORTÂNCIA DAS *HARD SKILLS* E *SOFT SKILLS* PARA UMA LIDERANÇA COLABORATIVA E FORMAÇÃO DE EQUIPE DE ALTA *PERFORMANCE*

Eduardo Hiroshi Hirano[1]

INTRODUÇÃO

O Gestor Jurídico[2] que detém sólidos conhecimentos jurídicos, que domina outras habilidades como técnicas de gestão, que possui inteligência emocional, é criativo, sabe se comunicar e exerce a liderança adaptativa tem maiores chances de se tornar um líder colaborativo, formar equipes jurídicas de alta *performance* e se destacar como executivo.

O líder colaborativo possui perfil aglutinador, domina diversas habilidades que impulsionam o fortalecimento da relação entre as pessoas, gera um ambiente de confiança e pode ser bem-sucedido na tarefa de transformar um grupo de profissionais bem-intencionados em uma equipe altamente qualificada.

---

1 Advogado (*in-house*), pós-graduado em gestão empresarial (MBA), mestre em direito dos negócios pela FGV, mais de 16 anos de experiência como gestor de departamento jurídico de multinacionais líderes em seus mercados.

2 Na falta de uma expressão neutra para o gênero, adotaremos a expressão "Gestor Jurídico" para fazer referência à pessoa responsável pela administração do departamento jurídico, seja do gênero masculino (gestor jurídico), seja do gênero feminino (gestora jurídica).

Em uma equipe de alta *performance* o líder está conectado à sua equipe, está inserido no processo produtivo e não desiste de atuar ao lado de seus liderados para alcançar os objetivos desejados. A equipe, por sua vez, percebe e reconhece a atuação participativa e colaborativa de seu líder, sente-se acolhida, segura e assistida.

A faculdade de direito nos prepara para ser técnicos em direito, mas não necessariamente nos ensina como atuar de forma estratégica e focada em nossos clientes[3], nem tampouco nos direciona para assumir posições de liderança ou como formar uma equipe jurídica. Tendo em mente essa deficiência, devemos continuamente aperfeiçoar as habilidades de liderança e gestão, pois tais habilidades são cruciais para o sucesso de todo departamento jurídico.

Uma boa gestão do departamento jurídico pode trazer um diferencial ao resultado apresentado à empresa. Caberá ao gestor conjuntamente com todos os integrantes do departamento trabalhar em equipe para viabilizar formas de entregar serviços jurídicos de excelência, consistentes e sustentáveis.

O trabalho em equipe pode ser algo difícil de ser atingido, ou até mesmo utópico[4], pois diversos empecilhos como falta de confiança, medo de conflitos, falta de comprometimento, responsabilização de terceiros pelas falhas e falta de atenção aos resultados dificultam a criação de um ambiente seguro e colaborativo. O protagonismo do gestor em exercer a liderança colaborativa será fundamental para motivar a equipe e impactar positivamente os resultados do departamento.

Este capítulo compartilha um pouco da visão do autor sobre a importância da liderança colaborativa para a formação de equipes jurídicas de alta *perfor-*

---

3 SOARES, Fábio Lopes; PEDRO, Wagner Osti. *Gestão de escritórios e departamentos jurídicos*. Rio de Janeiro: Lumen Juris, 2021, p. 86.

4 O consultor Patrick Leonci, enaltece o "Trabalho em Equipe" como sendo a maior vantagem competitiva de toda a empresa ou equipe de sucesso. Não obstante, o consultor critica duramente as empresas que são incapazes de viabilizar a existência do trabalho em equipe mesmo reconhecendo a sua importância. As empresas caem em cinco armadilhas naturais, chamadas cinco disfunções, que formam um modelo inter-relacionado, no qual a suscetibilidade a apenas uma disfunção poder ser letal para o sucesso de toda a equipe. As cinco disfunções são: falta de confiança, medo de conflitos, falta de comprometimento, evitar responsabilizar os outros e falta de atenção aos resultados. LENCIONI, Patrick. *Os 5 desafios das empresas*. Trad. Simone Lemberg Reisner. Rio de Janeiro: Sextante, 2015, p. 3; 172-174.

mance. Inicia tratando da importância das *hard skills* e *soft skills* para o gestor jurídico. Compartilha uma visão do perfil de um gestor colaborativo. Sugere alternativas para a formação de uma equipe jurídica de alta *performance*. Por fim, traz sugestões de abordagens práticas de como o líder pode se tornar colaborativo e contribuir para o desenvolvimento de sua equipe.

1. GESTÃO JURÍDICA: *HARD SKILLS* E *SOFT SKILLS*

O processo de construção e desenvolvimento da liderança colaborativa e formação de equipes de alta *performance* demandam o domínio de habilidades específicas, como as *hard skills* e *soft skills*. Qual seria a relevância dessas habilidades para a oferta de serviços jurídicos de excelência? Para iniciar esta conversa, precisamos compreender sua definição e refletir sobre as principais *hard skills* e *soft skills* aplicáveis ao advogado interno.

Os departamentos jurídicos vêm profissionalizando seus modelos de gestão. Assim como as demais áreas da companhia, o departamento jurídico deve ser capaz de gerar valor para a empresa e manter o foco no aprimoramento dos serviços prestados, neste caso, serviços jurídicos. O gestor jurídico deve estar preparado para administrar os recursos humanos e financeiros disponíveis, garantir que as atividades sejam realizadas de forma eficiente, alinhadas às necessidades de seu cliente e aos objetivos da empresa.

Profissionais capazes de dominar habilidades, *hard skills* e *soft skills*, relevantes para a sua área de atuação, podem ter maiores chances de se destacar dentro e fora do ambiente profissional. Mas, afinal, o que são *hard skills* e *soft skills*?

Hard Skills são as habilidades técnicas, que podem ser aprendidas e validadas por meio de sistema de avaliação de assimilação de conhecimento e certificação, tais como: graduação em direito, especialização, redação forense, MBA, domínio de línguas estrangeiras, dentre outras[5].

---

[5] Outros exemplos de *hard skills*: *design thinking*, *storytelling*, gestão de projetos, escrita, tradução, conhecimento de informática e tecnologia (aplicativo de criação de planilhas "excel", editores de texto "word", aplicativos de criação de apresentações "power point"), finanças, contabilidade, estatística, programação.

Soft Skills são as habilidades comportamentais e socioemocionais que impactam a forma como o indivíduo se relaciona com as pessoas e consigo mesmo, tais como: inteligência emocional, empatia, liderança adaptativa, pensamento criativo, comunicação assertiva, escuta empática, dentre tantas outras[6].

Como mencionado anteriormente, na faculdade de direito somos preparados para aprender e aplicar os conceitos técnico-jurídicos ao caso concreto. Entretanto, o conhecimento técnico-jurídico corresponde apenas à uma parte do conjunto de habilidades que um gestor jurídico deve dominar.

As *hard skills* e *soft skills* aplicáveis aos advogados internos variam de acordo com o nicho de atuação da empresa, senioridade e da posição hierárquica na qual os profissionais estão inseridos, porém, de maneira geral, podemos elencar as principais *hard skills* e *soft skills* de um advogado interno (*in-house lawyer*), a saber: *Hard skills*: sólido conhecimento técnico em Direito, conhecimentos básicos de gestão, *Compliance*, LGPD, escrita, domínio da língua inglesa e outros idiomas, domínio de aplicativos de editores de texto e planilhas (ex: *microsoft word* e *excel*), *storytelling*[7]. Já a lista das principais *soft skills* englobam: inteligência emocional, adaptabilidade, pensamento criativo, pensamento crítico, comunicação eficiente e liderança adaptativa.

A despeito da lista acima[8], deve-se ter em mente que cada pessoa demandará o domínio de determinados *hard skills* e *soft skills* a depender do momento profissional em que se encontra ou do ambiente no qual está inserida.

Líderes e liderados desempenham papeis diferentes dentro da organização sendo-lhes atribuída responsabilidades e obrigações diversas e distintas.

---

6 Outros exemplos de *soft skills*: adaptabilidade, colaboração, delegar, espírito de equipe, ética, flexibilidade, gerenciamento de tempo, motivação, *multitasking*, negociação, *networking*, pensamento crítico, persuasão, planejamento, positividade, proatividade, resiliência, relacionamento interpessoal, solução de problema, tomada de decisão.

7 *Storytelling* é um termo amplamente conhecido pelo mercado para descrever a habilidade de contar uma história, com uma narrativa cativante que prenda a tenção do público-alvo.

8 A lista das principais *soft skills* e *hard skills* aqui apresentada é exemplificativa e não exaustiva. Foi elaborada com base na experiência empírica do autor, que atua como gestor de departamento jurídico há mais de 16 anos. A lista pode ser não aplicável indistintamente a todos os profissionais do direito ou advogados de departamento jurídico, dada a diversidade de variáveis no perfil comportamental ou particularidades da empresa que atua.

Ainda, deve-se considerar e respeitar as particularidades de cada indivíduo, qualidades e características que variam conforme o seu o perfil comportamental[9] e profissional[10].

Quais as melhores formas de se aprender e dominar *hard skills* e *soft skills*? Conhecer a si mesmo, de maneira profunda e verdadeira, é o ponto de partida de tudo[11]. Por meio do autoconhecimento, líderes e liderados identificarão seus pontos fortes e limitações; uma vez identificados, poderão utilizar os pontos fortes a seu favor e buscar auxílio para mitigar suas limitações, seja por meio do aprendizado formal ou por meio do trabalho de outras pessoas cujo ponto forte seja o seu ponto fraco, criando uma relação sinérgica de complementação.

Igualmente importante é ter um propósito claro, deve-se ter em mente o objetivo, o que deve ser alcançado, dessa maneira o líder será capaz de identificar quais as *hard skills* e *soft skills* que precisam ser dominadas para executar as tarefas e atingir os objetivos desejados.

O conhecimento técnico está amplamente acessível a todos aqueles que possuem acesso à internet. Podemos facilmente obter conhecimento técnico de qualidade sobre qualquer assunto desejado, em profundidade e em um curto espaço de tempo.

A mesma facilidade e rapidez não é aplicável às *soft skills*. As habilidades comportamentais e socioemocionais não são assimiladas e dominadas com a

---

9 Teoria DISC, desenvolvida por William Mouton Marston (1893-1947), metodologia utilizada para compreender o comportamento das pessoas. Por meio do mapeamento do comportamento humano, identificou-se padrões que levaram à classificação de quatro fatores básicos, que viriam a formar o acrônimo DISC (D – Dominância, exercer o controle sobre algo ou pessoa; I – Influência, influenciar uma ação; S – *Steadiness*, Estabilidade, manter-se constante e estável; e C – Conformidade, agir de acordo com algo). VIEIRA, Paulo; SILVA, Deibson. *Decifre e influencie pessoas*: como conhecer a si e aos outros, gerar conexões poderosas e obter resultados extraordinários. São Paulo: Gente, 2018, p. 71-72.

10 Um artigo de uma empresa de recrutamento e seleção especializado em carreiras jurídicas traz quatro perfis de advogados (de escritório e empresa), são eles: o "Triturador (*Grinder*)", o operário executor das tarefas jurídicas; o "Buscador (*Finder*)" captadores de clientes; o "Intelectual (*Minder*)" os cérebros da operação, os gestores dos projetos; e "Aglutinador (*Binder*)" possui habilidade de conectar as pessoas, o "amigão". BARNES, Harrison. The Four Types of Attorneys Inside the Law Firms: Are you a Finder, Minder, Binder or Grinder? Disponível em: <https://www.bcgsearch.com/article/900046501/the-four-types-of-attorneys-the-finder-minder-binder-and-grinder/>. Acesso em: 19 de março de 2022.

11 VIEIRA, Paulo; SILVA, Deibson. *Decifre e influencie pessoas*: como conhecer a si e aos outros, gerar conexões poderosas e obter resultados extraordinários. São Paulo: Gente, 2018, p. 41.

mesma velocidade e profundidade que os conhecimentos técnicos. Leva-se tempo até que as pessoas possam desenvolver suas competências comportamentais e socioemocionais na profundidade necessária à posição hierárquica ou função desempenhada.

Algumas atitudes podem ajudar a acelerar esse desenvolvimento como: buscar um profissional que já seja referência em determinada habilidade que necessita ser desenvolvida, solicitar orientação de um mentor ou profissional com mais experiência no assunto, pedir *feedback* às pessoas a sua volta, praticar e usar suas experiências como aprendizado, e por fim, compreender que se trata de uma jornada e não uma linha de chegada.

Assim, temos que as *hard skills* e *soft skills* são relevantes para o oferecimento de serviços jurídicos de excelência, pois elevam a qualidade da equipe. O líder poderá gerir melhor os recursos humanos de que dispõe, interagir para maximizar o relacionamento entre os integrantes da equipe, tornando-a mais eficiente, produzindo resultados alinhados com as necessidades de seus clientes e gerando valor para a empresa.

Esclarecida a relevância das *hard skills* e *soft skills* para a oferta de serviços jurídicos de excelência, passaremos a tratar dos protagonistas desta jornada, o líder e a equipe.

2. LIDERANÇA COLABORATIVA

Liderança, ou função de líder, é definida como posição que revela autoridade. Já colaboração é o ato ou efeito de colaborar, de trabalhar em conjunto, cooperação, ajuda[12]. Essas duas definições podem soar antagônicas em um primeiro momento, então, como é possível exercer o papel de líder imbuído em autoridade e, ao mesmo tempo, abrir mão desta autoridade em prol do trabalho conjunto e colaborativo entre os membros da equipe?

A Liderança Colaborativa é um conceito fluido que pode ser percebido quando o profissional que domina diversas habilidades, *soft skills* e *hard skills*, as utiliza para extrair o melhor que cada integrante do grupo tem a oferecer; sabe

---

12 DICIO. *Dicionário online de Português*. 2022. Disponível em:< https://www.dicio.com.br/lideranca/>. Acesso em: 3 de abril de 2022.

congregar os indivíduos para atuarem em conjunto, formando equipes capazes de produzir grandes resultados, exponenciando os atributos coletivos e minimizando as deficiências individuais.

O líder colaborativo integra sua equipe no processo decisório e incentiva a atingir todo o seu potencial. Demonstra ao seu time que juntos podem fazer a diferença[13]. Ele se faz presente de corpo, mente e coração, é capaz de direcionar seus liderados a buscar o desenvolvimento daquilo que necessitam.

O ambiente colaborativo é sustentável quando há espaço seguro de tolerância aos erros. A colaboração acontece por meio do líder, mas não é sobre o líder[14]. O líder colaborativo exerce por vezes o papel de mentor, avaliando o nível de maturidade de seus funcionários e permitindo que sejam expostos a riscos gerenciáveis para que exercitem suas ideias e se desenvolvam como profissionais.

Nesse ambiente, o líder nem sempre terá a melhor solução ou resposta correta ao problema, pelo contrário, ele está aberto a buscar a melhor solução junto ao seu time. Trazendo essa situação para o ambiente jurídico, é possível identificar um grande desafio de mudança comportamental. Como advogados, por vezes, somos demandados prover respostas assertivas para qualquer pergunta que nos seja direcionada, com a maior rapidez possível. Essa pressão pode reduzir nossa permissibilidade a erros ou nos tornar pouco abertos a experimentar diferentes formas de atuação, pois acabamos nos sabotando e não nos permitindo errar ou conhecer novos caminhos. Temos aqui a oportunidade de revisar essa sistemática e refletir sobre mudanças comportamentais necessárias para evitar a autossabotagem.

Em nosso cotidiano somos constantemente expostos a situações que demandam criatividade e inovação, adequação às novas circunstâncias comerciais, políticas e econômicas, sem perder o foco no dever de manter as atividades da empresa dentro de um ambiente juridicamente seguro com a correta aplicação da lei, *compliance*. Ocorre que, na maioria das vezes, as leis e regulamentos não evoluem na mesma velocidade do desenvolvimento tecnológico ou das rela-

---

13 RAUB, Steffen. Liderança colaborativa: como promover o empoderamento da equipe. *Portal Exame*, 2021. Disponível em: <https://exame.com/bussola/lideranca-colaborativa-como-promover-o-empoderamento-da-equipe/>. Acesso em: 2 de abril de 2022.

14 HALL, L. Michael; MCDERMOTT, Ian. *O líder colaborativo:* o desafio máximo da liderança. Trad. Tiago Bruehmueller Morinigo. Rio de Janeiro: Qualitymark, 2018, p. 36.

ções sociais. Leva tempo até que o ambiente seja normatizado. Não obstante, o departamento jurídico é demandado a atuar como *business partner*, auxiliando a contornar os obstáculos e viabilizar o negócio.

Quando refletimos sobre o comportamento humano, temos mais perguntas do que respostas. Considerando que temos perfil e características diferentes, cada líder deverá encontrar a sua própria forma de articulação, e utilizar sua autoridade não para prescrever a melhor forma de solucionar problemas, mas, em vez disso, deve incentivar seus liderados a encontrar as soluções para os seus próprios problemas, auxiliar cada integrante a desenvolver as habilidades necessárias ao seu crescimento, extrair o melhor que cada um pode oferecer e mobilizá-los a atuar em conjunto para produzir grandes resultados em equipe.

Em síntese, o líder colaborativo: incentiva a participação de todos; gera senso de pertencimento; compartilha conhecimento; ouve a opinião dos liderados; tem empatia, sabe se colocar no lugar dos outros; possui discurso e atitude equivalentes; transmite segurança e confiança para o grupo; é provocativo, incentiva o pensamento crítico; tem metas claras e mantém foco nos resultados.

3. EQUIPE JURÍDICA DE ALTA *PERFORMANCE*

Uma equipe de alta *performance* pode ser facilmente romantizada como um grupo de profissionais superqualificados, atuando em perfeita sincronia para produzir grandes resultados e atingir todas as metas desejadas. Nada é impossível para essa equipe! Mas a realidade pode ser bem diferente. Por vezes, temos equipes disfuncionais, compostas por profissionais com baixo engajamento, guiados por líderes despreparados, em que há falta de confiança mútua, o fluxo de comunicação é precário, há desconexões e frustrações recíprocas entre líderes e liderados ou entre os próprios liderados.

O trabalho em equipe continua sendo uma das maiores vantagens competitivas de um departamento ou empresa[15]. Pode ser definida como um grupo de

[15] LENCIONI, Patrick. *Os 5 desafios das empresas*. Trad. Simone Lemberg Reisner. Rio de Janeiro: Sextante, 2015, p. 7.

profissionais que atua em um ecossistema onde os objetivos são claros, as atividades são bem definidas e executadas por pessoas bem treinadas, em sincronia, com elevado nível de produtividade, sob uma liderança com conhecimento, experiência e visão de negócio.

Como podemos formar uma equipe jurídica de alta *performance*? Como fazer para que um grupo de pessoas com habilidades e perfis diferentes possam trabalhar em sincronia em prol de um objetivo comum?

O primeiro passo para formar uma equipe de alta *performance* é formar uma equipe funcional, capaz de realizar as tarefas básicas e rotineiras de forma satisfatória, coesa e autônoma. Estruturar o básico pode ser resumido em um conjunto de tarefas descomplicadas na teoria, mas extremamente complicadas de se colocar em prática no dia a dia[16], tais como: planejar o trabalho que precisa ser feito, definir objetivos, criar procedimentos, compartilhar a estratégia com a equipe, treinar pessoas para que se tornem bons profissionais para realizar as tarefas, assegurar que prestem contas pelos resultados e oferecer *feedback*.

Nessa etapa, as habilidades de gestão e administração do gestor jurídico (*hard skills*) serão fundamentais para mapear os problemas existentes em seu departamento e garantir consistência, estabilidade e confiabilidade aos processos e procedimentos que apoiam as atividades[17]. O gestor pode se valer da ferramenta de controle operacional e de qualidade[18] que melhor lhe convier para auxiliar a estruturar esta etapa.

Uma vez que a rotina básica esteja estruturada e que as pessoas estejam conscientes de suas atribuições, responsabilidades e consequências para o negócio no caso de falha ou má execução das atividades, será possível dar o próximo passo em direção à formação de equipe jurídica de alta *performance*, que envolve melhoria de produtividade e qualidade.

---

16 LENCIONI, Patrick. *Os 5 desafios das empresas*. Trad. Simone Lemberg Reisner. Rio de Janeiro: Sextante, 2015, p. 7.

17 FALCONI, Vicente. *O verdadeiro poder*. 2. ed. Nova Lima: Falconi, 2013, p. 23.

18 Exemplos de Ferramentas de Controle de Qualidade e Procedimentos: Ciclo Kaizen, Ciclo PDCA, *Design Thinking*, Diagrama de Ishikawa ou Espinha de Peixe, Fluxograma, Lean, Programa 5S, 5W2H.

O papel do gestor, atuando como um líder colaborativo, deve ser o de fomentar a criação de um ambiente em que os integrantes da equipe confiam uns nos outros, debatem e dialogam para encontrar a melhor solução para os conflitos, estão comprometidos com as decisões e com os planos de ação, sabem se autogerir e focar no alcance dos objetivos coletivos[19].

Quando bem implementado, esse modelo poderá ser perpetuado pelos próprios integrantes da equipe, que servirão como multiplicadores, consolidando uma cultura própria, engajando os novos integrantes, criando um círculo virtuoso. O gestor terá deixado um grande legado para a empresa e deve se orgulhar.

4. A CONEXÃO DO LÍDER COLABORATIVO COM UMA EQUIPE DE ALTA *PERFORMANCE*

Criar um grupo forte de profissionais é possível e simples, mas também dolorosamente árduo[20]. O perfil do líder colaborativo pode favorecer a formação de uma equipe robusta e autônoma. De maneira objetiva, traremos cinco sugestões de conduta ao líder que poderão ser úteis para auxiliá-lo a transformar seu time em uma equipe de alta *performance*:

a) Sair da zona de conforto

Muitas vezes para que a equipe tenha condições de mudar de postura, é necessário que, primeiramente, seu líder mude a si mesmo. Essa etapa pode ser dolorosa para o líder, pois exige que saia de sua zona de conforto.

Liderar pessoas muitas vezes é desafiador, pois exige conhecimentos e competências que nem sempre dominamos[21], tais como: inteligência emocional, escuta empática, capacidade de planejamento e gerenciamento de tempo, positividade, entre outras.

É preciso ter consciência da necessidade de mudança e força de vontade para mudar e se tornar um líder colaborativo. Comece aos poucos, definindo

---

19 LENCIONI, Patrick. *Os 5 desafios das empresas*. Trad. Simone Lemberg Reisner. Rio de Janeiro: Sextante, 2015, p. 174.

20 LENCIONI, Patrick. *Os 5 desafios das empresas*. Trad. Simone Lemberg Reisner. Rio de Janeiro: Sextante, 2015, p. 7.

21 VIEIRA, Paulo; SILVA, Deibson. *Decifre e influencie pessoas*: como conhecer a si e aos outros, gerar conexões poderosas e obter resultados extraordinários. São Paulo: Gente, 2018, p. 13.

pequenos objetivos e metas a serem cumpridas a cada dia ou semana. Exemplos: cumprimente as pessoas com um sorriso no rosto ou ao menos sem uma carranca sisuda; interrompa o olhar para a tela do computador ou celular e olhe para a pessoa que está lhe direcionando a palavra; em uma reunião por vídeo conferencia, abra a câmera de seu computador quando estiver dirigindo a palavra à alguém; escute atentamente, mesmo que por alguns minutos, o que uma pessoa do time tem a lhe dizer, tome nota das principais informações relatadas; organize a agenda do dia, respeite o horário de início e término das reuniões; dentre tantas outras simples, mas impactantes atividades.

b) Expor vulnerabilidade

O líder colaborativo não deve ter medo de demostrar vulnerabilidade. Expor nossas vulnerabilidades pode ser considerado um ato de fraqueza[22], especialmente se transparecidos para os nossos liderados e demais pessoas que esperam a voz de comando do líder.

A rejeição à vulnerabilidade deriva com frequência da associação que fazemos entre ela e as emoções sombrias como o medo, a vergonha, o sofrimento, a tristeza e a decepção[23]. Mas, ao contrário do que parece, a exposição da vulnerabilidade não será gratuita, o líder demonstrará seu lado humano, mostrando que possui deficiências e imperfeições como qualquer pessoa.

Após expor suas vulnerabilidades, o líder deve se colocar aberto a críticas e receptivo a sugestões. Isso gerará empatia, iniciará um canal aberto de comunicação com os liderados, dando um passo importante para a construção de um ambiente de confiança.

c) Positividade: aprender novos truques

O líder colaborativo deve ser flexível, se manter atento às mudanças que estão ocorrendo ao seu redor e fazer o melhor uso e aplicação do potencial inexplorado da liderança[24]. Deve ter a capacidade de aprender com cada nova

---

22 "Vulnerabilidade é a coragem em você e fraqueza em mim." BROWN, Brené. *A coragem de ser imperfeito*. Trad. Joel Macedo. Rio de Janeiro: Sextante, 2016, p. 33.

23 BROWN, Brené. *A coragem de ser imperfeito*. Trad. Joel Macedo. Rio de Janeiro: Sextante, 2016, p. 28.

24 "O potencial de trabalho futuro baseia nas habilidades e experiencias acumuladas evidenciadas pelas realizações do passado, pela capacidade de aprender novas habilidades e pela disposição de

experiência positiva ou negativa; saber agir ou reagir frente a cada situação e utilizar diferentes tipos de abordagens, sem receio de tentar alternativas ainda não exploradas.

Estar disposto a conhecer coisas novas abrirá a mente para diversas outras situações, aumentará a pré-disposição do líder em conviver com o diferente, tornando-o mais flexível, tolerante, adaptável a mudanças e aumentará sua inteligência emocional.

d) Servir à equipe com empatia

No melhor estilo de O *Monge e o Executivo*[25], o líder eficiente é aquele que desenvolve habilidades e qualidades morais que o capacitam a inspirar e influenciar um grupo de pessoas. O papel do líder não é impor regras e dar ordens à camada seguinte. Em vez disso, deve servir aos seus liderados[26].

O líder colaborativo preza pela qualidade do relacionamento que mantém com sua equipe e, igualmente, preza pela qualidade da relação que os integrantes de sua equipe mantêm entre si. O líder deve ser capaz de estabelecer relações harmoniosas com as pessoas, compreender seus comportamentos, ajudar a encontrar espaço para crescerem e se desenvolver[27].

Uma forma direta e simples de servir é perguntar aos liderados, com sinceridade: "Quais as maiores dificuldades do dia a dia que atrapalham a execução do seu trabalho?". As respostas poderão ser surpreendentemente simples como "não sei fazer uma planilha *Excel*" ou mais complexas como "eu dependo de informações do departamento X, mas devido à alta rotatividade das pessoas desse departamento o histórico dos casos está se perdendo, dificultando o meu trabalho". Independentemente do grau de complexidade do problema, o gestor terá oportunidade de criar e demostrar empatia com seu time, compreendendo

---

lidar com tarefas maiores, mais complexas e de qualidade mais elevada. Quanto mais as pessoas realizam, mais aprendem; a disposição de enfrentar novos desafios aumenta à medida que os desafios atuais são superados." CHARAN, Ram; DROTTER, Stephen; NOEL, Jim. *Pipeline de liderança:* o desenvolvimento do líder como diferencial competitivo. Trad. Cristina Yamagami. 2. ed. São Paulo: Elsevier/SSJ, 2012, p. 6.

25 Livro de autoria de James Hunter, que aborda elementos essenciais para exercer a liderança.

26 HUNTER, James C. *O monge e o executivo*. Trad. Maria da Conceição Fornos de Magalhães. Rio de janeiro: Sextante, 2004, p. 8 e 53.

27 VIEIRA, Paulo; SILVA, Deibson. *Decifre e influencie pessoas:* como conhecer a si e aos outros, gerar conexões poderosas e obter resultados extraordinários. São Paulo: Gente, 2018, p. 13.

o que lhe causa desconforto, e poderá atuar para construir conjuntamente uma possível solução para o problema.

Outra forma de criar empatia e iniciar o processo de conhecimento das pessoas é observá-las. Olhe nos olhos ao falar com as pessoas, observe seu comportamento, tente compreender seu gestual. Por meio desses sinais, as pessoas expressam concordância ou discordância com os assuntos.

Em ambas as situações, o líder terá maiores condições de ajudar seus liderados, e, mesmo que não seja possível solucionar o problema, os simples atos de perguntar e ouvir aumentarão a confiança e a comunicação interna, reforçando sua liderança.

e) Ensinar a pensar e se autogerir

O conhecimento deve ser descentralizado, o líder colaborativo é capaz de desenvolver pensamento estratégico coletivo. Embora a equipe continue reconhecendo e aceitando o poder emanado das posições mais acima na hierarquia, a noção de autoridade passa a ser menos relevante. Todos estão envolvidos no processo decisório e possuem voz ativa. A equipe é menos dependente de seus líderes para tomar decisões.

O líder colaborativo viabiliza a autogestão, consegue criar um ambiente de confiança, onde os membros da equipe sentem-se livres e confortáveis para cobrar seus pares quando preciso, demandando que executem o trabalho no tempo, forma e qualidade necessário para que o resultado coletivo seja atingido.

Para estimular o pensamento, podemos perguntar aos liderados "Quais as alternativas que você proporia para tentar solucionar o problema?" ou "Qual caminho você seguiria se estivesse que tomar a decisão final sobre o assunto?" ou "O que deveria ter ocorrido para que o resultado fosse atingido?". A partir das respostas, o líder poderá debater, apontar fragilidades e fortalezas e mapear os riscos, estimular o pensamento crítico, ensinar seus liderados a pensar sozinhos, criticamente, validar e relacionar informações, de forma a perceber ameaças e oportunidades emergentes[28].

---

28 GABRIEL, Martha. *Você, eu e os robôs*: pequeno manual do mundo digital. São Paulo: Atlas, 2020, p. 263.

CONCLUSÃO

O gestor capaz de dominar *hard skills* (habilidades técnicas) e *soft skills* (habilidades comportamentais e socioemocionais) adequadas às suas necessidades, terá maior chances de se destacar e se tornar um líder colaborativo.

O líder colaborativo engaja pessoas, gera senso de pertencimento, exerce a escuta empática, incentiva o pensamento crítico, transfere conhecimento, otimiza o fluxo de informações, constrói segurança e conquista confiança, torna as metas claras e faz a equipe manter o foco nos resultados.

Ao exercer uma liderança colaborativa, o líder terá maior facilidade em extrair o melhor de cada indivíduo em prol do trabalho coletivo e formar uma equipe jurídica de alta *performance*, em um ecossistema onde os objetivos são claros, as atividades são bem definidas e executadas por pessoas bem treinadas, estão em sincronia e possuem elevado nível de produtividade.

Criar uma equipe de alta *performance*, embora pareça simples na teoria, pode ser muito desafiador na prática. Por vezes, o líder deverá sair de sua zona de conforto para melhorar o time, deverá ser capaz de criar empatia, expor suas vulnerabilidades, aprender coisas novas, ser flexível, tolerante, adaptável a mudanças ou desenvolver sua inteligência emocional. Atitudes simples como perguntar à equipe "quais as dificuldades enfrentadas" ou "o que sentem ou pensam" pode auxiliar o líder a identificar ações concretas que viabilizarão a criação de um grupo coeso, capacitado a produzir serviços jurídicos de excelência, alinhado com as necessidades dos clientes e, com isso, gerar valor para a empresa.

Quando o líder colaborativo é bem-sucedido em formar uma equipe de alta performance, o modelo poderá ser perpetuado pelos próprios integrantes da equipe, que servirão como multiplicadores, consolidando uma cultura própria, engajando os novos integrantes, criando um círculo virtuoso, deixando um grande legado para a empresa.

7.

ADVOCACIA CORPORATIVA *SOFT*: AS HABILIDADES SOCIAIS QUE PASSARAM A SER MAIS VALORIZADAS DO QUE O CONTEÚDO JURÍDICO

João Paulo Prado[1]

INTRODUÇÃO

Toda segunda-feira pela manhã os executivos aqui da empresa se reúnem para alinhar e debater sobre os mais diversos temas. Já não era a primeira vez que eu discordava do posicionamento de alguns colegas, por vezes até mesmo do CEO. E, tal como aprendemos na nossa formação jurídica, defendia as minhas teses como um leão dominador da Savana. Fazia o que fosse necessário para convencer meus pares de que meu pensamento estava correto. Muitas vezes o clima não ficava amistoso. Sorte que a maioria trabalha junto há muito tempo e é todo mundo muito amigo.

Certa vez, depois de muitas dessas reuniões e de receber alguns *feedbacks* de que minha postura era agressiva, a diretora de Gente e Gestão sentou ao meu lado e me disse: "você precisa se atentar com o sequestro da amígdala" e me presenteou o livro *Inteligência Emocional* (Daniel Goleman).

Este capítulo não vai te fazer uma pessoa com *soft skills*. Até porque, não acredito que nenhum artigo conseguiria, já que habilidades socioemocionais se

---

1 Advogado. Vice-presidente Jurídico e *Compliance* no Eleva Educação. Presidente da Comissão de Educação da OAB/RJ. Bacharel em Direito pela UFRJ e mestre em Direito com ênfase em políticas públicas educacionais.

desenvolvem a partir de hábitos e não apenas pelo estudo. Mas se aquela rápida conversa seguida pelo livro de presente me fez encarar a minha jornada corporativa de outra forma, eu acredito que esse texto e as referências que seguem poderão abrir as mesmas portas para você.

(Calma, ainda voltarei a falar sobre o sequestro da amígdala e sobre a importância dos hábitos).

1. O QUE EU DESAPRENDI NA FACULDADE DE DIREITO

Não me interprete mal, eu sou um apaixonado pela Faculdade Nacional de Direito. Desde o primeiro dia, quando um grupo de veteranos pintou FND nas minhas costas, eu me encho de orgulho para falar daquela faculdade magnífica. Minha crítica não é àquela casa especificamente, mas a todas as faculdades de Direito com as quais já tive contato. Mesmo que algumas já estejam bem à frente no caminho da transformação, ainda não vi nenhuma que tivesse atingido o equilíbrio para formar um profissional mais completo ao invés de um bacharel em Direito.

Hoje, como um executivo da área de educação, tenho claro que os idealizadores dos currículos acadêmicos precisam ter em mente a transformação de alguns paradigmas fundamentais para o aprendizado:

a) a internet tem mais conteúdo do que eu, do que você e do que todos os professores doutores titulares em conjunto;
b) as demandas da vida, e logicamente do mercado de trabalho, são alteradas em uma velocidade que nem sequer compreendemos. O conteúdo que ensinamos provavelmente não será relevante para grande parte do futuro profissional dos alunos;
c) o QI não é o único e talvez não seja o melhor indicador de inteligência. A inteligência emocional é cada vez mais valorizada. Essa mudança de paradigma traduz a recente valorização de habilidades sociais (*soft skills*) em detrimento do domínio de conteúdo técnico (*hard skills*).

Refletindo sobre isso, nos quesitos inteligência e emocional e *soft skills*, eu afirmo que saí da faculdade pior do que entrei. E vendo a evolução do que se ensina sobre tais quesitos nas escolas, atualmente, posso afirmar que o abismo está ainda maior. Já que as faculdades não estão acompanhando o movimento incrível de valorização de *soft skills* e foco em inteligência emocional que a Educação Básica está passando, não apenas em escolas particulares, mas em diversos sistemas públicos de ensino.

Vamos ver se concordamos aqui. Qual o objeto atualmente proposto pelos projetos pedagógicos de um curso de Direito? Conteúdo! Conteúdo jurídico para aprovação da prova da OAB, conteúdo jurídico para aprovação em concursos públicos e conteúdo jurídico para formar um advogado tecnicamente excelente. Qual a metodologia utilizada?

Alguns chamam de tradicional, outros de clássica, eu prefiro chamar de piloto de ônibus, o professor à frente da classe conduzindo e os alunos sendo passageiros da sala de aula. Vou ser pragmático e te mostrar o que aprendemos na faculdade e como a forma ou o conteúdo prejudicou os nossos *soft skills*:

- aprendemos que o importante é saber jurisprudência e doutrina, além da letra da lei em alguns casos. A base do aprendizado se dá por meio da leitura. Ler, ler e ler, é assim que o estudante de Direito define aprendizado. Claro que ler é muito importante, mas a leitura está na base do aprendizado. Como já mencionei e explicarei melhor em breve, *soft skills* são habilidades aprendidas por meio de hábitos incorporados à nossa vida. São técnicas de aprendizado distintas do conteúdo jurídico;
- aprendemos que conflitos são feitos para serem vencidos. Todos os processos são pensados em busca de êxito (favorável para a gente e desfavorável para a outra parte). A cabeça de contencioso do advogado não permite entender o conflito como forma deliberativa para crescimento e sucesso de todas as partes, atrapalha o trabalho em equipe e o *problem-solving*, além de outras habilidades;
- aprendemos uma espécie de arrogância jurídica que nos afasta do "mundo não jurídico". Falamos rebuscado, usamos latim, sentimos um prazer estranho em falar uma língua que só pode ser compreendida pelos bacharéis do Direito. Não preciso dizer quanto isso atrapalha a nossa habilidade de comunicação com o resto do mundo;
- vivemos um mundo polarizado entre o legal e o ilegal, entre o constitucional e o inconstitucional. Apesar dos esforços de Alexy em nos apresentar uma fórmula de ponderação. Temos extrema dificuldade em operar na zona cinzenta e flexível.

2. OS INTELIGENTES ESTÚPIDOS

Em um certo período, criamos uma "turma especial" em uma das nossas unidades na Tijuca, no Rio de Janeiro. A ideia era receber alunos de todo o Brasil que morariam em um alojamento próximo à escola e seriam preparados pelos melhores professores da rede para alcançar os maiores resultados nos vestibulares. Aliamos estadia à alimentação, boas aulas com tutorias especializada, cada diretor seria tutor de alguns alunos para auxiliá-los ao longo daquele ano desafiador (a ideia era dar suporte emocional e não conteúdo).

Foi quando acompanhei um dos meninos mais geniais com quem convivi. Nunca vi ninguém digerir livros tão rapidamente ou chegar a conclusões tão assertivas com elementos faltantes. Quanto mais alinhávamos um programa de estudo, mais rapidamente ele evoluía para as primeiras posições nos simulados. Até que veio a namorada, a decepção amorosa e não apenas o projeto de estudos, mas a vida desmoronou por completo. Já tinha percebido certa dificuldade de relacionamento nos primeiros meses que convivemos, mas não sabia da tamanha estupidez que ele se envolveria por conta de um namorico de inverno. O menino que tinha tudo para ser um dos ases da engenharia de telecomunicação brasileira acabou envolvido em um acidente causado por embriaguez que lhe custou grande parte do futuro.

Se me perguntarem hoje se eu acho que aquele menino é inteligente, a minha resposta seria: a qual tipo de inteligência você está se referindo? O conceito enraizado de inteligência está diretamente relacionado ao QI. Quando pensamos em alguém inteligente, logo nos vem à mente aquela menina que tirava as notas mais altas na escola. Resultados acadêmicos se tornaram sinônimo de inteligência.

Minha experiência nas escolas já me dizia que alunos com notas muito elevadas eram capazes de fazer as maiores estupidezes possíveis. Vi diversas pessoas academicamente brilhantes e capazes se afogando em suas emoções e perdendo por completo a condução de suas vidas.

Estudos mais recentes confirmam a minha percepção. O QI não é o melhor indicador de sucesso (nem profissional, nem pessoal). Daniel Goleman chega a dizer que o QI contribui com, no máximo, 20% do sucesso profissional de uma pessoa. Os outros 80% vão desde sorte, classe social, relacionamentos e, é claro, inteligência emocional (o QE, quociente emocional, seria a melhor forma de avaliar essa inteligência).

E aqui temos uma excelente notícia. A quebra do paradigma do QI para o que QE é ainda mais justa. Enquanto o QI é nato e pouco evolui ao longo da vida (há muita divergência sobre isso, mas é o que, em tese, caracteriza o QI), as aptidões emocionais mais importantes podem ser aprendidas e aprimoradas desde as primeiras fases da infância, basta desenvolvermos os hábitos corretos.

Para ser mais palpável aqui e te dar a chance de se aprofundar mais no assunto, estou falando, principalmente das seguintes habilidades, que hoje são entendidas como a base da inteligência emocional:

a) Autoconsciência: é a capacidade de reconhecer as emoções. Pode acreditar, é mais complexo do que você imagina. Diversas pesquisas vêm quebrando o paradigma da existência de apenas 6 emoções (felicidade, tristeza, medo, surpresa, raiva e nojo) para uma variedade incrível de emoções (estudos recentes têm apontado 27 emoções).

Será que você consegue distinguir bem a admiração da adoração ou da apreciação estética? Nunca vou me esquecer de um passeio por uma de nossas escolas quando uma menininha de uns 5 anos veio na minha direção com uma carinha claramente chateada. Quando perguntei se ela estava triste ela me respondeu: “triste não, frustrada por não ter conseguido realizar a tarefa”. Acho que antes disso eu nunca havia refletido sobre a diferença da tristeza para uma frustração e como eu reajo a elas.

b) Lidar com as emoções: repare que lidar com emoções é diferente de controlar as emoções. Identificar a raiva e não tentar bani-la do seu corpo, mas entender que você pode controlar as reações imediatas que o seu corpo expurga ao sentir aquelas emoções. A filha de um executivo aqui da empresa, com apenas 4 anos, estava no carro quando o casal começou uma daquelas brigas bobas. Logo que a coisa começou a esquentar ela fala lá de trás, presa na cadeirinha: “opa, parou, se começaram a gritar é hora de respirar e contar a até 10”. Hábito simples que pouparia muita confusão por aí.
c) Automotivação: estar motivado é conseguir colocar as emoções a serviço de uma meta. Ter autocontrole emocional significa ser capaz de

conter a impulsividade e saber adiar a satisfação para conseguir algo ainda maior no futuro. Quantas vezes você não pensou em desistir para apenas ganhar a satisfação imediata de parar de estudar? Mas logo em seguida pensou que aquele desprazer momentâneo te traria algo ainda melhor no futuro.

Se ainda não viu, procure o vídeo do *Marshmallow Test*. Um experimento para testar a capacidade de autocontrole de algumas crianças. Caso não comessem os *marshmallows* em determinado tempo, as crianças seriam recompensadas com mais doces. Além de ser um vídeo muito fofo, a pesquisa trouxe resultados impressionantes sobre os impactos do autocontrole ao longo da vida daquelas crianças.

d) Reconhecer emoções nos outros: aqui a inteligência emocional alcança níveis mais elevados. Uma das habilidades mais reconhecidas atualmente é a empatia. Ser empático praticamente virou um requisito do bom líder. Compreender as emoções dos outros é de fato muito importante para que você consiga guiar as pessoas rumo ao resultado esperado.

Mas, não se engane, ser empático é mais complexo do que você imagina. Eu não conheço uma pessoa que seja máster em empatia a ponto de descrever todas as emoções nas pessoas, mas eu conheço especialistas em empatia nas suas funções. O tempo que passei em sala de aula me deu uma excelente capacidade de compreender quais alunos estava compreendendo a minha explicação e quais não estavam, mas eu tenho muita dificuldade em entender emoções mais afetivas.

Na mesma linha, conheci um vendedor que era extremamente preciso ao saber se o cliente havia gostado daquele tipo de roupa e vendia demais, mas não conseguia compreender que a comunicação dele com o gerente e com seus colegas vendedores era péssima. Meu ponto é que empatia depende daquilo que você pratica e onde você aplica esforço para desenvolver. Lembre-se que os índios não conseguem distinguir carros da mesma forma como distinguem árvores, assim como você não vai diferenciar tonalidades de branco como os esquimós.

e) Lidar com relacionamentos: de uma maneira romântica, eu poderia argumentar que a arte de se relacionar é basicamente a vontade de fazer o bem ao próximo. Mas, como o foco aqui é mais corporativo e voltado para *soft skills*, podemos manter a nossa linha de raciocínio e dizer que saber se relacionar é a aptidão de lidar com as emoções dos outros. Enquanto a empatia é a capacidade de identificar a emoção no próximo, o relacionamento é posterior, depende da resposta que você dará ao identificar a emoção da outra pessoa.

Aqui eu faço uma pausa para te forçar a uma reflexão e justificar o andamento desse texto. Inteligência emocional e *soft skills* não são a mesma coisa. Inteligência emocional vem antes, é base para o desenvolvimento das habilidades sociais esperadas pelo mercado de trabalho. Se você se recorda das mudanças de paradigma que vimos há pouco, deveria focar em desenvolver a sua inteligência emocional antes de se debruçar em *soft skills*. Isso porque a primeira é condição para o desenvolvimento do segundo e dois porque as *skills* esperadas hoje não serão as mesmas em alguns anos. As *trends* do mercado estão sempre mudando, mas com a elevação do seu QE você estará preparado para o que vier.

3. O SEQUESTRO DA AMÍGDALA

A amígdala cortical é a nossa especialista em questões emocionais. O livro *O Cérebro da Criança* (Daniel Siegel) explica de forma muito didática a relação entre a amígdala e o restante do cérebro. Basicamente, ensina que o cérebro é divido em dois andares: o andar de baixo, controlado pela amígdala, é a sede das emoções e mais primitivo. É chamado de cérebro reptiliano, por estar relacionado às reações automáticas de autodefesa. Já o andar de cima, dominado pelo córtex pré-frontal é a parte racional da nossa mente, aquela mais evoluída que nos dá capacidade de raciocinar e refletir sobre nossos atos.

Em crianças, a diferença entre o andar de cima e o andar de baixo é gritante. Talvez por uma questão de sobrevivência, a criança já nasce com o andar de baixo mais desenvolvido e o andar de cima demora mais tempo para conseguir equilibrar o jogo. Agora você entende por que crianças reagem tão rapidamente a algumas situações e demoram a voltar para os seus centros de tranquilidade. É o chamado sequestro da amígdala, uma forma de defesa do cérebro para reagir em um tempo muito curto a reações externas que as coloquem em perigo.

Sobre esses dois andares, duas informações importantes: primeira, ao longo da vida, o andar de cima vai aprendendo a lidar com o andar de baixo, sem perder completamente as reações instintivas que ainda nos defendem; segunda, a velocidade em que o andar de baixo emite as informações para o corpo é maior do que a velocidade do andar de cima. Ou seja, sempre que nos colocarmos em uma situação de atenção emocional, o corpo vai reagir antes que possamos refletir sobre o que está acontecendo.

Você entende isso quando toma um choque de adrenalina. Imagine que você esteja em uma trilha e pise em um galho que faz um barulho de cobra. Seu corpo libera uma quantidade de hormônio que te deixa arrepiado, alerta, com respiração ofegante, olhos esbugalhados e com a musculatura preparada para reagir, apesar de a sua mente nem ter realizado o que está acontecendo. Nesse caso, quando você reflete e percebe que não há perigo, a mente começa a responder para liberar aquela tensão. É o andar de cima controlando o de baixo.

Ninguém quer perder completamente as reações instintivas do andar de baixo. Mas, ao mesmo tempo, também não podemos ser tomados pelo andar de baixo em qualquer situação de exposição emocional. Esse equilíbrio é importante para que não sejamos sequestrados pela amígdala. Caso um animal ataque o seu filho, não espero que você pare para refletir se o animal está em extinção, é reagir e proteger. Mas, o mesmo não deveria acontecer quando alguém te deu uma fechada no trânsito. O importante é que o andar de baixo reaja rapidamente, mas nunca assuma o controle da situação.

No meio das minhas discussões nas reuniões de liderança, diversas vezes, fui sequestrado pela amigdala e deixei o andar de baixo ditar as minhas reações. A consequência foram resposta rápidas, não pensadas, ríspidas e cada vez mais agressivas.

Compreender essa relação entre as partes do cérebro é fundamental para o desenvolvimento das suas habilidades. Tenho paixão por falar em público e hoje acredito que boa parte dessa paixão seja porque essa é a atividade em que encontrei o maior equilíbrio entre os andares do meu cérebro. Sempre que entro para falar para uma nova plateia, os 2 minutos anteriores à câmera ligar ou à entrada no palco são de total captura da amígdala. Não importa quantas aulas, palestras ou falas eu já dei (e não foram poucas), eu sempre sou tomado por uma sensação que deve se assemelhar ao momento prévio ao salto de paraquedas (nunca saltei, mas quando me imagino saltando é assim que me sinto). O que acontece logo depois desses 2 minutos é a chave para amar ou odiar falar em público.

Algumas pessoas são dominadas pela sensação e a transformam em pânico e bloqueio. Eu canalizo minhas emoções para o máximo de atenção e concentração e passo a aproveitar o momento posterior. Capturo a reação da amígdala e a coloco a trabalhar a meu favor, e toda aquela descarga hormonal me deixa entrar em um transe de concentração que me permite lembrar das coisas, estar atento ao público e ter energia para entregar o que é esperado (muitos chamam esse transe de *fluxo*, quando colocamos as nossas emoções para trabalhar a nosso favor e a atividade flui da forma mais natural, como se fôssemos feitos para aquilo).

4. HABILIDADES SOCIOEMOCIONAIS E HÁBITOS

O aprendizado no Direito é focado em *hard skills*, ou seja, em respostas técnicas e especializadas em determinados assuntos. Aprendemos alguma coisa com o objetivo de responder corretamente uma questão de prova ou defender com maior eficácia os interesses do cliente. Quase sempre, o aprendizado e a exportação do nosso conteúdo são feitos com base em leitura e escrita.

Quando tratamos de *soft skills*, a sistemática é totalmente diferente. Ter *soft skills* significa ter habilidades e competências que extrapolam o *eu comigo mesmo* para o *como eu me relaciono com os outros*. Saber se comunicar ou ser um bom líder são competências relacionais, que demandam flexibilidade, capacidade de entender a relação com o outro e controle emocional para muito além da relação entre a caneta e o papel de uma petição.

Como executivo, liderei diversas equipes diferentes. Desde uma turma de alunos focados em aprovação nos vestibulares mais concorridos do país, passando pela gestão de escolas, com faxineiros e inspetores de alunos, além de um time de seletos engenheiros altamente qualificados para estruturar a integração do maior grupo de escolas do país, até a gestão de todo o departamento jurídico. Posso garantir que não há um livro sobre liderança que dê a capacidade de gerir grupos tão diferentes. Foram hábitos rotineiramente praticados que viraram habilidades e me deram a flexibilidade para tratar essas equipes de forma diferente, mas sempre orientadas ao melhor resultado possível.

Imagine que você leia um livro sobre liderança e trabalho em equipe. Lá diz que a montagem de um time de excelência depende que todos tenham capacidade de participar e ouvir as sugestões de seus pares, por mais que sejam diferentes. Responder qual a qualidade de uma boa equipe em uma pergunta de prova vai ser fácil, é só reproduzir o que você acabou de ler. Trabalhar no cotidiano para dar oportunidade que todos se manifestem, mesmo que você ache que a ideia do seu colega é uma ignorância é outra coisa.

Estimular a participação de todos de forma igualitária e motivar os mais tímidos a falar vai depender de um conjunto de atitudes que apenas serão garantidas se os hábitos corretos forem incorporados pela equipe. Como o nome já diz, são hábitos que dependem de consistência, rotina e exercício, até que sejam incorporados naturalmente às nossas práticas.

5. *SOFT SKILLS VS. HARD SKILLS*

Depois de tudo que vimos até aqui sobre habilidades e inteligência emocional, acho que não preciso perder muito tempo para diferenciar esses dois *skills*. Os *hard skills* são habilidades técnicas, normalmente aprendidas por meio do estudo e que podem ser facilmente quantificadas. Já os *soft skills* são comportamentais, e ainda estamos aprendendo as melhores formas de ensinar e mensurar essas habilidades. O pessoal de recursos humanos está com a árdua missão de tentar desvendar uma forma de analisar diversos *soft skills* em uma única entrevista (algo que eu não acredito que seja possível ou que pelo menos é facilmente ludibriável, até porque alguém de QI alto poderia facilmente decorar as respostas esperadas pelo entrevistador para responder da forma como se espera. Porém, sem ter a capacidade de reagir daquela forma durante a sua vida profissional).

6. AS *SOFT SKILLS* MAIS BADALADAS NO MUNDO CORPORATIVO

Eu não poderia terminar o meu texto contrariando as minhas crenças ou que escrevi no início. Não acho que as *soft skills* possam ser aprendidos em uma mensagem de poucas palavras. Assim como não acredito que sejam habilidades para se aprender somente lendo. São habilidades que se desenvolvem a partir de hábitos. Tentei fazer aqui o que entendo que as faculdades de Direito não fazem: criei os alicerces, a estrutura básica, para que cada leitor possa procurar os conhecimentos e montar o *layout* da sua própria casa.

Vou finalizar o texto com as habilidades que hoje não apenas o mercado espera dos futuros executivos, como aquelas que eu busco constantemente nas minhas equipes. Sem a intenção de te ensinar as *skills*, mas apenas para abrir portas para o aprendizado.

a) Liderança

Um bom líder é aquele que faz com que sua equipe atinja os resultados esperados constantemente. Minha visão sobre liderança sempre foi focada em resultado e tempo, pois essas são as variáveis mais importantes e que devem caminhar juntas. Não adianta o time ser muito unido e adorar o que faz se não consegue entregar resultado. Da mesma forma como não funciona um time esgotado que entrega os resultados uma única vez e depois se estilhaça em função do estresse.

Parto dessa premissa para montar e conduzir meus times. Mas, estou certo que nunca terei um livro ou uma técnica que me garanta ser um bom líder em todas as circunstâncias. Até porque os times variam e as entregas evoluem com o tempo. Cada pessoa é movida por uma força e tentar ser o mesmo líder para todas elas certamente não vai funcionar. O que não significa que não existam alguns livros para ampliar as nossas habilidades e renovar os nossos hábitos. Porém, sempre voltando às 5 habilidades centrais de que falamos anteriormente, a melhor liderança é aquela que tem inteligência para entender e saber lidar com as próprias emoções e com as emoções dos liderados.

Ainda assim, te recomendo algumas leituras que foram transformadoras para mim: *Comece pelo porquê* (Simon Sinek); *Powefull* (Patty McCord); *Getting Things Done* (David Allen); *Good to Great* (Jim Colins); entre diversos outros.

b) Trabalho em equipe

Vamos começar com o conceito. Para mim, trabalhar em equipe é juntar os esforços de diversos indivíduos dentro de um projeto ou de um negócio para que juntos possam atingir um resultado comum.

Os esportes coletivos, por terem resultados mensurados em vitórias e títulos, mais do que qualquer outra atividade, nos ensinam que não basta juntar os melhores profissionais, eles precisam formar uma verdadeira equipe. Lembro de uma palestra do Bernardinho em que ele disse que se ele dirigisse um time de futebol e, após um gol, o jogador ficasse apontando para o próprio nome nas costas, ele tiraria o jogador do time imediatamente. Ninguém faz gol sozinho.

Voltando ao mundo corporativo e à minha estratégia em construir alicerces sem dizer onde ficará a sala da casa, a melhor pesquisa sobre trabalho em equipe que já vi se chama Projeto Aristóteles, realizada pelo Google, que gentilmente deixou os resultados abertos.

Muito sinteticamente, e acho que se você se interessa pelo tema, você deveria estudar mais o projeto, a conclusão foi que boas equipes possuem as seguintes características:

i) **Segurança psicológica:** se o time todo pode assumir riscos sem se sentirem inseguros ou envergonhados;
ii) **Confiabilidade:** se todos podemos contar com o trabalho de cada um naquele grupo ou se alguém acha que só ele pode resolver as questões fundamentais sozinho;
iii) **Estrutura e clareza:** Se os objetivos da equipe são claros. Assim como as funções assumidas por cada um e os planos para alcançarem o sucesso;
iv) **Impacto do trabalho:** se as pessoas realmente acreditam no propósito do que está fazendo.

c) Comunicação

Comunicação é um dos maiores desafios do bacharel em Direito. Apesar de nos acharmos as pessoas mais eloquentes do planeta, entendo que pecamos no objetivo básico do discurso, que é ser compreendido. Vejo muitos acadêmicos do Direito falando com um vocabulário incrível, estruturas linguísticas perfeitas e orgulhosos de não serem compreendidos pela massa. Não porque o discurso deles está ruim, mas porque as pessoas não têm condições técnicas para entendê-los. No mundo corporativo isso é uma grande bobagem. Para mim, é o padre rezando a missa em latim antes do Concílio Vaticano II. Latim é lindo e a tradição tem que ser valorizada, mas falar a língua de quem escuta é elemento fundamental para uma boa comunicação. Nos meus times, a regra é bem clara, se começar com *juridiquês* vai tomar uma chamada de atenção. Não dá para escrever errado, mas **a fala tem que ser focada em quem escuta.**

Podemos pensar em comunicação de três maneiras; uma mais individual e ao vivo (na moda de pandemia passamos a chamar de síncrona), na qual temos uma quantidade reduzida de interlocutores e tentamos criar um modelo dialético (chamarei de diálogo daqui para frente); outra também individual, ou a um grupo limitado de pessoas, por meio de mensagens em que cada um lê ou ouve no seu tempo (assíncrona). E, por fim, uma forma mais estilo aula ou apresentação, em que apenas discursamos, enquanto o papel das outras pessoas é mais ouvir do que interagir (chamarei de palestra).

Ambas as formas de comunicação são importantes e, por mais incrível que possa parecer, eu vejo que as pessoas que têm muita habilidade na palestra possuem grande dificuldade no diálogo. Maior exemplo disso são os professores, pessoas preparadas para falar em público, em geral com muita habilidade para o discurso, que possuem bastante dificuldade no diálogo. A habilidade de falar para ser ouvido parece reduzir a habilidade de ouvir o que o outro tem a falar. Entendo que as duas formas de comunicação dependem de habilidades opostas. Enquanto o diálogo depende muito mais de um ouvido atento, saber ouvir e respeitar a opinião de todos, o discurso depende de técnicas de imposição de voz, movimentação e clareza da fala.

Sobre discurso, minha recomendação é o livro *TED Talks* (Chris Anderson). Já sobre diálogo, sugiro uma pesquisa aprofundada sobre escuta ativa (um dos hábitos mais importantes no desenvolvimento da inteligência emocional).

Já a comunicação assíncrona, muito comum nas corporações, em geral por meio de *e-mail* ou WhatsApp, também exige habilidades específicas de comunicação. Garantir que o interlocutor entenda uma mensagem de *e-mail* é ainda mais difícil do que por meio de uma conversa ao vivo, apesar de o *e-mail* te dar tempo para refletir e reler a mensagem, o que é ótimo para pessoas que sofrem constantemente com o sequestro da amígdala. Sobre *expertise* em mensagens assíncronas, existe um aplicativo que eu adoro, chamado *Boomerang*. Na prática, é um assessor de *e-mails* com inteligência artificial.

Após anos pesquisando a redação de *e-mails* e taxas de respostas, eles conseguem fazer uma análise muito legal a respeito da estrutura da sua mensagem: se é compreensível e qual a probabilidade de você receber uma resposta, dando algumas dicas sobre como você poderia ajustar o seu texto para melhorar a comunicação. Para quem tiver maior interesse, vale a leitura de *7 Tips for Getting More Responses to You Emails (With Data!)* (publicado por Alex Moore da Boomerang).

d) *Problem-solving*

Nós fomos treinados para apontar riscos e não soluções. E isso deixa as outras equipes da empresa furiosas. Penso nos escritórios de advocacia como uma espécie de seguro especializado. A função deles é apresentar todos os riscos relacionados a determinada tomada de decisão. A função de um executivo é coletar todas essas informações, entender qual o impacto que cada tomada de decisão tem sobre a operação e decidir qual o risco vamos tomar. Nunca é sobre tomar ou não tomar risco. Ser executivo jurídico de uma empresa que opera no Brasil sempre envolverá a tomada de riscos.

Entender essa postura dentro da empresa é fundamental para a evolução da carreira jurídica dentro da empresa. Brincamos que na vida real do mercado não temos Tício ou Mévio e a zona cinzenta representa 99% do nosso trabalho.

Muito se fala em *design thinking* ou *cultura maker* e seria ótimo se tivéssemos essa formação desde os anos iniciais. Mas, atualmente, apenas digo ao meu time que não aceito o "não pode ser assim" como resposta isolada. Em qualquer hipótese, nós sempre precisamos opinar sobre qual a melhor forma para seguir. Ser propositivo e não negativo é a primeira característica *problem solving* que esperamos do nosso time. E se a companhia decide caminhar de forma diferente da que opinamos, o "eu avisei que ia dar problema" é proibido e deve sempre ser substituído pelo "já que a decisão é essa, podemos fazer tais coisas para minimizar os riscos".

8.

OS CAMINHOS DO ADVOGADO CORPORATIVO: TRILHAS PARA O CRESCIMENTO INTERNO E O DESENVOLVIMENTO DA CARREIRA

Cristiano Borges Castilhos[1]

O equilíbrio entre vida pessoal e profissional tem se tornado cada vez mais desafiador. Desenvolvemos muita (auto)cobrança por excelência profissional e participação doméstica, especialmente quando se tem filhos. Desejamos ser e desejam que sejamos super-humanos em casa, no trabalho, na vida. E o tempo passa. Rápido.

Para cuidar da vida pessoal sabemos do que precisamos: tempo com a família, atividade física, lazer, descanso, alimentação saudável, enfim aquilo que nos faz felizes. E para zelar pela carreira, ter uma vida profissional exitosa, o que devemos fazer?

Muito esforço, estar no lugar certo na hora certa, inteligência emocional, indicação, doação, uma dose de sorte, *networking*, boa formação, perspicácia. Uma boa mistura de tudo isso pode nos levar a galgar degraus na carreira.

---

1 Advogado, Diretor Jurídico da Ályа Construtora S.A., pós-graduado pela Universidade Federal do Rio Grande do Sul. Vice-Presidente da Comissão de Obras, Concessões e Controle da Administração Pública da OAB/RJ. Membro da Comissão de Obras, Concessões e Controle da Administração do Conselho Federal da OAB. Vice-Presidente da Comissão de Estudos de Improbidade Administrativa da OAB/RJ. Membro do Instituto de Direito Administrativo Sancionador Brasileiro – IDASAN.

Com o passar dos anos e a direção corporativa tomada pela minha carreira, passei a avaliar o que me faria orgulhar da trajetória percorrida. Aprendendo com (não necessariamente nesta ordem) os mestres, os chefes, os colegas e os liderados, desenvolvi para mim – sem qualquer pretensão maior – um quadrante para nortear meu esforço profissional. Tento seguir as orientações desenhadas nesse modelo, criado em março de 2019.

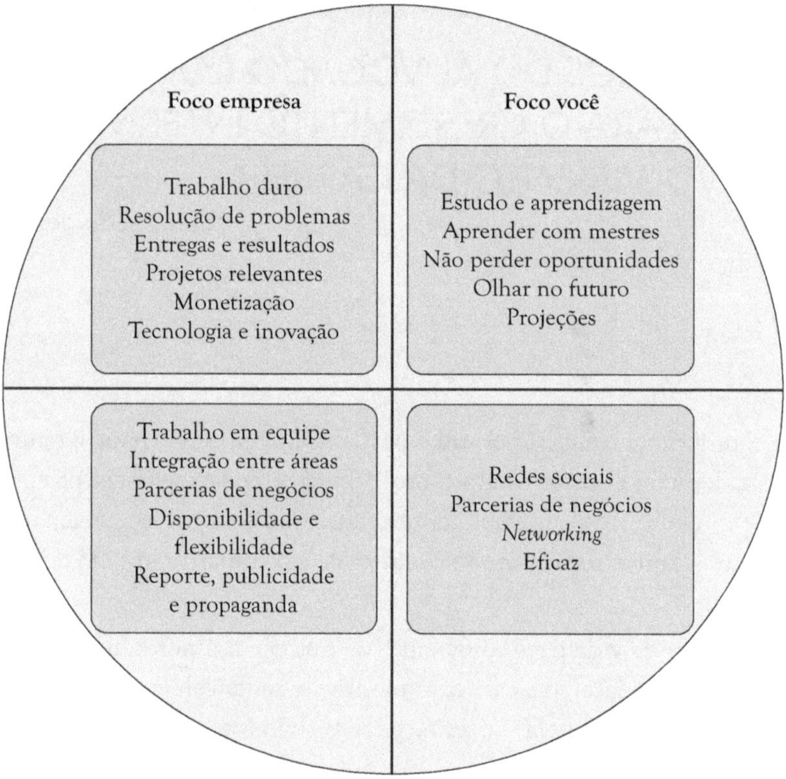

Fonte: elaboração própria.

De acordo com a forma apresentada, entendo que devemos investir nossa energia e potência em duas grandes vertentes: resultados corporativos e desenvolvimento de carreira. Ao longo do caminho, há momentos em que a chamada vertente corporativa pode consumir quase todo o nosso tempo. Muitas vezes, é o que acontece. Noutras passagens, os demais aspectos da carreira podem ganhar destaque. É do adequado equilíbrio entre essas forças, no que diz respeito a empenho e tempo, que se constrói o crescimento profissional. E tanto o que desenvolvemos para a empresa quanto aquilo a que nos propomos individualmente tem como bases a subjetividade de ser e parecer e a objetividade de efetivamente produzir.

Para cada um dos lados do formato, temos uma parte ao alto e outra logo abaixo. Essa divisão se deu para mero encadeamento lógico das ideias e para respeitar a forma geométrica de um quadrante. Em todas as quatro partes encontramos misturadas iniciativas tangíveis e mensuráveis e outras com ares comportamentais e subjetivos. Como dito, de um lado temos as proposições voltadas para o ambiente corporativo, denominadas ações com foco na empresa, no emprego, nas entregas profissionais para o desenvolvimento empresarial. Passarei a explorar esse lado, item a item, começando pela parte de cima.

TRABALHO DURO

No princípio da minha carreira ouvi, várias vezes, de uma grande mestra, que parafraseava seu saudoso pai: "trabalhe, que o resto te virá por acréscimo". Tenho seguido! Produzir, entregar, analisar, responder. Um conjunto de ações, diárias e duradouras, que se projetam no tempo e dão resultado. Muito dificilmente a projeção na carreira se distancia de: trabalho e entregas constantes, uma atrás de outra, vários pratinhos equilibrados ao mesmo tempo.

O horímetro é um instrumento de medida que indica a quantidade acumulada de tempo de funcionamento de uma máquina ou de um veículo. O trabalho, medido em horas[2] de esforço e dedicação, na minha projeção do quadrante, é o começo de tudo.

RESOLUÇÃO DE PROBLEMAS

O trabalho duro de um advogado corporativo pode ser resumido a resolver problemas. Um seguido do outro, sem fim e sem parar. Uma menção elogiosa e modernamente enquadrada nos chamados *soft skills* é *problem-solving*. Esse é o perfil esperado, é a pessoa que quero trabalhando comigo. O profissional que resolve todos os problemas que surjam no caminho da companhia. De forma

2 Não se está a falar de relógio ponto e cumprimento de horário, mas de intensidade de trabalho.

simples ou complexa, com ou sem maiores recursos, com planejamento ou de supetão, o problema precisa ser resolvido.

ENTREGAS E RESULTADOS

O trabalho duro e a resolução de problemas, quando realizados de forma constante e no tempo, geram fantásticas entregas e consideráveis resultados. O trabalho e a resolução de dificuldades são o meio, as entregas e os resultados são o fim. São os resultados que proporcionam realização profissional, reconhecimento e desenvolvimento empresarial, especialmente quando firmados em projetos importantes.

PROJETOS RELEVANTES

O conjunto antes descrito: trabalho duro, resolução de problemas, entregas consolidadas e resultados proporcionados quando ocorridos nos projetos mais importantes da empresa são transformadores da realidade do profissional. Explico: você pode trabalhar muito, resolver todos os problemas que apareceram e entregar os resultados almejados, mas em pautas pouco decisivas para a companhia. No entanto, se você fizer tudo isso, nos projetos centrais para a atividade empresarial, mormente naqueles que estão ligados ao *core business* e que agregam efetivo valor, você será notado e valorizado.

MONETIZAÇÃO

Você é um profissional com atuação corporativa. Portanto, está inserido em uma organização que realiza atividades econômicas e visa a obtenção de lucro para o empresário. Nesse sentido, nada melhor que você demonstrar que suas atividades (repito: trabalho duro, resolução de problemas, entregas e resultados em projetos relevantes) estão efetivamente contribuindo para aumentar o lucro ou evitar prejuízo para o empreendedor.

Por isso, tento demonstrar a realização em moeda ($) de cada resultado alcançado (ex.: liminar obtida em um processo judicial, êxito em reclamatória trabalhista, arquivamento de inquérito civil, parecer sobre mudança de comportamento de alguma área, redução de custo direto ou indireto no Departamento

Jurídico). Não há nada mais valorizado pelo empresário do que atividades que engordam o caixa da companhia – e, por consequência, quem as executa.

TECNOLOGIA E INOVAÇÃO

A busca constante por inovação e a utilização de ferramentas tecnológicas devem estar entre as principais iniciativas da gestão jurídica. A mudança de comportamento dos agentes envolvidos nas tarefas, com a utilização de tecnologias que facilitam o trabalho, caracterizam evolução e facilitação na gestão.

Alguns exemplos, hoje aplicados, podem ser destacados: *workflow* para assinaturas de documentos e para aprovação de pagamentos; repositório eletrônico de contratos; sistema de cadastramento e controle de processos; *visual law* em petições e contratos; captura automática de processos novos assim que distribuídos nos tribunais; e a utilização de *QR Code* para transmissão de vídeos e fotos em petições.

TRABALHO EM EQUIPE E INTEGRAÇÃO ENTRE ÁREAS

Exército de um homem só não vence batalhas. Resultados constantes são gerados com trabalhos em equipe e integração entre as áreas da companhia. Por primeiro, é fundamental que o Departamento Jurídico da empresa funcione como uma equipe. Isso quer dizer que todos acertamos e todos erramos. O mérito do acerto é da equipe. Os erros devem ser tratados com conversas propositivas e ajustes para que, de forma conjunta, as conquistas sejam retomadas. Além disso, o time jurídico deve buscar interação com as demais áreas da empresa, de forma a ser avaliado por elas como um coletivo unido e treinado para realizar ações integradas e eficazes com outras áreas e equipes.

PARCERIA DE NEGÓCIOS

A atuação integrada em equipe jurídica e a integração com as demais áreas da empresa, mormente com seus clientes internos, podem alcançar verdadeiras parcerias de negócios. Quero dizer com isso: as demais áreas da empresa devem ver o Jurídico como seu essencial parceiro na obtenção de resultados. O comercial precisa ver no jurídico um facilitador para suas transações. O operacional deve andar de mãos dadas com os advogados para atingir metas de produção e evitar a materialização de ameaças. É a formação de times multidisciplinares focados na resolução dos problemas. Garanto: é um sucesso!

DISPONIBILIDADE E FLEXIBILIDADE

Com a pretensão de ser e parecer efetivo parceiro de negócios das demais áreas da empresa, o corpo jurídico deve ser ultra disponível e adaptável à diversas situações. O jargão dos garçons: "quem manda é o cliente" serve aqui. Precisamos atender o cliente, satisfazer suas pretensões. Sempre, é claro, com rigor técnico, severa avaliação dos riscos envolvidos, disponibilidade e adaptabilidade de trabalho. Algumas vezes, seguindo o plano; outras muitas, respondendo rapidamente a mudanças de direção.

REPORTE, PUBLICIDADE E PROPAGANDA

À mulher de Júlio Cesar, Pompeia, não bastou ser honesta, deveria parecer honesta. Para toda a atividade relevante, entrega importante e resultado alcançado, é necessário o devido reporte ao público interessado: área impactada, diretoria, conselho, acionista. Esse relato tem o condão de dar publicidade e fazer uma verdadeira propaganda dos êxitos alcançados pelo Departamento Jurídico. É preciso desnudar o que fazemos, a importância disso e o quanto nossa atividade contribui para a empresa, especialmente nos casos de monetização do resultado alcançado.

Feitos os comentários sobre as iniciativas voltadas para a atuação com foco na empresa, passo a falar um pouco do lado direito do quadrante, relativo aos empreendimentos voltados à carreira do profissional. Como dito antes, entendo que as assertivas, de lado a lado, são complementares e contribuem conjuntamente para o melhor desenvolvimento do profissional.

ESTUDO E APRENDIZAGEM

Estudo e aperfeiçoamento ultrapassam os limites do labor diário. É muito mais que isso! É estar aberto para o novo, para novas ideias, novas tecnologias, novos mercados, posicionamentos inovadores. É um sem fim de conhecimento e de vivências. É participar de eventos, *lives*, conversas. É se interessar pelo novo ou pelo velho com outros pontos de vista. É estar aberto e abrir fronteiras. *Lifelong learning* é o novo normal.

APREENDER COM OS MESTRES

Estar no mundo corporativo lhe abrirá muitas portas e oportunidades. Você terá contato e interação com pessoas mais capacitadas que você, às quais você não teria acesso senão pela via empresarial. Colherá opinião de especialistas, muitas vezes renomados em suas áreas de atuação. Aprenda com eles, beba com avidez dessa fonte. Sugue seus conhecimentos, em prol da empresa, em primeiro lugar, mas para você também. Eles já passaram pelo que você está passando, eles já resolveram problemas semelhantes para outros clientes. Aprenda com eles.

NÃO PERDER OPORTUNIDADES

O cavalo passa encilhado algumas vezes em nossas vidas. Não montar pode nos fazer perder oportunidades. Outras virão e você deve montar. Aqui falamos de novas experiências profissionais relevantes, como a troca de emprego, de ramo, de cidade, mas também pequenas oportunidades: aceite o convite para um evento interessante, participe efetivamente quando lá estiver; atenda ao colega que lhe chama para escrever um artigo jurídico; participe de comissões da OAB, de comitês jurídicos de associações de classe; procure falar em público, palestrar sobre tema de interesse. Peça ao seu chefe para lhe indicar tais atividades. Na dúvida, faça! Considere também eventos relacionados, mas não diretamente profissionais, como um *happy hour*, um jantar, um chope. Deles saem interações, contatos e convites imperdíveis.

OLHAR NO FUTURO E PROJEÇÕES

Gosto muito de pensar como as coisas serão daqui a alguns anos e como nelas estarei inserido. Portanto, eu reputo importante que o advogado corporativo planeje seu futuro profissional e faça projeções, tais como: quero ser especialista em um tema ou área do direito e crescer numa determinada carreira; sou generalista e desejo me tornar gestor; prefiro ganhar experiência e partir para escritório de advocacia. Pensar e planejar seu futuro, mentalizando uma trajetória, pode ajudar – e muito – na caminhada profissional.

REDES SOCIAIS

As redes sociais tornaram-se parte da nossa vida. Eu uso diversas delas, que tomam tempo considerável do meu dia. Embora eu tenha meta de diminuir o acesso e dispensar mais tempo à vida real, considero que o uso das redes, especialmente daquelas profissionais, como o *LinkedIn*, pode ser uma ferramenta de aprendizado, de divulgação de seu currículo e de publicidade de suas atividades profissionais. Trata-se de um repositório gratuito, que lhe confere acesso a um sem número de informações e interações. Não podemos dissociar essa ferramenta da nossa vida profissional.

PARCERIAS DE NEGÓCIOS

Advogar em uma grande empresa é como ganhar de presente um escritório de advocacia com 4.000 processos. Você possui inúmeros clientes, em diversos estados do país, oportunizando a contratação de vários escritórios e conhecendo como decidem juízes e tribunais Brasil afora. Uns vão pensar: quanto trabalho! Outros: quantas oportunidades! Quantos sócios e advogados de escritórios terceirizados serão meus parceiros? Quantos magistrados e membros do Ministério Público terei o prazer de conhecer? Com quantos poderei despachar e lidar? Com os causídicos dos escritórios podemos fazer grandes parcerias para obtenção de resultados para a empresa. Com o Judiciário e com o MP, criar uma relação respeitosa e transparente, entendendo o que fundamenta as decisões judiciais pelo país.

NETWORKING EFICAZ

A formação de relacionamentos interpessoais produtivos, voltados à carreira e negócios, gera inegáveis frutos. Na minha visão, muito menos importante que contar em rede com determinada pessoa, é o que você passa para a pessoa com que se relaciona. O ponto é fazer com que essas pessoas adquiram simpatia, empatia, confiança, respeito e admiração por sua atividade profissional. Se você conseguir isso, sua rede de contatos será eficaz.

São essas as iniciativas que guiam o desenvolvimento da minha carreira. Reputo que, quando realizadas em conjunto e constância, configuram um somatório de forças que auxiliam no crescimento profissional. Elas fazem sentido para mim. Talvez também possam ajudar você.

9. GESTÃO: ATUAÇÃO DO JURÍDICO JUNTO ÀS ÁREAS DE NEGÓCIO

Elton Flávio Silva de Oliveira[1]

1. *SOFT SKILLS*, UMA VISÃO GERAL

Em uma tradução livre, podemos afirmar que *soft skills* são as habilidades interpessoais de um indivíduo. Como o próprio nome já diz, tais habilidades são tão importantes que transcendem, de longe, o mundo corporativo. São essenciais para que uma pessoa possa se relacionar bem com os outros e, com isso, conseguir os objetivos importantes para a sua vida e para a vida dos demais. Acredito na visão de que que bons relacionamentos geram frutos sociais e impactam de maneira positiva todos que nos cercam.

O ser humano gosta de ser ouvido, valorizado e respeitado. Desde a tenra idade escolar as crianças têm que aprender a se relacionar em sociedade, com os

---

1 Diretor Jurídico do Grupo Raia Drogasil S/A, tendo 24 anos de experiência na advocacia corporativa e 11 anos em diretorias de empresas de varejo de capital aberto. Formado em Direito pela Universidade Mackenzie, tendo curso de desenvolvimento gerencial na Wharton Business School – University of Pensilvania; Especialização em Administração de Empresas (Mackenzie), Direito do Mercado de Capitais (Insper) e cursos executivos na Vanderbilt University e Chicago Booth University.

colegas, as professoras(es), os funcionários da escola, do prédio, os vizinhos, enfim, com todos aqueles que fazem parte do seu círculo familiar e social.

E, de fato, isso é um aprendizado, porque ninguém nasce pronto. Tal tarefa é de suma importância e desafiadora, pois essa necessidade social não é ensinada didaticamente como uma disciplina escolar e sim em um contexto amplo, por sua abrangência, no cotidiano dos lares e das escolas. Tal ensinamento faz da aprendizagem de se relacionar com os outros uma verdadeira disciplina da vida, pois, por mais desenvolvida que essa habilidade seja em uma pessoa, é muito difícil encontrar alguém completo.

E é bom que seja assim, pois uma das belezas da vida é você desejar e conseguir evoluir! Em 26 anos de atuação corporativa, tenho visto essa evolução acontecer. E como o tema *soft skills* ganhou importância! Há cerca de 20 anos ou mais, as principais habilidades valorizadas eram ligadas à competência técnica na realização das tarefas. Um(a) bom(a) advogado(a) necessitava ter uma formação sólida e um conhecimento técnico específico, por exemplo, na área cível/contratual, trabalhista, societária, tributária etc. e suas habilidades interrelacionais eram vistas como um *plus* que ajudava na realização das atividades empresariais, mas isso não era requisito para a sua contratação, tampouco para sua avaliação.

Hoje, sabe-se que as habilidades sociais e interrelacionais são de fundamental importância para o desenvolvimento das pessoas que se dedicam a atuar no mundo empresarial, independentemente da área, e tal fato se aplica, sem dúvida, ao time jurídico.

As *soft skills* viraram requisitos fundamentais na contratação das pessoas, principalmente em nível executivo e passaram a ser determinantes na avaliação de desempenho. Isso se dá porque são necessárias para "fazer a roda girar", na medida em que, por meio dessas habilidades, a estratégia empresarial é executada. Uma vez definida, usualmente pela alta administração das empresas, a estratégia precisa ser comunicada, posta em prática, ser atraente e engajar os colaboradores.

Para executá-la com sucesso, toda a organização necessita de líderes capazes de influenciar as pessoas em prol de um objetivo comum e as habilidades interrelacionais são fundamentais para tal fim.

Portanto, iremos tratar neste capítulo de algumas dessas capacidades interrelacionais que têm relevância para o mundo corporativo e que, na atuação dos departamentos jurídicos, podem auxiliar no atingimento do sucesso nos objetivos empresariais.

2. LIDERANÇA

A capacidade de liderar é um dos principais atributos procurados nos executivos atuais. No âmbito jurídico, não é diferente. Ter advogados(as) corporativos com essa característica é um diferencial competitivo para as empresas. Mas o que é afinal, "liderar e como exercer a liderança" da melhor forma?

Há vasta literatura e conteúdo de suma riqueza acerca das habilidades de liderança e seria muita pretensão de minha parte buscar, neste capítulo, trazer tão amplo conhecimento. Portanto, me atenho às características positivas que vislumbro na liderança no âmbito prático.

Independentemente do estilo de liderança de cada pessoa, acredito que há alguns aspectos que se sobrepõem. Um líder deve ser **inspirador** e **servidor**. A inspiração normalmente está ligada à criatividade e, de fato, ela é sua força motriz. Todavia, é necessária não só para os grandes momentos da vida, mas também, e principalmente, para o nosso cotidiano. É preciso inspirar para ajudar os(as) advogados(as) do time a enxergar, cotidianamente, o propósito aplicado na prática, ou seja, o propósito e os valores da empresa e o seu propósito como profissional, de defesa da solução pacífica e institucional dos conflitos e da concretização da Justiça.

Inspirar também é motivar para a melhoria. Trabalho duro, dedicado e com bons propósitos traz, infalivelmente, melhoria na vida! E podemos exercitar isto a cada dia, vencendo as dificuldades e os desafios e obtendo conquistas para todos os envolvidos, seja em decorrência de um projeto, das atividades de uma ou mais áreas empresariais, a empresa inteira, a comunidade ou mesmo a sociedade de modo mais amplo.

E servir é tão importante quanto inspirar! Entender os outros, suas necessidades, dificuldades e aspirações e procurar trabalhar junto com o time e todos os demais colaboradores é essencial. Somos todos interdependentes, logo, trabalhar com cooperação e consciência das ações é fundamental para alcançarmos bons resultados.

Independentemente das diferenças regionais, vivemos, em maior ou menor grau, em uma economia de serviços. Há inúmeras atividades do cotidiano, como limpeza, transporte, restaurante, beleza etc. em que o nível de serviço que ofertamos e recebemos impacta a sensação de satisfação do cliente.

Na advocacia corporativa não é diferente! Atenção às necessidades do seu cliente, seja ele interno ou o cliente final da empresa, e buscar atendê-las no prazo adequado, com a maior prontidão possível e com alta qualidade deve ser um mantra. Se todas(os) as(os) advogadas(os) do Departamento Jurídico buscam fazer isso, por que aquele(s) que as(os) lidera(m) agiria(m) de forma diferente?

Servir, em uma posição de liderança, é contribuir para que o Departamento Jurídico atinja o seu maior potencial de atendimento aos clientes e tenha os profissionais mais motivados por saberem que tem apoio efetivo na missão de entregar o melhor serviço jurídico.

O terceiro aspecto que acho fundamental da liderança é a capacidade de **pensar de modo estratégico**, alinhado com o negócio da empresa e aplicar esse pensamento na execução das atividades cotidianas e no atingimento das metas.

A estratégia da companhia, aliada aos seus valores, é a essência da empresa. Uma vez definida, o desafio para alcançá-la é enorme e o papel dos líderes é muito importante para a orientação dos times. No turbilhão do dia a dia, a dificuldade é maior, portanto, deve-se olhar para os objetivos estratégicos de longo prazo e refletir se o que está sendo feito tem – ou não – alinhamento com eles.

Em um planejamento estratégico bem-feito a estratégia de longo prazo é bem desdobrada nos objetivos de médio e curto prazo, refletindo, portanto, nas metas anuais da empresa e em suas áreas internas. Por isso, em tese, um olhar atento aos objetivos de longo prazo captura os demais, contudo, não se deve presumir isso, mas sim agir de forma segura, comparando as atividades realizadas com as metas anuais a serem alcançadas.

Esse exercício, feito em conjunto pelos líderes e times, direciona a realização dos resultados esperados, porém, deve-se ter uma segunda reflexão, que são os valores da empresa. Esses são a linha mestra, pois jamais os resultados almejados podem ignorar ou desrespeitar os valores éticos empresariais.

3. TRABALHO EM EQUIPE

Vivemos no século 21 há exatos 22 anos! Enumero algumas características da sociedade atual para ilustrar a importância da ação conjunta e coesa de um time.

Somos abastecidos de informações das mais diversas a todo o momento, os acontecimentos, seja no âmbito global ou local, impactam diretamente a vida das pessoas e empresas. As pessoas têm opiniões, gostos, preferências e atitudes bem distintas e as empresas devem compreendê-las, respeitá-las e procurar sempre atendê-las, da forma correta e adequada, ética e socialmente. A comunicação é vasta e instantânea, seja pelas redes sociais, mídia tradicional ou de pessoa a pessoa. A tecnologia avança em progressão geométrica e impacta de maneira veloz a eficiência das empresas, seja de cunho operacional ou quanto à percepção do cliente em relação ao bom nível de produtos e serviços.

A saúde é, de fato, um dos valores ou bens mais essenciais do ser humano e isso ficou nítido pela eclosão da pandemia da Covid-19, o que demanda um nível de cuidado a atenção muito maior do que antes, especialmente para aqueles que trabalham em empresas de saúde.

Tudo isso em conjunto torna inimaginável o trabalho feito por um time que não seja integrado. É necessário que absolutamente todas as pessoas de um time estejam muito integradas.

Já falamos do papel do líder em inspirar e servir e isso reflete na integração que traz para o time, mas também é necessário que cada indivíduo tenha a consciência e vontade de trabalhar em conjunto, com o/a colega, para fortalecer a atuação do time.

Uma boa comparação é com um time de esporte coletivo, qualquer que seja ele. O líder deve agir como um técnico (*coach*) orientando o coletivo e também os jogadores individuais; a formação tática da equipe pode ser traduzida na função que cada um desenvolve na empresa, dentro do time jurídico; as jogadas de ataque e defesa se refletirão nas ações que os integrantes do jurídico farão para alcançar os objetivos, seja analisar um contrato, atuar em um processo judicial/administrativo ou negociar um acordo em qualquer esfera ou situação; e o gol, a cesta ou o ponto são os objetivos finais almejados, seja a assinatura do contrato, o ganho no processo ou um bom acordo. E, por fim, o que se deseja é que a torcida comemore a vitória, ou seja, a diretoria, o time e os clientes se sintam satisfeitos, e muito!

Portanto, trabalho em equipe pode ser resumido em motivação, boa comunicação, clareza de objetivos, ações concatenadas com foco e resultados alcançados.

4. COMUNICAÇÃO

Apesar de não ser especialista em comunicação, acho que ela é de vital importância para a vida e isso também se aplica a todas as esferas de atuação da empresa, seja no âmbito interno ou externo.

A interconectividade do século 21 gerou o capitalismo de *stakeholders*, que, segundo Klaus Schwab[2], é "a forma capitalista pela qual as empresas buscam criar valor a longo prazo, levando em consideração as necessidades de todas as partes interessadas e da sociedade em geral".

A essência da atuação do capitalismo de *stakeholders* é, portanto, levar em consideração as necessidades das partes interessadas. Essa nova perspectiva, que tem impulsionado as ações empresariais relativas aos aspectos ESG ou ASG (ambiental, social e de governança), naturalmente eleva as aspirações das distintas partes interessadas, quais sejam clientes, funcionários, fornecedores, acionistas, comunidades, governos, entidades etc. a soluções mais abrangentes sob o prisma de análise dos distintos interesses e, ao mesmo tempo, mais específicas que atendam diretamente as necessidades identificadas.

Em uma determinada situação interativa entre a empresa e suas partes interessadas, após decididas as ações que a empresa tomará, é necessária uma comunicação e interlocução efetiva com tais *stakeholders*. Tal comunicação deverá considerar os anseios e interesses das partes envolvidas, os interesses legítimos da empresa e suas respostas à situação.

Para que tais respostas sejam bem-sucedidas, há que serem claras, transparentes, genuínas e com propostas de soluções. Penso que esse princípio pode ser aplicado a todas as comunicações da esfera empresarial, incluindo a atuação do time jurídico com as demais áreas internas (normalmente seus clientes) ou externas (como os órgãos de defesa do consumidor, entidades de defesa dos direitos do trabalhador, fornecedores ou parceiros de negócio, acionistas, comunidades, órgãos reguladores, Ministério Público, Poder Judiciário etc.).

---

2 Conceito extraído do artigo "O que é capitalismo de stakeholders?", de Andressa Rovani, publicado em 27-1-2022, no site *netzero.projetodraft.com*.

5. RESOLUÇÃO DE PROBLEMAS

Certamente já ouvimos a famosa frase: "Advogado foi feito para resolver problemas". E, gostemos ou não, temos que reconhecer sua veracidade. E já que a vida nos fez assim, aproveitemos para ser bons resolvedores de problemas, particularmente de bons problemas, de preferência. Quando algum cliente interno o procura como advogado/a dizendo que está com um problema, logo vem aquele pensamento: "Ai justo agora, mais problema!". Então começa a explicação, discussão para que depois possamos analisar e opinar.

Pessoalmente, para lidar bem com problemas que são externos a nós – notem que não usei a expressão "dos outros" –, eu acho que é fundamental ter um olhar atento e dedicado, mas não emocional, para que não turvemos nossa capacidade de dar opiniões técnicas adequadas. Isso não exclui, de maneira alguma, a necessidade do seu envolvimento pessoal para buscar as melhores soluções, nem tampouco suas opiniões (como ser humano ou cidadão) diante das situações que a vida nos apresenta.

Ouvir a explicação detalhada da parte afetada e buscá-la quando faltar clareza é uma habilidade muito importante na detecção do problema. Para a discussão do obstáculo, acho importante envolver, desde logo, aqueles que possam melhor contribuir para sua solução. Isso inclui as pessoas do time Jurídico apropriadas, das outras áreas da empresa, escritórios de advocacia e assessores externos, dentre outros.

E, depois, feita a discussão em uma ou mais ocasiões, dependendo do nível de complexidade, vem as propostas de solução, que também podem variar em distintas situações, até se atingir um afunilamento para uma decisão efetiva e as ações daí decorrentes. Creio que as melhores decisões são alcançadas quão mais efetivo for o processo de detecção, discussão e alternativas de solução para um problema, observado também o seu nível de complexidade, para se ter uma dosagem adequada.

Para que sejamos bons(as) solucionadores(ras) de problemas, penso que nós advogados(as) devemos ter uma escuta ativa, empatia, mente aberta a considerar distintos pontos de vista e exercitar a criatividade para propormos e avaliarmos múltiplas possibilidades de soluções.

6. RESILIÊNCIA, FLEXIBILIDADE E ADAPTABILIDADE

Os atributos de resiliência, flexibilidade a adaptabilidade são habilidades vitais para todos os profissionais terem sucesso, pois são verdadeiras alavancas que nos ajudam a superar situações difíceis ou indesejadas.

Termos resiliência é muito importante para podermos enfrentar situações de crise e lidarmos com ela, visando superá-la. Quando se está em meio à crise é comum não se enxergar um horizonte nítido, mas é importante ter calma, saber lidar com as incertezas, analisar as consequências das atitudes (seja as que levaram a crise ou aquelas a serem tomadas durante a crise), e ter energia, física e psíquica, para poder contribuir com a busca de soluções.

O mundo e a vida são cíclicos e nos trazem situações de adversidade e prosperidade. Enquanto essas são prazerosas em geral, aquelas, por vezes dolorosas, trazem ensinamentos que nos fortalecem e dão instrumentos psíquicos para lidarmos melhor com a próxima crise.

Acredito que a resiliência é desenvolvida pela experiência. Quanto mais experientes nos tornamos, vivenciando distintas situações difíceis ao longo da nossa vida profissional, nos tornamos mais resilientes.

Para nos tornarmos resilientes temos que ter flexibilidade. A frase anterior é verdadeira, porém, incompleta. Precisamos, meus(inhas) amigos(as), ter flexibilidade para tudo nesta vida e no ambiente empresarial isto não é diferente.

Para ilustrar a importância da flexibilidade, gosto de compará-la ao movimento. Se algo é rígido, é estático, como uma pedra. E se algo é flexível, se move, é dinâmico. Parece o ser humano, não? Temos um corpo flexível, pernas, tronco, braços, cabeça etc. Por que, então, deixarmos nosso cérebro rígido? Não faz sentido, não é?

Não basta sermos seres racionais com opiniões imutáveis e consolidadas. O mundo atual muda muito a todo instante e novas perspectivas surgem a todo o momento, de modo que é fundamental olharmos as situações e pensarmos sobre múltiplos ângulos, o meu, o seu e o do outro.

Além de pensar, agimos também. Ser flexível significa, para mim, poder expor sua opinião, ouvir a do outro, analisar e chegar a qual seria a resposta mais adequada (independentemente de quem traga a solução) e se adaptar às decisões tomadas.

A adaptação é, por fim, uma habilidade que nos faz sobreviver. Charles Darwin em sua clássica obra "Origem das Espécies" (1859) defendeu a ideia de que os seres que melhor conseguem se adaptar ao ambiente tem mais chances de sobreviver. Tal conceito biológico pode ser aplicado sociologicamente, uma vez que em qualquer ambiente a adaptação se faz necessária, não só para a sobrevivência, mas também para o desenvolvimento e a evolução.

Vivemos em um mundo instável, volátil, com rápida inovação tecnológica e inúmeros desafios sociais e econômicos. As empresas são, indubitavelmente, afetadas por essas mudanças constantes e os advogados(as) que forem mais adaptáveis, flexíveis e resilientes tem chances maiores de sucesso.

CONCLUSÃO

Ao longo deste capítulo, procurei trazer a importância das habilidades interrelacionais (*soft skills*) para a atuação da(o) advogada(o) que labora no mundo corporativo, pois acredito que são poderosas ferramentas que podem impulsionar sua atuação, elevando-a(o) a um patamar diferenciado, de forma a contribuir com a melhora do seu desempenho e da empresa em que trabalha.

Peço, contudo, vênia aos leitores para propor uma autorreflexão:

- Quais habilidades interrelacionais posso melhorar? Em qual delas devo investir?
- Como farei isso? Sozinho ou preciso de ajuda? Se precisar de ajuda, quem poderá me ajudar?
- Se eu traçar um plano de ação, como ele deve ser, quem envolver e por quanto tempo devo praticá-lo?

Espero que tal reflexão possa ser útil de forma a trazer uma singela contribuição para o autodesenvolvimento profissional.

10.

GESTÃO E AS HABILIDADES COMPORTAMENTAIS DO ADVOGADO 4.0

Benedito Villela[1]
Victor Bastos[2]

INTRODUÇÃO

Muito se fala sobre o Advogado 4.0, e virou tendência associar a numeração a qualquer novidade ou inovação, dentro e fora do mundo jurídico. Os números que destacam as "versões" dos produtos nesse caso são alusivos às revoluções industriais, sendo que a quarta revolução teve início em 2011, de acordo com Schwab, presidente do Fórum Econômico Mundial, e autor do livro "A Quarta Revolução Industrial". Segundo ele, o conceito está ligado ao de Indústria 4.0, modelo empresarial que já tinha como objetivo utilizar todas as tecnologias atualmente disponíveis para gerar conhecimento e produtividade. Ou seja, falar sobre as habilidades comportamentais do advogado 4.0 significa necessariamente falar sobre as suas proficiências ao lidar com tecnologias avançadas, inteligência artificial, *bots*, universo *Meta* e afins, correto? Não necessariamente.

---

1 Gestor Jurídico, *Head of Special Projects* na Laurence Simons Latam, sócio da Chazin e Mello Advogados, LLM pelo Insper e Especialista em Direito Contratual pelo COGEAE PUC/SP, bacharel em Direito pela PUC/SP, professor do Ibmec, Futurelaw, Conectese, Finted, ESA-OAB SP.

2 Gerente Jurídico do Grupo Marista, bacharel em Direito pela PUC/SP, especialista em Gestão de Departamentos Jurídicos pelo INSPER e em Processo Civil pela PUC-COGEAE, professor da Conectese.

Assunto corrente é a necessidade de os Departamentos Jurídicos se atualizarem cada vez mais, incorporando em sua rotina novas e atuais ferramentas de trabalho, metodologias ágeis de siglas impronunciáveis e afins. Sistemas de acompanhamento processual, por exemplo, não são novos, mas ganham a cada versão novas funcionalidades que brilham os olhos dos entusiastas por tecnologia.

Isso sem falar nas *Lawtechs*; *startups* voltadas ao desenvolvimento de aplicações para o mercado jurídico, como referências cruzadas, busca automatizada de jurisprudências e teses jurídicas, e integração entre o sistema jurídico e os sistemas de pagamento da empresa, com geração automática de relatórios customizados enviados nos moldes *Smart Contracts*. Mas o que fazer se a cultura corporativa da empresa não é compatível com o desenvolvimento das ferramentas legais?

O advogado, dentre todas as profissões é, acima de tudo, um resolvedor de problemas. E para tal, precisa entender as dores de seu cliente, interno ou externo, então para se falar das habilidades comportamentais, primeiro se faz necessário entender as principais dores do ambiente corporativo 4.0., especialmente aquelas surgidas ou destacadas durante a pandemia causada pelo SARS-Cov-2.

1. OS PRINCIPAIS OBSTÁCULOS DO CORPORATIVO 4.0

O perigo de tudo virar urgente! Um dos maiores desafios corporativos hoje é separar o que é urgente, necessário, prioridade, comum. É consenso que existe uma banalização do conceito de urgente, agravada por crises de ansiedade e microgerenciamento oriundas dos gerentes em *lockdown*. Ser parceiro do negócio deve ser missão do jurídico e, exatamente por isso, quanto mais essa parceria for intensificada, menor será o número de surpresas e atrasos, pois a demanda será acompanhada desde o início. Carimbar uma demanda de urgente deve ser exceção e fazer com que seja tratada como prioridade por todos, e, se tudo é urgente, nada é urgente.

Certamente a cruzada pelo culpado é um dos grandes drenos de energia e tempo em qualquer corporação e merece figurar entre os pecados capitais. Ficou famosa a teoria da culpabilidade de Homer Simpson: "Se a culpa é minha, eu ponho em quem eu quiser". Esse dogma, oriundo de um programa de humor é mais levado a sério do que deveria. Empresas e departamentos que adotam a "terrorcracia" certamente tiveram muitas dificuldades no home office, em que a confiança é muito mais importante do que a perseguição.

A preocupação em punir, muito mais do que em recompensar, gera o medo de se tentar qualquer coisa nova, ou mesmo de se desenvolver comportamentos tão incensados pelas teorias de recursos humanos modernas, como o empoderamento ou o sentimento de dono. Não há como se sentir dono se a cadeira da criatividade se tornar ejetora a qualquer momento. Até por isso se tornou revolucionária a teoria de derrubada de controles de Reed Hastings, fundador da Netflix, mais bem explicada em seu livro: A *Regra é Não ter Regras*.

Outro pecado corporativo potencializado pela pandemia é o excesso de reuniões, mas qual seria o conceito de reunião? No mundo presencial, seria colocar pessoas em volta de uma mesa para debater um ou mais temas importantes. No virtual é semelhante, só que em frente ao computador. Mas em ambos os modelos, é um momento nobre e que deve ser muito mais valorizado. Convidar alguém para uma reunião significa que sua opinião é importante e será ouvida por todos. E por que a reunião hoje é tão combatida? Infelizmente as reuniões, especialmente as virtuais tem sido cada vez mais desvirtuadas pelos seguintes motivos:

a) Convocação sem compartilhamento de temas ou materiais, o que impede uma preparação adequada;
b) Convocação de áreas apenas para não ser acusado de omissão;
c) Limitação de horário. Reunião deve ter horário para começar e principalmente para terminar;
d) Participantes presentes de corpo e espírito. Passar a reunião inteira no celular, respondendo *e-mail* e trocando mensagens apenas demonstra que é possível fazer mais de uma atividade com a mesma falta de qualidade e atenção.

Reunião visa colocar todos em volta da mesa em busca de objetivo comum e não aplicar uma pena de imobilização na cadeira para os participantes que devem ficar no cantinho do castigo. Valorizar a essência da reunião e sua importância, esse é o desafio! Não à toa foi cunhado o meme: *sobrevivi à outra reunião que poderia ter sido um* e-mail.

Se as reuniões em excesso são um mal, mal ainda maior é jogar um jogo em que as regras não são claras ou mudam durante o jogo. Empresas e departamentos que não possuem regras claras, ou simplesmente despejam as políticas globais mal traduzidas em cima dos colaboradores terão zero chance de *compliance*, especialmente se não houver um treinamento adequado e constante, e, mais do que isso, se não for um processo dinâmico capaz de adaptar as políticas para as realidades locais.

Se novas tecnologias e novas leis estão mudando o mundo, as empresas e a vida das pessoas a todo o tempo, por que o manual de conduta de uma instituição precisa ser estanque? Investir em conscientização e comunicação efetiva, aplicando as regras para todos os escalões permitirá saber exatamente o que é certo e errado, sem precisar consultar o *Video Assistant Referee* (VAR) a cada possível irregularidade detectada. E isso tudo se torna um paradigma para a inovação, pois é muito complicado para o advogado, por mais bem-intencionado e preparado que seja, navegar por um ambiente legislativo obscuro como o brasileiro, em que até mesmo o passado é incerto; por outro lado, mais difícil ainda cuidar da segurança jurídica quando não se há regras claras.

Inovar não é necessariamente promover uma grande mudança, alterando todo o *status quo* vigente e implantando qualquer solução tecnológica porque é "moderna", afinal tecnologia não resolve tudo e não é um fim em si mesma, mas uma ferramenta para se alcançar o fim institucional com maior assertividade.

Incontestável afirmar que a aptidão tecnológica é, sim, uma das habilidades comportamentais exigidas do Advogado 4.0, inclusive na parte de gestão, a fim de modernizar as relações de trabalho. A tecnologia tem ajudado na travessia da pandemia mas, ao mesmo tempo, confiar cegamente nela acaba muitas vezes por ser mais prejudicial do que benéfico, ainda que pareça paradoxal se comparado ao "sempre foi assim". Mas não se busca a inovação? Nem sempre.

Nos casos em que é possível, em razão do isolamento (ou do novo normal chamado de híbrido), vale relembrar a efetividade de um olho no olho, uma conversa presencial, pois existem coisas que se perdem ao se usar a tecnologia. Um exemplo é o uso de *emojis* nos *e-mails* e comunicações instantâneas: esse sorriso é sarcástico? Esse rostinho apaixonado é assédio ou é simpático? O que quer dizer essa figurinha? Ao se olhar nos olhos do interlocutor, é muito mais fácil perceber o humor, a atenção e até mesmo a abordagem que se deve ter para se conseguir o resultado.

Ao invés de mandar um *e-mail*, por que não ir até a pessoa? E se ainda for necessário o *e-mail*, que seja após o alinhamento, nunca antes, senão fica apenas deselegante e mais parece um anexo de carne e osso. E quando se fala em inovação, nunca se deve esquecer de combinar com o zagueiro antes. Decidir implantar uma ferramenta que resolverá todos os problemas e fará o departamento ser moderno pode ser muito bom. Ao se esquecer de ouvir as pessoas e envolver os clientes internos, o Jurídico corre o risco de se tornar a banda que tocará sozinha até o naufrágio da ferramenta, semelhante ao Titanic.

Mas diante dessas dores e pecados corporativos, em quais *softskills* o advogado deverá investir para se adequar?

2. OS PRINCIPAIS COMPORTAMENTOS A SEREM DESENVOLVIDOS

Comunicação é uma arte, pois a tarefa de dizer algo e o receptor entender exatamente o que se está dizendo não é tão simples. Vale aqui a máxima: comunicação não é o que se acha que disse mas sim o que o interlocutor entendeu.

E como fazer com que essa máxima seja aplicada? Importantíssimo atentar-se para os três pilares: escuta ativa, comunicação assertiva e não violenta.

Escuta ativa, como já é conhecido, é praticar a via dupla, ou seja, não se preocupar somente com o que se diz ou escreve, mas também entender o que o interlocutor está tentando transmitir.

Muitas vezes, especialmente em reuniões, existe a preocupação em falar, mas não se dedica a mesma atenção para ouvir, acarretando a famosa escuta passiva ou protocolar, em que o ato de concordar é desprovido de qualquer compreensão do que está sendo dito.

Além disso, a assertividade é um pilar fundamental para uma comunicação saudável. Especialmente quando se redige um *e-mail* ou uma apresentação, quantidade e qualidade são elementos diametralmente opostos. Passar dezenas de slides em uma apresentação, todos carregados de informações que são lidas em sua totalidade pelo apresentador é certeza de que seus interlocutores em poucos minutos estarão mergulhados em seus computadores ou celulares respondendo *e-mails*, mensagens ou até simplesmente navegando na internet, pois qualquer coisa parecerá mais interessante do que a fala em questão.

Em compensação, mensagens assertivas, transmitindo de forma objetiva seu conteúdo e alcançando mentes e corações, certamente serão fixadas pelos receptores. E claro, a assertividade deve caminhar de mãos dadas com a já famosa não violência, que também pode ser traduzida por educação, um valor tão básico quanto necessário.

É preciso sempre lembrar que a comunicação é um ato de interagir com alguém, não devendo ser considerada uma competição, em que haverá um vencedor e um perdedor. **Mensagem deve ser escrita ou dita com a cabeça e/ou coração. Se for com o fígado, dificilmente o resultado será bom. O *e-mail* despertou raiva? Ao invés de responder, respire, raciocine e deixe a poeira baixar. Lembre-se: raiva é um veneno que se bebe esperando que faça efeito no outro (William Shakespeare).**

3. OS COMPORTAMENTOS EXIGIDOS APÓS A PANDEMIA

Necessário destacar que a prática da advocacia é um empreendimento essencialmente humano, que requer contato contínuo com outros *stakeholders*. É muito fácil trabalhar em um ambiente próprio, com outras pessoas também trabalhando, mas outra coisa é trabalhar de casa em um ambiente com diversas distrações, outros membros da família demandando atenção, ansiedade decorrente das incertezas do momento, entre tantas outras questões que contribuem para diminuição da capacidade produtiva e para fragilização da saúde.

Dessa forma, a comunicação se tornou ainda mais central como *softskill*. O contato frequente do gestor com a equipe se mostrou uma ferramenta essencial para manutenção do bom nível do time, de forma que, nos Estados Unidos, os treinamentos durante o período de pandemia não foram predominantemente voltados à utilização da tecnologia em si, mas de como as ferramentas deveriam ser usadas de forma colaborativa, a fim de apoio mútuo e aproximação da equipe.

Contudo essa mudança teve um custo alto: se por um lado houve ganho de tempo em deslocamentos, tal ganho foi imediatamente consumido pelas estruturas organizacionais: "ora, se o colaborador não perde mais uma hora para chegar ao trabalho às nove horas da manhã e está pronto às oito, logo posso começar a demandá-lo nesse horário". Esse nocivo pensamento de muitos dos donos dos meios produtivos foi se impregnando cada vez mais por todas as estruturas corporativas até tomar muitas vezes quase o dia todo do colaborador, provocando a maior das crises de saúde mental jamais documentada. Não havia mais separação entre casa e trabalho, e gestores abusivos impunham seus horários viciados a todos da cadeia colaborativa, com crises de imediatismo e de ansiedade verdadeiramente patológicos.

A resiliência e fortitude mental se tornaram outras grandes habilidades a serem desenvolvidas ou adquiridas, mas ainda assim crises de ansiedade, depressão, *burnout* (que passou a ser considerada doença do trabalho) contribuíram para provocar um preocupante (e importante) movimento, conhecido mundialmente como *The Great Resignation* (em tradução livre, o grande pedido de demissão), no qual milhares de empregados de todos os setores econômicos passaram a se demitir espontaneamente mesmo sem um novo emprego, por não concordar com o que lhes era exigido pelo empregador, fossem longas horas, o retorno ao trabalho presencial ou quaisquer outros pontos que lhe fossem inadmissíveis; fenômeno esse que não passou ao largo da advocacia. Nasceu assim a necessidade do aprendizado ao trabalho assíncrono.

Talvez a melhor forma de se entender o trabalho assíncrono seja a metáfora da troca de cartas (sim, aquelas enviadas por meio dos correios). As missivas escritas não se resumiam a comunicações vazias que geravam o desperdício do tempo e da atenção por conta da falta de foco, tão comumente verificados em trocas de mensagens por comunicadores instantâneos e dos malfadados e execráveis áudios; muito pelo contrário: ainda que iniciassem as mensagens com saudações, mais ou menos informais, sempre havia a exposição de motivos da comunicação e uma chamada à ação do que se esperava ou propunha fosse feito a seguir:

> Quando não precisamos da resposta imediata, é melhor escolher uma comunicação não interruptiva. Uma mensagem que não precisa interromper o foco da pessoa com quem você quer se comunicar. Dar preferência à comunicação assíncrona, sempre que possível, é algo que faz muita diferença na produtividade de um time. Parece bobagem, mas faz muita diferença na qualidade e em quão boas são as entregas do seu time.

Esse é o esclarecimento do Rafael Damasceno, cofundador da Supersonic, que adotou o trabalho remoto desde o dia de sua fundação e foi classificada como Great Place to Work.

Assim, ficam claras as vantagens da forma assíncrona de trabalhar, mais facilmente adotadas por profissionais acostumados a trabalhar com diversos países, culturas e fusos horários diferentes, evitando assim as crises de microgerenciamento de líderes inseguros e mal preparados, afinal urgência unilateral é ansiedade mal controlada.

Com o isolamento físico, os advogados necessitavam encontrar outras formas de exposição e compartilhamento de ideias que fossem além das aulas, fóruns, palestras e eventos, e houve grande ajuda da internet nesse sentido, permitindo a publicação de artigos em portais jurídicos, a realização das *lives*, os diversos *podcasts*, a criação de perfis jurídicos nas redes sociais voltados aos mais variados temas e aos mais variados públicos, inclusive voltados às pessoas de baixa renda, ao arrepio do que tenta regular o órgão classista em batalha notadamente perdida.

Adicionalmente popularizou-se nos últimos anos a criação de índices de referência, premiações de reconhecimento e outros catálogos e publicações que tinham por objetivo reconhecer e premiar os melhores juristas, de escritórios ou de empresas, em diversas categorias. Ocorre que, com essa popularização e a quantidade de profissionais que passaram a se expor mais, foi gerado o verdadeiro mercado de *marketing* digital da advocacia, sobre o qual os advogados devem estar atentos, pois é um meio que pode atrair diversos negócios independente do público-alvo.

Uma das mais tradicionais profissões, a advocacia passou a "demandar" uma incomum exposição dos seus profissionais, por meio da criação e do desenvolvimento de *personal branding*, que, valendo-se do *marketing* jurídico digital se tornou parte relevante da vida e do trabalho do advogado, que deve aproveitar as oportunidades da amplificação do uso tecnologia em seu favor, a fim de aumentar sua autoridade, alcance e vender para clientes fora de sua região.

Por fim, mas não menos importante, existe uma competência fundamental para o advogado, independente da numeração 2.3 ou 4.0. É a construção de pontes. Lembrando que a ponte liga sempre dois pontos que estão isolados um do outro. Seja no escritório ou corporativo, o ato de construir pontes alça o advogado a uma posição bastante estratégica.

Isolamento não condiz com a nova realidade. Quem se isola constrói muro ao invés de uma ponte. Ainda que se encare o muro como uma proteção contra ataques externos, **ninguém sobrevive sem interagir com os outros. Até porque quem constrói um muro corre o risco de ser esquecido por quem está do outro lado.**

E ninguém quer ser esquecido, pelo contrário, o advogado não deve ser reconhecido por nem sequer fazer parte do problema, por ter sido esquecido, mas sim, e principalmente, por ser cada vez mais protagonista da solução!

OPINIÃO

EDVALDO VIEIRA

Jurídico como parceiro de negócio.

Como parceiro estratégico de uma unidade de negócio, o Jurídico se destaca na medida em que consolida seu conhecimento sobre o contexto em que está inserido. Isso porque traz à mesa o conhecimento técnico normativo e de *Compliance*, balizadores imprescindíveis para a conduta de uma organização.

Ao entender as dinâmicas próprias do segmento econômico em que a empresa atua, torna-se uma voz importante nos processos de tomada de decisões executivas. Fica ainda mais relevante quando sua equipe é proativa e dedicada a buscar soluções efetivas – reativas e preventivas – aos temas de maior impacto para a operação.

Tenho acompanhado a aceleração digital que o Jurídico das empresas vem implementando e vivencio essa transformação de forma mais próxima na Amil. Ao rever seus modelos e adotar processos digitais, a segurança e a agilidade aumentaram significativamente. Alcançamos outro patamar quando nos tornamos 100% digitais em processos como geração de contratos, governança de aprovação, produção de *reports* e monitoramento de indicadores. Com este modelo, o Jurídico contribui não só para a produtividade do departamento, mas para a agenda de transformação digital de toda a companhia.

Na função educação do público interno, ferramentas como *chatbots* permitem ganho de escala na consultoria jurídica massificada prestada às áreas de negócio em grandes operações. Não poderia deixar de mencionar as ferramentas de captura de ações judiciais e de tendências de jurisprudência cuja adoção proporciona aos executivos maior assertividade em definição de diretrizes. Tecnologia particularmente importante para mercados altamente regulados ou caracterizados por grande volume de judicialização.

Sobre a saúde suplementar incidem ambos: é um segmento regulamentado e altamente judicializado. Por isso, nosso Jurídico atua tanto na gestão do passivo e de contingências legais, buscando oportunidades de conciliação, como na consultoria preventiva, evitando e mitigando riscos que poderiam colocar em xeque a própria sustentabilidade do negócio.

A pauta ESG, que atravessa toda a organização, também tem atenção especial do Jurídico. A área zela pelas diretrizes legais, promove uma comunicação efetiva dessas diretrizes ao negócio e, assim, fortalece a governança interna, mitiga riscos e protege a imagem da empresa.

Edvaldo Vieira

CEO da Amil

EIXO II

INOVAÇÃO: AS NOVAS TECNOLOGIAS E O JURÍDICO MAIS DIVERSO E INCLUSIVO

11.

ATUAÇÃO PROATIVA DOS DEPARTAMENTOS JURÍDICOS NA PAUTA DA DIVERSIDADE E INCLUSÃO – COMO TIRAR LIÇÕES DE CASOS RECENTES

Simone Galvão de Oliveira[1]

INTRODUÇÃO

De acordo com os dados do IBGE, o Brasil conta, atualmente, com mais da metade da sua população constituída por pessoas negras[2], assim definidas como aquelas sendo pretas e pardas. Tristemente, não vemos nem sombra dessa realidade refletida em espaços de poder da sociedade brasileira, o que, naturalmente, é refletido em departamentos jurídicos de empresas e em escritórios de advocacia, a começar pela ausência de dados e de políticas claras de diversidade e inclusão.

Na minha época de faculdade, que durou desde final dos anos 1990 até início dos 2000, o número de mulheres estudantes já era quase o mesmo do número de homens e os escritórios de advocacia e empresas estavam no mesmo caminho de igualdade numérica de gênero. Quase vinte anos após ter deixado

---

1 Advogada. Bacharel em Direito pela USP, com especialização em Contratos pela FGV-Law e LL.M pela University of Virginia, em 2014. Atua há quase dezoito anos como advogada de Departamento Jurídico, ocupando atualmente a posição de Legal VP para Latam.

2 Relatório do Instituto Locomotiva Pesquisa e Estratégia sobre Racismo no Brasil – Uma contribuição do Instituto Locomotiva e do Carrefour do Brasil para a Luta Contra o Racismo. Disponível em: <https://naovamosesquecer.com.br/downloads/pesquisa-racismo-brasil.pdf>. Acesso em: 10 de abril de 2022.

a universidade, é bastante claro o avanço no que diz respeito à igualdade numérica de gênero, considerando a quantidade de mulheres que têm alcançado cargos de liderança no mundo jurídico, mas é bem menos lenta a evolução da igualdade em termos raciais. Digo isso muito mais pela minha experiência de vida e quase que ausência de contato com pessoas negras ao longo dos meus vinte anos de atuação na área do que com base em dados, considerando que as pesquisas ainda são bastante escassas.

Em experiências que tive ao longo da minha carreira em outros países, notei uma realidade bastante distinta. Em 2001 e 2002, tive a oportunidade de participar do "Study Abroad Programme", da Universidade de Westminster, em Londres e lá encontrei diversos alunos negros tanto locais quanto de outros países, especialmente africanos. Certamente, isso é algo fundamental para se ter um mercado de trabalho mais diversificado. Em 2004, quando ainda era recém-formada, fui contratada para ser advogada do departamento jurídico da multinacional americana.

Naquela época, a empresa já havia comemorado 200 anos de existência no mundo e cerca de 70 no Brasil e, mesmo assim, fui a primeira advogada negra da história da empresa aqui no Brasil, em que pese nos EUA haver um contingente maior de pessoas negras, a começar pelo seu próprio General Counsel, na época, um homem negro, formado pela Universidade de Howard, que também foi o primeiro advogado negro da empresa contratado em 1972, tendo se tornado General Counsel em 2000. Essa diferença não quer dizer que países como Reino Unido e Estados Unidos sejam menos racistas que o Brasil. Ao contrário, o racismo no mundo tem contornos muito cruéis, mas é bastante óbvio observar pessoas negras em posições de poder de forma mais frequente no exterior do que no Brasil.

As perguntas que ficam são: como essa realidade brasileira pode mudar, em especial, para mulheres negras, já que é sabido que, de forma geral, fazem parte do grupo que tem destaque nas piores estatísticas? Qual pode e qual deve ser o papel dos Departamentos Jurídicos junto às áreas de negócios quando o assunto é Diversidade e Inclusão? O Jurídico, sendo um parceiro de negócios estratégico e fundamental para o sucesso das empresas, também pode atuar no que diz respeito a temas de Diversidade e Inclusão e de forma efetiva? São essas as principais perguntas que tenho a intenção de debater por meio deste capítulo que, certamente, não tem a pretensão de esgotar o assunto.

1. COMPOSIÇÃO DOS DEPARTAMENTOS JURÍDICOS NO BRASIL E DESAFIOS EM BUSCA DA DIVERSIDADE RACIAL

Em tempos mais recentes aqui no Brasil, em especial pela iniciativa do Magazine Luiza em promover um programa de *trainee* exclusivamente dirigido a pessoas negras, tem-se discutido a diversidade racial de forma expressa, tanto para criticar tal iniciativa quanto para enaltecê-la[3]. Em várias entrevistas de que participou em virtude da enorme repercussão da sua ideia pioneira, Luiza Trajano, Presidente do Conselho de Administração do Magazine, declarou que resolveu realizar esse ato de coragem (sim, tratou-se de ato de extrema coragem) após constatar que pessoas negras não ocupavam cargos de liderança em sua empresa, fato que a incomodava.

Isso claramente demonstra que foi preciso que uma mulher branca e elitizada, porém com grande sensibilidade, parasse para fazer uma provocação ao seu próprio time, exigisse mudanças e tivesse a coragem de tomar uma decisão com grande dose de risco, tanto jurídico quanto reputacional. Após o primeiro ciclo do programa, a empresa decidiu repetir a iniciativa e, em 2021, realizou a segunda edição do programa de *trainee*, exclusivamente para negros.

Depois do Magazine Luiza, outras empresas seguiram o mesmo caminho, promovendo programas de *trainee* exclusivos para pessoas negras ou para outros grupos sub-representados[4]. Pode-se notar que tais empresas, que certamente têm muito boas intenções, lançam programas para os níveis de entrada das organizações (*trainee* ou estagiários), sendo raras (se é que existentes) iniciativas semelhantes para cargos de liderança. Até o momento, não há dados de quantos dos participantes desse programa teriam sido alocados em Departamentos Jurídicos das empresas, mas seria algo bastante importante de se averiguar.

Quanto ao mercado jurídico, ainda são incipientes os dados sobre diversidade, em especial nos cargos de liderança, mas, considerando-se que negros

---

3 "*Trainee* para negros é constitucional e não é enquadrado na Lei de Racismo". Disponível em: <https://www.conjur.com.br/2020-set-23/programa-trainee-exclusivo-negros-constitucional>. Acesso em: 10 de abril de 2022.

4 São exemplos Bayer, Nubank, Pepsico, Zé Delivery.

ocupam 31% dos cargos de liderança no Brasil, conforme dados do IBGE[5], é possível concluir que no mercado jurídico a situação é igualmente ruim ou até mesmo pior. Difícil entender o porquê dessa situação, após os primeiros dez anos da lei de cotas no Brasil[6], cujo objetivo foi facilitar o acesso de, entre outras, pessoas negras ao estudo superior em nível federal.

Excelentes iniciativas recentes surgiram para promover a diversidade no mercado jurídico, podendo-se citar Incluir Direito e Aliança pela Equidade Racial, capitaneadas por advogados de grandes bancas de advocacia. De acordo com o site do premiado Projeto Incluir Direito[7], são seus apoiadores cerca de 29 escritórios de advocacia, o que, embora tenha que ser muito festejado, é claramente um número ainda muito baixo, considerando que o próprio Centro de Estudos das Sociedades de Advogados (Cesa) conta com mil sociedades inscritas no Brasil e no exterior. Sendo assim, pouco mais de 3% por cento de seus inscritos são apoiadores do Projeto.

Ter negros em Departamento Jurídicos e em escritórios de advocacia, especialmente em cargos de liderança, é algo fundamental para o avanço das iniciativas de diversidade, embora essa pauta não seja de exclusiva responsabilidade e interesse das pessoas negras. Pelo contrário, o papel e a atuação de pessoas brancas são fundamentais também, até porque o estado de grande desigualdade da nossa sociedade não foi originado pelas pessoas negras.

Porém, eu acredito que as pessoas negras, via de regra, terão um olhar decisivo para a evolução da questão por sofrerem, diariamente, as duras consequências do racismo estrutural. Principalmente quem vive na pele as injustiças do racismo poderá agregar no avanço da equidade racial. Na continuidade deste

---

[5] CASTRO, Fabrício; RODRIGUES, Eduardo. "Pretos e pardos ocupam apenas 22% dos cargos de chefia, aponta estudo". O *Estado de S.Paulo*, Economia&Negócios, 13 maio 2021. Disponível em: <https://economia.estadao.com.br/noticias/geral,pretos-e-pardos-ocupam-apenas-22-dos-cargos--de-chefia-aponta-estudo,70003714211>. Acesso em: 10 de abril de 2022.

[6] Lei n. 12.711/2012: "Art. 3º Em cada instituição federal de ensino superior, as vagas de que trata o art. 1º desta Lei serão preenchidas, por curso e turno, por autodeclarados pretos, pardos e indígenas e por pessoas com deficiência, nos termos da legislação, em proporção ao total de vagas no mínimo igual à proporção respectiva de pretos, pardos, indígenas e pessoas com deficiência na população da unidade da Federação onde está instalada a instituição, segundo o último censo da Fundação Instituto Brasileiro de Geografia e Estatística – IBGE."

[7] CENTRO DE ESTUDOS DAS SOCIEDADES DE ADVOGADOS - CESA. Projeto Incluir Direito. *Cesa*, 2016. Disponível em: <http://www.cesa.org.br/projeto_incluir_direito.html>. Acesso em: 10 de abril de 2022.

capítulo, utilizarei exemplos recentes envolvendo duas grandes empresas para exemplificar ensinamentos que os Departamentos Jurídicos podem utilizar para implementar ações de promoção da diversidade e da inclusão nas empresas.

2. COMO GARANTIR DIVERSIDADE COM INCLUSÃO. CONTRIBUIÇÃO DO JURÍDICO PARA AS ÁREAS DE NEGÓCIOS

De forma geral, o Departamento Jurídico das empresas tem como uma das suas principais atribuições contribuir para que a empresa atinja seus objetivos da forma mais segura possível, de acordo com a legislação e sempre balanceando os riscos envolvidos. Isso quer dizer que os advogados corporativos, para que sejam bem-sucedidos, não podem apenas dizer não para as iniciativas das áreas de negócios, mas são aqueles que, atuando como parceiros de negócios, entendem profundamente os desafios do seu segmento de atuação e contribuem para a antecipação de riscos por meio de programa de gerenciamento de riscos jurídicos.

Os riscos jurídicos são específicos de cada área de atuação das empresas, sendo que o gerenciamento feito em uma determinada empresa não necessariamente será o mesmo feito em outra. Os riscos de empresa do ramo químico são diferentes de uma que atua no ramo de alimentos, de outra que atua no ramo financeiro, de *startups* e assim por diante. Porém, quando o assunto é diversidade e inclusão, a ausência de iniciativas nas empresas nessa área é um risco que existe em qualquer segmento, em maior ou menor grau, ainda mais em uma sociedade tão desigual e racista como a brasileira.

Assim, grande contribuição que pode ser dada pelos Departamentos Jurídicos é servir de exemplo para as demais áreas das organizações e promover a diversidade entre seus membros e seus prestadores de serviços. Os Departamentos Jurídicos devem, necessariamente, ser uma área que promove a contratação de pessoas diversas, dos mais amplos espectros.

Além disso, ao ser consultado pelas outras áreas da empresa, em especial pelos RHs, precisa pensar fora da caixa e encontrar soluções criativas, dada a inexistência de legislação específica e clara que possibilite às empresas atuar com 100% de segurança no sentido de realizar processos seletivos direcionadas aos grupos sub-representados, como é o caso da lei para contratação de pessoas com deficiência (Lei n. 8.213/1991). Apesar de existirem diversas leis que tratam da igualdade racial de forma bastante explícita, tais como a própria Constituição Federal e o Estatuto da Igualdade Racial (Lei n. 12.288/2010), as empresas sentem insegurança em promover vagas para contratações exclusivas para determinados grupos. Recentemente, nova polêmica surgiu no LinkedIn que deixou de anunciar vagas destinadas a pessoas negras. Somente após forte pressão de grupos da sociedade civil, dentre elas a Educafro, por meio do seu grande líder Frei David, é que LinkedIn recuou e voltou a permitir o anúncio de tais vagas.

O exemplo do Magazine Luiza, pioneiro na realização de um programa de *trainees* exclusivo para pessoas negras, exigiu grande dose de risco para a organização, críticas das mais diversas, mas, certamente, foi bem analisado e estruturado pelos principais *stakeholders*, inclusive pelo Jurídico, como foi dito por Luiza Trajano em diversas ocasiões, dentre elas ao Programa Roda Vida, da *TV Cultura*, de 5 de outubro de 2020.

Não só ser um parceiro do negócio de forma reativa, em assuntos trazidos por outras áreas e em respostas a consultas, mas também realizar antecipação dos riscos é um dos principais papéis dos Jurídicos na promoção da diversidade. Exemplos bastante recentes ilustram bem situações em que as empresas sofreram grandes prejuízos reputacionais e financeiros por não terem mapeado risco na ausência de diversidade e inclusão. Com base nos desdobramentos desses casos até o momento, os Departamentos Jurídicos têm o dever de trazer o assunto da diversidade e da inclusão à pauta da ordem do dia, ao invés de simplesmente aguardar de forma passiva para defender a empresa em ações judiciais e ações de grande repercussão nas redes sociais e imprensa.

Muitos são os ensinamentos trazidos pelo caso do Carrefour, ocorrido, por uma trágica coincidência, em 19 de novembro de 2020, véspera do Dia da Consciência Negra, passado mais de um ano da tragédia brutal ocorrida com João Alberto Silveira Freitas. A repercussão para o Carrefour, como não poderia deixar de ser, foi muito negativa, tanto do ponto de vista reputacional, quanto do ponto de vista legal, mas, a expectativa é que dessa tragédia saiam ações concretas.

Como consequência do ocorrido, o Carrefour foi parte de quatro inquéritos civis e duas ações civis públicas iniciados por Ministérios Públicos, Defensorias Públicas e entidades da sociedade civil[8]. Posteriormente, a rede de super-

---

8 Conforme cláusula 1.1. do Termo de Ajustamento de Conduta firmado pelo Carrefour, cujo conteúdo integral está disponível em: <https://naovamosesquecer.com.br/pt/nossas-iniciativas/>. Acesso em: 10 de abril de 2022.

mercados, além de pagar indenização à família de João Alberto, firmou Termo de Ajustamento de Conduta (TAC), assumindo o compromisso de realizar investimentos na ordem de R$ 115 milhões no prazo de 3 anos com o objetivo de promover ações de valorização da diversidade com foco em medidas voltadas para a educação[9].

Pela leitura do TAC, os Departamentos Jurídicos têm um excelente guia de ações que podem ser tomadas para a promoção da diversidade e que podem ser fundamentais para evitar o acontecimento de problemas como ocorreu no Carrefour. Dentre as obrigações assumidas no TAC, destacam-se:

1) **cláusulas contratuais adequadas à natureza do negócio:** obrigação de estabelecer, por meio de contrato ou de política, a previsão de que fornecedores submeterão os seus empregados a um treinamento anual de capacitação na área de combate à discriminação e à violência, a fim de evitar a ocorrência de atos ou condutas discriminatórias, humilhantes ou vexatórias (cláusula 2.6.15 do TAC);
2) **Código de Conduta:** obrigação de atualizar o Código de Ética e Conduta, a fim de reforçar de modo objetivo, além de outros assuntos, a proibição de práticas discriminatórias, de maus tratos, constrangimentos e demais riscos identificados e qualquer forma de violência física ou moral, por qualquer cliente, trabalhador/a, colaborador/a, parceiras/os ou terceiros que ajam em nome do estabelecimento, bem como garantir a realização de treinamentos aos seus empregados dentro de suas unidades (cláusula 2.6.17 do TAC). Práticas antirracistas também deverão ser estendidas a fornecedores e terceiros (cláusula 2.6.18 do TAC);
3) **Treinamentos:** obrigação de realizar treinamentos de práticas antirracistas para empregados próprios e terceiros, conforme os padrões do Código de Ética e Conduta (cláusula 2.6.19 do TAC);
4) **Canal de Denúncia:** obrigação de reforçar os canais existentes para recebimento e tratamento de denúncias de agressões, bem como preconceito e discriminação por raça, orientação sexual ou identidade de gênero, deficiência ou qualquer forma de intolerância, inclusive

---

9 As ações que vêm sendo realizadas pelo Carrefour em razão da assinatura do TAC são monitoradas e divulgadas pela empresa no site <https://naovamosesquecer.com.br/pt/>.

decorrentes das relações de trabalho, ou violação de direitos humanos, a ser disponibilizado no site e aplicativos da empresa, podendo ser feito também por telefone, garantida a preservação da identidade dos denunciantes e testemunhas (cláusula 2.6.20 do TAC). Vale ressaltar que, como não é suficiente apenas possibilitar a denúncia, mas também investigar, de acordo com a cláusula 2.6.22, haverá auditoria externa para verificar com as denúncias serão tratadas[10];

5) **Treinamentos:** obrigação de estabelecer protocolo de treinamento para os dirigentes e trabalhadores, em relação a atos de discriminação e no que consiste o racismo estrutural. Referido protocolo deverá estabelecer que os treinamentos serão obrigatórios, com periodicidade máxima de 1 (um) ano entre cada treinamento, com carga horária mínima de 2 (duas) horas, devendo esclarecer as bases do racismo no Brasil, esclarecer os conceitos de racismo, preconceito, discriminação, segregação, racismo estrutural e institucional e incentivar atitudes antirracistas, cumprimento da política de diversidade e dos compromissos sociais assumidos (cláusula 2.6.26 do TAC);
6) **Censo:** obrigação de estabelecer censo interno para verificar a composição étnico-racial e de gênero das/os trabalhadoras/es, em todas as funções, observados os termos e limites da LGPD (cláusula 2.6.35 do TAC);
7) **Pessoas Pretas em Cargos de Liderança**: obrigação estabelecerão metas de contratações anuais de profissionais negras e negros, não apenas para funções de apoio, técnicas ou serviços, mas para os cargos de chefia, supervisão e direção, a fim de promover representatividade racial (cláusula 2.6.37 do TAC).

Pode-se notar que as obrigações previstas no TAC firmado pelo Carrefour, de certa forma e de maneira mais geral, já devem fazer parte de programas de *compliance* das empresas, por conta da entrada em vigor da Lei Anticorrupção. Porém, precisam dar um passo adiante e estar expressamente direcionadas à

---

10 De acordo com a cláusula 4.1.5 do TAC, deverá ser dada preferência para empresas de auditoria que tenham pessoas negras em seus quadros e com *expertise* em questões raciais. Caso haja duas ou mais empresas com preços e expertise equivalentes, será observado, preferencialmente, como critério de desempate, aquela que demonstrar possuir o maior número de profissionais negros em questões raciais.

promoção da diversidade racial e não só, mas também à interseccionalidade com vistas às questões da comunidade LGBTQIA+ e PCDs.

Os Jurídicos devem estar atentos às iniciativas previstas nesse caso e, de forma proativa e com a finalidade de prevenir riscos, levá-las ao conhecimento das lideranças. Uma parte de grande importância nesse assunto é a educação sobre temas da diversidade e da inclusão racial, pois é do senso comum que todos já têm conhecimento do tema, mas isso não é verdade. Há ainda muito que as pessoas, em especial as que estão no mundo corporativo, podem e devem aprender.

Medida não prevista no TAC, mas que foi tomada pelo grupo, foi a internalização da área de segurança[11], atualmente liderada por Claudionor Alves, homem negro na posição de Diretor de Segurança Corporativa e Prevenção de Perdas e Riscos[12].

Após o caso do Carrefour, também surgiu o caso da XP Investimentos, por conta da publicação de uma foto no LinkedIn na qual apareciam, majoritariamente, homens brancos. Além da repercussão muito negativa, que gerou até um pedido público de desculpas pela empresa, ela tornou-se ré em ação civil pública por danos coletivos e sociais ajuizada por Educafro, Frente Nacional Antirracista, Associação Visibilidade Feminina e Centro Santos Dias de Direitos Humanos.

Os principais pedidos da ação civil pública são:

- que a composição do quadro de contratados permanentes ou temporários tenha a mesma proporção de negros, mulheres e indígenas presente na sociedade brasileira[13];
- sejam disponibilizados cursos gratuitos e estágios remunerados para promover a formação e a experiência profissional desses colaboradores;
- a existência de cotas para pessoas idosas e pessoas com deficiência[14];
- a apresentação de um plano de diversificação do quadro de colaboradores;
- o pagamento de indenização por danos morais coletivos no valor de R$ 10 milhões.

---

11 Vale ressaltar que a segurança patrimonial e a vigilância continuam sendo feitas por empresa terceirizada, conforme Lei n. 7.102/1983.

12 NÃO VAMOS ESQUECER. Internalização dos serviços de segurança. Disponível em: <https://naovamosesquecer.com.br/pt/comunicados/3/internalizacao-dos-servicos-de-seguranca/>. Acesso em: 10 de abril de 2022.

13 Pedido alinhado ao art. 3º da Lei n. 12.711/2012.

14 Em linha com as Leis n. 8.213/91 e 13.146/2015, mostrando a importância de interseccionalidade.

Uma "simples" foto postada em uma rede social gerou sérios inconvenientes para a empresa, e isso poderia ter sido facilmente evitado se a empresa tivesse olhar cuidadoso para a questão e tivesse implementado medidas simples de *compliance*, como treinamentos, processos seletivos mais diversos, em especial em seus cargos de liderança, e investimento em educação.

Certamente, os casos da XP e do Carrefour tiveram grande repercussão por conta da força das redes sociais e da imprensa, mas muitos outros casos similares devem acontecer por todo o país sem que cheguem ao conhecimento da opinião pública. Nesse sentido, os Departamentos Jurídicos têm um papel fundamental em não agir somente no calor do momento, mas sim de forma preventiva, de modo a garantir que tais situações não ocorram em suas organizações, pois causam enormes danos não somente às empresas, mas em toda a sociedade. Ser parceiro do negócio e prevenir riscos quando o assunto é diversidade e inclusão deve estar na pauta de todos os departamentos jurídicos. Para tanto, nada mais adequado do que, como esperado dos advogados, começar dando o exemplo e incentivando a contratação de advogados e advogadas diversos.

CONCLUSÃO

Não há mais sombra de dúvidas de que a pauta da diversidade e inclusão deve estar na ordem do dia na sociedade e isso não é diferente para as empresas, departamentos jurídicos e escritórios de advocacia no Brasil, país onde pessoas negras representam mais da metade da população. Os dados no mercado jurídico são incipientes, mas é sabido que poucos negros ocupam cargos de liderança, de forma geral e, em particular, no mundo Jurídico. Na minha experiência pessoal, ao longo dos meus vinte anos de trajetória profissional, sempre encontrei poucas pessoas negras, mas é urgente que essa mudança aconteça e a participação dos Departamentos Jurídicos e fundamental ao dar o exemplo (ou seja, contratando pessoas diversas) e também agindo de forma proativa, de modo a antecipar riscos e a aconselhar as organizações. Mesmo ainda dominado, preponderantemente por pessoas brancas, é urgente a discussão ativa de questões de diversidade, pois é algo de responsabilidade de todos e não somente das pessoas pertencentes aos grupos sub-representados.

Os casos recentes da XP e, em especial, do Carrefour demonstram a importância de agir proativamente na pauta de diversidade e inclusão, pois esse é um caminho sem volta. No atual momento político, foram muitos os desafios colocados de forma a abafar a necessidade de discussão da pauta racial. Porém, a sociedade civil foi muito ativa e atuante e fez com que medidas concretas fossem tomadas.

Algo muito importante para os advogados é investir grande tempo na educação e no letramento da igualdade racial. Não se pode acreditar que as questões raciais já são de conhecimento geral, pois isso não é verdade, tratando-se de assunto muito complexo e que exige certa dedicação. No site criado pelo Carrefour, pode-se acessar bibliografia básica que ajuda a entender um pouco a questão[15].

---

[15] No site <https://naovamosesquecer.com.br/pt/bibliografia/> há uma aba destinada a bibliografia sugerida. Acesso em: 10 de abril de 2022.

12.

OPEN INNOVATION E AS OPORTUNIDADES DO *BIG DATA* NO DIREITO

Maria Alicia Lima Peralta[1]

1. O QUE É *OPEN INNOVATION*?

Em diversas ocasiões, é possível delimitar um conceito a partir daquilo que ele que não é.

Sob esse prisma, pode-se dizer que o *Open Innovation* não é um método tradicional de criação. Ou seja: não é aquele processo hermético, concentrado em um indivíduo que, em um só golpe de genialidade, concebe um novo produto capaz de transformar o cotidiano das pessoas comuns. Tampouco pode ser caracterizado como um processo desenvolvido em absoluta confidencialidade, com participantes limitados, em ambiente controlado e distante dos olhos de todos.

Ao contrário: o processo de inovação aberta é um convite à participação, colaboração e coautoria. É o resultado da conjugação de conhecimentos, experiências e visões de várias pessoas e organizações, em um esforço combinado, voltado a encontrar a melhor solução. É um processo de saltos sucessivos, base-

---

1 Advogada. Executiva com mais de 25 anos de experiência na liderança das áreas Jurídica, *Compliance*, Relações Institucionais e Comunicação Corporativa. *Founder* da Legal Studio Assessoria e Consultoria Empresarial Ltda., empresa especializada em soluções para Departamentos Jurídicos em gestão, direito e tecnologia. Membro da Poli Angels, como investidora Anjo. Diretora de Relações Institucionais, Comunicação e Responsabilidade Social do Grupo Carrefour Brasil.

ados em tentativas anteriores, em que o sucesso de uma empreitada constitui o ponto de partida para a seguinte. A inovação aberta contradiz a premissa de que inovações devem ser criadas do zero, a portas fechadas, de forma a conservar o ineditismo, sob a absoluta certeza de que apenas os primeiros a explorar um novo produto terão sucesso.

Por fim, aterrissando em uma definição mais específica, a inovação aberta pode ser conceituada como um termo genérico que cobre todas as diferentes formas e plataformas que permitem empresas a utilizar recursos externos à sua organização com o intuito de gerar inovações (Ozkan, 2015).

Nenhuma empresa, por melhores que possam ser os seus colaboradores, pode dizer que reuniu as melhores cabeças que existem para a solução de determinado problema. Portanto, há um crescente número de empresas que buscam conciliar seus recursos internos com contribuições externas para gerar inovações. A partir da observação das experiências de algumas dessas organizações é possível identificar as mais variadas fontes de contribuição externas.

A conclusão de que há vida inteligente fora da própria empresa, capaz de maximizar o sucesso de seus projetos para enfrentar o turbilhão gerado pela concorrência globalizada, levou a Procter & Gamble a estabelecer um programa robusto de *Open Innovation* (Ozkan, 2015). Após uma queda de mais de 50% no valor das ações da empresa no ano 2000, fruto da estagnação de um modelo que permitia apenas invenções próprias, estava claro que havia uma enorme oportunidade para crescer mais, gastar menos e gerar inovações a um ritmo muito mais acelerado (Huston & Sakkab, 2006).

Com efeito, o time de P&D da empresa concluiu que, para cada membro do seu time interno, havia, pelo menos, 200 cientistas mundo afora com capacidade de gerar mais e melhores inovações do que se a empresa seguisse trabalhando de forma isolada. Entenderam que, em um cenário de concorrência globalizado, onde o ritmo do surgimento de novos produtos é frenético, já não seria possível fomentar a inovação apenas a partir de seus próprios conhecimentos, ideias, tecnologias e recursos.

Assim, surgiu o programa *Connect and Development* da Procter & Gamble, inspirado no ideal de que a companhia poderia ampliar sua base de recursos dedicados à inovação, saltando dos 7.500 pesquisadores internos para mais de 1,5 milhão de pesquisadores externos. A companhia passou a utilizar múltiplas fontes externas, tais como o estudo de patentes publicadas, a análise de produtos da concorrência, a coleta estruturada do *feedback* de clientes, parcerias, *joint-ventures*, licenciamentos de produtos e marcas, além da contratação de *startups*, em uma estratégia voltada para migrar de um modelo onde a resistência ao que "não foi inventado aqui" daria lugar ao "orgulho de descobrir fora" ("proudly found elsewhere") (Huston & Sakkab, 2006).

Esse esforço permitiu a maximização do surgimento de ideias inovadoras e novos produtos pela expansão da capacidade criativa da empresa por meio de recursos e conhecimentos externos e internos, criando uma renovada proximidade com os clientes para atendimento de suas necessidades, ouvindo suas ideias criativas e expectativas, em um processo de cocriação com os especialistas da empresa. A partir da implementação da inovação aberta, a empresa desenvolveu uma estratégia de longo prazo de produtos inovadores feitos de materiais ecológicos e uma visão de sustentabilidade da cadeia produtiva, cuja relevância – que nos dias de hoje se traduz na abordagem ESG – os investidores exigem cada dia mais das empresas.

Os resultados colhidos pela empresa revelam um dos *cases* de sucesso mais impressionantes nos estudos relativos à inovação:

- a quantidade de novos produtos lançados com a presença de elementos originados externamente saltou de 15%, no ano 2000, para 35% em 2006;
- mesmo com um volume de inovações crescente, os custos atrelados a essas atividades caíram de 4,8% das vendas em 2000, para 3,4% em 2006;
- entre 2011 e 2012, a empresa experimentou a ampliação de sua receita em 25%;
- em 2013, a Procter & Gamble foi a grande vencedora do programa de novos produtos *Pacesetters*, lançando sete dos dez principais produtos no setor não alimentar.

O fio condutor que permeia histórias de sucesso como a da Procter & Gamble é, sem dúvida, a abertura de tais organizações para um novo e dinâmico processo colaborativo, em que o individualismo de uma empresa pode ser um arriscado e limitante caminho de arrogância e insucesso. Mais do que isso: a introdução do *open innovation* consiste em um profundo exercício de identificação e compreensão das necessidades do público consumidor, em que o olhar para o externo pretende diminuir a distância entre o que a empresa acredita que precisa fazer e o que o cliente, de fato, gostaria.

2. A NECESSIDADE DE TRANSFORMAÇÃO DOS SERVIÇOS JURÍDICOS

O fascínio gerado por histórias de sucesso de empresas como a Procter & Gamble levam à reflexão sobre como tais experiências poderiam impactar outras realidades.

No caso dos serviços jurídicos, seus profissionais parecem manter-se, em boa parte, alheios ao processo de inovação tecnológica que está transformando todas as profissões que conhecemos hoje. A tecnologia é vista pelos operadores do direito como um fenômeno que impacta todas as realidades: menos o funcionamento da própria profissão jurídica.

A prática do direito continua, na imensa maioria dos casos, a constituir uma atividade artesanal, em que o profissional se dedica, armado apenas com seu conhecimento, a elaborar orientações, peças judiciais, contratos, documentos, entre outros "produtos" únicos, talhados caso a caso, em linguagem arcaica, integrando um sistema produtivo lento, solitário e frustrante.

Ocorre que sistemas de produção artesanais são próprios de produtos e serviços realizados em pequena escala, para um público restrito, como são as obras de arte, as joias e os artefatos de luxo. A advocacia, por sua vez, tem uma demanda cada vez maior para tratar de situações recorrentes e, muitas vezes, idênticas, que exigem a produção de conteúdo em larga escala e a preços que sejam, de fato, acessíveis. É a realidade de contratos, peças processuais, procurações, atos societários, entre vários instrumentos, que compõem a grande maioria das demandas usuais de clientes e consumidores.

Os números que jorram do sistema jurídico brasileiro não permitem outra conclusão senão a de que se trata de uma verdadeira indústria:

- são mais de 75 milhões de processos (Conselho Nacional de Justiça, 2021);
- mais de 1,2 milhão de advogados inscritos na OAB[2];

---

2 OAB NACIONAL. Institucional: quadro da advocacia, 2022. Disponível em: <https://www.oab.org.br/institucionalconselhofederal/quadroadvogados>.

- cerca de 1,006 trilhão de reais em perdas prováveis referentes a processos judiciais (somente contra a União)[3];
- R$ 100 bilhões em despesas com o Poder Judiciário (Conselho Nacional de Justiça, 2021).

Mesmo quando focamos apenas no universo dos serviços jurídicos para empresas, percebe-se que a produção jurídica não pode estar sujeita à tradicional dinâmica artesanal. Vivemos na época do desafio "mais por menos", frase que praticamente todo gestor jurídico de empresas já ouviu e que reflete a necessidade premente de contratar mais serviços jurídicos por um valor cada vez menor (Susskind, 2017). Empresas não estão atrás do tempo de advogados, mas sim de soluções e entregas. Infelizmente, a advocacia ainda é fortemente precificada em torno do conceito de tempo e não de resultado.

Diante do exposto, como influenciar essa realidade em que os serviços jurídicos ainda se apresentam como entregas únicas, customizadas e que, portanto, devem ser cobradas com base no esforço e, principalmente, no tempo empenhado por seu artesão? E como endereçar a frustração generalizada pelo fato de que tais serviços não atendem às expectativas de seus usuários para pacificar os imbróglios da vida civil, a principal razão de ser da própria Justiça?

3. OPORTUNIDADES DE INOVAÇÃO EM SERVIÇOS JURÍDICOS ESCALÁVEIS

Por serviços jurídicos escaláveis entendem-se aqueles que endereçam problemas recorrentes, situações que partem de um mesmo conjunto de variáveis. Tenhamos, como exemplo, uma certidão de nascimento. É um instrumento cuja finalidade será sempre a mesma: a de reconhecer a existência de um indivíduo perante o Estado e a sociedade[4], a partir dos dados sobre seu nascimento, gênero, nome, parentes-

---

3 TRISOTTO, Fernanda. Governo admite que perdas prováveis com ações na Justiça somam R$ 1 trilhão pela 1ª vez. *O Globo*, Economia, 12 abr. 2022. Disponível em: <https://oglobo.globo.com/economia/macroeconomia/governo-admite-que-perdas-provaveis-com-acoes-na-justica-somam-1-trilhao-pela-1-vez-25472242#:~:text=Os%20dados%20do%20Balan%C3%A7o%20Geral,%C3%A0%20proje%C3%A7%C3%A3o%20do%20ano%20anterior>. Acesso em: set. 2022.

4 BRASIL. Certidão de nascimento é o mais importante documento do cidadão. *Jornal do Senado*, Brasília, 16 ago. 2004. Disponível em: <https://www2.senado.leg.br/bdsf/bitstream/handle/id/70224/040816_41.pdf?sequence=4&isAllowed=y#:~:text=%C3%A9%20o%20primeiro%20e%20o,de%20Pessoa%20F%C3%ADsica%20(CPF)>. Acesso em: set. 2022.

co. Não restam dúvidas de que se trata de um documento de natureza replicável, sendo preenchido, sempre, a partir do mesmo conjunto de informações.

A certidão de casamento, certidão de óbito, a procuração, o divórcio consensual, o registro de um imóvel, os atos constitutivos de empresas, todos estes instrumentos definem as mesmas consequências jurídicas para todos que se enquadrem naquelas circunstâncias. São situações próprias para a automação e, até mesmo, o autosserviço, desde que seja possível realizar o registro daquele ato nos órgãos de controle estatais.

Seguindo essa mesma lógica, parece demasiado tímido presumir que a tecnologia se presta apenas a simplificar a produção de documentos próprios de cartórios ou registros de imóveis. Tecnologias como a dos *smart contracts*, elaboração por inteligência artificial e análise de tendências via *data analitycs* também se aplicariam a serviços envolvendo contratos de telefonia, água, eletricidade, seguros, locação e compra e venda, bastando o preenchimento de campos que possam informar as partes e as variáveis fáticas, como contratantes, objeto, preço e prazo.

Por fim, com o crescente desenvolvimento da tecnologia – em especial a análise de dados e a aplicação de inteligência artificial – seria perfeitamente possível expandir o conceito dos serviços jurídicos escaláveis a realidades mais complexas, em que tratamos dos conflitos entre pessoas físicas ou jurídicas, em que fatos, provas e leis acabam por compor questões com um número maior de variáveis.

Se a tecnologia não representa um óbice, o que impede a simplificação, automação ou eliminação de determinadas tarefas no mundo jurídico?

4. AS POTENCIALIDADES DO *OPEN INNOVATION* NO DIREITO

Talvez o melhor e mais completo exemplo de como a inovação e a tecnologia poderiam transformar a maneira de entregar serviços jurídicos esteja no dilema da judicialização, ou o excesso de litigiosidade em nossa sociedade, que atinge, por exemplo, as relações entre empresas e consumidores, empregadores e trabalhadores, o Estado e o contribuinte.

O Brasil representa, atualmente, o maior *data lake* do planeta em matéria de processos judiciais. Com 75 milhões de ações – a imensa maioria armazenada em meios digitais – não restam dúvidas de que existem informações disponíveis para uma série de leituras, estatísticas e análises, as quais, por sua vez, permitiriam decisões e soluções mais eficazes, interrompendo a trajetória interminável que caracteriza o processo judicial.

Assim, vemos que o problema da judicialização maciça que vivenciamos no Brasil parece oferecer um ambiente propício para a introdução do *Open Innovation*, proporcionando uma fascinante combinação das seguintes ferramentas:

- uso de plataformas de reclamações e canais de atendimento ao consumidor, para captura dos principais conflitos em causas consumeristas;
- utilização de fontes e pesquisas de satisfação de funcionários, para leitura sobre as principais causas de litígios trabalhistas;
- parcerias com *startups* jurídicas, as *lawtechs/legaltechs*, voltadas para a captura, organização e análise de dados jurídicos, obtidos diretamente nos Tribunais ou nos próprios sistemas das empresas ou escritórios;
- parcerias com empresas concorrentes com o intuito de desenvolver soluções para dirimir ou evitar conflitos judiciais semelhantes;
- contratação de consultorias especializadas em organizar os dados em plataformas de *business intelligence*, parametrizando hipóteses e variáveis que facilitem a leitura e a tomada de decisão;
- parcerias com plataformas de redução de litígios por meio da implementação de métodos alternativos para a solução de conflitos (como mediação e conciliação);
- parcerias com o próprio Poder Judiciário, visando a redução de litígios por meio de campanhas de conciliação de conflitos.

Com efeito, a combinação das fontes e ferramentas acima demonstra que se pode aumentar significativamente a resolutividade do Judiciário, reduzindo tempo e custos, oferecendo uma visão integrada sobre como melhor atender o usuário. Infelizmente, porém, o que se vê são conjuntos isolados de informações, partes de um quebra-cabeça que – desestruturado – não consegue atender o cidadão em suas reais necessidades. O *open justice* se faz mais necessário do que nunca. Ainda, reforça-se que, em consequência disso e nas tentativas de enfrentar a judicialização, a maioria das empresas e escritórios atuam em silos, empregando esforços individuais ou de pequenos grupos internos, semelhantes a laboratórios de P&D.

Apesar da publicidade inerente aos processos judiciais, a premissa da confidencialidade aprisiona ainda mais a inovação na área jurídica dentro dos muros das organizações, tornando-as avessas ao contato com outras empresas e até com o Poder Judiciário. Some-se a isso a falta de confiança em *lawtechs* e as restrições regulatórias impostas às consultorias em serviços jurídicos alternativos, simplesmente negligenciando a contribuição que esses times híbridos de advogados, analistas de dados, contadores e profissionais de TI têm a oferecer, especialmente na estruturação de dados para a geração de *insights* para os negócios das empresas.

A conclusão é que, por conservadorismo e corporativismo, os participantes desse rico ecossistema deixam de tirar proveito do *Big Data* do Judiciário brasileiro, fechando-se para a inovação colaborativa. Perdem-se, assim, diagnósticos fundamentais a respeito de desfechos, custos envolvidos, principais causas e soluções eficazes para as questões jurídicas enfrentadas em milhões de processos.

No tradicionalismo do Direito, ganha a judicialização, onde o processo deixa de ser um meio e transforma-se em um fim em si mesmo, alheio ao conceito de Justiça.

13.

A FELICIDADE INTERNA BRUTA APLICADA AOS DEPARTAMENTOS JURÍDICOS

Daniela Vilhena[1]
Paulo Samico[2]

Nas palavras de Shawn Achor, autor do livro *O Jeito Harvard de Ser Feliz*, a felicidade deve vir antes do sucesso. Essa afirmação não poderia ser mais verdadeira. Ao longo do livro, Shawn oferece vários exemplos de que é a felicidade que traz o sucesso, e não o contrário. A fórmula para a realização profissional, portanto, seria simples: basta ser feliz que a prosperidade vem. Que fácil seria a vida se fosse assim.

E não é fácil porque esses conceitos são puramente subjetivos. Não há uma única resposta para o que significa ter sucesso profissional. Trabalhar pouco e ganhar um bom salário? Ter reconhecimento no setor? Fazer do seu nome sinônimo de excelência? É fácil perceber que a definição de sucesso muda para cada

---

1 Executiva Jurídica e de *Compliance*/LGPD, com experiência na liderança de departamentos jurídicos de grandes empresas. Atuou por mais de 15 anos como advogada especializada em contencioso cível, arbitragem, societário, direito regulatório e do consumidor. Atual Diretora Jurídica e Regulatória da Winity Telecom, empresa do grupo Pátria Investimentos, vencedora do Leilão 5G. Graduada pela Universidade do Estado do Rio de Janeiro (UERJ).

2 Advogado. *Legal Counsel Business Support* da Mondelēz. Bacharel em Direito pela Universidade Federal do Rio de Janeiro (UFRJ), pós-graduado em Direito Processual pela Universidade Candido Mendes (UCAM) e pós-graduado em Direito Regulatório pela Universidade do Estado do Rio de Janeiro (UERJ). Coordenador de Departamentos Jurídicos da AB2L. Coordenador da Legal & Business, uma coluna do JOTA.

um. Alguns acreditam que a fórmula mágica é seguir os passos da liderança, por exemplo. O ambiente jurídico empresarial reproduz um pouco essa falsa premissa e dá a entender que se os passos do líder forem seguidos, o êxito profissional seria uma consequência natural.

Usando a liderança sênior como modelo, os liderados fazem os mesmos cursos, repetem o mesmo modelo de gestão e, diante dos problemas que surgem, até se questionam o que os superiores fariam para buscar a solução. Além de as pessoas serem diferentes, o cenário e os desafios mudam constantemente. Não há nada de errado em se inspirar em alguém mais experiente, todavia, é importante frisar que a repetição não garante sucesso[3], tampouco traz a felicidade.

Líderes são pessoas e pessoas falham. Quando eles erram, as iniciativas fracassam, a promoção no fim do ano não vem, os cortes orçamentários são feitos ou as pessoas são desligadas... A crise então se instaura. A sensação de pertencimento se esvai. Os questionamentos sobre onde está o problema começam. Não há sucesso e muito menos qualquer sentimento de felicidade, coletiva ou individual. Pois bem, se a repetição não garante sucesso, o que a garante? E a felicidade profissional, como conquistá-la? Existe algum indicador que possa medir e enfrentar esses problemas? E se houvesse um conceito coletivo de felicidade que pudesse ajudar os indivíduos na busca pelo sucesso?

O fator chave que mencionamos acima – e parece tornar mais fácil os desafios aqui discorridos – é a Felicidade Interna Bruta (FIB)[4], indicador definido pela ONU há exatos dez anos[5] como uma iniciativa para fomentar o desenvol-

---

3 Além do livro que abre este capítulo, recomendo a leitura do livro *Pipeline de Liderança*, de autoria de Ram Charan, que traz uma visão muito interessante sobre a implantação de mudanças em times, casos bem-sucedidos de transição e como trabalhar o pipeline desde cedo pode ser benéfico para todos os níveis de gestão de uma corporação. Somente se constrói uma potente arquitetura interna para desenvolvimento de gestores e, como consequência, um pipeline com sucessões planejadas e líderes formados dentro de casa, se houver originalidade e um líder eficaz por trás da formação das equipes.

4 No original em inglês *Gross National Happiness* (GNH), a Felicidade Interna Bruta foi estabelecida pela Resolução n. 65/309, que proclama o dia 20 de março como o Dia Internacional da Felicidade. Aprovada por unanimidade, a Resolução define que a "busca pela felicidade é um objetivo humano fundamental", sendo uma iniciativa em alinhamento com um conceito que vem sendo estudado (a "ciência da felicidade") e aplicado em todo o mundo, de modo a reforçar a importância do bem-estar para o ser humano. Disponível em: <https://unstats.un.org/unsd/broaderprogress/pdf/Happiness%20towards%20a%20holistic%20approach%20to%20development%20(A-67-697).pdf>. Acesso em: 27 de fevereiro de 2022.

5 Na realidade, a história do indicador é um pouco mais antiga. O FIB foi inspirado na campanha diplomática do Reino do Butão, país que mede o seu desenvolvimento pela felicidade dos

vimento social dos países. Funciona de maneira semelhante ao Produto Interno Bruto (PIB), que mede o crescimento econômico das nações ao longo de determinado período.

Para as Nações Unidas, medir a felicidade é tão importante que o órgão elabora, anualmente, um relatório com *ranking* global dos países mais felizes do mundo, o *World Happiness Report*[6]. A proposta é estimular que a felicidade e o bem-estar dos cidadãos estejam na agenda das nações, colaborando para o desenvolvimento consistente e sustentável. Durante a pandemia, o Brasil caiu 12 posições e ocupa atualmente a 41ª posição. Nossa melhor colocação foi no ano de 2016, quando ocupávamos o 17º lugar.

Ainda que seja um importante indicador, alguns países desconsideram a análise do FIB ou o *ranking* global de felicidade para estruturar suas políticas públicas. Os governos estão indo na contramão das empresas. Com a pandemia e o aumento de casos de afastamento por estresse, ansiedade, fadiga, esgotamento físico e mental, medir a satisfação dos colaboradores[7] virou um fator chave para mensurar o clima organizacional. A entrada do Burnout na lista de doenças da OMS[8] reforçou a importância da medição do FIB no mundo corporativo, já que colaboradores insatisfeitos traduzem queda de produtividade e aumento de afastamentos, pedidos de demissão e absenteísmo.

Portanto, é nítido que as empresas estão buscando um ambiente mais equilibrado e saudável. Em suas campanhas de comunicação interna, muitas apelam

---

cidadãos. Cunhado pelo rei Jigme Singye Wangchuck em 1972, o índice surgiu com o compromisso de construir uma economia baseada no desenvolvimento psicológico ao lado do crescimento material. Para o Rei, os dois indicadores são complementares e a sociedade só pode se desenvolver se os dois indicadores forem medidos de forma simultânea. O FIB surgiu também como uma alternativa para medir o crescimento de um país pequeno, sem expressivos números de produtividade e consumo, bem como para levar à população valores espirituais e culturais do budismo. Disponível em: <https://ophi.org.uk/policy/gross-national-happiness-index/#:~:text=The%20Gross%20National%20Happiness%20Index%20is%20a%20single%20number%20index,known%20as%20Alkire%2DFoster%20method>. Acesso em: 27 de fevereiro de 2022.

6 O relatório é muito completo e, especialmente após a pandemia, tem se concentrado em como os governos estão lidando com os seus efeitos na população. Disponível em: <https://worldhappiness.report/ed/2021/#appendices-and-data>. Acesso em: 27 de fevereiro de 2022.

7 ZANATTA, Bianca. Índice de felicidade entra no foco das empresas. *Estadão*, Economia, Sua carreira, 18 jan. 2021. Disponível em: <https://economia.estadao.com.br/noticias/sua-carreira,indice-de-felicidade-entra-no-foco-das-empresas,70003585483>. Acesso em: 27 de fevereiro de 2022.

8 A OMS incluiu o Burnout na Classificação Internacional de Doenças em 2019, com lista que passou a vigorar em janeiro de 2022. Disponível em: <https://www.who.int/news/item/28-05-2019-burn-out-an-occupational-phenomenon-international-classification-of-diseases>. Acesso em: 27 de fevereiro de 2022.

para que seus colaboradores procurem o equilíbrio entre vida profissional e pessoal, pois somente assim a qualidade de vida seria priorizada e os resultados seriam alcançados. Segundo um estudo realizado pela Harvard Business Review[9], a equação é simples: empregados felizes são mais produtivos, já que a qualidade de vida está diretamente ligada à eficiência e ao rendimento.

A pesquisa identificou que um trabalhador feliz é, em média, 31% mais produtivo, três vezes mais criativo e vende 37% a mais em comparação com outros. Logo, investir na FIB é essencial para entender se o responsável por rodar a engrenagem está satisfeito. Direta e indiretamente, a FIB acaba por traduzir um diagnóstico preciso que pode catapultar os resultados da organização.

Além da aplicação na organização[10], quando moldada de forma estruturada e adaptada para os Departamentos Jurídicos, a FIB se torna uma ferramenta importante para entender como está o sentimento coletivo da equipe. Os indicadores permitirão a correção de possíveis falhas ou até mesmo ajudam a entender o que está dando certo e não deve ser mudado. Abaixo, propomos 10 elementos adaptados para a medição:

1) **Bem-estar psicológico:** existe muita pressão e pedidos de priorização para a realização de tarefas que os clientes internos poderiam evitar se houvesse melhor planejamento? Há sobrecarga de trabalho em determinadas equipes fora da época de alta demanda? Existe um número adequado de recursos por clientes internos em potencial?
2) **Saúde:** existe algum estímulo da liderança para que os colaboradores se desconectem dos problemas fora do horário de trabalho? Há algum incentivo à prática de esportes ou atividades que estimulam o equilíbrio emocional? A liderança faz a leitura agregada de afastamentos e de absenteísmo?
3) **Uso do tempo:** as atividades permanentes e periódicas do time são analisadas para afastar a carga de trabalho sobre-humana? A liderança sabe quanto tempo leva para as funções serem desempenhadas pelo time? Há

---

9 ACHOR, Shawn. The happiness dividend. *Harvard Business Review*, 23 jun. 2011. Disponível em: <https://hbr.org/2011/06/the-happiness-dividend>. Acesso em: 27 de fevereiro de 2022.

10 Para medir a felicidade de um país, a ONU considera os seguintes pontos: apoio social, vida saudável, PIB per capita, expectativa de vida, liberdade, generosidade e ausência de corrupção. Para a aplicar a leitura do índice nas empresas, os pontos precisaram ser adaptados.

planejamento para que as atividades sejam produzidas dentro do horário de trabalho? Há estímulo para a não participação em reuniões improdutivas, que poderiam se transformar em um *e-mail* curto e objetivo?

4) **Capacitação:** qual é o nível de investimento em treinamentos e capacitações direcionado às equipes? Em caso de ausência de orçamento para esta finalidade, a liderança solicita que a organização use seu apoio institucional para garantir descontos em cursos e treinamentos para custeio pessoal pelos colaboradores?
5) **Vitalidade comunitária:** existe interação entre os membros de diferentes equipes do Jurídico? A rivalidade interna e a busca por crescimento na empresa impedem a intersecção ou trabalho em equipe entre as pessoas? Existe apoio para a formação de *squads* ou times multidisciplinares?
6) **Cultura:** o Jurídico é parceiro do negócio e promove a cultura da aproximação com as áreas clientes? Existe compatibilidade entre os advogados internos e a cultura defendida pela empresa? Os advogados internos sabem o índice de satisfação de seus clientes e entendem o que fazer para melhorar a *Customer Experience* e o *Net Promoter Score*?
7) **Governança:** o Jurídico defende a simplificação de processos e procedimentos? Existe algum documento que oriente os diferentes níveis hierárquicos sobre qual é a alçada de responsabilidade para tomadas de decisão de cada um? Qual é a participação do Jurídico nas iniciativas de *Compliance*?
8) **Meio ambiente:** qual é a participação do Jurídico na construção do ambiente de trabalho colaborativo? Existe interação com a área de saúde ocupacional para a constante checagem se a empresa vem oferecendo as condições adequadas com base na legislação?
9) **Carreira:** existe algum plano de carreira criado para os colaboradores? Há algum documento que defina as competências objetivas necessárias para a avaliação e a promoção dos advogados internos? Os estagiários são avaliados periodicamente para uma possível efetivação se houver abertura de *headcount*?
10) **Cargos:** o Jurídico possui cargos compatíveis com o mercado e com outras empresas do porte? Existe algum *pipeline* ou planejamento sucessório para a substituição/reposição dos cargos no futuro? Os cargos têm papeis e responsabilidades bem definidas pela organização?

As perguntas acima não são exaustivas. Servem para nortear a aplicação de cada indicador e estimular que a FIB do Jurídico seja mensurada, retratando a realidade de satisfação de seus integrantes para que os resultados sejam alcançados de forma saudável e factível. O ideal é rodar esse tipo de pesquisa interna anualmente.

Se o *turnover* do Departamento estiver alto e não for possível fazer a retenção dos advogados; se não há a cultura do reconhecimento; se as pequenas vitórias não forem comemoradas e comunicadas; se não houver estímulo para a adoção de um modelo de trabalho flexível, que possibilite o balanço entre vida profissional e pessoal... Tudo isso será refletido nos resultados da FIB.

Diante de tantas possibilidades que a carreira jurídica oferece, medir a FIB nos Departamentos Jurídicos é, ainda, entender se os colaboradores possuem o perfil corporativo desejado pela empresa. E isso é muito importante, justamente pela maneira como o operador do Direito é formado nas instituições de ensino do país.

O advogado não aprende nenhuma noção de gestão ou administração na faculdade. Não há, na grade fixa dos centros de formação jurídica, uma única matéria que ensine o jovem estudante a trabalhar em equipe, gerir crises, equilibrar pendências, formar times de alta *performance*, desenvolver pessoas. Por não ter sido preparado desde o início a lidar com esses desafios, o profissional – ainda que mais "maduro" – acaba se frustrando ao ter que superá-los em sua carreira.

Recorrendo novamente ao autor Shawn Achor, citado no início deste capítulo, relembro as seis lições ensinadas na obra *O Jeito Harvard de Ser Feliz*. A primeira lição é que, de fato, (i) a felicidade está antes do sucesso; para atingir os seus objetivos, você deve (ii) treinar o cérebro para ser otimista; diante dos desafios que aparecerão na jornada, lembre-se de (iii) exercitar a gratidão; se algo der errado, (iv) caia para cima e não desista; é importante não esquecer de (v) fortalecer suas conexões sociais; e, por último, para construção de hábitos permanentes (vi) pratique a regra dos 20 segundos[11].

---

[11] A ideia aqui é tornar os hábitos saudáveis mais fáceis e os maus hábitos, mais difíceis. Por exemplo: tire as pilhas do controle da TV e guarde-as no carro. Entre ir até o carro para buscar as pilhas e ligar a TV e ler aquele livro que você está adiando, escolherá a última opção. Outro exemplo é se

Não é objetivo deste capítulo esgotar o tema. Há inúmeros estudos que analisam como se dá a busca pela felicidade. É um dos temas mais debatidos do mundo. Quando se fala da medição de satisfação dos colaboradores em empresas e, mais especificamente em Departamentos Jurídicos, a FIB parece ser um indicador essencial que vai nortear a liderança na tomada de decisão assertiva sobre pessoas. Pode revelar se o time está no caminho para o alto rendimento e, de quebra, acabar respondendo se os profissionais estão engajados e se acreditam estar no lugar certo para o atingimento da felicidade e do sucesso profissional.

as redes sociais estão impedindo de focar nos estudos. Se você deixar o celular a 20 segundos de distância... Certamente não se levantará para ir buscá-lo e a concentração para os estudos retornará. Esses e outros exemplos são trabalhados por Shawn Achor em *O Jeito Harvard de Ser Feliz*.

14

DIVERSIDADE LGBTQI+ NAS CARREIRAS JURÍDICAS

Bruno Crepaldi[1]

O objetivo deste capítulo é apresentar as razões pelas quais é importante para escritórios de advocacia e departamentos jurídicos de empresas terem programas organizados de diversidade e inclusão, com foco especial na comunidade LGBTQI+, com uma sugestão dos principais pontos que devem ser levados em conta no momento da organização desse tipo de programa. Não se tem a pretensão de esgotar o tema, mas de servir como um guia para ajudar quem está iniciando essa discussão.

1. A IMPORTÂNCIA DA DISCUSSÃO ESTRATÉGICA DE DIVERSIDADE E INCLUSÃO

Há alguns anos o tema de diversidade e inclusão no ambiente de trabalho tem sido debatido por empresas. E essa realidade não poderia ser diferente nos escritórios de advocacia e departamento jurídicos. Esses debates incluem, entre

1 Advogado e líder de diversidade. Formado em Direito pela Universidade de São Paulo, com especialização em Administração de Empresas pela FGV e LLM pela University of California – Berkeley. Atua há mais de 16 anos em carreira jurídica no mercado financeiro e há cerca de 5 anos com temas de diversidade e inclusão.

outros temas, o tratamento igualitário de gênero em termos salariais e a maior presença de mulheres em cargos de alta liderança, a inclusão de pessoas negras e pardas no corpo de funcionários da instituição e o cuidado com o encarreiramento dessas pessoas, a mudança de olhar em relação às competências e a melhor forma de incluir as pessoas com deficiência em seu ambiente de trabalho. E a inclusão de pessoas da comunidade LGBTQI+ é um dos recortes dessa discussão e é o que será aprofundado neste capítulo.

Antes de mais nada, é importante que se entenda o que significa "diversidade" e "inclusão" dentro desse contexto.

Quando empresas discutem "diversidade", elas estão buscando contemplar, no seu grupo de colaboradores, pessoas com características distintas entre si. Nesse debate, é importante lembrar, como nos ensina Bulgarelli (2013), que "diversidade é o conjunto de diferenças e semelhanças que nos caracterizam, não apenas a diferença", ou seja, "diversas" são todas as pessoas, não apenas aquelas que possuem características que as aproximam de grupos usualmente minorizados (mulheres, negros, LGBTQI+ etc.).

Portanto, ações normalmente associadas com "diversidade" tem um olhar de buscar, na composição de um time, pessoas com características próprias e individualizadas, buscando assegurar a presença da maior variedade possível, sendo exemplos ações que buscam aumentar a presença de mulheres em diretorias e conselhos de administração, ações de atração e seleção focadas em contratação de pessoas negras, entre outras.

Já as discussões sobre "inclusão" têm como objetivo garantir que as diferenças individuais de cada uma das pessoas dessas equipes diversas serão levadas em consideração nos processos de tomada de decisão corporativa. "Incluir é ação, é disposição para o encontro, para a mudança. É o gesto concreto de inclusão de pessoas e das perspectivas que elas trazem consigo", nas palavras de Bulgarelli (2013). Ou seja, ações de inclusão tem como foco reconhecer e valorizar as características de cada indivíduo em um grupo, "não um movimento para tornar o outro semelhante a si ou o movimento de negar-se para que só o outro exista".

Entendidos os conceitos, é importante também a compreensão das razões pelas quais esses temas têm sido tratados pelas empresas de forma estratégica. Esse movimento vem ocorrendo pela constatação de que empresas com equipes mais diversas e com programas mais robustos de inclusão apresentam melhor potencial competitivo que suas concorrentes que não tratam essa temática estrategicamente. E isso não é apenas uma percepção, é uma realidade evidenciada por uma série de estudos conduzidos nos últimos anos.

Um estudo da Mckinsey & Company (2020), após realizar entrevistas com funcionários de cerca de 700 empresas atuantes no Brasil, Peru, Chile, Argentina, Colômbia e Panamá, concluiu que nas empresas que adotam compromissos com a diversidade dos funcionários têm probabilidade 152% maior de propor novas ideias e 66% maior de relatar que seus líderes promovem a inovação. Ou seja, o potencial de surgimento de novas ideias é significativamente maior que nas suas concorrentes.

Além disso, esse mesmo estudo demonstrou que, nas empresas com programas estruturados de diversidade e inclusão, 63% dos funcionários indicam que estão felizes em seu trabalho, quando em empresas que não tem esse compromisso, esse percentual é de 31%. Aqueles mesmos funcionários tem uma probabilidade 36% maior do que os últimos de permanecerem três anos ou mais na mesma empresa. Dessa forma, além de mais inovadoras, essas empresas têm maior potencial para competir na atração e retenção dos melhores talentos do mercado.

Especificamente em relação à temática LGBTQI+, esta pesquisa concluiu que empresas percebidas como tendo uma maior diversidade da liderança em termos de orientação sexual tem a chance de ter uma *performance* financeira 25% superior à das demais empresas.

Vê-se, portanto, que é de suma importância para as empresas tratarem os temas de diversidade e inclusão como uma agenda estratégica, para se manterem competitivas no mercado atual. E isso, obviamente, é algo que precisa ser considerado pelo profissional do Direito, seja no âmbito dos escritórios de advocacia, que precisam buscar a diversidade e inclusão em seu corpo de profissionais para se manter adequado à realidade do mercado, seja do gestor do departamento jurídico de empresas, para que sua estratégia esteja alinhada com a da companhia em que está inserido.

2. A COMUNIDADE LGBTQI+ E A EVOLUÇÃO DE SUAS PAUTAS

Sob a sigla LGBTQI+ são agrupados debates relacionados à orientação sexual e afetiva (caso das discussões de identidades lésbicas, gays, bissexuais, pansexuais e assexuais) e à identidade de gênero (como as discussões de identidades travestis, de pessoas transgênero, agênero, não binárias, *queer* e outros debates). O escopo deste capítulo não é aprofundar todos os temas tratados nesses tópicos e, para um maior aprofundamento sobre essas identidades e os principais pontos de debate em cada uma delas, recomenda-se a leitura do Manual de Comunicação LGBTI+ (Reis, 2018). O que se pretende ressaltar é a evolução dessa pauta nos últimos anos e os desafios que ainda perduram.

Recentemente a comunidade LGBTQI+ tem visto uma evolução importante em suas pautas. Nos últimos cinco anos, 6 países derrubaram legislações que criminalizavam relações sexuais consensuais entre adultos do mesmo sexo e o número de países que reconhecem a igualdade do casamento homoafetivo aumentou para 31 (Fidas et al., 2022).

No Brasil, em 2019, o Supremo Tribunal Federal criminalizou atos que caracterizem homofobia ou transfobia[2] e a legislação tem evoluído no sentido de assegurar a utilização do nome social às travestis e pessoas transexuais, como o Decreto Federal n. 8.727/2016, o Decreto n. 34.350/2013 do Distrito Federal, o Decreto n. 8.716/2006 do Estado de Goiás, entre leis e decretos em uma série de outros Estados e Municípios.

Por outro lado, os desafios para a real inclusão dessa população, de forma igualitária, ainda são enormes. Segundo pesquisa da Benevides (2021), pelo menos 140 pessoas transexuais foram assassinadas no Brasil no ano de 2021 (número que tende a ser superior, já que em muitos casos não consta a identidade de gênero da vítima no registro oficial da ocorrência), o que faz do Brasil o país com maior número de vítimas pessoas trans no mundo pelo 13º ano consecutivo e, também, aponta que cerca de 90% das mulheres *trans* ou travestis tem como única fonte de renda a prostituição. Irigaray (2010) aponta, ainda, que quando pessoas trans conseguem se inserir no mercado formal de trabalho, costumam ocupar posições operacionais e, mesmo nesses casos, costumam ser vítimas de agressões e discriminação de seus colegas de trabalho.

---

2 BRASIL; SUPREMO TRIBUNAL FEDERAL. Ação Direta de Inconstitucionalidade por Omissão 26 do Distrito Federal, 13 de junho de 2019. Disponível em: <https://redir.stf.jus.br/paginadorpub/paginador.jsp?docTP=TP&docID=754019240>. Acesso em: 3 de abril de 2022.

Vê-se, portanto, que, apesar dos avanços conquistados pela comunidade LGBTQI+ nos últimos anos, ainda existe uma longa jornada para que todos os direitos civis dessa população sejam garantidos.

Por isso, em 2013, o Escritório do Alto Comissário das Nações Unidas para os Direitos Humanos (ACNUDH) lançou o programa ONU Livres & Iguais, com o objetivo de promover direitos iguais e tratamento justo para a população LGBTQI+. Dentro desse programa, foi editado um documento de "Padrões de Conduta para Empresas – Enfrentando a discriminação contra lésbicas, gays, bissexuais, travestis, pessoas *trans* e intersexo", para servir de padrão para empresas do mundo todo quanto o respeito aos direitos humanos dessa comunidade.

Nesse documento, Tripathi et al. (2017) apontam que, apesar de algumas empresas terem começado a avançar na adoção de medidas para proteção dos direitos da população LGBTQI+, esses esforços, em sua grande maioria, tem sido pontuais e inconsistentes, falhando em especial quando se trata das pessoas *trans* e das travestis.

E essa é a razão pela qual empresas e escritórios de advocacia têm buscado um aprofundamento no tema e a adoção de políticas e ações voltadas para a comunidade LGBTQI+. Globalmente, Fidas et al. (2022) observam que 93% das empresas listadas na *Fortune 500* têm políticas antidiscriminação em razão de orientação sexual e 91% delas tem políticas equivalentes em relação à discriminação em razão da identidade de gênero.

Esse padrão também já pode ser observado na nossa realidade, considerando que, no Brasil, mais de 140 empresas e escritórios de advocacia aderiram aos 10 compromissos do Fórum de Empresas e Direitos LGBTI+ que orientam as práticas das empresas nos temas de diversidade e inclusão da comunidade LGBTQI+[3].

3. BOAS PRÁTICAS PARA PROTEÇÃO DAS PESSOAS LGBTQI+ NOS AMBIENTES DE TRABALHO

Uma vez que o escritório de advocacia ou o departamento jurídico da empresa entenda a importância da adoção de políticas e ações para proteger a po-

---

3 A relação das empresas signatárias dos 10 compromissos do Fórum de Empresas e Direitos LGBT+ está disponível em: <https://www.forumempresaslgbt.com/empresas>. Acesso em: 3 de abril de 2022.

pulação LGBTQI+ dentre seus funcionários e colaboradores, pelas razões antes elencadas, é o momento de construir essas políticas e ações. Na sequência, apresenta-se um rol de recomendações de boas práticas a serem observadas quando da elaboração de um programa nessa linha.

Tripathi et al. (2017) trazem um excelente guia para se começar essa jornada, ao estabelecer "cinco padrões" a serem observados pelas empresas na implementação de suas políticas de diversidade e inclusão voltadas para a comunidade LGBTQI+, que são:

1) **Respeitar os Direitos Humanos.** Para isso, empresas devem desenvolver políticas para assegurar o respeito aos direitos humanos nas relações com seus empregados, fornecedores e clientes, bem como mecanismos para identificar situações em que esses direitos forem desrespeitados, com a adoção das medidas devidas para sua remediação.
2) **Eliminar a discriminação.** Nesse aspecto, as companhias devem assegurar que seus processos de recrutamento e contratação, bem como seus ambientes de trabalho, sejam livres de discriminação contra a população LGBTQIA+, em especial nos que concerne aos benefícios concedidos aos seus empregados, no tratamento de situações de assédio e no respeito à privacidade das pessoas. Para tanto, as empresas devem garantir que seus ambientes não forcem seus colaboradores a esconder nem a revelar compulsoriamente sua orientação sexual e sua identidade de gênero.

Isso demanda treinamentos e conscientização de todos os seus empregados, em especial os que exercem função de gestão, a respeito das violações de direitos humanos enfrentadas pela população LGBTQI+, para que entendam sua responsabilidade, por política da empresa, de defender a comunidade de qualquer ação ou prática que implique essas violações.

Além disso, em relação às pessoas *trans* e travestis, deve-se reconhecer a identidade de gênero com base na autoidentificação, independentemente de essa informação constar dos documentos oficiais dessas pessoas.

3) **Apoiar.** As empresas devem garantir a seus funcionários LGBTQI+ o apoio necessário para que sejam devidamente aceitos e incluídos em seu ambiente de trabalho, construindo um "ambiente positivo e afirmativo" para que essa população possa "trabalhar com dignidade e sem estigma".
4) **Prevenir outras violações de direitos humanos.** É importante a atuação da companhia em sua rede de parceiros e fornecedores, buscando

que eles também não adotem medidas discriminatórias contra pessoas LGBTQI+, além de garantir a seus clientes LGBTQI+ amplo acesso a seus produtos e serviços.

5) **Agir na esfera pública.** Para esse fim, as companhias devem se aproximar das pautas pleiteadas pela comunidade LGBTQI+ dos países em que atuam, prestando apoio para que estruturas legais que violem os direitos humanos dessa comunidade sejam devidamente combatidas ou afastadas.

A Mckinsey & Company (2022) traz algumas recomendações pragmáticas para implantação dessas recomendações:

1) Buscar, na composição de seu corpo de funcionários e, em especial, de sua liderança, um time diversificado de pessoas, garantindo representatividade de todos os grupos, além de alinhar as estratégias de diversidade à estratégia de negócios do escritório, da empresa ou da área.
2) Fortalecer a aplicação das políticas de diversidade e inclusão por meio do exemplo, cobrando de sua liderança a responsabilidade por sua observância, por meio de monitoramento de suas ações e, em determinados casos, até do estabelecimento de metas de diversidade para esses líderes.
3) Garantir a equidade de oportunidades para todas as pessoas, por meio de:
   3.1) contratações, promoções e modelos de remuneração transparentes e livres de vieses inconscientes, o que provavelmente exigirá treinamentos específicos para os gestores da empresa e para as estrutura de recursos humanos envolvidas nesses processos; e
   3.2) desenvolvimento de programas de mentoria e capacitação para que funcionários que integrem grupos minorizados tenham condições de se desenvolver e ascender profissionalmente.
4) Adotar política de "tolerância zero" para discriminação e assédio, com processo consistente para recebimento e apuração de denúncias que seja capaz de tratar, inclusive, as microagressões.
5) Criar uma cultura de valorização da diversidade nas equipes, principalmente por parte dos gestores, incentivando que cada pessoa, individualmente, contribua com seus pontos fortes únicos e que permita que ela seja quem ela é no seu local de trabalho.

Fidas et al. (2022) também trazem algumas diretrizes a serem observadas em processos como esses, dentre os quais destacam-se:

1) A criação de políticas expressas antidiscriminação e de proteção do colaborador que se identifique como LGBTQI+. Como recomendações mais diretas, o trabalho propõe que referências a "sexo", "orientação sexual" e "identidade de gênero" sejam incluídas de forma expressa em referidas políticas, que elas sejam amplamente divulgadas para todo o corpo de funcionários da instituição (que devem ser devidamente treinados a respeito de sua aplicação) e que existam mecanismos robustos de apuração de eventuais violações.
2) A avaliação da cobertura do plano de saúde oferecido a seus funcionários, assegurando que ele cubra necessidades específicas de pessoas LGBTQI+, e a definição de políticas garantindo que os colaboradores que mantêm uma relação homoafetiva (casamento ou união estável) tenham a mesma possibilidade de inclusão de seu cônjuge ou companheiro nos benefícios concedidos aos cônjuges ou companheiros de pessoas em relacionamento heteroafetivos.
3) A adoção de procedimentos para acompanhamento de funcionários *trans* que realizem seu processo de transição quando já estiverem trabalhando na empresa ou escritório, que devem considerar a confidencialidade necessária e a retificação de nomes, *e-mails* e demais informações sistêmicas.
4) A definição de código de vestimentas inclusivos, para que os empregados se sintam confortáveis em trabalhar de acordo com tal código, independentemente de sua identidade de gênero, raça, religião ou deficiência.
5) O estímulo à criação de grupo de afinidade ou grupo identitário. Esses grupos são formados por voluntários dentre os empregados da empresa, que compartilham de uma determinada identidade (LGBTQI+, mulheres, negros, pessoas com deficiência, entre outros) que têm como objetivo fomentar o senso de comunidade dentro da companhia. É importante que esses grupos sejam formalmente reconhecidos pela empresa, garantido que haja um ambiente seguro para essas pessoas, permitindo que tenham capacidade de pensar e propor ações que melhorem a inclusão efetiva no ambiente de trabalho da comunidade que representam.
6) O cuidado na publicação de vagas para recrutamento, para que a linguagem utilizada e os requisitos exigidos para a posição não sejam

discriminatórios nem impeçam a participação de pessoas de nenhum grupo minorizado.

7) A criação de vagas direcionadas a públicos específicos, para aumentar a representatividade de grupos minorizados dentre os funcionários da empresa ou, em alguns casos, em um departamento ou área específica.

Essas práticas listadas acima servem como um excelente guia para as empresas e escritórios que estão começando a organizar seus programas de diversidade e inclusão focados na população LGBTQI+. Como mencionado no início, este é um assunto bastante complexo e, à medida que as ações iniciais são implementadas, novos desdobramentos e aprofundamentos serão necessários.

É muito importante se ter a consciência de que se está tratando de uma mudança de cultura, tanto organizacional quanto social, e, como toda mudança cultural, é um processo que demanda tempo, dedicação e, principalmente, abertura para conversas francas (e em alguns momentos duras).

Mas o resultado desse trabalho é extremamente motivador, já que existe uma série de efeitos colaterais que se observam nesse processo: os funcionários e colaboradores se tornam mais motivados e engajados, os clientes e concorrentes das empresas se sentem motivados a adotar políticas e processos semelhantes e cria-se um impulso para que o respeito e a dignidade da população LGBTQI+ sejam observados na sociedade como um todo.

São ações que podem parecer pequenas, se observadas apenas na ótica interna da empresa ou do escritório, mas que podem colocar essa empresa ou escritório em um melhor patamar competitivo. E se multiplicadas em diversas empresas, essas pequenas ações, em conjunto, tem um potencial enorme de mudar o cenário de defesa dos direitos humanos em nossa sociedade.

REFERÊNCIAS

BENEVIDES, Bruna G. Dossiê – Assassinatos e Violências contra Travestis e Transexuais Brasileiras em 2021. Brasília. *ANTRA*. 2022. Disponível em: <https://antrabrasil.files.wordpress.com/2022/01/dossieantra2022-web.pdf>. Acesso em: 6 de abril de 2022.

BULGARELLI, Reinaldo. Compor equipes caracterizadas pela diversidade é um passo importante para sermos justos e reconhecermos na prática a dignidade de todos. *Ethos*. 30 de julho de 2013. Disponível em: <https://www.ethos.org.br/cedoc/inclusao-e-diversidade/>. Acesso em: 6 de abril de 2022.

FIDAS, Deena; VIVERITO, CV; SOLER, Gabriel de la Cruz; PERROU, Madeline; HENDREN, Corina. Global toolkit for change: assessing LGBTQI+ inclusion in your workplace. *Out & Equal*. Disponível em: <https://outandequal.org/wp-content/uploads/2022/03/ToolkitForChange_Global_R4.pdf>. Acesso em: 3 de abril de 2022.

IRIGARAY, Helio Arthur Reis. Identidades sexuais não egemônicas: a inserção dos travestis e transexuais no mercado de trabalho sob a ótica queer. *ANPAD*, Maio de 2010. Disponível em: <http://www.anpad.org.br/admin/pdf/eneo425.pdf>. Acesso em: 3 de abril de 2022.

MCKINSEY & COMPANY. Diversity matters: America Latina. *McKinsey*. 2 de julho de 2020. Disponível em: <https://www.mckinsey.com/br/our-insights/diversity-matters-america-latina>. Acesso em: 3 abril de 2022.

REIS, Toni (Org.). Manual de Comunicação LGBTI+. 2. ed. *Grupo Dignidade*. Curitiba: Aliança Nacional LGBTI/GayLatino, 2018. Disponível em: <https://www.grupodignidade.org.br/wp-content/uploads/2018/05/manual-comunicacao-LGBTI.pdf>. Acesso em: 6 de abril de 2022.

TRIPATHI, Salil; RADCLIFFE, Charles; HOUDART, Fabrice. Enfrentando a discriminação contra lésbicas, gay, bissexuais, travestis, pessoas trans e intersexo – Padrões de Conduta para Empresas. *UNFE*, Nova Iorque, 2017. Disponível em: <https://www.unfe.org/wp-content/uploads/2018/04/Padroes-de-conduta-para-empresas.pdf>. Acesso em: 3 de abril de 2022.

15. INTELIGÊNCIA ARTIFICIAL, *BIG DATA* E LGPD COMO FERRAMENTAS DA INOVAÇÃO

Patrícia Peck Garrido Pinheiro[1]
Camila Bruna do Nascimento[2]

A inovação no direito não é mais uma mera tendência. Tornou-se uma necessidade, visto que as mudanças significativas que estão ocorrendo na sociedade, impulsionadas com os avanços tecnológicos, impuseram uma adaptação da legislação à transformação digital, nesse novo ecossistema jurídico-informatizado.

---

1 Advogada especialista em Direito Digital, Propriedade Intelectual, Proteção de Dados e Cibersegurança. Graduada e Doutorada pela Universidade de São Paulo, PhD em Direito Internacional. Conselheira titular nomeada para o Conselho Nacional de Proteção de Dados (CNPD) da Autoridade de Proteção de Dados Pessoais Brasileira (ANPD). Professora convidada da Universidade de Coimbra em Portugal e da Universidade Central do Chile. Professora convidada de Cibersegurança da Escola de Inteligência do Exército Brasileiro. Professora de Direito Digital da ESPM. Membro do conselho consultivo da iniciativa Smart IP Latin America do Max Planck Munique para o Brasil. Árbitra do Conselho Arbitral do Estado de São Paulo – CAESP. CEO e Sócia Fundadora do Peck Advogados. Presidente do Instituto iStart de Ética Digital. Certificada em Privacy e Data Protection EXIN.

2 Advogada, graduada pelo Centro de Estudos Superiores Aprendiz, Barbacena/MG. Pós-graduada em Direito Constitucional Aplicado, Faculdade Damásio de Jesus. Pós-graduada em Direito Empresarial, Faculdade Legale. Pós-graduanda em Processo Civil Empresarial e Lei Geral de Proteção de Dados Pessoais, Faculdade Legale. Especialização em Direito Civil e Comunicação, Academia Brasileira de Direito Civil em parceria com a Faculdade de Direito da Universidade de Coimbra/Portugal. Especialização em Direito Digital, novas tecnologias e novos temas de proteção de dados, Instituto Brasileiro de Ensino, Desenvolvimento e Pesquisa (IDP). Certificada Information Security Foundation e Privacy and Data Protection Practitioner, EXIN, Holanda. Certificada Data Protection Officer, Itcerts Canadá.

Ao mesmo passo, organizações de variados portes adquiriram um papel cada vez mais proeminente no mercado ao demonstrarem a sua adequação não só ao novo paradigma da tecnologia como às regras da Lei Geral de Proteção de Dados Pessoais.

De certo que, com as mudanças que ocorreram e que ainda ocorrerão na nossa sociedade, a usabilidade da tecnologia e os regulamentos sobre seu uso são uma vertente de transformação cultural. Podemos citar a mudança de estilo de vida trazida pela inteligência artificial e seus derivados, como o aumento da oferta de cursos e formação profissional nas áreas de tecnologia.

A explosão da era da *Big Data* nos traz a reflexão de como os algoritmos passaram a ser constantes em nossas vidas, para economia de tempo, otimização do trabalho, comodidade. A maioria das aplicações tecnológicas baseadas em algoritmos podem ser bem efetivas ao que se destinam, porém podem desenvolver problemas de funcionamento e com isso, acarretar problemas ao usuário. Portanto, necessitamos ter em mente que muitos temas deverão ser objeto de estudo, como uma compreensão mais abrangente da inteligência artificial e seus conceitos, as formas de classificação e regulamentação da IA, os impactos que o uso das tecnologias pode trazer aos seres humanos, direitos e deveres referentes ao uso de IA e possibilidade de fiscalização, *accountability* e governança da inteligência artificial.

É um erro pensar que a inovação está ligada somente à tecnologia. A inovação é uma premissa de mentalidade, um agir/pensar em práticas que podem mudar a forma como as coisas já são feitas. Liga-se muito ao próprio conceito de disrupção, ou seja, algo que chega para mudar o que está predominante no mercado e descontinua um processo já estabelecido, com a modificação de pensamentos tradicionais, que ignoram a possibilidade de melhoria e eficiência do serviço e a criação de um novo modelo de serviço, mais efetivo e eficiente.

A propósito, temos como definição de tecnologia disruptiva no dicionário[3]: "designação atribuída a uma inovação tecnológica (produto ou serviço) capaz de derrubar uma tecnologia já preestabelecida no mercado". Sendo assim,

---

3 DICIONÁRIO *ONLINE* DE PORTUGUÊS. Disponível em: <https://www.dicio.com.br/disruptivo/#:~:text=Significado%20de%20Disruptivo,romper%20ou%20alterar%3B%20que%20rompe>. Acesso em: 18 de abril de 2022.

não se pode esperar que as organizações não sejam disruptivos e não se comprometam com a adaptação ao cenário tecnológico, porquanto tornou-se imperioso para uma boa gestão organizacional.

A aplicação da inteligência artificial pode ocorrer, de forma benéfica, em vários setores, como saúde e bem-estar, judiciário, educação, sistema financeiro, indústria, agricultura, meio ambiente, saneamento, segurança pública, dentre outros. Todavia, mesmo que haja boa intenção na utilização da IA, surgirão os dilemas éticos e os debates para tentar encontrar um denominador comum sobre o que seriam os riscos aceitáveis ligados a dispor de inteligência artificial para a realização de qualquer atividade e, concernente ao uso da IA, como fazê-lo de forma segura, protegendo segredos industriais, comerciais e direitos de propriedade intelectual diminuindo ao máximo os riscos.

É cediço que vivemos uma fase primária da convivência humana com as utilidades tecnológicas e isso nos trouxe alguns instrumentos regulatórios que preveem alguns conceitos, como a determinação de que os sistemas que utilizam inteligência artificial devem contribuir para a interconexão pacífica de todas as criaturas vivas, e não devem reproduzir desigualdades encontradas na sociedade, uma vez que são fundamentos primevos para avançarmos rumo ao futuro do uso da IA.

1. BREVES CONCEITOS DE *MACHINE LEARNING, DEEP LEARNING*, APRENDIZADO FEDERADO E *LIFELONG LEARNING*

O aprendizado da máquina, aliado ao conceito vanguardista de *digital rights*[4], ou seja, direitos digitais, nos traz uma noção de que o treinamento aplicado para a inteligência artificial deve atentar-se a princípios de transparência e segurança moldados pelos direitos humanos. Certo que os direitos humanos instituídos e garantidos pela Constituição pátria e em regulamentos internacio-

---

4 ORGANIZAÇÃO DAS NAÇÕES UNIDAS. **Garantir a proteção dos direitos humanos na era digital.** Os direitos humanos se aplicam *on-line*, assim como *off-line*. As tecnologias digitais fornecem novos meios para o exercício dos direitos humanos, mas muitas vezes também são usadas para violá-los. Questões de proteção de dados e privacidade, identidade digital, uso de tecnologias de vigilância, violência e assédio *online* são de particular preocupação. Disponível em: <https://www.un.org/techenvoy/content/digital-human-rights>. Acesso em: 25 de abril de 2022.

nais servem de parâmetro para o desenvolvimento responsável das tecnologias, de certa forma barrando a exploração desenfreada do uso tecnológico para proteger a vida humana.

Nessa seara, o *machine learning* (aprendizado da máquina), consiste em um método de análise de dados (*data analytics*), que automatiza e potencializa a construção de modelos analíticos. É, portanto, um ramo da criação da ***inteligência artificial***, fundamentado na ideia de que sistemas informáticos podem aprender com os dados, para identificar padrões e tomar decisões, com o mínimo de intervenção humana.

Em uma analogia simples, o aprendizado da máquina seria como um exercício de agricultura, em que as sementes são os algoritmos, os substratos e nutrientes são os dados brutos e o agricultor é o humano. Nesse exercício, é realizada a análise dos dados que permitem o crescimento dos algoritmos, que aprendem como chegar a um resultado concreto: a germinação daquela semente.

Eventualmente, existirão anomalias no conjunto de dados analisados e com isso a inteligência artificial não será dissuadida por exceções ao padrão aprendido, porque o modelo preditivo que ela criou parece correto na maioria das vezes. Nesse momento, poderemos encontrar o viés, a demonstração errônea do padrão aprendido, o que impede que o modelo preditivo se torne ainda mais preciso.

Em linhas gerais, o *machine learning* analisa os dados e procura um padrão ou tendência subjacente para desenvolver um modelo preditivo que aprenda com os dados alimentados, ou seja, o conjunto de dados de treinamento que foram utilizados para ensinar a inteligência artificial. Assim, os algoritmos de aprendizado de máquina podem processar grandes quantidades de dados e prever resultados e padrões com base nas informações analisadas e, com o passar do tempo e da melhoria no aprendizado, o modelo preditivo se torna mais preciso e adaptado à medida que o sistema informático se aprimora.

O *Deep learning* pode ser conceituado como um tipo de *machine learning* que treina a máquina para realizar tarefas complexas como seres humanos fariam, como reconhecimento de fala, identificação de imagens inteiras e previsões automáticas.

Esse tipo de aprendizado acontece de forma a configurar parâmetros básicos sobre os dados de alimentação e treinar a inteligência artificial para aprender completamente sozinha, classificando, reconhecendo, detectando, descrevendo e compreendendo os dados, por meio do reconhecimento padrões em várias camadas de processamento.

O *deep learning* tem a capacidade de realmente aprofundar o conhecimento adquirido pela inteligência artificial, o que pode significar um avanço ao uso da tecnologia.

Vemos, por exemplo, as Redes Neurais Artificiais (RNA)[5], ou seja, sistemas de computação que utilizam técnicas computacionais que apresentam um modelo matemático inspirado na estrutura neural de organismos inteligentes e que adquirem conhecimento como se estivessem interconectados da forma que se estruturam os neurônios do cérebro humano. Para isso, consumindo dados pelos algoritmos, as redes neurais artificiais podem reconhecer padrões escondidos e suas correlações em dados brutos, agrupando-os e classificando-os para aprender e melhorar continuamente.

Já no aprendizado federado, o treinamento do algoritmo é feito em múltiplos dispositivos ou sistemas descentralizados, usando dados locais, mas sem compartilhá-los. Após o treinamento, o modelo formado pode ser enviado para um servidor central, de onde enfim é compartilhado com outros usuários e, os vários modelos criados são então consolidados em uma espécie de modelo de consenso, que abrange o conhecimento adquirido de todos os testes realizados.

Trata-se então de um modelo alternativo de aprendizado, idealizado para melhorar o acúmulo de conhecimento adquirido por meio da possibilidade de que os algoritmos alcancem experiência a partir de vários dados, localizados em lugares diferentes.

De certa forma, o aprendizado federado oferece uma solução que ao mesmo tempo apura a privacidade do usuário e apenas envia de volta ao servidor central os dados de interesse em vez dos dados gerais, o que permite um aprendizado sem a necessidade de coleta excessiva de dados.

Seguindo, o conceito de *lifelong learning* (aprendizagem ao longo da vida) tornou-se uma ferramenta ativa para estimular o crescimento econômico e pla-

---

5 UNIVERSIDADE FEDERAL DE SANTA CATARINA (UFSC). Arquitetura das redes neurais. *Gsigma.ufsc.br*, 2008. Disponível em: <https://www.gsigma.ufsc.br/~popov/aulas/rna/arquitetura/>. Acesso em: 22 de abril de 2022.

nejamento social. De acordo com Alan Rogers[6], o principal sucesso do *lifelong learning* é que ele conseguiu predominantemente se tornar convencional, pois forneceu uma justificativa convincente para abraçar o processo natural de aprendizagem que continua unificando a educação em um processo comum, desafiando a distinção dos setores educacionais e reconhecendo que a aprendizagem ocorre em diferentes contextos, deslocando assim a aprendizagem em ambientes formais e informais.

Partindo do pressuposto de que a aprendizagem é apenas uma parte integrante de nossas vidas cotidianas e tende a se expandir continuamente, integrar o aprendizado da máquina ao longo da vida mostra-se interessante ao passo que a sociedade evolui e sofre mudanças comportamentais e conceituais, sendo assim, a inteligência artificial deve também se adaptar as transformações que ocorrerem ao longo dos anos e não permanecer reproduzindo o aprendizado já instaurado.

Com esse paradigma, o *lifelong machine learning* trata do aprendizado avançado da máquina, ou seja, a inteligência artificial aprende continuamente, acumula o conhecimento aprendido e o usa na adaptação e no aprendizado futuro. É um constante ato de aprender e desenvolver, marcas da inteligência humana e que se aplicam à inteligência artificial.

Em contraste com o aprendizado humano, o aprendizado da inteligência artificial baseia-se em exemplos dinâmicos e abertos, com auxílio de supervisão humana. Ressaltamos que a supervisão humana é realmente um auxílio ao aprendizado da máquina, pois deve interagir sem prejudicar a autonomia da inteligência artificial.

2. LIMITES ÉTICOS DAS APLICAÇÕES DE INTELIGÊNCIA ARTIFICIAL: REGULAMENTAR E FISCALIZAR PARA GARANTIR A INOVAÇÃO

O que víamos nos filmes de ficção científica parece cada vez mais perto de se concretizar. Robôs humanoides, drones, cirurgias teleguiadas, veículos autônomos, cidades inteligentes e interconectadas, 5G.

---

6 ROGERS, Alan. Escaping the slums or changing the slums? Lifelong learning and social transformations, 2006. International *Journal of Lifelong Education*, 25(2): 125-137, DOI: 10.1080/02601370500510736. Disponível em: <https://eric.ed.gov/?id=EJ734604>. Acesso em: 21 de abril de 2022.

Com a expansão de possibilidades de uso de IA, os limites éticos das aplicações de inteligência artificial alcançam relevância e conduzem as discussões sobre os mecanismos de controle necessários para que a autonomia robótica seja condizente com os limites aos direitos humanos, tendo como pilares relacionados os riscos éticos, riscos de privacidade, riscos de cibersegurança e riscos de propriedade intelectual envolvidos.

No Brasil, a proposta legislativa originada pelo PL n. 21/2020[7] estabelece, dentre outros pontos, que a inteligência artificial deverá respeitar os direitos humanos e os valores democráticos e propõe a realização do **Relatório de Impacto de Inteligência Artificial**, um relatório direcionado a analisar os riscos e medidas de salvaguardas utilizadas pelos Agentes de IA.

A figura do agente de IA, proposta pelo PL n. 21/2020, é aquela pessoa física ou jurídica (ou ainda uma entidade sem personalidade jurídica) que pode atuar como desenvolvedor ou implementador do sistema de IA participando da fase de planejamento, coleta e processamento de dados até a implementação do sistema ou pode ser o operador do sistema de IA, participando da fase de monitoramento e operação do sistema implantado.

A aplicação de novas tecnologias em várias frentes, as quais se combinam e aceleram umas às outras, impactam fortemente as relações sociais e comerciais. Esse novo paradigma tecnológico requer reflexão profunda sobre fronteiras e princípios direcionadores da sua aplicação, e exige a ampliação do leque de competências necessárias para uma harmoniosa colaboração humano-tecnológica.

Empresas que investem em Inteligência Artificial vêm produzindo códigos de ética internos, com diretrizes que regem o uso da inovação em seus produtos inteligentes. Muitas vezes os princípios se baseiam em requisitos já formulados por outras organizações, como o *BMW Group* que utilizou como base as fundamentações estabelecidas pela União Europeia[8]. Ainda assim, o grupo garante

---

7 O PL n. 21/2020, conhecido como marco legal do desenvolvimento e uso da Inteligência Artificial (IA), de autoria do deputado federal Eduardo Bismarck, estabelece fundamentos, princípios e diretrizes para o desenvolvimento e a aplicação da inteligência artificial no Brasil; e dá outras providências. Disponível em: <https://www.camara.leg.br/propostas-legislativas/2236340>. Acesso em: 21 de abril de 2022.

8 BMW GROUP. BMW Group estabelece código de ética para o uso de inteligência artificial. *Pressclub Brasil*, 20 out. 2020. <https://www.press.bmwgroup.com/brazil/article/detail/T0319236PT/bmw-group-estabelece-c%C3%B3digo-de-%C3%A9tica-para-o-uso-de-intelig%C3%AAncia-artificial?language=pt>. Acesso em: 21 de abril de 2022.

que são normas continuamente refinadas e adaptadas conforme a aplicação, de modo a estender o uso e aumentar a conscientização entre seus funcionários sobre a necessidade de sensibilidade ao trabalhar com essas tecnologias.

Determinados conceitos mostram-se indispensáveis para uma real transparência da inteligência artificial e um dos pontos de discussão paira sobre as consequências e a confiabilidade da IA. Isso porque a aplicabilidade da IA deve ocorrer de maneiras úteis para os humanos e para a sociedade em geral, com uma relação de confiança que se origina na transparência dos sistemas de IA.

Hoje em dia, vemos muito foco na temática de dados e algoritmos e, com isso, precisamos aprender a identificar um sistema de IA confiável e útil. Os sistemas de inteligência artificial, conforme explanado, podem desenvolver preconceitos implícitos, os chamados vieses, que dificultam o ganho da confiança do usuário e influenciam os ambientes sociais em que a IA atua.

3. DESAFIO CONCRETO: O USO DE *CHATBOTS* EM CONFORMIDADE COM A LEI GERAL DE PROTEÇÃO DE DADOS PESSOAIS

A inovação digital cada vez mais está na base da estratégia das organizações. As novas aplicações, que demandam suporte jurídico especializado para análise e viabilidade legal dos projetos, evoluem para o uso *chatbots*, drones, *machine learning*, bases de dados.

Provavelmente você já conversou com um *chatbot*, seja pelo celular ou pelo computador. Trata-se de uma ferramenta de comunicação automatizada que utiliza IA para simular uma interação nos atendimentos *on-line* das empresas.

Os *chatbots* são comumente usados para se comunicar com as pessoas, por mensagem de texto ou voz e, alimentados por inteligência artificial, procuram usar a linguagem natural em um processo informatizado para interação com respostas significativas e úteis.

Importante citar que, com a vigência da Lei Geral de Proteção de dados Pessoais (LGPD), a usabilidade de um *chatbot* deve também estar em conformidade com os ditames da lei. Qualquer organização pública ou privada que implemente essa ferramenta em seus serviços deve se atentar a publicizar o contato do encarregado de proteção de dados, ter um canal de comunicação facilitada com a pessoa que utiliza o *chatbot*, ter mecanismos de segurança adequados a resguardar os dados pessoais do usuário, dentre outras determinações da LGPD.

Tendo em vista a ética do uso da inteligência artificial, é de se esperar que qualquer ferramenta esteja adequada às regulamentações e que o humano seja sempre informado, de forma clara, objetiva e ostensiva, que sua interação ocorre com um sistema de IA e não com outro humano.

Como a LGPD preza, em primeiro lugar, pelos direitos dos titulares de dados pessoais, a segurança do usuário, a confiança e a transparência que o *chatbot* transmite, devemos frisar que é ideal que haja uma política de privacidade da organização, a possibilidade de confirmação da identidade do usuário para evitar erros e vazamentos de dados, a previsão do tempo de guarda e armazenamento das informações coletadas, além de estar sempre explícito que a interação é feita diretamente pelo *chatbot* e não por outro humano.

Quando falamos sobre todas essas situações de aplicação de inteligência artificial, devemos envolver a temática de *Data Ethics*[9], que varia conforme a transparência presente nas práticas das organizações, acompanhada de protocolos de segurança e mecanismos criados para garantir o respeito à privacidade, e uma consolidação que resulta em maior confiança digital.

Precisamos citar que a legislação de proteção de dados pessoais brasileira dispõe, no art. 20, sobre a possibilidade de revisão da decisão automatizada a pedido do titular e prevê eventual auditoria pela Autoridade Nacional (ANPD), se houver suspeita de prática discriminatória. Isso demonstra que há a preocupação com os limites éticos da aplicação da inteligência artificial e com os riscos que eventualmente possa causar às pessoas.

CONCLUSÃO

Com toda certeza o desenvolvimento sustentável da Inteligência Artificial exigirá a construção de um modelo ético que possa trazer maior transpa-

---

9 *A ética dos dados (data ethics) se apresenta* como um novo ramo da ética que estuda e avalia problemas morais relacionados a dados, algoritmos, inteligência artificial, agentes artificiais, aprendizado de máquina e robôs, práticas correspondentes, inovação, pela base fornecida pela ética do computador e da informação ao mesmo tempo em que analisa a abordagem humana e comportamental.

rência e segurança para as aplicações nas empresas. Como fazer isso? O ideal seria uma abordagem que possa combinar tanto uma visão de mercado por meio de códigos de conduta, somado com um modelo de autorregulamentação regulada que permita uma atualização permanente da legislação conforme os avanços da tecnologia.

Será muito importante poder harmonizar os conceitos que determinam o que deve ser entendido como uma Inteligência Artificial e também as medidas para gerenciamento dos riscos associados aos seus impactos, sejam eles relacionados a questões de privacidade, cibersegurança ou ainda de empregabilidade.

Uma coisa é certa, todo o desenvolvimento tecnológico está buscando o uso mais eficiente dos recursos, ou seja, a busca de uma "sociedade *smart*", mas que o alcance desta inteligência maior esteja sempre atento a proteção dos direitos humanos e a não discriminação.

Esse esforço não deve ser isolado, ou nacionalizado, mas deve ser conjunto, e internacional, buscando um alinhamento entre países, se possível com o diálogo dos Tratados. Isso vai permitir maior desenvolvimento econômico e social além de trazer maior segurança jurídica para os modelos de IA.

Há muito espaço para uso das aplicações de IA nos departamentos jurídicos e no próprio Judiciário, além do espaço, como visto, de regulamentação da matéria, bem como a necessidade de seu tratamento entre as partes com contratos com cláusulas mais específicas. Sendo assim, é um campo muito rico para atuação no Direito, com uso de *chatbots* até aplicações de jurimetria, chegando a discussão do uso de IA para *on-line dispute resolution* (ODR) e até mesmo decisões judiciais.

Se a informação é o grande ativo do modelo de riqueza da sociedade do conhecimento, e temos criado leis para aumentar a proteção dos dados e combater os novos crimes que ameaçam indivíduos e instituições a partir de situações que envolvem de sequestro a vazamento de dados, vamos vivenciar, em um futuro próximo, com a Inteligência Artificial, a capacidade de tomada de decisão autônoma e a análise dos grandes volumes de dados de forma mais assertiva como um dos grandes diferenciais para os próximos saltos evolutivos da humanidade e teremos que também construir redes de proteção e salvaguardas para evitar inclusive que os *Bots* possam um dia se tornar um perigo para o homem.

REFERÊNCIAS

UNIVERSIDADE FEDERAL DE SANTA CATARINA (UFSC). Arquitetura das redes neurais. Disponível em: <https://www.gsigma.ufsc.br/~popov/aulas/rna/arquitetura/>. Acesso em: 22 de abril de 2022.

DOMINGOS, Pedro. O *algoritmo mestre*. São Paulo: Novatec, 2015.

DICIONÁRIO *ONLINE* DE PORTUGUÊS. Disponível em: <https://www.dicio.com.br/disruptivo/#:~:text=Significado%20de%20Disruptivo,romper%20ou%20alterar%3B%20que%20rompe>. Acesso em: 18 de abril de 2022.

ONU - ORGANIZAÇÃO DAS NAÇÕES UNIDAS. Garantir a proteção dos direitos humanos na era digital. Disponível em: <https://www.un.org/techenvoy/content/digital-human-rights>. Acesso em: 25 de abril de 2022.

ROGERS, Alan. Escaping the slums or changing the slums? Lifelong learning and social transformations, 2006. *International Journal of Lifelong Education*, 25(2): 125-137, DOI: 10.1080/02601370500510736. Disponível em: <https://eric.ed.gov/?id=EJ734604>. Acesso em: 21 de abril de 2022.

RUSSEL, Stuart J.; NORVIG, Peter. Artificial Intelligence: a modern approach. *Prentice Hall*, 1995. Disponível em: <http://citeseerx.ist.psu.edu/viewdoc/download?doi=10.1.1.259.8854&rep=rep1&type=pdf>. Acesso em: 21 de abril de 2022.

STANFORD UNIVERSITY. Artificial intelligence and life in 2030. One hundred year study on artificial intelligence. *Report of The 2015 Study Panel*, 2016. Disponível em: <https://ai100.stanford.edu/sites/default/files/ai100report10032016fnl_singles.pdf>. Acesso em: 21 de abril de 2022.

UNESCO. Código de ética global de pesquisa em inteligência artificial. Disponível em: <https://pt.unesco.org/courier/2018-3/em-direcao-um-codigo-etica-global-pesquisa-em-inteligencia-artificial>. Acesso em: 21 abril de 2022.

16.

VENTURE CAPITAL: ESTRATÉGIAS DE APOIO À INOVAÇÃO

Rodrigo Cunha[1]
Rodrigo Cantarino[2]

INTRODUÇÃO

Em um ambiente de negócios cada vez mais competitivo, o empreendedor precisa ser cada vez mais ousado e inovador para se destacar. O aumento da competitividade atinge todos os setores da sociedade, desde as áreas mais novas, como a bioética e a inteligência artificial, até os setores mais tradicionais na sociedade, como a medicina, os seguros e até mesmo a advocacia. Para todos os profissionais dessas áreas, é preciso inovar.

A necessidade da inovação gera, inevitavelmente, um risco associado, e do ponto de vista de mercado de capitais surgiram duas formas de se investir em empresas: *Venture Capital* e *Private Equity*. Embora ambas as modalidades tenham como principal objetivo investir em empresas com alto potencial de crescimento e/ou rentabilidade, elas se diferenciam pelo fato de que *Venture Capital*

---

1 Diretor Global de Ética Digital na Anheuser-Busch InBev. LLM na Universidade da California, Berkeley e Especialista em Direito Econômico pela FGV. CIPP E/US.

2 Gerente Global de Ética Digital na Anheuser-Busch InBev, Mestre em Propriedade Intelectual pela UFRJ, especialista em Direito Digital e *Compliance* pelo IBMEC. CIPP/E.

são investimentos em empresas em um estágio embrionário e *Private Equity* busca empresas mais maduras procurando se reestruturar, expandir ou consolidar[3].

De forma simplificada, em ambos os cenários temos empresas muitas vezes conhecidas como *startups* que buscam o investimento de grandes *players* no mercado, como investimento anjo.

Apesar de a economia global ter sofrido com crises como a de 2008 e, mais recentemente, as geradas pela pandemia da Covid-19 e do conflito militar na Ucrânia, os números do setor impressionam. De acordo com os dados de 2011 a 2020, compilados pela ABVCAP[4], podemos verificar as seguintes evoluções:

- O valor total investido nessas modalidades subiu quase 90% entre 2018 e 2019 (de R$13.5 bilhões para impressionantes R$25.6 bilhões), e houve apenas uma ligeira queda de 4.7% entre 2019 e 2020, chegando a R$24.4 bilhões neste ano.
- O valor médio de investimento em 2020 chegou a R$94 milhões; sendo em *Venture Capital* R$73 milhões e em Private Equity R$167 milhões – uma diferença que possivelmente reflete o nível de maturidade das empresas.
- A quantidade de empresas investidas, de acordo com o tipo de negócio, também revela tendências de mercado: FinTechs e InsureTechs lideram o *ranking* de investimentos em *Venture Capital* (21%), seguido por empresas de *software* (14%) e aquelas relacionadas a *marketing* (10%). Ao avaliar conjuntamente com *Private Equity*, o *ranking* é formado por empresas de tecnologia da informação, seguido por serviços financeiros e, posteriormente, saúde e farmácia.

Os números impressionam, e ajudam a enxergar tendências para os próximos unicórnios – ou seja, empresas que são avaliadas em mais de US$ 1 bilhão. A evolução do Brasil nesse seleto grupo é nítida, alcançando 21 empresas nesse

---

3 ABVCAP. Sobre o setor. Disponível em: <https://www.abvcap.com.br/Download/IndustriaPE-VCSobreSetor/21.pdf>. Acesso em: 8 de abril de 2022.

4 ABVCAP; KPMG. Consolidação de dados 2021 – Indústria de Private Equity e Venture Capital no Brasil, ano base: 2011-2020. ABVCAP e KPMG, 2021. Disponível em: <https://www.abvcap.com.br/Download/Estudos/5130.pdf>. Acesso em: 8 de abril de 2022.

patamar em território nacional ao final de 2021, entre elas: Hotmart, Mercado Bitcoin, C6, entre outras[5].

Embora em mercados distintos, a similaridade entre essas empresas (tanto unicórnios quanto as demais investidas) é seu potencial para inovação, quebrando os paradigmas do mercado tradicional. Toda inovação traz riscos, e este é o tema central deste capítulo.

A AB InBev, gigante do mercado de bebidas, certamente não é uma empresa nova. No entanto, a inovação faz parte da rotina da companhia, que possui um setor interno específico voltado à temática, além de braços específicos de inovação tanto no ramo de bebidas quanto em negócios conexos, como *fintech*. Com tanta inovação, a gestão de riscos precisa se adaptar para suportar crescimento rápido com sustentabilidade.

Neste capítulo, analisaremos a necessidade de uma postura de constante gestão de risco por meio de dados quantitativos estruturados que facilitam decisões mais conscientes dos gestores. A intenção é demonstrar ao leitor que tanto empresas centenárias quanto empresas nascentes precisam seguir uma estratégia sustentável para inovar e crescer.

1. INOVAÇÃO – CONCEITOS E TENDÊNCIAS

Antes de falarmos sobre um *framework* de riscos que viabiliza e proteja a inovação, é preciso conceituá-la. Destacamos que o intuito aqui não é realizar uma análise aprofundada ou doutrinária do tema, mas tão somente situar o leitor para, então, debatermos o conteúdo na prática de mercado.

O interessante artigo da *Distrito* explora conceitos de diferentes tipos de inovação, três em especial: (1) a inovação incremental, que "promove melhorias contínuas e graduais em produtos e serviços já existentes"; (2) a inovação disruptiva, em que novos *players* em um mercado já existente; ou (3) uma inovação radical, que gera produtos completamente novos, "transforma a indústria e cria novos mercados"[6].

---

5 FONTES, Bárbara. Conheça as *startups* brasileiras aspirantes à unicórnio. *Distrito*, 2022. Disponível em: <https://distrito.me/startups-brasileiras-aspirantes-a-unicornio/>. Acesso em: 8 de abril de 2022.

6 Inovação disruptiva, radical e incremental: qual é a diferença? *Distrito*, 2020. Disponível em: <https://distrito.me/inovacao-disruptiva-radical-e-incremental-qual-a-diferenca/>. Acesso em: 8 de abril de 2022.

Esses conceitos invocam uma teoria da inovação e do empreendedorismo, aprimorada por Schumpeter, em especial seu conceito de destruição criadora (ou criativa), que analisa o sistema capitalista a partir desse parâmetro. Segundo o economista, este é um "processo de mutação industrial que revoluciona incessantemente a estrutura econômica a partir de dentro, destruindo incessantemente o antigo e criando elementos novos"[7].

Na prática, a inovação pode assumir diversas formas e formatos: uma barra de chocolate em formato triangular, um *software* inovador no mercado, um mecanismo que melhora a utilização de um utensílio já conhecido; um molho secreto para sanduíche. Para cada um destes exemplos, existe uma proteção específica no ramo do Direito da Propriedade Intelectual. Ao analisar uma empresa inovadora, um dos questionamentos mais básicos feitos por investidores e sua equipe de advogados é de que forma os ativos estão protegidos, fazendo uma diligência para entender o estado real de proteção.

Podemos observar, contudo, que independente de sua proteção imaterial, muito daquilo que algumas empresas possuem de mais valioso está nos dados que elas detém. Sem contar com os dados que são claramente relevantes, como os planos futuros da empresa ou seu caixa detalhado, há também os dados sem os quais o modelo de negócio ou perde muito de seu valor, ou simplesmente inexiste: os cálculos que as empresas inovadoras de seguro fazem para determinar padrões, o módulo de cálculo de tarifas dinâmicas, entre muitos outros. Antes de pensar em investir em uma empresa, investidores profissionais investigam a segurança da mesma e exigem medidas de melhoria ou até garantias contra casos de extravio ou perda de informação.

É fundamental que o empreendedor compreenda que uma empresa exposta a risco não é sinônimo de desprotegida. Cabe ao advogado criar uma forma de analisar, comunicar e gerenciar efetivamente esses riscos – daí a criação de um *framework*.

---

7 SCHUMPETER, J. A. *Capitalism, socialism and democracy*. New York: Harper and Brothers, 1961. Apud PAIVA, Matheus Silva de et al. Inovação e os efeitos sobre a dinâmica de mercado: uma síntese teórica de Smith e Schumpeter. Interações (Campo Grande) 19 (1), jan./mar. 2018.

2. *FRAMEWORK* DE RISCOS DIGITAIS – FALANDO A LINGUAGEM DO NEGÓCIO

Embora tenha havido evolução nos últimos anos, é fato que tanto o direito quanto a segurança da informação são ramos que guardam tecnicidades e dialetos quase que proibitivos para os não iniciados. Leis e suas repercussões costumam ser tópicos de conversa nas faculdades de direito e, quando muito impactantes, talvez ganhem alguns minutos em jornais – ainda assim explicados de forma questionável no quesito clareza.

Para começarmos a analisar riscos digitais, o primeiro passo é estourar bolhas. A primeira, do próprio advogado, que precisa ter conhecimentos cada vez mais robustos de questões que raramente são levantadas em cursos formais de direito, tais como: segurança da informação, metodologias de desenvolvimento de produto, muitas vezes programação e lógica, sem contar nos *soft skills* cada vez mais necessários no ambiente de trabalho.

Não se trata aqui da criação de um "super profissional", um advogado que sabe em detalhes cada um desses processos – mas é preciso, minimamente, compreender questões gerais para conseguir passar para o "segundo nível" de tradução: para o negócio.

Para compreender o ecossistema jurídico e tecnológico em que uma determinada empresa se encontra, é necessário traçar critérios objetivos de análise, em um modelo quase cartesiano, que consigam expressar objetivos claros e acionáveis (em oposição a puramente principiológicos), que possam ser diretamente mensuráveis posteriormente para avaliação de resultado. Essa é a composição dos fatores iniciais de um *framework* de risco.

Após experiências práticas de anos, percebemos que a melhor forma de expressar esse documento é por meio de poucos pontos, descritos de maneira não técnica, de forma que qualquer não jurista consiga compreender o objetivo central de cada item. É claro que, por trás do processo de simplificação, há muito trabalho e aprimoramento, mas o documento final precisa ser facilmente compreendido (e "comprado") pelas áreas de negócio da empresa, que precisa ordenar que a ação seja prioritária para a companhia.

Há diversas matrizes de risco, extremamente qualificadas, disponíveis no mercado – e, como exemplo, pode-se citar os *frameworks* NIST. Não se questiona o mérito dessas análises, que são muitas vezes comprovadas no mercado, mas advogamos por uma simplificação ainda maior no quesito de risco à proteção de dados (pessoais ou não), que potencialmente encontraria eco em outros *frameworks* internacionais. Destacamos aqui 4 processos (ou KPIs) relativamente simples de serem transformados em ação: padronização de inventário; análise de risco; monitoramento de vulnerabilidades e incidentes; e treinamento e conscientização.

O primeiro passo de qualquer matriz de análise é verificar as ferramentas disponíveis para a criação de um inventário. É faticamente inviável analisar risco quando não há um repositório dos sistemas da companhia – afinal, não é possível mensurar risco daquilo que não se conhece a existência.

Nesse ponto, é preciso compreender a dificuldade de empresas ainda em fase de desenvolvimento, que é um crescimento exponencial muitas vezes com menos organização do que o esperado, deixando a catalogação do inventário para um segundo plano ("expansão primeiro"). É preciso resistir a essa tentação, uma vez que a empresa pode perder o controle rapidamente após uma operação de fusão ou aquisição, e muitas vezes pode até gerar conflito utilizando duas soluções para a mesma funcionalidade.

Feito o processo de inventário, parte-se para uma análise de risco jurídico e cibernético. Nesse ponto, já advertimos que é praticamente impossível que uma aplicação não tenha riscos, mas trataremos desta questão com mais detalhes no próximo item.

Nessa fase, é preciso compreender cada aplicação sob diversas óticas, como, por exemplo:

- Do ponto de vista jurídico: foi realizada uma análise da coleta, utilização e descarte de dados pessoais? Há algum impeditivo do ponto de vista concorrencial? Há alguma estratégia de propriedade intelectual que precise ser implementada ou reforçada?
- Do ponto de vista de segurança: foi feito um *scan* no código fonte da aplicação? Foram realizados testes de invasão (*ethical hacking*) ao menos nas aplicações críticas? Os protocolos de segurança estão atualizados?
- Do ponto de vista de conexão com terceiros: os terceiros que têm acesso aos dados foram analisados a partir dos pontos de vista acima?

Nesse momento, certamente diversos riscos serão levantados – e a pergunta que deve ser feita é: quais riscos deixam os *stakeholders* (consumidores, acionistas, colaboradores da empresa) em maior situação de vulnerabilidade, e, portanto, precisam ser mitigados antes mesmo de o processo em análise ser posto em prática (ou, do ponto de vista tecnológico, sair da fase de desenvolvimento para a fase de produção, *live*)?

O objetivo principal desta etapa é implementar o que chama-se na literatura de *compliance by design* – ou seja, a plataforma é construída obedecendo, desde sua concepção, todos os requerimentos mínimos adotados pela companhia. Alguns instrumentos jurídicos determinam isso para fins de privacidade e segurança de dados pessoais, como por exemplo a Lei Geral de Proteção de Dados, mas vamos além sugerindo que essa análise deva ser aplicada em qualquer seara jurídica: compliance *com leis anticorrupção, concorrencial e até mesmo as áreas mais tradicionais do direito, como trabalhista – de onde advém a popular área jurídica do "consultivo estratégico".*

A partir daí, é possível partir para uma terceira necessidade, que é a manutenção de um sistema em tempo real de monitoramento e ação em casos de vulnerabilidades e incidentes. Esta é, claramente, a etapa em que há mais colaboração de times especializados em cibersegurança, mas é importante ter uma sinergia completa com o time jurídico.

Não há como enfatizar o suficiente a necessidade de ter uma equipe multidisciplinar preparada para agir em termos de prevenção de vulnerabilidades e, quando necessário, incidentes. Além do risco de basicamente perder ou expor o negócio ao mundo, há também considerável risco regulatório, quando percebemos legislações específicas de dados pessoais (no Brasil, com a Lei Geral de Proteção de Dados; e na Europa, com o Regulamento Geral de Proteção de Dados Pessoais), ou materialidade de incidentes cibernéticos para fins de divulgação a acionistas e reguladores, por exemplo. Ou seja: é preciso que as equipes jurídica e de segurança da informação estejam preparadas e tenham as ferramentas necessárias para reagir a incidentes, com um sólido processo de análise e resposta.

A verificação de vulnerabilidades – ou seja, quando há risco iminente de incidente – é necessária para que a possibilidade de incidentes diminua. É o conceito de prevenção antes do fato, que certamente é um potencial argumento em casos de notificação a autoridades para situações de vazamentos de dados. Afinal, é muito importante demonstrar que há um programa coeso de prevenção de incidentes, e que o ocorrido foi um caso isolado – as autoridades governamentais precisam levar isso em consideração no momento de considerar sanções.

Por último, é necessário criar um programa de treinamento e conscientização de todos os passos acima. É preciso ter um programa que entregue valor para quem está sendo treinado, ou seja, é preciso que a campanha, seja ela qual for, tenha um conteúdo que o treinado realmente se sinta imerso e que aquilo vai agregar em seu dia a dia.

Uma cultura de *Compliance* e mitigação de riscos – mesmo em empresas emergentes – começa por conhecer os requerimentos básicos e como aplicá-los. É importante que o processo não pareça um excesso de burocracia dos departamentos – por exemplo, em vez de simplesmente determinar que todas as senhas sejam trocadas a cada dois meses com diversos caracteres especiais, por que não mostrar na prática as facilidades de um invasor conseguir acesso a senhas simples por meio de técnicas de invasão como *brute force* (múltiplas tentativas de combinações fáceis até que a senha esteja certa)?

Há diversas maneiras de procurar formas de engajamento que funcionam. A principal dica que podemos dar é evitar ao máximo jargões complexos, o famoso "juridiquês" ou o equivalente para a área de segurança. Além disso, criar um processo de gamificação, por meio de novas tecnologias, auxilia a tornar o contato mais dinâmico e interativo. Abaixo, um exemplo utilizado nos treinamentos da AB InBev:

Fonte: divulgação realizada pelo autor.

Esse é apenas um exemplo de forma de gamificação. Novas tecnologias, como a imersão em realidades aumentadas, ficarão, ao longo do tempo, cada vez mais acessíveis para treinamentos e outras funções no ambiente corporativo.

Ainda nesse quesito, é importante encontrar meios de medir a retenção de conhecimento dos profissionais. Afinal, dar treinamentos não significa necessariamente que o colaborador aprenderá o que foi passado – esta medição é importante para avaliar os resultados.

Há também diversas oportunidades de realizar campanhas de conscientização – seja por meios tradicionais como *newsletters*, ou meios inovadores que sirvam como gatilhos para pensamentos de risco. Aqui, vale aplicar a teoria de Nudge, tornada popular, entre outros, pela colaboração do Nobel de economia Richard Thaller e o professor Cass Sunstein[8] – pequenos "empurrõezinhos na direção correta", que podem tomar a forma de, por exemplo, pequenos QR Codes espalhados pelo escritório para lembrar dos treinamentos; ou pequenos avisos no computador como descanso de tela para lembrar de validar as aplicações com as áreas de *Compliance* e segurança da informação.

3. RISCOS – DA OBSERVAÇÃO À MITIGAÇÃO, CRIANDO E ADMINISTRANDO UM FAROL

Se a empresa já criou o programa de conformidade e mitigação de riscos, conforme descrito acima ou por meio de outros *frameworks*, já é possível avaliar, mensurar resultados e, quando necessário, reavaliar o programa. No entanto, para que se alcance real efetividade, é preciso fazer com que as áreas de negócio não apenas tenham conhecimento dos riscos, como também possam compreender suas consequências e as ações necessárias que devem ser tomadas para mudar os *status* atual.

Aqui, cumpre voltar a ressaltar – não existe uma empresa sem riscos, independentemente de seu tamanho ou tempo de mercado. Porém, risco não é sinônimo de não conformidade com requerimentos legais – que devem, sim, ser requerimentos duros do programa de *compliance*, sob pena de expor a companhia a riscos desnecessários e consequentemente sofrer sanções, sejam administrativas ou judiciais.

Posto isso, apartando os riscos legais, ainda haverá risco a ser mitigado – por exemplo, melhorias no sistema de restrição de acesso, ou um processo automatizado de retenção de dados.

---

[8] Para aprofundamento na teoria, sugerimos a seguinte leitura: THALER, Richard H; SUNSTEIN, Cass R. *Nudge*: como tomar melhores decisões sobre saúde, dinheiro e felicidade. Trad. Ângelo Lessa. São Paulo: Objetiva, 2019.

É fundamental entender que nem todos os riscos têm a mesma intensidade. Normalmente, matrizes de risco levam em consideração um gráfico de potencialidade de acontecimento (*likelihood*) e a severidade risco envolvido caso ocorra (*criticality*), e o cruzamento dessas informações dará a real criticidade de risco. Essa escala, no entanto, deve ser adaptada a diversas situações, como:

- **Tipo de empresa:** o mau funcionamento na cadeia de entrega de uma empresa de logística possivelmente é mais crítico do que em uma empresa de tecnologia.
- **Destinatário da norma:** uma falha que possibilite a um *hacker* invadir o computador de um funcionário com baixo nível de acesso a informações confidenciais, normalmente é menos crítico do que a mesma invasão a um funcionário com mais acessos.
- **Time envolvido:** a ausência de treinamento sobre privacidade a uma área de recursos humanos ou de *marketing* provavelmente fará muito mais falta do que em uma área de compra de materiais, que provavelmente lida com poucos dados em seu dia a dia.

É preciso criar uma maneira de avaliar esses riscos – preferencialmente de forma visual e que possibilite atualização em tempo real. Aqui, recomenda-se a utilização de plataformas de desenvolvimento e disponibilização de gráficos em tempo real, o que garante um alto valor agregado ao programa de *Compliance* e Segurança. A AB InBev criou, com recursos próprios, uma plataforma para essa finalidade, chamada de *Digital Risk Lighthouse* – que, assim como o nome sugere, funciona como um verdadeiro farol para apontar onde estão os verdadeiros riscos do negócio.

Criadas as métricas e as ferramentas de demonstração, é preciso comunicá-las – de maneira objetiva, acessível e clara – aos responsáveis pelas áreas de negócio. É preciso ter em mente que quem está à frente do negócio não tem total conhecimento dos riscos regulatórios e cibernéticos inerentes aos seus projetos.

Essa falta de visibilidade e a ausência de uma forma de passar o conhecimento de maneira clara e objetiva é, em última análise, a causa fundamental para as maiores reclamações nas áreas jurídicas e de segurança da informação: falta de investimento do negócio. Por outro lado, quando as áreas de negócio entendem os riscos de forma objetiva, ficam mais propensas a tomar medidas para mitigá-lo, facilitando conversas normalmente árduas como *budget*.

Assim, é preciso escolher seu alvo: nenhuma empresa vive sem risco, mas é preciso identificar os mais críticos e atacá-los. Há certas formas de classificação, algumas de maneira internacional (CVE em vulnerabilidades cibernéticas). Mitigue, ao menos, os críticos, mas não deixe de agir nos demais.

4. BENEFÍCIOS DE UMA ANÁLISE DE RISCOS BEM-FEITA

Há diversos benefícios, especialmente em empresas nascentes e em reestruturação, de realizar uma análise de riscos apurada – que vai muito além de uma conformidade legal em níveis escalonados. Citamos algumas abaixo:

- **ESG:** investidores hoje procuram mais do que retorno financeiro – é preciso fazer a diferença para a sociedade e ao planeta de maneira geral[9]. Sendo assim, tem ganhado muita força o conceito de empresas "ESG" – sigla que, em inglês, definem empresas com altos padrões de governança ambiental, social e corporativa. O "G" desta equação é exatamente representado pela cultura de avaliação, mitigação e prevenção de riscos apresentadas acima.
- **Fusões e Aquisições:** o difícil processo de fusão e aquisição é um ambiente com o qual empresas envolvidas com *Venture Capital* e *Private Equity* estão acostumadas – afinal, aportes financeiros requerem um meticuloso processo de *due dilligence*. O processo se torna facilitado a partir do momento em que há visibilidade e transparência nos riscos – e, quando a questão é privacidade e proteção de dados, lembramos aqui que a autoridade britânica de proteção de dados multou a gigante hoteleira Mariott devido a uma falha de segurança em uma companhia que havia adquirido – o detalhe é que a falha de segurança havia começado anteriormente ao processo de aquisição[10].
- **Requerimentos para empresas de capital aberto:** empresas de capital aberto – o futuro de muitas empresas nascentes bem sucedidas – devem

---

9 ESSENFELDER, Renato. Startup preocupada com ESG? Plataforma de investimento diz que sustentabilidade já é critério para definir aportes financeiros. *Net Zero*, 2022. Disponível em: <https://netzero.projetodraft.com/startup-preocupada-com-esg/>. Acesso em: 8 de abril de 2022.

10 ICO – INFORMATION COMMISSIONER'S OFFICE. ICO fines Marriott International Inc £18.4million for failing to keep customers' personal data secure. ICO, 2020. Disponível em: <https://ico.org.uk/about-the-ico/news-and-events/news-and-blogs/2020/10/ico-fines-marriott-international-inc-184million-for-failing-to-keep-customers-personal-data-secure/>. Acesso em: 8 de abril de 2022.

se submeter a requisitos normalmente mais rigorosos do que as de capital fechado. Como alguns exemplos, para as empresas do Brasil, é necessário seguir as regras da Comissão de Valores Mobiliários e informar, por exemplo, ato ou fato relevante, de acordo com a resolução CVM 44[11]. Um procedimento muito similar ocorre nas empresas registradas nos Estados Unidos, em que é preciso seguir um procedimento parecido por exigência da *Security and Exchanges Comission* (SEC)[12]. Diversos exemplos podem ser dados – nos ateremos aqui ao fato relevante levantado pela empresa cervejeira Molson Coors, a respeito de ataque cibernético em março de 2021[13].

- **Preparação para o futuro:** muitas *startups* andam em ambientes de baixo índice de regulação, especialmente em ambientes tecnológicos. Em uma análise de risco acurada, antecipa-se tendências para estar à frente da competição e até mesmo ajudar a transformar o cenário legislativo – a exemplo das tentativas da Alphabet de influenciar a nascente regulação de inteligência artificial na Europa[14]. A propósito, encaramos como extremamente positivo o fato de empresas quererem colaborar com suas visões em propostas legislativas, a fim de participar de um diálogo saudável sobre o futuro de um país ou, no caso da União Europeia, de um bloco econômico.

CONCLUSÃO

Ousamos dizer que uma empresa só recebe investimentos volumosos caso tenha um programa completo e íntegro de inovação e conformidade. Embora

---

11 CVM – COMISSÃO DE VALORES MOBILIÁRIOS. Resolução CVM 44. 2021. Disponível em: <https://conteudo.cvm.gov.br/legislacao/resolucoes/resol044.html>. Acesso em: 8 de abril de 2022.

12 KENTON, Will. 8-K (Form 8k). *Investopedia*, 2022. Disponível em: <https://www.investopedia.com/terms/1/8-k.asp>. Acesso em: 8 de abril de 2022.

13 United States' Securities and Exchange Comission. Form 8-K depositado por MOLSON COORS BEVERAGE COMPANY em 11 de março de 2021. Disponível em: <http://d18rn0p25nwr6d.cloudfront.net/CIK-0000024545/7884b842-2ea4-4831-ab2f-5d30b06d612a.pdf>. Acesso em: 8 de abril de 2022.

14 ESPINOZA, Javier. Google in last-ditch lobbying attempt to influence incoming EU tech rules. *Financial Times*, 2022. Disponível em: <https://www.ft.com/content/8c7527bc-7ab4-41cd-ba94-3145208da9c3>. Acesso em: 8 de abril de 2022.

inovação seja, muitas vezes, sinônimo de risco, somente é possível ser um unicórnio mitigando riscos críticos – com efeito, empresas de alto teor de risco não é o mesmo que empresa que não classifica e mitiga seus riscos principais.

Neste teor, encerramos o capítulo com uma ideia que sintetiza o que foi discutido: crie um sistema que sua companhia compreenda e o cultue em todos os níveis e sua gestão de riscos pavimentará o caminho para o crescimento almejado – sempre com riscos, mas bem gerenciados.

REFERÊNCIAS

ABVCAP. SOBRE O SETOR. ABVCAP, sem ano. Disponível em: <https://www.abvcap.com.br/Download/IndustriaPEVCSobreSetor/21.pdf>. Acesso em: 8 de abril de 2022.

ABVCAP. Consolidação de dados 2021 – Indústria de Private Equity e Venture Capital no Brasil, ano base: 2011-2020. ABVCAP e KPMG, 2021. Disponível em: <https://www.abvcap.com.br/Download/Estudos/5130.pdf>. Acesso em: 8 de abril de 2022.

CASSON, Richard L. New OFAC Guidance: Helping ransomware victims pay perps can violate sanctions. *The FCPA Blog*, 2020. Disponível em: <https://fcpablog.com/2020/10/05/new-ofac-guidance-helping-ransomware-victims-pay-perps-can-violate-sanctions/>. Acesso em: 8 de abril de 2022.

CVM – COMISSÃO DE VALORES MOBILIÁRIOS. Resolução n. 44, 2021. Disponível em: <https://conteudo.cvm.gov.br/legislacao/resolucoes/resol044.html>. Acesso em: 8 de abril de 2022.

DISTRITO. Inovação disruptiva, radical e incremental: qual é a diferença? Distrito, 2020. Disponível em: <https://distrito.me/inovacao-disruptiva-radical-e-incremental-qual-a-diferenca/>. Acesso em: 8 de abril de 2022.

ESPINOZA, Javier. Google in last-ditch lobbying attempt to influence incoming EU tech rules. *Financial Times*, 2022. Disponível em: <https://www.ft.com/content/8c7527bc-7ab4-41cd-ba94-3145208da9c3>. Acesso em: 8 de abril de 2022.

ESSENFELDER, Renato. Startup preocupada com ESG? Plataforma de investimento diz que sustentabilidade já é critério para definir aportes financeiros. *Net Zero*, 2022. Disponível em: <https://netzero.projetodraft.com/startup-preocupada-com-esg/>. Acesso em: 8 de abril de 2022.

FONTES, Bárbara. Conheça as startups brasileiras aspirantes à unicórnio. Distrito, 2022. Disponível em: <https://distrito.me/startups-brasileiras-aspirantes-a-unicornio/>. Acesso em: 8 de abril de 2022.

ICO – INFORMATION COMMISSIONER'S OFFICE. ICO fines Marriott International Inc £18.4million for failing to keep customers' personal data secure, 2020. Disponível em: <https://ico.org.uk/about-the-ico/news-and-events/news-and-blogs/2020/10/ico-fines-marriott-international-inc-184million-for-failing-to-keep-customers-personal-data-secure/>. Acesso em: 8 de abril de 2022.

KENTON, Will. 8-K (Form 8k). Investopedia, 2022. Disponível em: <https://www.investopedia.com/terms/1/8-k.asp>. Acesso em: 8 de abril de 2022.

SCHUMPETER, J. A. *Capitalism, socialism and democracy*. New York: Harper and Brothers, 1961. Apud PAIVA, Matheus Silva de et al. Inovação e os efeitos sobre a dinâmica de mercado: uma síntese teórica de Smith e Schumpeter. Interações (Campo Grande) 19 (1), jan./mar. 2018.

THALER, Richard H.; SUNSTEIN, Cass R. *Nudge*: como tomar melhores decisões sobre saúde, dinheiro e felicidade. Trad. Ângelo Lessa. São Paulo: Objetiva, 2019.

UNITED States' securities and exchange comission. Form 8-K depositado por MOLSON COORS BEVERAGE COMPANY em 11 de março de 2021. Disponível em: <http://d18rn0p25nwr6d.cloudfront.net/CIK-0000024545/7884b842-2ea4-4831-ab2f-5d30b06d612a.pdf>. Acesso em: 8 de abril de 2022.

U.S. Congress Passes Cyber Incident and Ransom Payment Reporting Requirement. *Morrison Foerster*, 2022. Disponível em: <https://www.mofo.com/resources/insights/220311-cyber-incident-ransom-payment-reporting.html?utm_source=publication&utm_medium=email>. Acesso em: 8 de abril de 2022.

17.

NOVAS TECNOLOGIAS E GESTÃO JURÍDICA

Walquiria Nakano Eloy Favero[1]

Nos últimos 20 anos, a sociedade contemporânea tem passado por um processo sem precedentes de revolução tecnológica e de transformação dos setores, também chamada de a 4ª Revolução Industrial. Segundo o Fórum Econômico Mundial[2], isso se deve à velocidade, ao escopo e impacto sistêmico das transformações. Quando comparada com as revoluções industriais, a 4ª está evoluindo em um ritmo exponencial e não linear e a amplitude e profundidade dessas mudanças anunciam a transformação de sistemas inteiros de produção, gestão e governança.

Malgadi e Salibi Neto[3] apontam que: "Essa revolução é poderosa, pois não transforma apenas as coisas. Ela está modificando a forma como os indivíduos vivem, trabalham e se relacionam com os outros. Está alterando a vida como nos habituamos e conhecemos".

---

1 Advogada. Diretora Jurídica, *Compliance* e Privacidade na Dasa. Professora no Insper, FGV e Future Law nas áreas de Gestão e Novas Tecnologias. Mestranda em Direito e Tecnologia, possui mestrado e MBA em administração e especialização na área contratual. Autora de artigos nas áreas de Direito e Tecnologia e Gestão.

2 SCHWAB, Klaus. The Fourth Industrial Revolution: what it means, how to respond. *World Economic Forum*, 2016. Disponível em: <https://www.weforum.org/agenda/2016/01/the-fourth-industrial-revolution-what-it-means-and-how-to-respond/>. Acesso em: 25 de abril de 2022.

3 MAGALDI, Sandro; SALIBI NETO, José. *Gestão do amanhã:* tudo o que você precisa saber sobre gestão, inovação e liderança para vencer a 4ª revolução industrial. São Paulo: Gente, 2018, p. 14-15.

São exemplos dessas revoluções a inteligência artificial, robótica, internet das coisas, veículos autônomos, impressão 3D, nanotecnologia, biotecnologia, ciência dos materiais, armazenamento de energia e computação quântica. Os autores ainda mencionam que estamos diante de um ponto de bifurcação, em que o novo, representado pelas recentes tecnologias, inovações e rupturas convivem com o clássico, o tradicional, fruto das relações ao longo dos anos.

De fato, inúmeras organizações têm passado pelo processo de transformação digital. Impulsionados ainda pela pandemia da Covid-19, a oferta de experiência "phygital"[4] aos consumidores, que nada mais é do que a integração entre o mundo físico com o mundo digital, tem sido crescente por parte das empresas, trazendo a necessidade de desenvolvimento de ferramentas tecnológicas e métodos ágeis para competir em um mercado cada vez mais veloz. Ao mesmo passo, a maior parte das organizações ainda tem uma grande operação tradicional ou linear. A necessidade do convívio do antigo com o novo traz a necessidade de adaptação do gestor jurídico a ambas as demandas.

Para lidar com o mundo linear e no mundo em transformação, o gestor jurídico deve desenvolver competências específicas, tendo como base a inteligência emocional. Segundo Malgadi e Salibi Neto as competências necessárias são as seguintes:

Mundo linear	Mundo em transformação
Honestidade	Líder como criador de futuro
Saber delegar	Pense "bold"
Comunicação	O propósito transformador massivo
Confiança	O líder como tomador de riscos
Compromisso	O líder como entendedor de plataformas e novas tecnologias
Atitude positiva	Foco no cliente, cliente, cliente
Criatividade	Capacidade de fazer grandes perguntas
Intuição	O líder conector

4 O termo *phygital* vem da fusão das palavras em inglês *physical* (físico) e *digital* (digital).

Capacidade de inspirar	
Sintonia com as pessoas	

Fonte: divulgação realizada pelo autor.

Ao mesmo tempo, outras pressões externas surgem deste processo e da globalização, do aumento de regulações, dos custos dos serviços jurídicos e de fusões e aquisições. Como pressões internas, a necessidade crescente de otimização de recursos e redução de custos, a pressão para que o jurídico seja cada vez mais conhecedor e parceiro de negócios – **COM GERAÇÃO DE VALOR**, com redução de burocracias, gestão de riscos, capaz de gerar informações rápidas e no formato empresarial e com estruturas fluídas, capazes de se transformar de acordo com a necessidade do negócio.

> Os tomadores de decisão de hoje, no entanto, estão muitas vezes presos no pensamento tradicional e linear, ou muito absorvidos pelas múltiplas crises que exigem sua atenção, para pensar estrategicamente sobre as forças de ruptura e inovação que moldam nosso futuro[5].

Torna-se imprescindível refletir, de forma estratégica, sobre o processo de mudança e como se adaptar ao novo.

Segundo um estudo da Deloitte de 2017, denominado "The legal department of the future: How disruptive trends are creating a new business model for in-house legal"[6], as **inovações tecnológicas** de *automação de atividades*, *análise de dados e "big data"* e inteligência artificial permitirão a redução de processos manuais, acúmulo de papéis, otimização de recursos, foco e atuação em temas mais estratégicos, geração e gestão de dados e geração de valor ao negócio.

De acordo com o estudo, os **serviços jurídicos** têm uma tendência de *globalização*, para as localidades que a legislação permite e para as matérias cuja jurisdição não impeça a criação de grandes centros jurídicos de prestação de serviços em qualquer local do planeta. Ainda sobre os serviços jurídicos, eles serão cada vez mais críticos em relação à *correta fonte dos serviços.*

---

5 Klaus Schwab, Founder and Executive Chairman of the World Economic Forum.

6 DELOITTE CONSULTING LLP. The legal department of the future: How disruptive trends are creating a new business model for in-house legal, 2017. Disponível em: <https://www2.deloitte.com/content/dam/Deloitte/us/Documents/finance/us-advisory-legal-department-of-the-future.pdf>. Acesso em: 25 de abril de 2022.

Isso significa poder procurar mais fornecedores de baixo custo na sua localidade de origem (ex.: centralização dos serviços em localidades onde os custos sejam especializados e baratos) e a construção de serviços compartilhados ou centros de excelência em grupos econômicos. Por fim, os serviços jurídicos, quando *prestados focados ao processo*, possibilitam o aumento de produtividade e também podem mitigar mais eficazmente os riscos enfrentando a empresa.

O terceiro eixo do estudo se refere a **Operações**. Na opinião dos autores é que trará a mudança mais transformadora na prestação dos serviços jurídicos, por meio da *tecnologia* e o aumento de *operações jurídicas segmentadas* a atender à demanda dos negócios, trazendo relevância na *gestão do conhecimento jurídico*. Se historicamente a função das operações jurídicas foram relegadas a buscar eficiências, no futuro eles serão o elo entre o jurídico e a empresa, gerando equipes mais coesas, e a prestação de serviços eficazes à empresa.

De fato, o investimento em Operações Jurídicas nos parece ser a grande tendência de mercado e tem se acelerado. Segundo os dados da Pesquisa Anual da ACC com líderes de Departamentos Jurídicos de 38 países no mundo, realizada em 2022[7], seis em cada dez departamentos jurídicos têm pelo menos um departamento jurídico profissional de operações três vezes maior do que em 2015, e esse é o caso em mais da metade dos departamentos participantes desde 2020.

Pelo menos 50% dos departamentos jurídicos em todos os tamanhos de empresa têm um ou mais profissionais de operações jurídicas, e 75% das empresas com receita anual de US$ 3 bilhões ou mais têm equipe de operações jurídicas dedicada. Além disso, 70% dos CLOs listaram as operações jurídicas como a área de foco para os principais departamentos iniciativa estratégica. Infelizmente não há uma pesquisa sobre o tema apenas no mercado brasileiro.

Segundo Felipe Fioratti Coffone, Simone Minassian e Alexandre Zavaglia[8], no artigo Eficiência Jurídica – uma nova estratégia para departamentos jurídicos e escritórios, **EFICIÊNCIA JURÍDICA** é um elo que conecta a estra-

---

7 ACC é a Association of Corporate Counsel, que publica anualmente o relatório de pesquisa com os líderes de Departamentos Jurídicos de vários países. O relatório deste ano foi respondido por 861 participantes de organizações de 20 setores e 38 países, desde pequenos departamentos jurídicos de empresas com menos de US$ 25 milhões em receita anual para grandes multinacionais, corporações com receitas superiores a US$ 50 bilhões.

8 COFFONE, Felipe Fioratti; MINASSIAN. Simone; ZAVAGLIA, Alexandre. Eficiência jurídica: uma nova estratégia para departamentos jurídicos e escritórios. *Thomson Reuters*. Disponível em: <https://www.thomsonreuters.com.br/pt/juridico/legal-one/biblioteca-de-conteudo-juridico/eficiencia-juridica.html>. Acesso em: 25 de abril de 2022.

tégia da empresa com o Jurídico, criando influências diretas uns nos outros. Com metodologia, une-se o conhecimento e a técnica jurídica, a operação jurídica, a controladoria jurídica e o *design*, transformando esse conjunto em uma estratégia de negócio.

Gosto de representar os serviços jurídicos pela seguinte fórmula matemática:

Serviço jurídico = conhecimento jurídico + processo + tecnologia

Ou seja, na prestação do serviço jurídico, o conhecimento técnico deve ser prestado se utilizando dos melhores métodos e processos e com uso de tecnologia, para se extrair o melhor valor.

Como estamos em relação ao uso de tecnologias e métodos nos Departamentos Jurídicos no Brasil?

Em 2021, realizei uma pesquisa sobre a "Diversidade nos Departamentos Jurídicos e o uso de novas tecnologias", publicada na *Revista de Direito e as Novas Tecnologias*, de março de 2022, na Revista dos Tribunais. A pesquisa englobou 48 empresas de diversos ramos e portes. O uso de novas tecnologias está concentrado em ferramentas para a gestão do contencioso.

As organizações com mais de 500 processos representaram 70% dos respondentes e estão concentradas nas empresas de grande porte. Destas, 79% afirmaram utilizar *softwares* para gestão do contencioso. Das 14 empresas que possuem entre 300 até 1.000 ou mais contratos analisados/mês, 50% possuem ferramentas para formalização de contratos e/ou para a realização de assinatura digital. Com relação à quantidade de contratos analisados por mês nas organizações, somente 30% das empresas respondentes possuem entre 300 até 1.000 ou mais contratos analisados/mês.

Comparando esse número às respostas de processos, nos parece que a maioria das organizações já tenha realizado trabalhos para redução do volume de contratos, com o aumento de alçadas sem a necessidade da formalização de contratos, adoção de modelos de adesão e/ou automatização de processos para a formalização do documento.

Apenas 19% das organizações (9 empresas) informaram que utilizam mais de uma ferramenta lista no questionário dentro dos Departamentos Jurídicos (Gráfico 1). Destas, há apenas uma empresa respondente que é classificada como empresa de médio porte. As demais são todas empresas de grande porte com mais de 1.000 (mil) funcionários. As 9 empresas que mais se utilizam de tecnologias também se utilizam de metodologias de gestão inovadoras, como metodologia ágil (33%), gestão de riscos (33%), gestão de projetos (22%), gestão de processos (11%) e também Legaltechs (60%), acima da média das empresas participantes da pesquisa e são mais diversas.

Gráfico 1: O Depto. jurídico faz uso de ferramentas para:

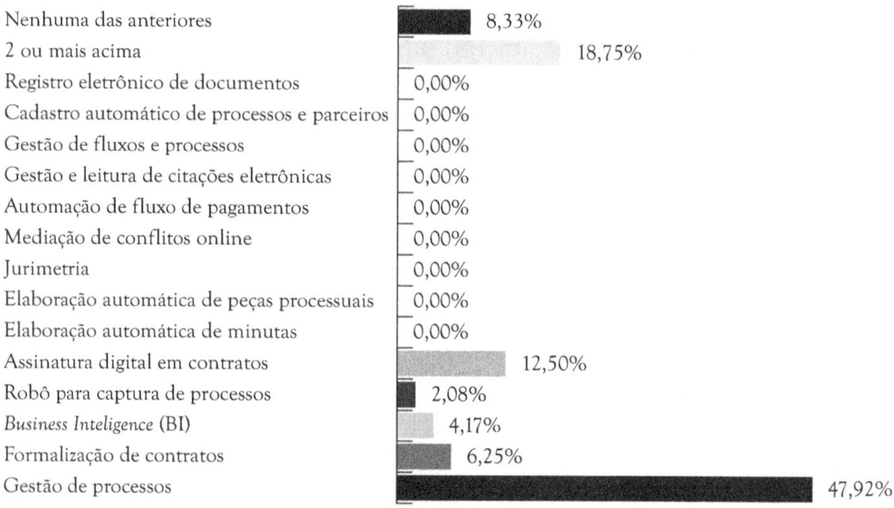

Fonte: divulgação realizada pelo autor.

Quanto ao perfil dos não advogados do time, foram reportados uma média de 266 profissionais não advogados. Verificamos que a média total de profissionais advogados e não advogados que compõem o Departamento Jurídico das empresas respondentes, equivale a uma quantidade de 1.289 profissionais.

Portanto, os não advogados das empresas avaliadas equivalem a 21% do time. O número é bastante expressivo e há duas hipóteses vislumbradas que podem explicar isso: a) Os serviços administrativos dentro do Departamento têm um volume elevado; e/ou b) Profissionais não advogados estão substituindo a mão de obra de advogados.

O primeiro caso sugere a aquisição de tecnologias ou a terceirização de atividades para redução de mão de obra e ganho de controle. Já o segundo caso sugere a ocorrência do fenômeno da "comoditização" de serviços jurídicos retratada por Richard Susskind[9] no livro *Tomorrow's Lawyers* ou a ocorrência do fe-

---

9 SUSSKIND, Richard. *Tomorrow's Lawyers*. Oxford: Oxford University Press, 2017, p. 25 e s.

nômeno *delawyering* tratado por ele na obra *The End of Lawyers?* Rethinking the Nature of Legal Services[10].

Ainda sobre o quadro de não advogados, 25% das empresas respondentes tem cientista de dados no time e 16% especialista em melhoria de processos. Esses dados reforçam que os líderes jurídicos estão se apoiando cada vez mais em dados para gestão e tomada de decisão dentro das organizações.

CONCLUSÃO

A 4ª Revolução Industrial e o processo de transformação digital está modificando as organizações e a sociedade em que vivemos rapidamente. Esse fato faz com que várias empresas tenham operações lineares e operações exponenciais ao mesmo tempo.

Novas competências de gestão são necessárias para conviver com o velho e o novo. As competências clássicas de inovação, saber delegar, ter atitude positiva, possuir capacidade de inspirar remanescem. Surge a necessidade de o líder atuar como o criador do futuro, antever as necessidades e agir rapidamente para capacitar o time, remodelar a forma de atuação, gerar um propósito massivo, atuar como entendedor de plataformas e novas tecnologias, com capacidade de conexão e foco no cliente.

O gestor jurídico, aliado às pressões internas e externas, necessita conhecer mais do negócio, para atuar de forma estratégica, a fim de gerar valor para as organizações. Torna-se imprescindível o time atuar de forma técnica, porém com processos e inovação tecnológica para ser um parceiro do negócio e para responder a todas estas demandas de forma ágil e eficiente na prestação de serviços jurídicos.

Os serviços jurídicos podem ser prestados de forma mais eficiente, por meio de centros de serviços compartilhados ou concentrando a prestação em algumas localidades mais baratas ou estratégicas mundialmente. A formação de times mistos, formado por advogados e não advogados são alternativas. Primeiro para repensar se todas as atividades do Departamento necessitam ser realizadas

---

10 SUSSKIND, Richard. *The End of Lawyers?* Rethinking the Nature of Legal Services. New York: Oxford University Press, 2010, cap. 2, p. 27-57.

por advogados ou se podem ser realizadas por não advogados por serem massificadas ou apoiadas por sistemas. A necessidade de profissionais não advogados também surge para que haja conhecimento interdisciplinar e gestão. Pesquisas recentes demonstram a presença de cientista de dados e especialistas em métodos ágeis permanentes dentro dos Departamentos Jurídicos. Importante buscar a formação de um time diverso e com *backgrounds* diferentes.

O processo é a forma como se realizam os serviços jurídicos. A busca por eficiência pode surgir por meio de metodologias de gestão, como o uso de Kanban e métodos ágeis ou ainda por meio de tecnologias, a fim de eliminar desperdícios e buscar a maximização dos recursos. Vimos que em relação ao uso de tecnologias jurídicas, ainda prevalece o uso de sistemas para gestão do contencioso, seguido do uso de sistemas para gestão de contratos e/ou coleta de assinatura digital. O uso de outros tipos de sistemas ainda é reduzido. Identificamos grandes oportunidades de automatização com o uso de ferramentas de automatização de processos, de pagamentos, robôs para cadastro automático e resolução *on-line* de disputas.

Nesse processo de eficiência jurídica, verificamos que as operações jurídicas são a grande tendência. Isso porque, por meio das operações jurídicas, os advogados passam a atuar focados nos serviços jurídicos, ao passo que a equipe de operações legais atua na eficiência, geração de valor, no controle, cuidado com o time e processo de comunicação interna, gerando conexões com foco no cliente. Ganham força ferramentas de *legal design* para que o processo de comunicação seja mais eficaz e compreensível.

Os desafios são muitos. Viver de forma linear é cômodo, mas somente por meio da reflexão sobre os processos de ruptura e o novo é que seremos capazes de nos adaptar para atender as demandas dos novos tempos.

REFERÊNCIAS

ACC – ASSOCIATION OF CORPORATE COUNSEL. 2022 ACC Chief Legal Officers (CLO) Survey. Disponível em: <https://www.acc.com/sites/default/files/2022-01/ACC-CLOreport22_Final2.pdf>. Acesso em: 25 de abril de 2022.

COFFONE, Felipe Fioratti; MINASSIAN, Simone; ZAVAGLIA, Alexandre. Eficiência jurídica: uma nova estratégia para departamentos jurídicos e escritórios. *Thomson Reuters*. Disponível em: <https://www.thomsonreuters.com.br/pt/juridico/legal-one/biblioteca-de-conteudo-juridico/eficiencia-juridica.html>. Acesso em: 25 de abril de 2022.

DELOITTE CONSULTING LLP. The legal department of the future: How disruptive trends are creating a new business model for in-house legal, 2017. Disponível em: <https://www2.deloitte.com/content/dam/Deloitte/us/Documents/finance/us-advisory-legal-department-of-the-future.pdf>. Acesso em: 25 de abril de 2022.

FAVERO, Walquiria. Diversidade nos departamentos jurídicos e o uso de novas tecnologias em revista de direito e as novas tecnologias. São Paulo: Thomson Reuters, março de 2022.

MAGALDI. Sandro; SALIBI NETO, José. *Gestão do amanhã:* tudo o que você precisa saber sobre gestão, inovação e liderança para vencer a 4ª revolução industrial. São Paulo: Gente, 2018.

SCHWAB, Klaus. The Fourth Industrial Revolution: what it means, how to respond. World Economic Forum, 2016. Disponível em: <https://www.weforum.org/agenda/2016/01/the-fourth-industrial-revolution-what-it-means-and-how-to-respond/>. Acesso em: 25 de abril de 2022.

SUSSKIND, Richard. *Tomorrow's Lawyers*. Oxford: Oxford University Press, 2017.

SUSSKIND, Richard. *The End of Lawyers?* Rethinking the Nature of Legal Services. New York: Oxford University Press, 2010.

18.

NOVAS FERRAMENTAS NO DIREITO: METODOLOGIAS ÁGEIS

Marcela Dominguez[1]

1. MANIFESTO ÁGIL

1.1 O nascimento

O cenário era de neve, o tempo era frio e o encontro iria (geladamente) tratar apenas de discutir sobre os tais Métodos Leves, usados no mundo dos *softwares*. Mal sabiam os envolvidos que ali nasceria, ironicamente, o assunto mais quente dos últimos tempos.

Voltando um pouco para o contexto, vamos para a primavera dos anos 2000. Nessa época, as práticas do *e**X**treme **P**rogramming*, uma espécie de metodologia ágil chamada também apenas de XP, estava em alta no mundo dos programadores. Sendo assim, os líderes dessas práticas se juntaram para discutir essa linha de raciocínio, a qual seguiam em seus ambientes de trabalho.

---

1 Advogada formada pela PUC/SP. Pós-graduada em Mediação Transformativa Reflexiva pelo Instituto Mediativa/SP, e em Gestão Emocional nas Organizações (Cultivating Emotional Balance) pelo Ensino Albert Einstein/SP. Especializada em Comunicação Não Violenta e Inteligência Emocional. Formada em três categorias terapêuticas comportamentais e de estudo energético. Consultora de metodologia ágil na empresa WAL.

Além disso, também foi tema desta reunião a relação entre as práticas de XP e os Métodos Leves, outra vertente ora aplicada no ambiente de *software* – a título de curiosidade, incluía-se em métodos leves o nosso famoso *Scrum*. As práticas de XP e os métodos leves se distinguiam dos métodos pesados mais tradicionais por trazerem uma abordagem de cultura menos burocrática e mais fluida.

Papo vai, papo vem...e a conclusão foi de que as práticas de XP não são de todo compatíveis com os métodos leves, mas eles possuem um espaço em comum. Deste feito, despertou-se a curiosidade desses gênios da computação de entenderem e discutirem mais sobre os tais métodos leves. Foi então que Robert Cecil Martin, conhecido como Tio Bob, inventou um encontro para os interessados no assunto.

A lista de convidados foi extensa. No entanto, apenas 17 das mentes brilhantes do mundo do *software* estiveram presentes no hotel de ski localizado entre as montanhas geladas e nevadas de Utah, que deu sede ao encontro do Tio Bob, em fevereiro de 2001.

1.2 A criação

Apesar das baixas temperaturas do local onde se encontravam, não faltou energia para os integrantes darem luz ao fervoroso Manifesto Ágil.

A situação foi basicamente a seguinte, vamos à explicação por meio de metáforas: eles pegaram o grande armário do universo da programação e colocaram abaixo todos os elementos de dinâmica de trabalho que ali estavam armazenados. Em seguida, juntos, começaram a reorganizar esse armário: chegando, então, ao consenso de como deveriam compilar e organizar todos os métodos de desenvolvimento de *software* que existiam no mercado.

O resultado desse encontro se deu em forma de documento, que juntou comportamentos, práticas, ferramentas e processos a serem utilizados durante o tempo de trabalho, para a feitura e condução de um produto (antes apenas de *software*, hoje em dia usado para outros tipos também). O resumo do projeto se dá em um excelente conjunto de valores e princípios que se provaram fortes aliados do sucesso, do aumento de entregas de tarefas e da saúde mental dos integrantes de uma equipe, visto que o tempo de trabalho se torna mais reduzido e bem aproveitado, em comparação a uma metodologia tradicional.

Os nomes que assinam o Manifesto são: Kent Beck; Mike Beedle, Arie Van Bennekum, Alistair Cockburn, Ward Cunningham, Martin Fowler, James Grenning, Jim Highsmith, Andrew Hunt, Ron Jeffries, Jon Kern, Brian Marick, Robert C. Martin, Steve Mellor, Ken Schwaber, Jeff Sutherland e Dave Thomas.

2. MANIFESTO ÁGIL NO UNIVERSO JURÍDICO

2.1 O conteúdo

Mencionamos anteriormente que o Manifesto Ágil possui como carro chefe uma relação de valores e princípios básicos que ditam seu funcionamento. É nesse ponto que o tema se faz útil ao universo jurídico.

No que diz respeito aos valores elencados no documento, temos 4 temas principais:

1) **"Indivíduos e interações mais que processos e ferramentas":** seja no desenvolvimento de *software* ou no funcionamento de uma área jurídica, devemos ter em mente que estamos lidando com seres humanos em atividade e que a qualidade da interação entre os integrantes é a base para resolver grandes problemas internos. Os processos e as ferramentas são importantes, mas devem ser simples e funcionais, assim como adaptáveis às características da equipe.
2) **"*Software* em funcionamento mais que documentação abrangente":** o que indicará se a equipe está produzindo e fluindo de uma maneira harmônica é termos o *software*, um produto qualquer, ou até mesmo um processo no Judiciário, funcionando e rodando conforme planejado. É normal que sejam necessários ainda ajustes e aprimoramentos, assim como as documentações também são importantes, mas devemos ter em mente apenas o que agrega valor ao produto, assim como seu funcionamento propriamente dito.
3) **"Colaboração com o cliente mais que negociação de contratos":** a mentalidade defendida aqui é a de vermos os clientes como aliados ao nosso trabalho, e não de qualquer outra forma que os posicione em situação contrária. Sendo assim, nosso objetivo é atuar em conjunto com a clientela, de maneira que estejamos em harmonia com os desejos deles e eles inseridos no ritmo e formato de trabalho da equipe. A palavra-chave aqui é "colaboração", e as tomadas de decisões ocorrem em

conjunto e com transparência, em prol de um objetivo comum. Dessa forma, os contratos serão reflexões dessas relações.

4) **"Responder a mudanças mais que seguir um plano":** temos aqui um dos valores mais importantes trazidos pelo Manifesto, pois ele representa a arte que é manter uma equipe flexível aos percalços do trajeto. O ambiente de desenvolvimento de um produto, assim como uma semana de trabalho em uma equipe jurídica, possui uma atmosfera de alta incerteza, complexidade e volatilidade, o que, consequentemente, traz mudanças no meio do caminho da produção. A rigidez de um esboço é insalubre em um contexto de aplicação do *mindset* ágil. O que se estimula aqui é o aprendizado a partir das informações e dos *feedbacks* que surjam, assim como a adaptação do plano inicial quase que diariamente.

2.2 Aplicação no Direito

O universo jurídico conversa muito bem com as ferramentas trazidas pelo manifesto ágil no que tange à ideologia, cultura e *mindset*. A proposta da metodologia ágil é maior do que apenas implementar rituais de encontros entre os integrantes das equipes ou formas de estruturação de tarefas. Isso é extremamente importante também, afinal, são essas mudanças operacionais que propiciam uma nova forma de comunicação e interação dentro das áreas. No entanto, a metodologia ágil faz mais pelo Direito, além de trazer uma estrutura de trabalho.

O desenvolvimento humano proporcionado pelas ideias que esse movimento defende é a chave para o sucesso da aplicação do sistema no mundo jurídico.

Um ótimo ponto de partida para entender essa conexão é por meio da gestão de um escritório.

2.3 Gestão tradicional *vs.* Gestão ágil

Ser um bom gestor constitui uma arte de convivência!

É muito comum o papel de gestão em ambientes de trabalho ser exercido com irresponsabilidade, falta de preparo, autoritarismo, desrespeito, desarmonia de ego, base de competição e ambição desregulada. Isso faz da pessoa um "chefe" desgostoso e não um líder inspiracional.

Um bom gestor é aquele que investe em trabalhar sua habilidade de inspirar outras pessoas por meio do exemplo e da comunicação. As atitudes e valores são pontos centrais de uma boa gestão, pois servirão de base para o funcionamento da equipe como um todo, e os integrantes saberão sempre quais são os elementos que sustentam o trabalho e os terão como motivadores para alcançarem juntos um objetivo em comum.

A gestão ágil veio para revolucionar os termos tradicionais de liderança, seguindo essa linha de raciocínio exposta anteriormente. Este método não significa implementar uma gestão mais rápida por natureza, mas sim ter uma maior flexibilidade e adaptabilidade às mudanças que ocorrem no dia a dia. Também significa ter um interesse genuíno nos outros, o que refletirá em uma liderança mais compassiva e empática, fato que traz mais produtividade e melhora o rendimento de uma equipe.

Esse era o ponto em que queria chegar, pois, além de trabalhar aptidões do próprio gestor, a partir da gestão ágil nas empresas, os escritórios passaram a definir o mínimo produto viável para a construção dos seus objetivos. Isso faz com que o funcionamento como um todo da equipe melhore, a partir da visão panorâmica do que deve ser feito em determinado período de tempo.

No modelo de gestão tradicional, o trabalho é orientado por meio da definição prévia de todos os requisitos que irão compor o seu escopo. Isto é, apenas com o detalhamento antecipado de tudo que será necessário para realizar determinado projeto é que será definido o tempo e o custo daquele produto ou serviço.

Nesse modelo o escopo é fixo e, por isso, não admite mudanças ou novos requisitos que não haviam sido previamente definidos. Os únicos elementos variáveis em uma gestão tradicional são o custo e o tempo. Dessa forma, tanto o orçamento quanto a duração definida para a execução do projeto podem variar até que o escopo seja completamente atingido.

Ao contrário da gestão tradicional, na gestão ágil não há uma predefinição do que será feito no trabalho. Ao invés de se definir um escopo, faz-se a priorização dos itens de maior valor, fixando um tempo e o orçamento necessário para aquele projeto.

Dessa forma, o escopo é variável, enquanto o custo e o tempo são fixos.

2.4 Quando aplicar cada uma?

Aplica-se a gestão tradicional quando há uma estabilidade de requisitos, ou seja, quando sabemos, antes do projeto, tudo o que temos que fazer para concluí-lo. Ex.: obras de engenharia e construção civil, apesar de nunca ter visto uma obra sendo entregue no prazo acordado.

Nesse caso, é mais recomendado optar por um modelo de gestão tradicional, cujo foco estará na eficiência do gasto do tempo e do custo necessário para o atingimento daquele escopo.

Ao contrário do que acontece num cenário em que se utiliza de uma gestão mais tradicional, na gestão ágil há uma incerteza muito grande quanto aos requisitos do trabalho. Por isso, dentro desse modelo de gestão se fala em empirismo e processo de aprendizagem, pois são os dois elementos que ditam cada interação feita para incrementar o produto ou serviço, ou, nesse caso, o projeto a ser desenvolvido.

Sendo assim, a gestão ágil permite que a cada trabalho realizado seja possível descobrir novas coisas e utilizar desse conhecimento para adaptar o planejamento realizado e priorizar novos itens presentes no *backlog*, otimizando as entregas de valor.

A gestão ágil de projetos é um conjunto de abordagens para o desenvolvimento de projetos em ambientes complexos, em que se valoriza os indivíduos e o potencial criativo deles para entregar valor de forma contínua, durante todo o desenvolvimento do trabalho.

Tal tipo de gestão trata-se, portanto, de um novo *mindset*, que se utiliza de uma estrutura de pensamentos para gerar mais valor final ao usuário do produto ou serviço.

Para deixar ainda mais claro, trago mais uma oportunidade em que um *mindset* ágil se faz bem vindo em um ambiente jurídico: trocas de *feedbacks*.

2.5 Afinal, o que é um *feedback*?

Eu enxergo essa prática como uma reação natural e necessária a um estímulo trazido por alguém.

Ao traduzirmos esse termo do inglês para o português temos a seguinte expressão: retroalimentação. Eu adoro essa terminologia: retroalimentação, ou seja, alimentar algo na direção oposta ao estímulo recebido.

Isso é a exata definição do que chamamos de equilíbrio, em que a harmonia se mantém, pois todos os lados de uma relação depositam energia para que ela dê certo.

Uma das ações vitais do ser humano é a de alimentar-se. Uma atitude diária, que nos leva à nutrição, saúde, força de vontade, proatividade e garra de viver. Não é à toa trazermos esse nome para o ambiente de trabalho.

Seja em âmbito profissional, amoroso ou familiar, temos que ter em mente que lidamos com seres humanos e estes precisam ser constantemente alimentados. Quando adotamos uma postura de dedicar ao outro o retorno energético de algo que nos foi entregue, estamos alimentando o ciclo de equilíbrio perfeito em prol do mesmo objetivo.

Diante de tudo isso, podemos começar a entender porque uma política de *feedbacks* constantes pode agregar tanto à saúde do dia a dia de uma empresa e/ou escritório. Vamos trabalhar com uma analogia básica: em sua opinião, seria melhor ficar muito tempo sem se alimentar e então comer o mundo todo de uma só vez (e passar mal consequentemente), ou ir nutrindo seu corpo aos poucos, conforme a necessidade do momento?

Acredito que nada em excesso seja a opção mais correta. Portanto, quando seguimos a linha de raciocínio de manter toda uma equipe na mesma página, estaremos contemplando o valor da transparência, que é um forte aliado do sucesso de um time. Com transparência, deixaremos todos a par do objetivo em comum, das dificuldades enfrentadas, das qualidades possuídas e das melhorias necessárias. Sem surpresas evitáveis, essa é a chave.

Ao mantermos a conduta do diálogo, da troca e da escuta ativa como valores da equipe, temos o que se denomina de trabalho coletivo sustentável. De nada adianta estarmos insatisfeitos com o trabalho de determinada pessoa e não dizermos pontualmente a ela as questões que nos está latente no exato momento em que acontece. Assim como não tem porque não aumentar a moral e o entusiasmo de alguém que está se sobressaindo em sua *performance*, por meio de elogios às suas atividades, tarefas e postura, por exemplo.

Ambas as ações trarão resultados benéficos para o trabalho em geral: a primeira fará com que se alinhe cada vez mais as expectativas de uma entrega – o que se espera da pessoa? Como se deseja que aconteça a execução do trabalho? Quais pontos não podem ser negligenciados de maneira alguma? Qual o básico que o projeto exige? A segunda, por sua vez, mostrará o que é considerado bom para aquele tipo de projeto, dentro daquele momento específico, ou até demonstrará aos demais um exemplo a ser seguido.

2.6 *Feedback* como algo biológico, necessário e natural

Sabia que o funcionamento natural do corpo humano possui uma base de *feedbacks* constantes? Sim, é isso mesmo, seu organismo funciona à base de uma retroalimentação contínua.

A medicina analisa as "respostas" corporais produzidas pelo organismo a partir de alterações feitas e considera essa autoadaptação corpórea uma condição *sine qua non* para o seu funcionamento perfeito. Por exemplo, o *feedback* negativo do organismo é responsável pela homeostase humana, isto é, pelo equilíbrio interno corporal.

Vamos entender: suponhamos que tenha havido o aumento do estímulo X no corpo, seja por conta de alimentação, falta de sono, remédios etc., e isso tenha desregulado alguns sistemas orgânicos. De pronto, o cérebro irá estimular a produção do elemento Y, que trata-se de um inibidor de X, para que seu organismo retome o equilíbrio interno o mais rápido possível. Então, concluímos que o *feedback* corporal chamado de negativo trata-se de um mecanismo que garante uma mudança contrária em relação ao estímulo inicial.

Está na biologia básica funcional do ser humano a existência de um retorno constante para qualquer nova interação produzida, seja ele positivo ou negativo. Nosso mundo externo não passa de um reflexo do funcionamento inteligente do nosso organismo interno. Desse feito, com base na linha de raciocínio da máquina mais perfeita já vista – o corpo –, podemos reproduzir a lógica no funcionamento de um elemento orgânico externo: uma equipe.

Suponhamos que um dos integrantes da equipe não esteja utilizando os modelos de peças que determinada área do escritório deva seguir. Isso aumentará o retrabalho do time, pois a necessidade de coisas a serem corrigidas será muito maior e o tempo gasto em uma única tarefa poderá ser triplicado. Com esse fato, o reflexo será de lentidão e atraso nos resultados gerais. Como recuperar a homeostase (equilíbrio interno) da equipe?

Pensando de forma sistêmica, se fosse em nosso corpo humano, o *feedback* seria imediatamente feito, para que o elemento que estivesse trazendo letargia ao funcionamento do todo fosse revertido de pronto. Sendo assim, minimizamos as consequências negativas que poderiam sobrevir ao estímulo inicial.

Quando tratamos de um sistema de *feedback* com pessoas que compõem um time, devemos ter em mente que cada um deles trata-se de um ser complexo por si só. Isso quer dizer que possuem diferentes crenças, traumas, desejos, sonhos, educações, impulsos e bases de dados. Sendo assim, é uma verdadeira arte aprender a lidar com a diversidade humana.

Ao falarmos de *feedback* dentro de um *mindset* ágil, estamos automaticamente nos referindo a uma ferramenta muito efetiva nessa empreitada que são as conexões humanas. Quando nosso objetivo é tirarmos o melhor daqueles que estão conosco, em busca de um objetivo que temos em comum, é importante que nos mantenhamos sempre a par do que está ou não funcionando dentro do contexto em que estamos inseridos.

2.7 Como dar um *feedback*?

Existem algumas formas legais de se passar uma mensagem com segurança, clareza e respeito. Independente da maneira que seja escolhida, o mais importante é ter em mente que o outro poderia ser você. Sendo assim, como você gostaria de receber uma retroalimentação? Como você deseja ser tratado e comunicado?

Tendo isso em mente, um dos jeitos que mais vejo benefícios em se passar uma resposta a determinado estímulo é, antes de mais nada, ressaltar o que aquilo possui de bom. Analisando a ação inicial, o que podemos elencar como pontos positivos? Quais características da pessoa que produziu aquele feito são qualidades e devem ser iluminadas? Qual parte da tarefa te chamou atenção positivamente?

Quando iniciamos nossa reação com o lado bom da coisa, automaticamente, a pessoa que está recebendo a mensagem já não mais irá encará-la como uma ameaça ou agressão. Pelo contrário, de pronto ela irá acessar os pontos positivos que vieram de sua ação e isso estimulará a vontade de melhorar e a sua autoconfiança.

Em seguida, após ressaltarmos os pontos bons e reiteramos as qualidades, é importante mostrarmos onde poderíamos melhorar e o porquê disso. Sempre estaremos buscando evoluir e crescer como pessoa, seja em âmbito profissional ou não, sendo assim, é importante relembrar que os pontos de melhorias devem estar presentes sim, para que não estagnemos.

Dessa forma, falando em primeira pessoa, o que para você poderia ser melhorado em determinada tarefa? É nesse tom que podemos passar nossa mensagem, trazendo pontos de melhorias acompanhados de justificativas condizentes. Quando explicamos o porquê de trazermos um *feedback* para que um ponto seja alterado estamos colocando verdade, tempo e atenção naquilo que passamos. Assim, o receptor da mensagem vai ver que não se trata de algo insignificante, o que trará muito mais valor para as próximas ações.

A busca por atividades "bem-feitas" tem sua nascente na maneira como nos comunicamos. Para que consigamos ter uma comunicação compassiva e empática com o próximo, é preciso que mantenhamos o valor da comunicação constante. Quando há diálogo contínuo, as possíveis quedas em precipícios se tornam mais baixas e menos dolorosas.

O segredo é não acumular *feedbacks*, assim manteremos as expectativas sempre atualizadas, com o foco na busca pela transparência, sem pressa, mas sem pausa.

2.8 Um *feedback* alinhado ao ágil

Para facilitar, deixo aqui em tópicos o que podemos chamar de "receita de bolo" de um *feedback* bem passado:

- Poderia ser você no lugar do receptor da mensagem, então opte por um tom educado e empático;
- Foque inicialmente nos pontos positivos que podem ser enaltecidos, seja na pessoa ou em uma tarefa pontual;
- Aponte o que poderia ser melhorado, de forma que fique claro como isso pode ser feito. Inclua ações em seu discurso, explique com clareza como uma mudança de comportamento desse indivíduo pode ajudar.
- Por fim, conclua dizendo o porquê desses pontos de melhoria que foram levantados, é importante darmos uma atenção especial para a justificativa da mensagem (senão pode ser interpretado apenas como estilos pessoais diferentes).

CONCLUSÃO

Trouxe apenas dois pontos trabalháveis no universo jurídico a partir dos ensinamentos das metodologias ágeis, mas a lista é longa. Os *insights* aqui trazidos, para implementarmos uma gestão ágil, e os *feedbacks* alinhados com esse *mindset*, são frutos de estudos e adaptações empíricas dessas ferramentas no mundo do Direito.

O trajeto continua sendo traçado, mas com a certeza de que o desenvolvimento humano proporcionado pelas ideias que esse movimento defende é parte do que a advocacia do futuro considerará como sucesso na profissão.

19.

LEGAL DESIGN: MUITO ALÉM DO *VISUAL LAW*

Aline Steinwascher[1]

Caio Carvalho Rossetti[2]

Meiriely Cortes Doro[3]

1. *LEGAL DESIGN*, UMA INTRODUÇÃO

Quando falamos em *design* uma das primeiras referências que podem vir à nossa cabeça é algo esteticamente bonito, diferente ou interessante. Essa abor-

---

1 *Head* do jurídico do will bank, um dos maiores bancos digitais do país, e cofundadora do *hub* de inovação jurídica Plain Legal. Advogada formada pelo Mackenzie-SP, com LLM em Direito Societário pelo Insper e Extensão em *Compliance* pela FGV. Pós-Graduanda em Direito Financeiro e Bancário na PUC. Cursou Negotiation Mastery (Harvard), IPO – Abertura de Capital (Insper), *Modern Law Practice* (Institute for the Future of Law Practice), *Legal Tech Essentials* (Bucerius Law School, Hamburgo, Alemanha), Regulação das *Fintechs* (Duke, USA), *Compliance* Regulatório (University of Pennsylvania, USA), *Design* Gráfico (University of Colorado Boulder, USA). Professora convidada de cursos de Inovação e *Legal Design*.

2 *Legal Manager*, responsável pelas práticas *litigation, tax & labor* do will bank. Advogado formado pelo Mackenzie-SP, com especialização em Direito Empresarial pela Escola de Direito da Fundação Getulio Vargas em São Paulo – GV/Law SP e extensão em arbitragem internacional pelo Núcleo de Estudos da Associação dos Advogados de São Paulo – AASP. Aluno ingressante do MBA de Gestão de Negócios da USP – ESALQ.

3 *Legal Operations Manager* do will bank, reestruturou o departamento jurídico interno, mudando o *mindset* de um jurídico conservador para um voltado ao negócio, trazendo inovações tecnológicas com a aplicação da Estatística no Direito. Graduada em direito pelo Centro Universitário FAESA, possui MBA em Gestão Empresarial e Negócios, pela Universidade Vila Velha (UVV), Pós-Graduação em Direito Digital e *Compliance*, pela Damásio Educacional, especialização em *Compliance* e Controladoria Jurídica. Como entusiasta da inovação no Direito, é professora de inovação jurídica e participa como vice-presidente da Comissão Especial de Modernização e Inovação do Sistema de Justiça na OAB-ES.

dagem puramente estética do *design* é o primeiro aspecto que precisa ser desconstruído quando pensamos em *Legal Design*.

O *Design* é uma ciência que se dedica a propor soluções aos mais diversos tipos de problemas. Como ciência, possui subáreas e especialidades, mas como questão central, o *design* é uma resposta a um problema, dor ou necessidade.

Design não é sobre estética pura, mas sobre pensar soluções para cumprir uma determinada **função.**

Quando o Direito se apoia no *Design*, temos o que hoje chamamos de *Legal Design* – o estudo de técnicas, metodologias e soluções que se propõem a resolver necessidades do mundo jurídico.

Essas necessidades podem se apresentar de diversas formas e nas mais diferentes áreas jurídicas[4]:

- ***Design* Sistêmico:** quando falamos de sistematização de normas de todo um ecossistema ou ordenamento jurídico – como organizar as leis de um país.
- ***Design* Organizacional:** se precisamos repensar a forma como organizamos um time para determinada rotina de trabalho, ou se vamos aplicar ou não determinada metodologia ao dia a dia da equipe.
- ***Design* de Produto:** essa subárea vai se dedicar a pensar soluções, em sua maioria tecnológicas, para atender melhor uma determinada necessidade. Quando olhamos, por exemplo, para os sistemas de gestão de processos ou contratos, estamos olhando para uma solução de produto.
- ***Design* de Serviços:** repensar a forma como um serviço é oferecido, para que ele tenha melhores resultados e mais percepção de valor pelos seus usuários. Os serviços de reconhecimento de firma (lentos, caros, burocráticos) viraram as novas plataformas de assinatura *on-line*. Uma clara intervenção de *design* para transformar uma experiência descasada com a velocidade do mundo atual em algo muito mais simples, fácil e igualmente seguro.

---

4 Livro *Law by Design*, de Margaret Hagan, disponível em: <https://lawbydesign.co/>.

- **Design de Informação:** quando pensamos em formas melhores de apresentar informações para as pessoas, estamos pensando em soluções de *design* de informação. Essa camada do *design* abrange o movimento que ficou conhecido como *Visual Law* – que apresenta conteúdos jurídicos de forma mais direta, objetiva e acompanhada de elementos visuais. Esses elementos tornam mais fácil o entendimento pela pessoa que consome o conteúdo.

Olhando com mais detalhe para o *Design* de Informação e sua aplicação no mundo jurídico – o *Visual Law* –, é sempre bom lembrar: o *design* propõe função, não intervenção meramente estética. Por isso, é necessário partir da reflexão: o que eu quero que esse documento faça? Eu preciso que ele convença, eu preciso que ele esclareça, eu preciso que ele organize?[5]. Apenas depois de definido o objetivo que o documento precisa atingir devemos seguir para as próximas etapas de intervenção.

Pensando na forma como construímos entregas jurídicas hoje em dia, desde a forma como os serviços jurídicos são prestados pelos escritórios de advocacia, até o modo como escrevemos contratos, peças e sentenças, é fácil perceber o tamanho descompasso de forma com a era hiperconectada e tecnológica que vivemos hoje.

Não existe mais assimetria de informação. As barreiras de tempo e espaço estão cada vez menores[6]. O tempo das pessoas cada vez mais ocupado e elas cada vez mais exigentes. Enquanto isso, a maior mudança na forma de entregar Direito foi a troca da máquina de escrever pelo *word*. Fazemos as coisas da mesma forma há séculos. Provar valor em uma sociedade hiperconectada depende da capacidade de mudar e repensar o papel do Direito e dos juristas nessa nova realidade.

Para tornar todos esses conceitos mais tangíveis, traremos o estudo de alguns *cases* de aplicação do *Design* Organizacional e *Design* de Informação ao universo jurídico. Bem-vindo, *Legal Design*!

---

5 Reflexões propostas nas redes sociais da Professora Ana Paula Holtz: <https://www.linkedin.com/in/ana-paula-holtz-07a48b31/>.

6 *Podcast* Os Agilistas [s. l.]. Disponível em: <https://osagilistas.com/>.

2. *LEGAL DESIGN*: *CASES* PRÁTICOS

a) *Design* Organizacional

a.1) Redesenho de estrutura: construção do Legal Operations *do will bank*

O jurídico do will bank era formado por quatro pessoas. Com o crescimento acelerado da *fintech*, percebemos que teríamos um grande desafio: estar preparados para suportar o crescimento da empresa em volume, profundidade e diversidade de temas.

Até então, todos os integrantes do departamento jurídico interno faziam um pouco de cada coisa, misturando o Direito com questões operacionais e administrativas. Com essa mistura de escopos, tínhamos advogados afogados em um operacional que não deixava espaço para o pensamento estratégico. Também tínhamos tarefas que exigiam conhecimento de assuntos não jurídicos (finanças, análise de dados, *design*) sendo executadas por advogados que, por não serem formados para aquilo, não conseguiam entregar determinados trabalhos com a melhor qualidade.

Entendemos que, para ganhar eficiência e melhorar a qualidade das nossas entregas, precisávamos repensar a estrutura como um todo. Nosso primeiro passo para iniciar o redesenho do time foi mapear todas as atividades que já eram executadas. Depois, fizemos o mesmo exercício para as tarefas que não tínhamos braços para entregar, mas que queríamos começar a executar dentro do *legal*. Por fim, separamos todas essas tarefas em três grandes grupos: 1) puramente jurídicas; 2) técnicas, mas não jurídicas; e 3) administrativas e operacionais.

As tarefas que já eram executadas pelo corpo jurídico foram fáceis de serem encaixadas na rotina e no escopo, afinal, nosso time era formado essencialmente por pessoas formadas em Direito. O mais desafiador nesse processo foi entender o que ainda não fazíamos e que, com a frente de *Legal Operations* estruturada, poderíamos passar a entregar. Um mar de oportunidades estava à frente e era preciso escolher quais atacar primeiro.

Para definir quais dessas oportunidades deveríamos priorizar, nos aprofundamos em todas as frentes que a área de *Legal Operations* poderia abraçar. Nesse processo de aprendizado, o mapa de competências do CLOC[7] e as rodadas de

---

[7] Disponível em: <https://cloc.org/what-is-legal-operations/>.

benchmarkings com times pioneiros na implantação de rotinas de *Legal Operations* foi muito importante. Depois, foi hora de entender, a partir da nossa realidade, quais assuntos deveríamos atacar primeiro.

Nossa decisão foi:

Frente a ser desenvolvida	Razão
Controladoria Operacional e Financeira	Precisávamos subir a régua de controle financeiro e de *performance* da nossa carteira de consumo.
Pessoas, Treinamento e Desenvolvimento	Em uma empresa que cresce 7 vezes em um ano, os desafios aumentam de complexidade muito rápido, por isso, precisamos estar constantemente seniorizando o time.
Legal Intelligence	Somos uma empresa orientada por dados, contando inclusive com uma *squad* do time de Dados para fazer análises jurimétricas internamente.
Projetos	Acreditamos que, para aportar valor, temos que trazer iniciativas nossas e não apenas esperar as áreas nos trazerem demandas.
Tecnologia, Inovação & *Design*	Acreditamos que há formas mais eficientes, escaláveis e divertidas de fazer Direito.

Com esse grande mapa de estrutura, relacionamos as pessoas de acordo com suas *expertises* e fortalezas. Nesse processo, propusemos mudanças de escopo a algumas pessoas e contratamos outras novas, dessa vez, com diferentes formações (arquitetura, *design*, direito, contabilidade e estatística). Assim, formamos um time multidisciplinar e diverso[8]:

8 Trabalhamos ativamente nessas pautas. Ter times diversos e multidisciplinares traz grandes benefícios, como: soluções mais criativas, inovadoras e efetivas, mais engajamento e motivação, ambiente humanizado, acolhedor. Um time diverso consegue atingir um público também diverso, porque é mais fácil ter empatia com o seu cliente quando o time reflete internamente a diversidade de pessoas que usam os serviços da empresa.

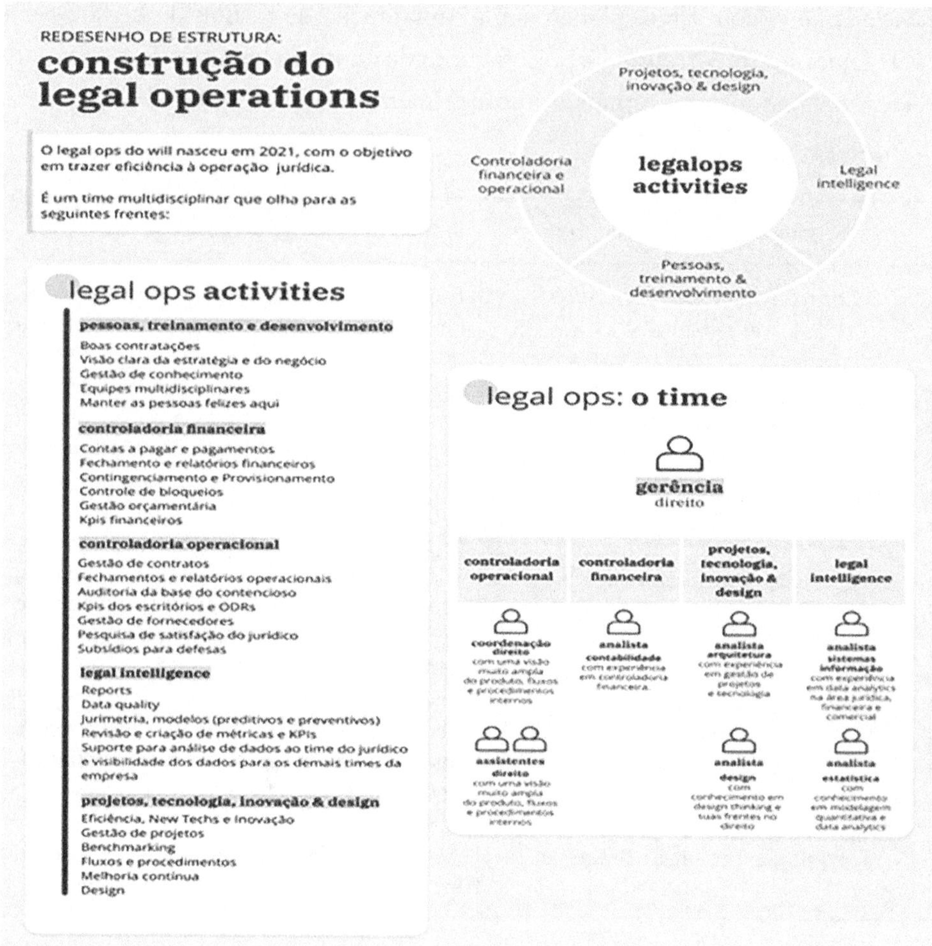

Fonte: divulgação realizada pelo autor.

Ao final, o departamento jurídico ficou dividido em três grandes times: Contencioso, *Legal Operations* e Consultivo; e os ganhos obtidos após a consolidação do novo desenho organizacional foram extremamente satisfatórios. Em menos de sete meses, nós conseguimos:

- Criar um *roadmap* de projetos estruturado, principal fator para que nossos projetos saíssem do papel;
- Garantir uma gestão baseada em dados, com criação de indicadores estratégicos e gerenciais do departamento jurídico, além de *dashs* de visualização disponíveis *on-line* para toda a empresa;

- Amadurecer o *squad* de *Legal Analytics*, formado pelo time *Legal Operations* e time de dados do *will bank*, o que nos tornou autossuficientes em jurimetria;
- Mapear todos os *gaps* da operação que chegam por meio de ações judiciais e administrativas, classificando as causas raízes e guiando os times de negócio para corrigir rotas, prevenindo e mitigando riscos;
- Automatizar os fluxos e processos com inteligência artificial e automação, diminuindo o trabalho operacional; e
- Construir um departamento jurídico de referência e inspirador – nossas ações ligadas aos objetivos e cultura da empresa passaram a influenciar de forma ativa outros times internos.

a.2) Trilha de Carreira

Como já trouxemos na introdução deste capítulo, existem diversas maneiras de se trabalhar o *design*, aplicando-o à rotina jurídica. Ainda olhando para o *design* organizacional, percebemos que ele pode ser uma ferramenta poderosa para causar mudanças intencionais no comportamento das pessoas e na forma como um time entrega resultados.

Como empresa, o *will* prega que as bases para o trabalho de toda pessoa do seu time devem ser: **a)** autonomia (decidir como, quando e o que fazer); **b)** contexto (para que boas decisões sejam tomadas em todos os níveis, é preciso que as pessoas tenham contexto do todo); e **c)** responsabilidade (pelas decisões tomadas a partir da autonomia).

Para que essa cultura não fique apenas no papel, mas se sustente na realidade diária, é necessário que cada pessoa assuma ativamente o papel de protagonista do seu próprio trabalho, da sua carreira e do seu desenvolvimento.

Bom, pelo menos a teoria é essa.

O desafio vem no momento em que precisamos colocá-la em prática. Estimular esse comportamento em toda uma equipe é bastante desafiador porque depende de altos graus de: **i)** motivação (gerada pelo senso de pertencimento e pelo propósito comum a ser perseguido); **ii)** autoconhecimento (saber quais são suas fortalezas e fraquezas, entender como elas podem trabalhar a seu favor); e **iii)** alinhamento claro e constante de expectativas entre líderes e time.

Notamos graus diferentes de maturidade de cada pessoa do time para os pontos acima e sabíamos que, para termos o aspecto aspiracional da nossa cultura como uma realidade, precisávamos de uma ferramenta que fosse capaz de alinhar todos esses três pilares. Eis aqui o problema a ser resolvido.

Como mencionamos no início, o *design* organizacional é uma forma de resolver questões inerentes à estrutura de times e organizações. Pensando sobre como incentivar esta mentalidade, entendemos que ter um grande mapa com: **1)** o que cada pessoa já tinha como fortaleza (autoconhecimento); **2)** o que era esperado de cada um (alinhamento); e **3)** onde tudo isso poderia levar (propósito) poderia ser a resposta.

A partir dessa ideia inicial, trabalhamos nesse grande mapa, que depois batizamos de trilha de carreira. O processo de criação dessa trilha foi:

1) Primeiro, nós, líderes, refletimos profundamente sobre as principais **competências** que gostaríamos de observar em nossos times, tendo por linha mestra a cultura e os valores do *will bank*. Como resultado, criamos 6 blocos de avaliação e balizamento: atitude; desenvolvimento pessoal; visão estratégica; autogestão; gestão de pessoas; técnica; e a linha "bônus": pessoas altamente curiosas.
2) Em seguida, fizemos a quebra das **competências técnicas e comportamentais** respeitando as particularidades que existem dentro de um time que, por natureza, é diverso e multidisciplinar. A escolha das competências foi feita a partir das demandas e das situações a que estamos expostos no dia a dia, garantindo, assim, um sentimento de aderência (demandas) e pertencimento (situação).
3) Depois, revisitamos a Trilha atribuindo uma **pontuação ideal** de 0 (básico: não tem ainda o conhecimento, e está iniciando o aprendizado) a 3 (completo: domina todas as microcompetências, é referência e dissemina para os demais) de acordo com cada uma das cadeiras que temos no time – de estágio a *head* jurídico. A pontuação ideal cresce proporcionalmente ao nível de experiência e senioridade exigida pela cadeira, eliminando potenciais injustiças. Ainda, o sistema de pontos possibilita que as pessoas possam se apoiar em suas fortalezas para caminhar na trilha, em linha com a gestão por fortalezas[9] que tentamos aplicar aqui.

---

9 Para saber mais sobre gestão por fortalezas, recomendamos o artigo Gestão por fortalezas, o que é e como fazer, de Maria Candida Baumer de Azevedo, publicado em 21 de setembro de 2021 e disponível em: <https://www.linkedin.com/pulse/gest%C3%A3o-por-fortalezas-o-que-%C3%A9-e-como-fazer-baumer-de-azevedo/>.

Se eu tenho uma pontuação 1 onde minha cadeira exige uma pontuação 3, posso compensar com outra competência em que já sou um 3 quando minha cadeira ainda exige 1. Isso porque o que vale para fins de enquadramento é apenas a linha total de pontos.

Entendemos que as pessoas são diferentes e que agregam de forma diferente ao time. Por isso, em vez de forçá-las apenas a desenvolver seus pontos fracos, encorajamos que elas conheçam e se apoiem em seus pontos fortes. É mais eficiente que as qualidades dos times sejam complementares do que todos sejam forçados a se encaixar em um mesmo perfil[10].

Ao fim, somam-se os pontos e chegamos à ***pontuação mínima*** exigida para o respectivo cargo. Ficou assim:

		Estágio	Júnior	Pleno	Sênior	Coordenador	Especialista	Gerente	Head
Bloco	Competência	17	26	35	49	62	71	74	83
atitude	Assume riscos com responsabilidade, sai da sua zona de conforto	0	1	2	2	2	2	3	3
	Busca benchs e atualizações para aprimorar técnicas, formas e conteúdos em suas entregas	1	1	1	2	2	2	2	3
	Resolve! Avalia, estuda, fala com quem precisar e apresenta soluções	1	2	2	3	3	3	3	3
	É colaborativo com o time e está disposta a ouvir, ajudar e ensinar	2	2	2	2	2	2	3	3
	É capaz de identificar seus próprios erros e corrigi-los e/ou levanta a mão quando precisa de suporte	1	1	1	1	2	3	2	3
	Constrói pontes e se relaciona bem com todas as pessoas dentro e fora da equipe	2	2	2	3	2	3	3	3
desenvolvimento pessoal	Busca ativamente aprimorar suas habilidades e está sempre buscando se conectar com mundo exterior (mentorias, exposição a trabalhos mais complexos, cursos = cava oportunidades, senta a bunda na cadeira e estuda)	1	2	2	2	2	2	2	2
	Dá e pede feedbacks construtivos para os outros membros do jurídico e do will	1	1	2	2	2	3	3	3
	Tem consciência sobre seus pontos fortes e fracos	1	2	2	2	2	2	2	2
visão estratégica	Possui visão crítica sobre o próprio trabalho e consegue apresentar melhorias em sua rotina e atividades	1	1	2	2	2	2	2	2
	É capaz de identificar falhas ou oportunidades de melhorias do jurídico (fluxos, sistemas,processo, atividades, rotinas, petições, contratos, processos)	0	0	1	2	2	2	2	2
	Consegue influenciar as demais áreas a partir de provocações relevantes para evitar futuros riscos no business	0	0	0	1	2	3	2	3
	Possui domínio generalista do business a ponto de conectar e perceber eventuais riscos jurídicos se antecipando a demandas de outros times.	0	0	0	1	2	3	2	3
auto gestão	Prioriza corretamente suas tarefas e negocia prazos quando necessário	1	2	2	2	2	3	2	3
gestão de pessoas	Sabe identificar talentos e já tem maturidade para recrutar novas pessoas de nível abaixo do seu	0	0	0	1	2	2	2	3
	Consegue delegar atividades dando contexto, autonomia e direcionamento; Consegue acompanhar a entrega de pessoas mais juniores dando feedbacks tempestivos e contribuindo com direcionamentos e transmissão de conhecimento, sem fazer microgerenciamento	0	0	0	1	2	2	2	3
	Pode liderar pessoas não graduadas	0	1	1	1	1	1	1	2
	Inspira e contagia pessoas	0	0	1	1	2	2	3	3
	Acompanha e dedica tempo para aconselhar e transmitir conhecimento e experiência profissional a outras pessoas do time ou de fora	0	0	0	0	1	1	2	2
	Cria um ambiente de trabalho agradável, propício ao desenvolvimento das pessoas, dá palco para o time brilhar	0	0	1	2	2	1	3	3
	Prioriza corretamente as tarefas do seu time	0	0	0	1	2	2	3	3
	Se preocupa em aplicar rituais e ferramentas de gestão para desenvolver o time (tem conversas constantes de feedback, realiza 1:1, rituais de alinhamento e PDI com o time)	0	1	1	1	2	1	3	3
técnica	Discute com propriedade os assuntos em que está envolvido em qualquer fórum	1	1	1	2	2	3	3	3
	É referência técnica para outros membros do time (é acionado por pessoas do time para consultas de assuntos específicos e transmissão de conhecimento)	0	0	0	1	2	3	2	2
	Comunica-se bem falando ou escrevendo, domina as técnicas de linguagem simples	1	2	2	3	3	3	3	3
	Utiliza dados para tomar decisões estratégicas	0	1	2	1	2	3	3	3
	Possui domínio técnico de 2 ou mais áreas, sendo pelo menos uma em nível especialista	0	0	0	1	2	3	2	3
	É referência dentro ou fora do will	0	0	0	1	2	3	3	3
	Faz entregas de diversos níveis de complexidade sem necessidade de supervisão direta	0	0	2	2	3	3	3	3
LINHA BÔNUS	PESSOA ALTAMENTE CURIOSA.	3	3	3	3	3	3	3	3

Legenda		
0	**Básico**	Não tem ainda o conhecimento, e está iniciando o aprendizado
1	**Intermediário**	Ainda está em desenvolvimento mas já tem algumas micro competências mais consolidadas
2	**Avançado**	Domina a maior parte da micro competência, ainda que tenha pequenos desenvolvimentos a serem feitos
3	**Completo**	Domina todas as micro competências, é referência e dissemina para os demais

Fonte: divulgação realizada pelo autor.

---

10 Para isso, nos apoiamos no livro *Descubra seus Pontos Fortes*, de Tom Rath. Distribuímos cópias do livro para todo o time e aplicamos o teste Strengths Finder, do Instituto Gallup. Com isso, cada

Com o material estruturado, testamos a Trilha de Carreira por meio da avaliação fictícia de algumas pessoas do time. A pontuação final de um dos exemplos coincidiu precisamente com a pontuação média da cadeira atualmente ocupada.

Com essa validação inicial, decidimos apresentar a trilha ao time. A trilha e o teste estimularam uma reflexão coletiva sobre as fortalezas de cada pessoa partindo (i) do que seria esperado; e (ii) do que já são competências consolidadas. Cada profissional atribuiu a si próprio uma pontuação condizente com a cadeira ocupada e, ao final, conseguiu se encaixar na Trilha de Carreira.

De imediato, conseguimos uma percepção mais alinhada entre líder e time, calibramos percepções e traçamos planos para desenvolver cada pessoa. Mas para que nosso objetivo fosse alcançado, apenas uma reflexão inicial não seria suficiente para manter o alinhamento no longo prazo.

Com a intenção de que essa reflexão sobre "onde estou" e "o que tenho que fazer agora" fosse constante, estimulando o autoconhecimento e o protagonismo, junto com a trilha de carreira propusemos um modelo de autopromoção.

Instituímos, dentro da liderança, um Comitê de Mérito que pode ser convocado sempre que alguém se sentir apto a andar mais na trilha. Esse comitê é formado pela liderança do jurídico e delibera, conjuntamente, sobre a promoção ou o reconhecimento das pessoas da equipe.

Com a trilha e a autopromoção, intervenções de design organizacional, conseguimos trabalhar de forma conjunta os três pilares que entendemos necessários para ter um alinhamento de cultura aspiracional e cultura percebida.

Muito além de resolver um problema, nesse caso, o *design* também serviu para mostrar para as pessoas o quão boas elas são, e onde merecem verdadeiramente estar. Realmente, uma bela **função.**

---

um tinha um mapa das suas fortalezas para autoconhecimento, compartilhamento com a liderança e com os pares. Diz o autor: "Embora seja necessário antes de tudo saber quais são seus pontos fracos, eles nunca se tornam pontos fortes. Ponto. Peter Drucker, pai da administração moderna, afirmou 'O desempenho de alguém só pode ser baseado em seus pontos fortes'. Não é possível aprimorar o desempenho recorrendo a fraquezas, muito menos a algo que a pessoa não consegue fazer. (...) Para ter sucesso nesse mundo novo, precisaremos primeiro aprender quem somos. Poucas pessoas, mesmo entre as mais bem-sucedidas, conseguem responder a estas perguntas: em que você é bom? O que você precisa aprender para extrair o máximo de seus pontos fortes? Poucos sequer já se perguntaram essas coisas".

b) *Design* de Informação (*Visual Law*): Termos de Uso

Para entendermos o papel do *design* dentro dos termos de uso do *will bank*, é necessário um pouco de contexto: o *will bank* quer tornar a relação das pessoas com o dinheiro mais leve, eliminar as tensões que envolvem o modelo bancário tradicional, ser tão simples e intuitivo que quase pareça mágica. Mas como fazer isso se 7 em cada 10 brasileiros dizem não confiar em bancos, tampouco em *fintechs*?[11] E como fazer isso, a partir do departamento jurídico?

Muito se fala em jurídico pró-negócio e em não ser a área que diz "não". Na nossa percepção, essa abordagem já não é mais suficiente. Cada pequena interação com o cliente interfere na percepção de valor (ou não) que ele vai ter do produto final. Por isso, ter uma experiência que o estimule a continuar usando os serviços nos força a entender que, falar "sim" ou falar "não" é uma visão reducionista do desafio jurídico desta era. Os aspectos jurídicos também impactam a jornada do cliente e também são peças fundamentais para que a "mágica", traduzida pela "experiência de impacto positivo para o cliente", aconteça.

Uma provocação desse tipo nos faz entender que as construções jurídicas devem ser voltadas e pensadas para o cliente. E para isso, trabalhar com um *mindset* ágil e com o conceito *customer centricity*, em que o cliente (ou usuário) é colocado como peça central e determinante para o sucesso de qualquer negócio[12], é fundamental. Foi com esse pano de fundo que repensamos os termos de uso do *will bank*.

"Termos de Uso". Quantos você já precisou acessar? Muitos, né? E quantos você efetivamente leu? Quantos compreendeu? A resposta mais provável (e também a mais honesta) talvez seja "nenhum".

Refletindo sobre a experiência ruim que os longos e técnicos termos de uso anteriores proporcionavam aos clientes, decidimos refazê-los do zero, dessa vez com o objetivo de que eles integrassem o restante da experiência, transmitindo facilidade e leveza. Para isso:

---

11 Pesquisa lançada pela Federação Brasileira dos Bancos (Febraban) e divulgada em 29-3-2021 apontou que 70% dos brasileiros não confiam em bancos e até mesmo em *fintechs*.

12 O conceito de *costumer centricity*, também conhecido por *user centricity*, nunca teve tanta relevância no meio empresarial. Em relatório divulgado pela Customers 2020, a experiência do usuário ultrapassou o preço e a qualidade do produto como principal diferencial de uma marca.

1) Trabalhamos o conteúdo, pensando na hierarquia das mensagens: o que o cliente realmente precisa saber, o que é desejável que ele saiba e o que são detalhes de formalização.
2) Depois desse exercício de arquitetura funcional do conteúdo, escrevemos os termos segundo as diretrizes técnicas de linguagem simples com o objetivo de que mesmo quem possui pouco conhecimento sobre serviços financeiros possa entender o conteúdo todo, sem dificuldades.
3) Os termos também foram lançados em vídeos, que explicam as principais regras do contrato com o banco em menos de 2 minutos.

Apoiados nas técnicas de *design* de informação, pensamos no projeto como forma de reconstruir conteúdos jurídicos para que eles sejam acessíveis a qualquer pessoa. Com a opção texto interativo e vídeo, os clientes podem decidir entre ler uma página com informações mais detalhadas ou apenas assistir aos vídeos rápidos, em uma espécie de "resumão". Acreditamos que quando as pessoas entendem o que estão contratando, sem se deparar com palavras difíceis e restritas ao mundo financeiro ou jurídico, elas tomam as melhores decisões para o seu dinheiro. Isso também é inclusão financeira. Isso é um exemplo de entrega jurídica que colabora para que a experiência do cliente gere um impacto positivo para ele.

Os Termos de Uso estão disponíveis em: <https://www.willbank.com.br/termos-uso/>.

CONCLUSÃO

Neste capítulo, dissemos que o termo *design* significa pensar soluções para cumprir uma determinada função e, com ela, sanar uma necessidade. Também afirmamos que essas necessidades podem se apresentar de diversas formas, e demos exemplos de como trabalhamos elas no cotidiano do *will bank*.

Design e direito não são universos tão distantes e podem sim ser complementares.

Pare por alguns minutos e reflita. Olhe ao seu redor, no seu trabalho e pense em algo que lhe incomode. Pode ser um fluxo mal desenhado, um contrato cheio de juridiquês ou até mesmo uma equipe com pessoas em desarmonia. Agora, se pergunte: "o que poderia ser melhorado?". É assim que nasce o *design*.

E o mais gratificante, e também curioso, é perceber que, quando aplicado ao direito, o *design* tem um efeito poderoso. A antiguidade e o obsoletismo do mundo jurídico se transformaram em campo fértil para o *novo*, gerando um círculo virtuoso que ganha força conforme as barreiras são quebradas.

O *Legal Design* é uma ciência que se retroalimenta e que abre portas em busca de novos ares e novos desafios. Na organização, todos sairão ganhando num processo que resulta em simplicidade e eficiência e que cria laços genuínos de engajamento e conexão. Mas não se engane: *Legal Design* de sucesso é aquele que te aproxima das áreas internas e, principalmente, do seu cliente final, a peça mais importante do tabuleiro.

E aí? Qual solução você vai ajudar a criar hoje?

REFERÊNCIAS

TOM, Rath. *Descubra seus pontos fortes*: 2.0. Rio de Janeiro: Sextante, 2019.

MARGARETH, Hagan. *Law by design*. Disponível em: <https://lawbydesign.co/>. Acesso em: 8 de março de 2022.

20.

O PAPEL DO DEPARTAMENTO JURÍDICO NA AGENDA ESG

Adriana L. Cardinali Straube[1]

INTRODUÇÃO

A sigla ESG – *Environmental, Social & Governance*, muito falada na atualidade, não deve ser nenhuma novidade no ambiente empresarial, financeiro e muito menos no jurídico. A bem da verdade, ela foi institucionalizada em 2004, na publicação do Pacto Global da Organização das Nações Unidas em parceria com o Banco Mundial, chamada *Who Cares Wins: Connecting Financial Market to a Changing World*[2], que teve como objetivo provocar Presidentes de grandes instituições financeiras a integrar fatores sociais, ambientais e de governança no mercado de capitais.

Contudo, ganhou força recentemente, destacando-se a publicação *Sustainable Investment*[3] e a Declaração de Integração feita pela gestora de ativos *Bla-*

---

1 Advogada e Executiva. Graduada e Mestre em Direito pela Pontifícia Universidade Católica de São Paulo. *Visiting Researcher* e *Visiting Fellow* na King's College London. Doutora em Direito pela Universidade de São Paulo. Professora e Palestrante.

2 Disponível em: <https://d306pr3pise04h.cloudfront.net/docs/issues_doc%2FFinancial_markets%2Fwho_cares_who_wins.pdf>. Acesso em: 28 de julho de 2021.

3 Disponível em: <https://www.blackrock.com/corporate/literature/whitepaper/bii-sustainable-investing-may-2018-international.pdf>. Acesso em: 28 de julho de 2021.

ckrock (ambas em 2018), com um novo padrão de seus investimentos, focado em sustentabilidade[4]. Essa preocupação e recomendação por investimentos sustentáveis é anualmente renovada nas cartas do presidente da BlackRock – Larry Fink – ao empresariado, consolidando a tendência[5].

Não obstante a institucionalização da sigla e o movimento atual em que se demanda uma efetiva incorporação da agenda ESG nas companhias, é certo que os ordenamentos jurídicos ocidentais preveem, há tempos, obrigações que exigem a preocupação e o investimento com o meio ambiente, a sociedade e a governança, de maneira a realizar o bem-estar social, a igualdade, a sadia qualidade de vida, entre outros.

A preocupação com o ambiental, o social e a governança, carrega consigo a realização de uma série de princípios e normas que remetem à ética, à função social e à conformidade nas empresas, e não é à toa que os Departamentos Jurídicos e advogados têm um papel fundamental nessa jornada.

Com a mudança do perfil dos investidores, que buscam negócios que se sustentem a longo prazo e que tenham boa reputação, gerando valor não só para os acionistas, mas também para a sociedade, as empresas precisam adotar pa-

---

4 Disponível em: <https://www.blackrock.com/corporate/literature/publication/blk-esg-investment-statement-web.pdf>. Acesso em: 28 de julho de 2021. Interessante destacar a seguinte passagem do documento (p. 2): "Integração ESG é a prática de incorporar informação material de ESG nas decisões de investimento com o objetivo de melhorar os ganhos financeiros a longo prazo do portfólio de nossos clientes, consistente com o objetivo de nossos clientes. Nós estamos fazendo isso em todas as nossas carteiras ativas nos mercados públicos ou privados, buscando aumentar os retornos ajustados ao risco. Em carteiras indexadas, relacionamo-nos com empresas com questões ESG para aumentar o valor a longo prazo aos nossos clientes" (Tradução livre. No original: "ESG integration is the practice of incorporating material ESG information into investment decisions with the objective of improving the longterm financial outcomes of our clients' portfolios, consistent with our clients' objectives. We are doing this across all our active portfolios in both public and private markets seeking to enhance risk-adjusted returns. In index portfolios, we engage with companies on ESG issues to enhance long-term value for our clients").

5 V. Carta de Larry Fink em 2021. Disponível em: <https://www.blackrock.com/corporate/investor-relations/larry-fink-ceo-letter>. Acesso em: 28 de julho de 2021; em 2022, Larry Fink reforça o seu discurso, destacando que "O capitalismo de *stakeholders* tem tudo a ver com a entrega de retornos duradouros e de longo prazo para os acionistas. E a transparência em torno do planejamento de sua empresa para um mundo de emissão zero é um elemento importante. Mas é apenas uma das muitas divulgações que nós e outros investidores pedimos que as empresas façam. Como administradores do capital de nossos clientes, pedimos que as empresas demonstrem como elas assumirão sua responsabilidade com os acionistas, inclusive por meio de práticas e políticas ambientais, sociais e de governança sólidas.", disponível em: <https://www.blackrock.com/br/2022-larry-fink-ceo-letter>, acesso em: 10 de abril de 2022.

drões e boas práticas que façam parte de sua estratégia e que sejam efetivos, demonstrando a sua atuação de forma consciente e sustentável.

Além disso, os consumidores também procuram na atualidade companhias com boa reputação, que valorizam o trabalho humano e o meio ambiente, que pratiquem a economia circular[6].

Objetivar a longevidade do negócio nessa perspectiva, realizando a agenda ESG, coloca a empresa no patamar adequado para gerar valor, receber investimentos e ser considerada nas preferências do mercado consumidor[7].

1. OS PILARES DO ESG

A sigla ESG é autoexplicativa e demanda a realização de 3 (três) pilares-base – ambiental, social e governança –, que, em conjunto, possuem o objetivo do desenvolvimento sustentável da economia, é dizer, em que o lucro não seja simplesmente pelo lucro, mas também busque reduzir as desigualdades sociais e os impactos ao planeta, gerando riqueza em benefício da comunidade, da sociedade, do meio ambiente.

Com isso, os agentes econômicos passam a fazer melhorias em seus processos produtivos, gerar valor na cadeia, beneficiar a comunidade, alcançar o consumo consciente, implementar ações em prol da diversidade, entre outras iniciativas que revertem de forma positiva às companhias e à sociedade. Esse é um movimento que fez as empresas procurarem formas alternativas para o exercício de sua atividade.

O pilar Ambiental se refere à preservação do meio ambiente para esta e futuras gerações, de maneira que ele seja perene. As ações do empresariado devem estar focadas não só no cumprimento das legislações ambientais, mas ir

---

6 Esse aspecto já foi explorado em: STRAUBE, Adriana L. Cardinali de. ESG e Impacto nas Relações de Consumo: Uma Abordagem na Perspectiva de Defesa da Concorrência. In: NASCIMENTO, Juliana Oliveira (Coord.). *ESG*: o cisne verde e o capitalismo de stakeholder – a tríade regenerativa do futuro global. São Paulo: Revista dos Tribunais, 2021.

7 Vladimir Passos de Freitas (O Novo Papel das Empresas na Proteção do Meio Ambiente. *Revista Direitos Democráticos & Estado Moderno*, n. 1, p. 2-16, jul./dez. 2020, Faculdade de Direito da PUC-SP, disponível em: <https://revistas.pucsp.br/index.php/DDEM/article/view/51052>, acesso em: 20 de março de 2022) preleciona que o ESG "foi criado como uma métrica para avaliar o desempenho das empresas nesta nova conjuntura, ou seja, os financiamentos e subsídios passarão por uma contagem de diversos itens que avaliem os procedimentos das empresas".

além, demonstrar e atuar de forma que o exercício da atividade econômica seja sustentável, de modo a não comprometer a disponibilidade de recursos naturais para futuras gerações. É o pilar que está mais consolidado por trazer exigências legais há mais tempo.

Em razão das determinações legais, as empresas tiveram que se reinventar ao longo dos anos para não impactar o meio ambiente de maneira significativa e isso fez surgir novos segmentos como gestão ambiental, gestão de resíduos, fontes de energia renovável etc. A indústria ambiental fez surgir métodos alternativos no processo produtivo e o desenvolvimento de tecnologias eficientes, que acabaram gerando ganhos financeiros às empresas (por exemplo, a substituição do coque de petróleo por biomassa na indústria cimenteira – além de reduzir a emissão de CO_2 e aproveitar resíduos, o insumo é mais barato[8]).

A obrigação legal de proteção ao meio ambiente se mostrou lucrativa e apresentou soluções que também resultam em ganhos sociais incríveis, com geração de renda às comunidades carentes (como exemplo, catadores, artesãos etc.). É o que chamamos de Ciclo Virtuoso da Sustentabilidade[9]. Aqui, temos a intersecção do pilar Ambiental com o segundo pilar, o Social, já que iniciativas ambientais podem gerar o desenvolvimento de comunidades e, dessa maneira, buscar a redução das desigualdades.

O pilar Social tem um aspecto amplo, pois está relacionado com tudo aquilo o que impacta o ser humano, desde a comunidade afetada pela atuação da empresa, ao seu relacionamento com a cadeia de fornecedores, clientes, empregados. Está intimamente relacionado com a realização dos direitos humanos e fundamentais, a igualdade, a função social, a valorização do trabalho humano e a redução das desigualdades. Uma das iniciativas sob este pilar é a auditoria de fornecedores, exigindo-se o cumprimento da legislação trabalhista, vedando-se a contratação de menores de idade, excetuando-se os aprendi-

---

8 V. <https://abcp.org.br/reducao-na-emissao-de-co2-e-sinonimo-de-competitividade-na-industria-global-do-cimento/>. Acesso em: 10 de abril de 2022.

9 V. STRAUBE, Adriana L. Cardinali. Direito ambiental econômico: a compatibilização da aparente contradição e o ciclo sustentável da economia. In: NUSDEO, Ana Maria; TRENNEPOHL, Terence (Coords.). *Temas de direito ambiental econômico*. São Paulo: Revista dos Tribunais, 2019.

zes, e a abolição de companhias com histórico de trabalho escravo, desumano ou degradante, da lista de fornecedores.

Além disso, está voltado para a adoção de práticas e medidas que propiciem um ambiente de trabalho diverso e inclusivo, preocupado, por exemplo, com questões de equidade de gênero e etnia, aproveitamento de pessoas com deficiência, para a promoção do respeito e da dignidade. Trata-se, portanto, do olhar para a inclusão, diversidade, direitos humanos, privacidade e proteção de dados, políticas de relação de trabalho e a comunidade.

O último pilar, a Governança, tem o condão de transformar as iniciativas dos demais pilares na estratégia da companhia, integrando suas políticas e procedimentos. Além disso, busca a transparência, atuação ética e em conformidade com valores, princípios e leis aplicáveis. É com base nesse pilar que as empresas constroem as suas estruturas organizacionais, a independência de áreas internas, obrigatoriedade de reportes, Comitês, controles internos, mapeamentos de riscos e todas as regras necessárias para o seu funcionamento adequado e sob o manto da legalidade, observando-se as boas práticas de mercado.

2. UM BREVE PANORAMA DA LEGISLAÇÃO BRASILEIRA

Os pilares Ambiental, Social e Governança estão intimamente ligados ao desenvolvimento sustentável da economia, e a Constituição Federal do Brasil consagra o seu arcabouço principiológico, pois possui, entre os fundamentos da República Federativa, a dignidade da pessoa humana e os valores sociais do trabalho (art. 1º). Ainda, os seus objetivos englobam desde a construção de uma sociedade livre, justa e solidária, ao desenvolvimento nacional, erradicação da pobreza e redução da discriminação e nos direitos individuais (art. 3º).

A previsão de direitos e garantias fundamentais no art. 5º, em que se destacam a igualdade e a função social da propriedade, somam-se ao capítulo destinado à ordem econômica, formando as diretrizes para o desenvolvimento sustentável. Nesse sentido, o art. 170 prevê que o desenvolvimento econômico nacional deve estar pautado na valorização do trabalho humano e da livre-iniciativa, objetivando assegurar a todos a existência digna. Além disso, deve ser observada uma série de princípios, entre os quais os chamados "princípios de integração", destinados a resolver os problemas de marginalização regional ou social[10], destacando-se a defesa do meio ambiente e do consumidor, além da redução das desigualdades regionais e sociais.

A inserção do meio ambiente como princípio da ordem econômica é salutar, na medida em que o desenvolvimento econômico sempre esteve acompanhado de práticas degradantes e que levaram à deterioração gradativa do meio ambiente, colocando em risco a própria sobrevivência do homem[11]. Trata-se, na verdade, de uma limitação ao uso da propriedade, colocando a atividade econômica nos limites dos interesses coletivos[12].

Elevar a defesa do meio ambiente ao patamar de princípio da ordem econômica faz com que a atividade produtiva esteja condicionada à sua proteção, possibilitando a ingerência do Poder Público, se necessário, de maneira que a exploração de atividade econômica preserve a ecologia[13].

A Constituição Federal destinou um Capítulo próprio ao meio ambiente (Capítulo VI do Título VIII – Da Ordem Social), conferindo a todos o direito ao meio ambiente ecologicamente equilibrado (art. 225).

A proteção ao meio ambiente, ao buscar a sobrevivência do homem com a perenidade do ambiente natural e da sadia qualidade de vida para atuais e futuras gerações, está inter-relacionada com outro princípio de integração, o da redução das desigualdades regionais e sociais, cuja importância é salutar para o desenvolvimento do País. Sem isso, não é possível que um País se desenvolva economicamente, muito menos promova a existência digna a todos e justiça social. Bolsões de miséria e pobreza requerem atenção especial das empresas por meio da agenda ESG e do Estado, o qual deve propiciar as necessidades básicas da sociedade e o desenvolvimento equilibrado entre todas as regiões do País.

---

10 Essa é a posição de José Afonso da Silva (*Comentário contextual à Constituição*. 2. ed. São Paulo: Malheiros, 2006, p. 713-714). Alexandre de Moraes (*Direito constitucional econômico brasileiro*. 2. ed. São Paulo: Método, 2006, p. 135) alerta que grande parte da doutrina só considera como princípios de integração aqueles arrolados nos incisos V a VII do art. 170 da Constituição. Numa opinião menos abrangente, o autor dispõe o seguinte: "Contudo, seriam, rigorosamente falando, princípios de integração, no sentido de promoverem a equalização social, especificamente, os seguintes: a redução das desigualdades regionais e sociais, a busca do pleno emprego, o tratamento favorecido para as empresas de pequeno porte e, certamente, a função social da propriedade. Com exceção da função social, constituem objetivos da ordem econômica, como já assinalado anteriormente".

11 Cf. Celso Ribeiro Bastos (*Curso de direito administrativo*. São Paulo: Saraiva, 1994, p. 248).

12 Conforme: FONSECA, João Bosco Leopoldino da. *Direito econômico*. 5. ed. Rio de Janeiro: Forense, 2005, p. 131.

13 V. José Afonso da Silva (*Comentário*..., ob. cit., p. 714).

A equidade no trabalho é também garantida (art. 7º), com a proteção ao trabalho da mulher, podendo ser adotados incentivos específicos e vedação de diferenças salariais, exercício de função, ou critérios de admissão aos portadores de deficiência e em razão do sexo, idade, cor ou estado civil.

Existe, portanto, um direcionamento de como a atividade econômica pode e deve ser executada. A exploração empresarial deve ser desenvolvida com foco na preservação da vida e, assim, do meio ambiente e na redução das desigualdades sociais e regionais[14].

O desenvolvimento econômico pode ocorrer de maneira equilibrada com o meio ambiente e com a dignidade da vida humana, com mecanismos que amenizam o eventual impacto na natureza. Trata-se do desenvolvimento sustentável[15], expressamente reconhecido pelo Supremo Tribunal Federal como um princípio de caráter eminentemente constitucional[16].

Com base no desenvolvimento sustentável, é possível acomodar, num mesmo ambiente jurídico, a convivência e a harmonização entre princípios aparentemente opostos: de um lado, o desenvolvimento econômico, a livre concorrência e a livre-iniciativa; de outro, a defesa do meio ambiente, do bem-estar do consumidor e da redução das desigualdades sociais e regionais.

O desenvolvimento da atividade industrial não poderá ser degradante, deve ocorrer não só para a sobrevivência da vida humana, mas também para a sobrevivência da própria atividade econômica.

---

14 A Política Nacional de Meio Ambiente (PNMA), Lei n. 6.938/1981, com o objetivo de preservar, melhorar e recuperar a qualidade ambiental propícia à vida, deve visar condições ao desenvolvimento socioeconômico, mas também à dignidade da vida humana (art. 2º, *caput*). Nesse sentido, o art. 4º, I, da lei citada, prevê que a PNMA deve buscar a compatibilização do desenvolvimento socioeconômico com a preservação da qualidade do meio ambiente e do equilíbrio ecológico.

15 Essa concepção remonta ao denominado "Relatório de Brundtland", publicado em 1987, também intitulado como "Nosso Futuro Comum", disponível em: <http://www.un-documents.net/our-common-future.pdf>, acesso em: 24 de fevereiro de 2019.

16 STF, ADI-MC 3.540/DF, Rel. Min. Celso de Mello, *DJ* 3-2-2006. Também disponível em: <http://redir.stf.jus.br/paginadorpub/paginador.jsp?docTP=AC&docID=387260>, acesso em: 23 de fevereiro de 2019. Da ementa do acórdão, extrai-se: "O princípio do desenvolvimento sustentável, além de impregnado de caráter eminentemente constitucional, encontra suporte legitimador em compromissos internacionais assumidos pelo Estado brasileiro e representa fator de obtenção do justo equilíbrio entre as exigências da economia e as da ecologia, subordinada, no entanto, à invocação desse postulado quando ocorrente situação de conflito entre valores constitucionais relevantes, a uma condição inafastável, cuja observância não comprometa nem esvazie o conteúdo essencial de um dos mais significativos direitos fundamentais: o direito à preservação do meio ambiente, que traduz bem de uso comum da generalidade das pessoas, a ser resguardado em favor das presentes e futuras gerações".

Para tanto, é necessária a atuação tanto do Poder Público quanto de entes privados. A Administração Pública é responsável por estabelecer as diretrizes, por meio de políticas públicas e, principalmente, pelo seu papel regulador, em que se estabelecem limites e procedimentos para minimizar os impactos da atividade econômica.

Reforçando a relevância do desenvolvimento econômico sustentável, a Comissão de Valores Mobiliários, por meio da Resolução n. 59, de 22 de dezembro de 2021, ampliou as exigências de divulgação de informações sobre os aspectos de ESG nos negócios. A Resolução, que entrará em vigor apenas em 2023, exige que sejam publicadas na página da internet da empresa informações sobre: indicadores-chave de desempenho ESG; divulgações financeiras relacionadas às mudanças climáticas; se a empresa colabora para os Objetivos de Desenvolvimento Sustentável (ODS) estabelecidos pela Nações Unidas; se a empresa realiza inventários de emissão de gases do efeito estufa; metodologias ou padrões seguidos para elaboração do relatório; se o relatório é auditado ou revisado por entidade independente e as principais características dos órgãos de administração e do conselho fiscal, incluindo índices de diversidade.

A atividade produtiva está, portanto, condicionada à realização dos pilares ESG, buscando a compatibilização de princípios constitucionais e da legislação aplicável à atuação da companhia.

3. O PAPEL DO DEPARTAMENTO JURÍDICO

Com um papel fundamental na agenda ESG, o Departamento Jurídico deve agir não só de maneira reativa, defendendo a companhia de eventuais demandas jurídicas, mas principalmente na construção da estratégia e na prevenção, assegurando que a companhia está cumprindo as leis e evoluindo nas práticas sob a perspectiva ambiental, social e de governança.

Não é novidade que se espera dos Departamentos Jurídicos uma postura de advogado parceiro do negócio, deixando-se de lado aquela tradicional figura do dificultador (*blocker*) para tornar-se o viabilizador (*enabler*), que busca alternativas de modo a acomodar as expectativas e os objetivos da empresa e de seus acionistas, com segurança jurídica e foco na prevenção. Ou seja, é preciso que o advogado seja criativo, que pense e desenvolva soluções com o negócio, saindo de sua zona de conforto ("fora da caixa") e evitando litígios[17].

Além de resolver as demandas eventuais de forma reativa, o Departamento Jurídico deve ser proativo e protagonista do ESG, e assim também deve ser a postura dos advogados de escritório. O crescimento dos temas ambientais, sociais e de governança nas empresas trouxe uma remodelagem dos Departamentos Jurídicos e fez surgir áreas especializadas em grandes corporações. No passado, não era possível imaginar empresas que tivessem especialistas em Direito Ambiental ou mesmo Direitos Humanos atuando internamente. Escritórios de Advocacia já possuem área focadas em Diversidade e Inclusão. O papel do Jurídico, dessa maneira, tem atualmente uma capilaridade gigantesca, inclusive em muitos casos englobando a responsabilidade por Governança Corporativa, Relações com Governo e Investidores, Riscos e *Compliance*, e Sustentabilidade.

O Departamento Jurídico deve ser um aliado no crescimento sustentável da empresa, no alcance de responsabilidade socioambiental e na implementação efetiva dos pilares ESG. Além de identificar práticas que podem ser implementadas e aprimoradas, evitando-se que a corporação seja exposta a riscos desnecessários, a responsabilidade do advogado engloba a preservação da imagem e reputação da companhia, para levá-la aos patamares mais altos, exigidos pelos investidores, pelos consumidores e pela sociedade em geral.

Ademais, o Jurídico tem o poder de direcionar a estratégia da companhia na agenda ESG, com diversos papéis que superam a sua atuação específica, participando da construção de iniciativas, propondo soluções, métodos. Im-

---

17 Interessante a reflexão de Heiko Hosomi Sptizeck (Seria o Jurídico o "ponto cego" do ESG?, disponível em: <https://epocanegocios.globo.com/colunas/Proposito-nos-Negocios/noticia/2021/03/seria-o-juridico-o-ponto-cego-do-esg.html>, acesso em: 10 de abril de 2022) no sentido de que "Em uma cultura no qual o Jurídico apoia o ESG o foco é na prevenção. Prevenção de riscos legais, impactos financeiros, mas além disso, de riscos reputacionais que afetam tanto a imagem da empresa frente a investidores, quanto sua imagem como empregador, e o relacionamento com *stakeholders* em geral. Aqui, o Jurídico apoia a empresa em conversar com *stakeholders* (em processos de mediação de conflitos, por exemplo), dá o suporte necessário para que a empresa admita que errou, encerrando processos judiciais depois de avaliar os prós e contras, e ajuda a organização a se comunicar com transparência e honestidade (ex. apoiando a certificação de produtos sustentáveis com processos de *compliance*). Quando a empresa é multada, o Jurídico proativo identifica a causa da multa e ajuda a organização a melhorar seus processos, ou como outro participante da discussão colocou: 'A multa se refere ao passado. Resolver a causa da multa prepara a organização para o futuro'".

prescindível, para isso, conhecer o negócio e o segmento de atuação da companhia no detalhe, assim como os seus objetivos, números e estratégia e procedimentos internos[18].

Dentro de sua atuação específica, cabe à área jurídica interpretar e garantir a aplicação das leis e regulamentos para a atuação regular da companhia, assim como auxiliar no mapeamento e gerenciamento dos riscos, além da orientação interna e defesa em juízo ou fora dele. De maneira mais ampla, é um departamento que deve criar, engajar e incentivar os diversos *stakeholders* na construção e propagação das medidas focadas no ESG.

Vários são os exemplos que podemos trazer a respeito da atuação dos Departamentos Jurídicos em ESG. Desde a previsão de cláusulas contratuais com obrigações trabalhistas e ambientais como também a homologação de processos de auditoria de fornecedores, ao apoio na obtenção de licenças e mapeamento de obrigações em eventuais termos de compromisso ou ajustamento de conduta. O Jurídico auxilia na construção das políticas e procedimentos internos, nas metas de Executivos, na conscientização por meio de treinamentos. A participação no diálogo das associações de classe, na negociação de acordos e nos movimentos setoriais, além de ser essencial participar das agendas periódicas e constantes de grupos multifuncionais, em que todas

---

18 Vale reproduzir a consideração feita por Luciana Lanna (O ESG e o papel do advogado, disponível em: <https://www.migalhas.com.br/depeso/348793/o-esg-e-o-papel-do-advogado>, acesso em: 10 de abril de 2022), ao dizer que "Provavelmente o principal papel do advogado é criar caminhos e possibilidades que permitam que a empresa passe a trabalhar as questões como aquelas de direito trabalhista e ambiental, que hoje são tratadas como gestão de risco e administração de passivo, como uma questão estratégica. Essa transição de *mindset* é fundamental. O mapeamento de materialidade da empresa é fundamental para embasar a sua estratégia de contribuição ao desenvolvimento sustentável. Dessa forma, o advogado desempenha uma importante função de olhar e ensinar a ver de forma diferente e isso poderá ser feito através de um *compliance* ESG. Essa é uma análise que transcende a conformidade legal".
Adicionalmente, Hudson Couto (Papel do Jurídico é essencial para estabelecer práticas ESG, disponível em: <https://exame.com/bussola/papel-do-juridico-e-essencial-para-estabelecer-praticas-esg/>, acesso em: 10 de abril de 2022) esclarece que "O planejamento estratégico do departamento jurídico para o ESG deve ter como base o preparo de pessoas especializadas nos três principais focos da agenda: ambiental, social e governança. É necessário que o setor compreenda e se insira no objetivo estratégico da empresa para que seja possível responder às demandas. O jurídico precisará fazer parte do processo como um todo e coordenar para entregar insumos, identificar tendências e apoiar o desenvolvimento de estratégias efetivas. Conforme os negócios passam por mudanças e inovações, ele também precisa realizar essa adaptação para tornar possível a implementação do ESG dentro das companhias".

as áreas envolvidas tenham visibilidade do que está acontecendo nos diferentes aspectos (técnico, jurídico, governamental).

Todos na companhia com o mesmo objetivo e atuações complementares, e o Jurídico ajuda não só pelo seu conhecimento específico, mas também pela possibilidade de aportar algo que vai além de sua função, trazendo soluções e alternativas para a construção da estratégia da companhia em ESG. Além disso, apoia na construção de Relatórios de Sustentabilidade e Integridade e na obtenção de certificações. O resultado de todas essas iniciativas, além de contribuir com a reputação e a preferência dos consumidores, também viabilizará a obtenção de investimentos, já que a disponibilidade de capital no mercado privilegia as empresas com práticas efetivas nos três pilares.

A área jurídica não é apenas responsável pela análise e orientação do cumprimento da legislação, mas tem o objetivo de valorizar o negócio e, consequentemente, apoiar na construção de uma companhia com importante diferencial competitivo. É com o auxílio do Departamento Jurídico que as empresas aceleram a implementação do ESG, atingindo os seus objetivos.

CONCLUSÃO

A implementação de práticas e medidas em ESG, muito embora seja uma demanda atual crescente, não deve ser nenhuma novidade e nas empresas. O ordenamento jurídico já traz princípios e disposições que demandam a atuação de maneira ética e transparente, com a preservação do meio ambiente para as futuras gerações e com uma função social.

Os pilares ambiental, social e governança exigem que a estratégia da companhia e as medidas por ela adotadas prezem pelo desenvolvimento sustentável da atividade econômica e o Departamento Jurídico exerce um papel de fundamental importância nessa jornada.

O Jurídico deve ser proativo, participando da estratégia e da construção de medidas e procedimentos que implementem e aprimorem os pilares ambiental, social e de governança, não só com o seu conhecimento específico e com muito foco na atuação preventiva, mas também numa abordagem geral de criação e engajamento, sendo peça fundamental ao crescimento sustentável da companhia, refletido em boa reputação, escolha dos consumidores e investidores.

REFERÊNCIAS

FONSECA, João Bosco Leopoldino da. *Direito econômico.* 5. ed. Rio de Janeiro: Forense, 2005.

KLOEPFER, Michael. Vida e dignidade da pessoa humana. In: SARLET, Ingo Wolfgang (Org.). *Dimensões da dignidade:* ensaios de filosofia do direito e do direito constitucional. Porto Alegre: Livraria do Advogado, 2005.

MORAES, Alexandre de. *Direito constitucional econômico brasileiro.* 2. ed. São Paulo: Método, 2006.

NASCIMENTO, Juliana Oliveira (Coord.). *ESG:* O cisne verde e o capitalismo de *stakeholder* – a tríade regenerativa do futuro global. São Paulo: Revista dos Tribunais, 2021.

NUSDEO, Ana Maria; TRENNEPOHL, Terence (Coords.). *Temas de direito ambiental econômico.* São Paulo: Revista dos Tribunais, 2019.

SILVA, José Afonso da. *Comentário contextual à Constituição.* 2. ed. São Paulo: Malheiros, 2006.

21.

O PILAR "SOCIAL" DOS PROGRAMAS ESG E A IMPLANTAÇÃO NA ROTINA DO ADVOGADO

Amira Chammas[1]

Quando se fala em ESG, os profissionais do direito, em geral, imaginam que sua atuação se resume aos aspectos relacionados ao direito ambiental, societário e os direcionadores vinculados à estruturação da governança corporativa nas organizações. *Environment, Social and Governance* (Ambiental, Social e Governança) são termos de largo espectro e não podem ser analisados de forma restritiva, dada sua importância atual.

Os três pilares ESG ganharam relevância quando em 2004 foi publicado o texto *Who Cares Wins*, elaborado pelo Pacto Global e o Banco Mundial. O secretário-geral da ONU, Kofi Annan, questionou 50 presidentes de grandes instituições financeiras mundiais sobre a integração de fatores sociais, ambientais e de governança no mercado de capitais. Considerando o posicionamento dos principais representantes das instituições financeiras globais em relação à aderência do mercado às boas práticas dos pilares ESG, muitos outros movimentos surgiram para reforçar a relevância de tais práticas nos negócios para atendimento das necessidades do novo mercado.

---

1 Diretora Jurídica, de Governança Corporativa e *Compliance Officer*. Pós-graduada em Direito e Mestre em Administração.

O pilar "Meio Ambiente" posiciona a companhia frente à sua gestão da natureza e dos recursos naturais. Já o pilar "Social" tem seu foco nas diretrizes dos direitos humanos universais, nas relações da empresa com seus colaboradores, fornecedores, clientes e com as comunidades do entorno onde atuam. Por fim, o pilar da Governança se refere às práticas de gestão empresarial ligadas ao combate à corrupção, respeito às leis e regulamentos, transparência e segurança da informação aos investidores.

Este capítulo pretende compartilhar algumas possibilidades de atuação dos advogados, além dos aspectos do direito ambiental e da governança corporativa, para incluir no seu cotidiano a rotina do pilar "SOCIAL", especialmente, com vistas ao desenvolvimento integral e sustentável das organizações.

1. BREVE CONTEXTO

A evolução e as necessidades do mundo atual têm transformado a visão da sociedade frente ao posicionamento das organizações no mercado. A obtenção de lucros, que era entendida como principal (se não dizer única) pretensão das empresas privadas, tem sido questionada nas últimas décadas. Esse conceito, vinculado ao modelo tradicional do capitalismo, propriedade privada dos meios de produção, mercado livre de atuação, trabalho assalariado e divisão de classes sociais bem demarcadas, passou a ser repensado, especialmente em relação à exploração e finitude dos recursos naturais, frente à necessidade de atender as demandas de consumo e, também, das mudanças comportamentais das novas gerações.

Em sua obra A *Riqueza das Nações*, publicada em 1776, Adam Smith (1723-1790) ficou conhecido com o pai da Economia atual e essa obra constituiu um importante marco na história do pensamento econômico mundial. As regras da oferta e demanda, do livre comércio e a atuação das organizações com foco no lucro privado eram características para a sobrevivência das organizações.

A obtenção e distribuição de lucro, tanto das organizações como de seus sócios, passa por um período de questionamentos, sendo que, atualmente não pode mais ser considerado como único objetivo a ser almejado, seja em função da nova concepção de propósito esperada pela sociedade cada vez mais atuante e questionadora, seja em razão das expectativas dos investidores no novo mercado e o alinhamento do capitalismo consciente.

Como base nessa mudança de visão e a concepção da nova economia, as organizações passaram a dar a devida importância para a palavra "sustentabilidade", com foco na perenidade dos negócios (para médio e longo prazo), servindo como uma nova forma de se posicionar socialmente, ao mesmo tempo em que proporciona uma administração responsável e transparente para seus investidores. Além disso, o consumidor atual escolhe adquirir produtos ou serviços não somente pelo preço ou qualidade, mas, também, pelo propósito envolto nas marcas sérias e comprometidas com a sociedade como um todo.

E não poderia ser diferente. Tornou-se importante nas organizações o balanceamento do desempenho financeiro com os objetivos sociais, aspectos ambientais com uma governança corporativa adequada e transparente. Adicionalmente, mesmo tendo sido impulsionado por necessidades e anseios atuais, o ESG tem se mostrado uma relevante ferramenta de avaliação financeira para analistas e investidores por entenderem sua importância para o futuro dos negócios mundiais. Há, inclusive, especialistas entendendo que a falta de adoção dos pilares ESG poderá gerar consequências negativas para as organizações na captação de recursos financeiros, dificultar o posicionamento das marcas no mercado, especialmente em relação à fidelização de clientes e retenção de colaboradores em seus quadros de empregados.

E nesse novo cenário, como os advogados podem atuar para apoiar as organizações nesse processo de transformação?

Sem receio de afirmar (e humildemente falando), os advogados são profissionais privilegiados, pois, dentro das organizações, têm acesso a informações relevantes e estratégicas que são importantes na tomada de decisão e no direcionamento de ações responsáveis. Os profissionais do direito são importantes no processo de mudança e incorporação do movimento ESG no dia a dia das organizações. Vamos tratar, a seguir, de como a atuação dos advogados pode agregar no pilar SOCIAL nas organizações.

2. RELAÇÕES TRABALHISTAS

A primeira análise que as organizações podem fazer, referente ao pilar SOCIAL, está relacionada com seus colaboradores. Não há empresa que consiga sustentar o modelo ESG sem priorizar "pessoas". Tratando-se da equipe que compõe as organizações, é necessário ter o olhar voltado para a prática de ações que possam, efetivamente, valorizar, o trabalho, seus resultados e promover um ambiente organizacional saudável e mais produtivo, traduzindo-se em uma organização humanizada.

Desde remuneração compatível com a função, até o cuidado com a saúde emocional de seus colaboradores, as organizações precisam se conscientizar que a valorização das pessoas é parte essencial nas relações trabalhistas. Contratações precárias geram resultados pouco eficientes ou de curto prazo apenas, causam impactos sociais negativos e um alto risco de perda da credibilidade da imagem da organização, não sendo, assim, sustentável no tempo.

O tratamento dos colaboradores reflete o perfil das organizações em relação ao seu direcional de pessoas. O tratamento dispensado pelas empresas aos seus trabalhadores deve ser sempre ético, digno e respeitoso, gerando um ambiente de trabalho saudável e íntegro.

O que, supostamente, pode parecer apenas um aspecto sociológico é convertido em valores para as organizações. Segundo a consultoria *Great Places to Work* (GPTW) Brasil, em sua publicação anual sobre as melhores empresas para se trabalhar, o que destaca as empresas no cenário brasileiro atual é a sua capacidade de criar e manter relações de confiança com seus colaboradores: "Um bom ambiente de trabalho é aquele que é reconhecido como o melhor pelos seus colaboradores, priorizando as pessoas no centro de suas estratégias", diz a consultoria[2].

Em 2021, a pesquisa verificou que os colaboradores das empresas consideradas como melhores lugares para se trabalhar geraram 61% mais riqueza *per capita* para as suas organizações, e, adicionalmente, apresentaram metade do *turnover* voluntário em relação às concorrentes. Nota-se que não se trata de apenas cuidar de pessoas, mas, também, de gerar riquezas.

Além disso, ainda segundo a pesquisa, as empresas listadas entre as melhores para se trabalhar são mais atrativas e faturam até 11 vezes mais que a média do seu setor de atuação, tendo, também, ações três vezes mais rentáveis.

---

2 Fonte: <https://www.seudinheiro.com/2021/empresas/as-melhores-empresas-para-se-trabalhar-em-2021-magazine-luiza-e-eleito-melhor-empregador-do-pais-entre-as-grandes-companhias-veja-ranking-completo/>. Acesso em: 1º de abril de 2022.

E não se trata de ações complexas ou dispendiosas. Entre os pontos verificados nas melhores empresas para se trabalhar, destacam-se os seguintes programas/incentivos a seus colaboradores:

- programas de *coaching*;
- bolsas de estudos para graduação ou pós-graduação e mentoria;
- incentivo a programas de voluntariado no horário de trabalho;
- faculdade/treinamento interno;
- bolsa para cursos de idiomas;
- programas para combater a discriminação e promover a diversidade;
- perfil inovador.

Adiciona-se a esse perfil organizacional três principais motivos de retenção dos profissionais nas empresas, quais sejam: (i) oportunidade de crescimento (46%); (ii) qualidade de vida (23%) e (iii) alinhamento de valores pessoais com os valores das empresas (16%).

Ainda, de acordo com a referida pesquisa, verifica-se um importante viés social na visão dos funcionários em relação à confiança no seu empregador, prevalecendo a credibilidade das lideranças para gerenciar pessoas e administrar negócios de forma geral (90%); o respeito das lideranças na relação com os funcionários tanto na questão pessoal como profissional (89%) e a imparcialidade das lideranças com relação a todas as pessoas da equipe (88%).

Percebe-se que o foco em pessoas não exige, necessariamente, grandes investimentos ou ações descomunais. O olhar empático das organizações em um ambiente propício ao desenvolvimento profissional torna as empresas mais lucrativas e posicionadas com destaque no seu mercado de atuação.

Estudo elaborado pela PWC[3] concluiu que:

> Empregados, clientes e investidores exigem cada vez mais das organizações com as quais interagem uma atuação pautada em valores que sejam modelos de equidade e inclusão. Para responder a essa demanda, as empresas estão investindo de forma sem precedentes em programas de diversidade e inclusão: 76% das participantes da nossa pesquisa dizem que o

---

3 Fonte: <https://www.pwc.com.br/pt/estudos/preocupacoes-ceos/mais-temas/2020/pesquisa-global-de-diversidade-e-inclusao.html>. Acesso em: 1º de abril de 2022.

tema é um valor ou uma prioridade. Ao fazer isso, elas esperam não apenas impulsionar o engajamento com esses públicos, mas também melhorar seu desempenho financeiro e permitir a inovação.

Diversidade e inclusão são, atualmente, valores inegociáveis, tanto do ponto de vista de consumidores, quanto da análise de investidores. Recente pesquisa realizada pela Robert Half[4] sobre diversidade e inclusão nas empresas apontou que esse tipo de programa gera vantagens e traz resultados significativos para o negócio, dentre eles:

- Melhora a produtividade (41%).
- Impacta positivamente na cultura da empresa (38%).
- Atrai e retém talentos (37%).
- Torna o ambiente mais criativo e inovador (34%).
- Atrai investidores (30%).

Seja em sua atuação em departamento jurídico (*in house cousel*) ou nos escritórios de advocacia, ao analisar/elaborar um contrato de trabalho ou emitir um parecer, o advogado pode sugerir a promoção de um ambiente de trabalho justo, com base na equidade entre as partes, de forma a gerar valor aos colaboradores e empresas.

É importante que os advogados tenham o olhar para a diversidade, apontando soluções trabalhistas que possam apoiar ambientes de trabalho inclusivos. A leitura de um acordo sindical, a contratação de um novo colaborador e a proposta de políticas com base no viés "social" podem transformar a atuação do advogado, convertendo a visão puramente legalista em um movimento que incorpore, além dos aspectos jurídicos, aspectos relacionados aos movimentos de inclusão e valorização social.

E isso não pode ser um movimento apenas para seus clientes. Os advogados também devem incorporá-los aos seus times, de forma a criar ambientes com diferentes visões e perspectivas. Times diversos não são apenas socialmente im-

---

4 Fonte: <https://blog.lg.com.br/diversidade-inclusao-empresas-resultados-negocios/>. Acesso em: 1º de abril de 2022.

portantes, mas especialmente relevantes do ponto de vista de negócios. Diferentes pontos de vistas sobre um mesmo "problema" geram soluções mais assertivas e empáticas e isso para o trabalho do advogado é muito relevante quando se pretende solucionar assuntos controversos de seus clientes. Seja em relação à diferença de gênero, idade, etnia, entre outras, a diversidade e os times multifacetados transformam o ambiente profissional, transcendendo para melhores resultados, inclusive para a sociedade como um todo.

De forma complementar, organizações que pretendem atender o pilar "social" do ESG precisam incentivar e contratar fornecedores (sejam de bens ou serviços) que estejam alinhados à suas convicções. Da mesma forma que as organizações questionam escritórios sobre cumprimento e adequação ao *compliance*, movimentos anticorrupção, os movimentos ESG passarão a ser importante critério de análise no momento da contratação. Assim, é muito importante que os advogados se antecipem e criem ambientes diversos e inclusivos nos escritórios de advocacia e, também, nos departamentos jurídicos.

3. CONTRATAÇÃO DE BENS E SERVIÇOS

Sabemos quão importante é o olhar jurídico nos negócios de seus clientes. Mas, é importante ter, além dos conceitos jurídicos de proteção dos direitos individuais, o olhar para a tutela do interesse social. O advogado que atua na elaboração de contratos, por exemplo, tem a oportunidade de colocar em prática o pilar "social" de forma efetiva, envolvendo outras áreas das organizações em projetos e propósitos socialmente relevantes. Contratos podem ser utilizados como instrumentos de transformação organizacional.

É claro que todos os advogados são contratados para defender os melhores interesses de seus contratantes e não se pretende sugerir o contrário. Entretanto, essa atuação pode contemplar, também, a visão mais humanizada e socialmente inclusiva do modelo ESG, para promover ambientes contratuais equilibrados de forma a transformar a batalha de interesses entre as partes em um relacionamento equilibrado e justo.

No dia a dia das negociações, verificamos organizações de diferentes categorias, tamanhos e estruturas. Sejam as de grande porte, com poder de escolha em virtude de volumes negociados, impondo suas condições comerciais a pequenos/médios produtores ou prestadores de serviços, sejam detentores de grande fatia de mercado com um grande poder de barganha. Esses diferenciais transformam as negociações em verdadeiros "campos de batalhas", onde as partes tentam imprimir sua "força" em contratos complexos e pouco colaborativos em um ambiente tipicamente competitivo.

Com um olhar para um ambiente negocial equilibrado e objetivando eliminar discussões judiciais decorrentes de contratos complexos, Linda Alvarez, em cooperação com J. Kim Wright, ambas advogadas norte-americanas, propuseram um modelo alternativo de formalização de negociações por meio de "Contratos Conscientes[5]".

O termo Contrato Consciente se refere a documentos baseados em valores e propósitos, que tem como objetivo principal conectar contratantes por meio de relações claras, equilibradas e de longo prazo. O foco principal de contratos conscientes é o bom relacionamento entre as partes afim de criar um ecossistema de satisfação para todos os envolvidos naquela relação.

Diferentemente do modelo tradicional, o Contrato Consciente pretende criar ambientes colaborativos. Segundo Fernanda Guerra, advogada brasileira certificada na metodologia, "A abordagem está intimamente ligada ao *Conscious Business*. Este movimento empresarial consciente defende que as empresas vivam de acordo com o propósito, missão e valores declarados"[6].

"Os contratos conscientes, também conhecidos como relacionais, integrativos ou baseados em valor, surgem da demanda crescente por negócios com propósito, que pensam além do lucro e reconhecem os indivíduos como o que sustenta relacionamentos e negócios"[7].

Além de garantir segurança jurídica, com essa visão colaborativa é possível criar relacionamentos de confiança e duradouros, baseados em contratos justos e equilibrados. O advogado pode adaptar sua atuação para incorporar aspectos

---

5 Fonte: <https://consciouscontracts.com/user/j+kim+wright/> e <https://consciouscontracts.com/>. Acesso em: 1º de abril de 2022.

6 Fonte: Fernanda Guerra sobre Contratos Conscientes, site da Consultoria SER: <https://sustentandoelosreais.com/wordpress/fernanda-guerra-primeira-advogada-licenciada-em-contratos-conscientes>. Acesso em: 1º de abril de 2022.

7 Fonte: Revista eletrônica *Você RH*: <https://vocerh.abril.com.br/especiais/contratos-conscientes-os-acordos-que-humanizam-as-relacoes-de-trabalho>. Acesso em: 1º de abril de 2022.

sociais à prática de negociação com seus parceiros, influenciando toda a cadeia de interessados e servindo de instrumentos na busca de maior justiça social.

É importante frisar que não se pretende incentivar a criação de um cenário temerário para a contratação entre partes, mas, sim, criar oportunidades socialmente responsáveis. Repensar e propor contratos que contemplem formas equilibradas entre as partes e alternativas para resolução de conflitos, transformando o relacionamento entre as partes em um relacionamento mais justo, voltando, assim, o olhar para o coletivo.

Propor um comportamento socialmente responsável também aos parceiros de negócios pode ser um excelente caminho para se propagar uma corrente positiva em direção ao cenário colaborativo, inclusivo, acessível e justo em nossa sociedade. Ao estabelecer cláusulas contratuais para delinear comportamentos que promovam negociações equilibradas, o advogado inicia a mudança do conceito individualista no direito para um movimento com foco na coletividade.

4. RELAÇÃO COM CONSUMIDORES

Em 2020, o *Bank of America* encomendou uma pesquisa[8] em que foram entrevistadas 14.500 pessoas nascidas entre 1996 e 2016 (geração Z) em 10 diferentes países. A pesquisa apontou um dado relevante em relação às expectativas desse público, revelando que 80% dos jovens dessa geração preferem investir e comprar de empresas alinhadas aos propósitos ESG[9].

É possível concluir que as mudanças nas relações de consumo precisam ser refletidas na atuação dos advogados, prezando pelo propósito envolvido em tais relações e não apenas na compra e venda de produtos ou serviços, dentro dos parâmetros legais. Se assim não for, o advogado caminhará em sentido oposto ao esperado pelo mercado consumidor. Por isso, advogados precisam pensar em sugestões e modelos a serem implementados que possam criar valores perceptíveis aos envolvidos na cadeia consumerista, além das regras e normas postas no

---

8 Fonte: <https://exame.com/esg/geracao-z-deve-mudar-os-investimentos-para-sempre-diz-bofa/>. Acesso em: 1º de abril de 2022.

9 Fonte: <https://www.terra.com.br/noticias/pesquisa-mostra-que-80-das-pessoas-nascidas-na-geracao-z-preferem-comprar-de-empresas-alinhadas-as-metricas-esg,6c7f4fce5f7cd0b2cf84aa1fc0703f1a00iopydb.html>. Acesso em: 1º de abril de 2022.

direito. Com isso será possível assessorar seus clientes de acordo com as tendências mundiais dos consumidores, sempre pautado nas regras legais e éticas de cada localidade.

Os benefícios da relação de consumo com valores e propósito gera valor não apenas para as organizações que seguem esses princípios, mas, também, para seus clientes, que buscam produtos e serviços alinhados com suas expectativas e anseios, e refletem na comunidade como um todo.

5. ASPECTOS SOCIAIS APLICADOS À ATUAÇÃO DO ADVOGADO NO CONTENCIOSO/LITÍGIO

Qual a fonte balizadora que o advogado deveria utilizar em sua atuação contenciosa, especialmente, tratando-se de litígios que podem direcionar situações socialmente discrepantes?

Além de ser um questionamento complexo do ponto de vista social, essa dúvida encontra dificuldades para ser respondida considerando o dever funcional do advogado em um litígio. Espera-se que o advogado atue para vencer seus processos judiciais ou administrativos unicamente em favor de seu cliente. Mas qual o limite de sua atuação com vistas aos propósitos sociais das organizações?

O pilar "social" do ESG pode ser importante aliado na atuação do profissional do direito em questões de litígio. O modelo do Judiciário tradicional é estruturado de forma a ter, necessariamente, um culpado e um inocente, um ganhador e um perdedor, e o profissional do direito é formado para enfrentar qualquer disputa com o propósito de vencer e obter êxito em detrimento da outra parte, sempre na lógica ganha-perde.

Atuar de forma alternativa no Judiciário ou até mesmo evitá-lo pode gerar a conotação de má atuação profissional ou negligência. Mas e se pensarmos em uma atuação em que a vertente "social" seja também considerada?

Aplicar ferramentas para valorizar o pilar "social" na atuação litigiosa passará pela ressignificação do conceito profissional de atendimento ao modelo hoje posto.

Seja em função das melhores oportunidades que uma determinada classe socioeconômica tem para acessar grandes bancas ou até mesmo daquele oportunista que busca vantagens indevidas em detrimento de fragilidades de terceiros, pensar o pilar "social" em uma disputa judicial é um grande desafio para os advogados que atuam no contencioso.

Trazer um olhar socialmente responsável para a atuação litigiosa não é exercitar a "caridade judicial" ou deixar de atuar com zelo e dedicação em suas demandas, mas, sim, pensar em um modelo de atuação judiciária equânime, igualitária já que o Poder Judiciário deve servir de mecanismo de coordenação jurídica da sociedade.

O advogado poderia, ainda, utilizar métodos alternativos para solução de conflitos para aliviar o peso financeiro e quantidade de processos acumulados no Poder Judiciário. Isso porque, de acordo com o relatório do Conselho Nacional de Justiça (CNJ), o Judiciário brasileiro teve em 2020 pouco mais de R$ 100 bilhões em despesas/custos, que correspondem a 1,3% do Produto Interno Bruto (PIB) brasileiro, ou representa 11% dos gastos totais da União, dos Estados, do Distrito Federal e dos Municípios[10]. Para administrar os cerca de 76 (setenta e seis) milhões de processos judiciais em andamento.

O peso financeiro do litígio no Brasil poderia, em determinada medida, ser reduzido e parte dos valores envolvidos destinados a outros projetos, dentre eles os sociais.

O profissional do direito, quando se utiliza das ferramentas da justiça para alongar discussões, que se sabem ser inglórias ou para postergar compromissos financeiros comprovadamente devidos, se afasta das questões sociais, mantendo o modelo ultrapassado de atuação. Como mencionado, atualmente a nova visão da economia não se baseia exclusivamente em interesses individuais, mas, sim, no desenvolvimento coletivo que transforma a sociedade e as organizações, trazendo longevidade ao mercado no qual estão inseridos.

Diante disso, uma atuação jurídica contenciosa, voltada exclusivamente para interesses individuais, sem observar as necessidades coletivas e sociais, poderá manter o advogado afastado dos movimentos da economia atual.

Evitar o litígio, utilizando soluções alternativas e mais acessíveis de resolução de conflitos, pode privilegiar o que se pretende que seja o modelo "idealmente justo", mantendo a garantia dos direitos individuais, sem afastar, porém,

---

10 Fonte: Conselho Nacional de Justiça – Justiça em números 2021/Conselho Nacional de Justiça. Brasília: CNJ, 2021, p. 77. Site para acesso à integra do relatório: <https://www.cnj.jus.br/pesquisas-judiciarias/justica-em-numeros/>. Acesso em: 1º de abril de 2022.

a manutenção de interesses e garantias coletivos/sociais.

CONCLUSÃO

A nova forma de posicionamento das organizações visa garantir a longevidade dos seus negócios, preservação dos recursos naturais, a manutenção do "poder de compra" de seus clientes e a criação da percepção de valor para a sociedade em geral, nos moldes esperados pelos novos consumidores, investidores, colaboradores, entre outros.

As organizações podem e devem se apropriar das conquistas e reconhecimentos provenientes de suas iniciativas em prol de projetos sociais, ambientais e de governança para reforçar seu posicionamento no mercado, seu compromisso responsável, de acordo com os projetos ESG implantados. Mas é imperativo que isso seja uma ferramenta utilizada para manter as organizações atualizadas em relação às boas práticas do mercado e que sua implantação impacte positivamente a sociedade como um todo para, então, ser utilizada como ferramenta de publicidade para a empresa.

É importante frisar que não se trata de um projeto a ser implantado, com início e fim preestabelecidos. São programas constantes para inclusão da diversidade nos quadros de colaboradores, implantação de ferramentas para atuação nas comunidades que circundam as organizações, inclusive com meios alternativos de sustento para agregar valores à sociedade, formas de equilibrar vida pessoal e profissional, incentivar o consumo consciente, além de outras tantas ações para suportar as atividades com propósito, de forma humanizada que gere valor para a sociedade de forma ampla.

O advogado que alinhar a sua atuação com as pautas ESG terá a possibilidade de transformar a relação do direito individualista para uma atuação voltada ao propósito social, visando uma sociedade equânime, com melhores resultados financeiros e com impacto positivo para a sociedade. É preciso que o advogado esteja preparado para dar suporte jurídico a seus clientes para que atinjam seus objetivos além de propor soluções relacionadas ao contexto social envolvido, rompendo, assim, as barreiras da advocacia tradicional. Ao migrar para o modelo de atuação, voltado para aspectos colaborativos, inclusivos e socialmente responsáveis, o advogado se antecipará à tendencia do mercado que já está se impondo mundialmente.

A mudança será necessária e precisamos optar entre sermos protagonistas ou expectadores desse movimento tão desafiador para o advogado.

22.

RELAÇÕES JURÍDICAS SUSTENTÁVEIS

Ana Costa[1]

Recorrentemente, tenho refletido sobre como criar, dentro do Departamento Jurídico, mecanismos que estimulem a adoção de práticas sustentáveis que permitam mensurar as suas contribuições dentro de métricas que reflitam conceitos de sustentabilidade ambiental e social.

A pandemia de 2020, dentre outras crises que a humanidade vem sofrendo, provocou um celeiro de controvérsias (e oportunidades) para o mundo jurídico. As crises demandam posicionamentos e ações que afetam as mais variadas relações jurídicas e que, mais importante ainda, geram impactos, positivos ou negativos, na reputação de marcas e empresas.

A Covid-19, por exemplo, trouxe discussões sobre teletrabalho e jornada híbrida, muito antes de se ter inclusive uma normativa sobre o tema. A obrigatoriedade de uso de máscaras em ambiente laboral, o comprovante de vacinação, dentre outras emblemáticas discussões sobre a dicotomia entre o direito individual e o direito coletivo.

---

1 Vice-presidente de Natura &Co América Latina, responsável pelos assuntos jurídicos e governamentais da Avon, Natura, The Body Shop e Aesop na região. É graduada em Direito pela UFF, pós-graduada em Direito Econômico na UFRJ e em Direito Empresarial pela FGV/RJ.

A discussão sobre esta dicotomia é histórica e muito estudada por nós, operadores do Direito, ainda na faculdade. Relembremos o episódio ocorrido em 1992, na França, onde uma empresa de entretenimento resolveu promover uma competição de arremesso de anões em troca de recompensa financeira. O Estado, em prol do direito à dignidade humana, interditou o evento, tendo sido decidido, em instância superior do país, que a dignidade do anão estava acima da sua autonomia de vontade e que o seu arremesso atentava à dignidade da humanidade como um todo[2].

E cada vez mais, ano a ano, a sociedade cobra das empresas a consistência que gera confiança em suas ações e na sua capacidade de gerar impacto positivo para o mundo, principalmente em momentos de crise, o que, inevitavelmente, passa pela discussão e adoção de práticas que permeiam a vida humana, o meio ambiente e a sustentabilidade dos negócios, dentro dos princípios de ética e governança corporativa.

Posicionamentos sobre diversidade e, consequentemente, contra atos contrários a inclusão de grupos minoritários, a promoção de uma justiça e simplificação tributária, a análise criteriosa de todos os impactos ambientais do uso e descarte dos produtos comercializados, a adoção de práticas de proteção do ambiente de trabalho – inclusive no que tange à saúde mental dos empregados –, dentre outros temas, devem fazer parte da agenda de todo Departamento Jurídico *eco-friendly*.

A vida traz mudanças a cada instante. E o mundo jurídico acompanha essa evolução ao ter que analisar, por exemplo, os aspectos jurídicos do *metaverso* e das precauções que se deve ter nesse novo ambiente virtual.

O uso de informações e dados individuais de consumidores e clientes ganham cada vez mais relevância, cabendo a responsabilidade corporativa na tutela desses direitos que requerem consentimento e transparência das empresas que lidam com indivíduos e toda sua rede de informações, trazendo à tona discussões importantes sobre o tratamento ético, não invasivo ou inoportuno dos dados confiados à uma empresa, que, muitas vezes, vai, inclusive, além do que demanda a lei.

---

2 NOBRE JUNIOR, Edilson Pereira.O direito brasileiro e o princípio da dignidade da pessoa humana. Disponível em: <www.jus.com.br>.

Nesse ambiente de constante evolução e adaptação, temos que dar novo significado aos usos e costumes sociais, como fonte do direito que queremos ver aplicado na prática.

Nunca é demais lembrar que:

> São fontes formais não estatais do Direito:
>
> a) prática consuetudinária. Dentre as mais antigas formas de expressão do direito temos o costume. **A lei, por mais extensa que seja em suas generalizações, por mais que se desdobre em artigos, parágrafos e incisos, nunca poderá conter toda a infinidade de relações emergentes da vida social que necessitam de uma garantia jurídica, devido à grande exuberância da realidade, tão variável de lugar para lugar, de povo para povo.** Por isso, ante a insuficiência legal, é mister manter a seu lado, quando for omissa e quando impossível sua extensão analógica, as fontes subsidiárias do direito que revelem o jurídico[3] (grifos meus).

Desde o século XX e, principalmente com as crises que vem assolando a humanidade, com destaque às crises climáticas e humanitárias, tenho observado uma verdadeira ressignificação dos usos e costumes aceitáveis pela sociedade contemporânea. Construímos, como operadores do direito que somos, diariamente, novos preceitos e práticas que, de forma reiterada, irão se incorporar em algum ordenamento jurídico de leis e decisões judiciais que promoverão, como uma retroalimentação, a justiça social que a humanidade precisa para enfrentar novas crises.

As práticas sustentáveis das empresas devem ser fonte deste novo pacto social, que trata do coletivo, que evita abusos, que preserva o meio ambiente e que tem princípios de conformidade claros, transparentes, discutidos rotineira e abertamente pela alta liderança da empresa, para que possam, internamente, moldar os "usos e costumes" corporativos, podando desvios e modelando sua reputação. Esse é, felizmente, um caminho sem volta.

As regras de conformidade falam muito sobre a responsabilidade social da empresa que tem o papel, inclusive, de continuamente ser agente multiplicador

---

3 DINIZ, Maria Helena. Tomo *Teoria geral e filosofia do direito*. Edição de Junho de 2017, PUC/SP.

de seus valores para toda a cadeia de fornecedores e terceiros que fazem parte do seu ecossistema produtivo. Não basta mais o fazer na primeira pessoa. Deve-se promover o verbo conjugado coletivamente, de forma plural, abrangendo toda a cadeia de relações.

O uso de mediação, a diminuição de litigiosidade, a promoção de políticas públicas apartidárias, que promovam o bem-estar social e ambiental, a inclusão de grupos minoritários na tomada de decisões, a divulgação de uma matriz de riscos corporativos que vá além de riscos financeiros, a adoção de programa de prevenção de acidentes de trabalho, dentre outras práticas já estão construindo "usos e costumes" mais sustentáveis.

Recomendo que estejamos sempre atentos, clamando por condutas reiteradas e coerentes para a constituição da reputação de nossos clientes. Somos os guardiões dessas práticas que devem ir além do "cumprir a lei". Devem gerar impacto positivo para que as próximas gerações vejam esses usos e costumes sendo mandatórios, fiscalizados e com penalidades aplicadas para os desvios que porventura houver. É uma jornada da qual temos o privilégio de fazer parte como agentes transformadores de novas fontes de direitos e progresso social sustentável.

23.

INOVAÇÃO, ESG, DEPARTAMENTOS JURÍDICOS 4.0 E SUA GOVERNANÇA: CAMINHOS CONVERGENTES

Sandra Miguez[1]
Paula Hermógenes[2]

E eis que a quarta revolução industrial[3] bate à porta e muda drasticamente a maneira como vivemos, estudamos e trabalhamos. A digitalização das relações, a forma e rapidez como reunimos e processamos as informações é uma realidade que se impõe e da qual os Departamentos Jurídicos não escapam. Seja utilizando as novas tecnologias ou respondendo às questões que delas derivam, um "Departamento Jurídico 4.0" que caminhe *pari passu* com o mundo ao seu redor precisa estar apto a repensar as novas dimensões de riscos pertinentes, mitigações e responsabilidades. Nesse contexto se insere o onipresente ESG.

O que é isso afinal? Como tal termo ganhou relevância e passou a garantir presença na pauta de todos os negócios de peso e como o direito pode

---

1 Executiva jurídica baseada em Londres, com vasta experiência no manejo de questões multijurisdicionais (América Latina, Cuba, Brasil, Reino Unido e África subsariana). Gestora com foco em estratégias jurídicas aderentes aos objetivos de negócio. Forte atuação na indústria de bens de consumo, com destacada *expertise* nas áreas de governança corporativa e *compliance*.

2 Executiva com ampla experiência na formulação e implementação de estratégias de sustentabilidade em multinacionais dos setores de energia, transporte e bens de consumo. Gestora de times multifuncionais na Europa, Ásia e Américas com *expertise* nos temas: economia circular, responsabilidade socioambiental, descarbonização da cadeia de suprimentos, avaliação e redução do impacto ambiental de produtos e investimentos voltados à alta *performance* em ESG.

3 *The Fourth Industrial Revolution*, de Klaus Schwab.

amparar e resolver questões daí advindas? Essas são as questões que este capítulo pretende responder.

1. ESG E SUA ESCALADA COMO CRITÉRIO DE INVESTIMENTO – O QUE É ESG E O QUE COMPORTA

Muito em voga hoje, a sigla ESG não é nova. A sigla ESG (Environmental, Social and Governance credentials em uma tradução livre: critérios ambientais, sociais e governança corporativa) foi utilizada pela primeira vez em um relatório da Organização das Nações Unidas (ONU), de 2005, intitulado "Who Cares Wins[4]" ("Quem se importa ganha"), publicado em conjunto com 20 instituições financeiras (inclusive brasileiras).

Seu objetivo foi, desde sempre, definir recomendações para inclusão de aspectos de "ESG", como os exemplificados abaixo, na gestão de ativos e serviços financeiros.

E nvironmental (Ambiental)	S ocial impact (Impacto social)	G overnance (Governança)
• Mudança climática • Esgotamento de recursos • Resíduos • Poluição • Desmatamento	• Direitos humanos • Escravidão moderna • Trabalho infantil • Relações trabalhistas • Saúde e segurança	• Corrupção • Remuneração de executivos • Diversidade e inclusão • Engajamento político e doações • Tributação

Fonte: divulgação realizada pelo autor.

Sob a ótica da recomendação do relatório da ONU de 2005, o impacto dos negócios nas mudanças climáticas, o nível de exaustão causado em recursos naturais, o uso de trabalho infantil, o comprometimento no combate à corrupção, seriam utilizados como indicadores positivos ou negativos para o investimento de novos recursos.

Na lógica do "who cares, wins", as companhias com as melhores credenciais ambientais, com maior impacto social positivo e com sólida governança

---

4 The Global Compact "Who Cares Wins" Who Cares Wins – Connecting Financial Markets to a Changing World.

seriam aquelas mais bem posicionadas a receberem maiores investimentos financeiros por terem mais chances de longevidade ou sucesso no longo prazo. Com essa visão, mercados sustentáveis e com melhores resultados para a sociedade seriam impulsionados. Mas não só na comunidade financeira despertou-se o interesse pelo tema ESG. Governos e consumidores passaram a também pautar suas atividades pelo conceito.

A ascensão de ESG como alvo de políticas públicas também não é novidade. Entretanto, particularmente nos últimos 10 a 15 anos, os governos vêm dando crescente relevância ao tema tanto em função da necessidade de manterem a competitividade de seus países em um mundo cada vez mais globalizado – em que ESG já é um qualificador para o comércio internacional – como também para coibir a operação de empresas social e ambientalmente irresponsáveis em seu território. Critérios ESG só fazem crescer em relevância, sendo que alguns já são pré-requisitos para licitações ou concorrências enquanto outros tantos, como vedação ao trabalho infantil, por exemplo, são absolutamente inegociáveis.

Pode ser dito que, em termos de políticas públicas, a União Europeia como bloco segue como a principal lançadora de tendências. Mais recentemente, temos visto muitas das políticas e legislações relacionadas ao tema ESG cruzando fronteiras rapidamente e, principalmente entre os membros não europeus da OCDE[5], por exemplo, o Canadá, a Austrália e o Japão.

Ao mercado financeiro e gestores públicos se soma a sociedade, na forma de consumidores e investidores individuais. As mídias sociais contribuíram muito para a aceleração da conscientização em torno desses temas. Embora a Internet já esteja presente na vida dos eleitores e consumidores médios há no mínimo 15 anos em boa parte do mundo, a disponibilidade de informações via *smartphone* e a força das mídias sociais na formação de opinião e comportamento do público em geral também são notados pelos governos. Ao longo dos últimos anos foi possível observar:

- um aumento de temas de ESG entre ***trending topics*** das mídias sociais;
- a emergência de efeitos visíveis do aquecimento global bem como um consenso científico em torno do tema;

5 Organização para Cooperação e Desenvolvimento Econômico.

- maior consciência da aceleração da poluição e seus efeitos ao redor do mundo (especialmente em relação a materiais plásticos);
- maior visibilidade de práticas trabalhistas precárias e falhas governamentais devido à baixa aplicação de leis, via "vazamentos" de informações na imprensa formal e mídias sociais; e
- a predileção de certos grupos demográficos por investimentos mais éticos ("millenials" e geração Z) que, diferentemente das gerações anteriores, se expressam muito mais publicamente.

Justapostas às perspectivas e interesses desses três grupos (mercado financeiro, sociedade informada e gestores públicos), o que se tem é um esforço legislativo para alcançar as demandas da sociedade. Em um mundo globalizado, esse esforço legislativo passa a ter um componente adicional em diferentes jurisdições, qual seja a necessidade de harmonização dos termos relacionados a ESG, havendo grande foco dos gestores públicos neste sentido.

2. DO TRATAMENTO DO TEMA ESG POR GESTORES PÚBLICOS: TAXONOMIA EM SEDIMENTAÇÃO NA UNIÃO EUROPEIA, REINO UNIDO E O PAPEL DA NOVA CSRD (CORPORATE SUSTAINABILITY REPORTING DIRECTIVE)[6]

Não é novo o esforço de gestores públicos sobre o tema e mais avançada vai a Europa (países membros da EU, UK e Suíça). Desde 2011, observa-se o desenvolvimento de novas legislações relacionadas à matéria, havendo uma maior ênfase a partir de 2019, quando houve grande aceleração.

Como pode ser observado, dentre os temas relacionados à ESG, há uma predominância de novas diretivas e legislações sobre o Meio Ambiente, uma manutenção/ratificação dos diversos atos contra condições de trabalho análogas à escravidão (*anti-modern slavery*) via expectativas mais claras com relação a *due diligences* (ex.; regulações relacionadas a *conflict minerals*) e um foco no setor fi-

6 Relatórios ESG deverão estar alinhados com a nova diretiva em 1º de janeiro de 2024, com relação a dados relativos ao ano-fiscal de 2023.

nanceiro – e diretamente relacionado ao mesmo, na forma como grandes empresas divulgam informações sobre sua *performance* em ESG e as características de seus produtos.

Como os temas de ESG despertam interesse do grande público, nota-se uma preocupação dos legisladores em evitar abusos comerciais que possam induzir a erro ou desinformar o consumidor comum, que encontra-se hoje mais bem informado, mas ainda não experto no assunto.

A taxonomia proposta pela União Europeia tem por objetivo definir precisamente termos comumente usados em relatórios corporativos. Assim, por exemplo, a diretiva define o que pode ser considerado energia renovável, o que significa economia circular, papéis e responsabilidades entre setor público e privado etc.

O esquema abaixo indica a evolução das normativas ligadas ao tema ESG:

Jun '11
- Conselho de Direitos Humanos da ONU aprova Princípios sobre Negócios e Direitos Humanos

Dez '14
- Diretiva sobre relatórios não financeiros em vigor

Mar '16
- Ato antiescravidão moderna entra em vigor no Reino Unido

Nov '16
- Acordo de Paris entra em vigor

Jun '17
- A força-tarefa para publicação de informações financeiras relacionadas às mudanças climáticas (TCFD) publica seu relatório final com recomendações às empresas

Mar '18
- EU lança Plano de Ação para o financiamento do desenvolvimento sustentável

Jun '19
- Diretiva sobre Plásticos Descartáveis de uso único entra em vigor na UE

Dez '19
- UE lança iniciativa para a revisão da Diretiva sobre relatórios não financeiros em linha com as recomendações da TCFD de 2017 e apresenta o "EU Green Deal"

Mar '18
- UE lança proposta para um "Green Bond Standard"

Abr '20
- Comissão da UE anuncia proposta tornando diligências relacionadas a Direitos Humanos mandatórias para Companhias Europeias a partir de 2021

Jul '20
- Taxonomia da UE para temas ambientais entra em vigor

Aug '20
- UK anuncia que introduzirá também legislação sobre diligências anti-desmatamento

Set '20
- Fundação internacional que regula os relatórios contábeis (IFRS) lança consulta pública para o desenvolvimento de um padrão para relatórios de sustentabilidadde

Nov '20
- Suiça vota pela adoção de relatórios ESG e nova lei sobre diligências

Jan '21
- Legislação européia sobre "conflict minerls" ou metais minerados em zonas de conflito entra em vigor

Abr '21
- Taxonomia da UE: ato com critérios técnicos aplicáveis às atividades com potencial contribuição ambiental é publicado
- Proposta de Diretiva referente à Sustentabilidade Corporativa é publicada

Jul '21
- Comissão européia propõe regulamentação de "green bonds" lançados voluntariamente pelas empresas

Até o fim Dez '22 (Previsão)
- Comissão europeia prevê adoção de critérios técnicos para regular objetivos remanescentes da Taxonomia Ambiental no que diz respeito ao uso e proteção de ambientes aquáticos, recursos marinhos etc. propostos como parte da transição para economia circular, prevenção de poluição, proteção e restauração da biodiversidade e ecossistemas

Fonte: divulgação realizada pelo autor.

Além da Europa, países membros da OCDE têm seguido a mesma tendência de amplificação na transparência e padronização na divulgação de informações.

No setor privado, como resultado da aceleração regulatória e maior nível de transparência e detalhamento de informações exigidos, as empresas com ações negociadas em bolsa, cada vez mais, buscam auxílio jurídico especializado para que as suas declarações em sites da internet, em rótulos de produtos, e finalmente, elaboração e divulgação de resultados (relatórios anuais e/ou de sustentabilidade) sejam feitas no mais adstrito cumprimento legal.

Enfim, hoje, mais do que nunca, toda informação pública relacionada a ESG está sujeita à verificação que pode confirmar boas práticas ou, em caso contrário, resultar em riscos de ordem jurídica e reputacional.

De área de interesse da ONU a um espaço cada vez mais regulado, temas referentes ao tema ESG passaram a fazer parte de campanhas políticas e, consequentemente, mais modernas e prescritivas legislações/regulamentações.

O ESG se consolida então como "megatendência". Entretanto, tal proeminência não vem sem consequências. A forma como empresas publicam seus relatórios de ESG, como calculam suas métricas, como embasam as informações que divulgam nos rótulos de seus produtos e, também como bancos e corretoras compõem seus fundos de investimento sustentáveis, por exemplo, vem sendo, cada vez mais, alvo de criteriosa análise não só de seus reguladores, competidores e/ou investidores, mas também da mídia, organizações não governamentais e da sociedade em geral.

A facilidade de obtenção e manejo de informações em um ambiente altamente digitalizado e via de mão dupla, já que consumidores de produtos e serviços e investidores individuais são cada vez mais bem informados.

Empresas listadas em bolsas preocupam-se cada vez mais com a fundamentação de suas publicações relacionadas ao tema ESG, uma vez que o que se publica é alvo não só da análise de profissionais humanos, mas também da análise de *softwares* criados para comparar informações de uma mesma empresa em diferentes lugares (por ex., cruzamento de dados de seu relatório anual ou de ESG com uma submissão a investidores ou agência especializada em *rating* ESG (p. ex., MSCI etc.).

Na União Europeia, uma proposta de atualização da diretiva CSRD determinando como as empresas devem reportar suas informações relativas à sustentabilidade corporativa encontra-se em análise. Tal atualização contém propostas de caráter altamente prescritivo sobre o que deve ser auditado externamente e também com relação ao uso de tecnologia (como os termos que devem ser digitalmente marcados para facilitar a leitura do relatório por parte de ferramentas digitais). Assim, o nível de escrutínio se agiganta e também a precisão com que estes dados são analisados, comparados e criticados.

Dessa forma é que, como consequência natural da avaliação mais precisa e automatizada de dados, temos a exposição reputacional e a necessidade de avaliação jurídica de tudo aquilo que se publica. Não surpreende então trazer à equação o Jurídico que se pretende 4.0.

A esse departamento jurídico, em sintonia com a revolução digital e as necessidades das corporações, cabe então perguntar qual o nível de atenção e quais os mecanismos criados para que as empresas possam garantir a devida governança ao processo que convalida e fundamenta as narrativas e dados relacionados a ESG em seus relatórios, demonstrações de resultados ou produtos. **Nessa linha de raciocínio, um Departamento Jurídico que se pretende 4.0, definitivamente, tem um papel de alta relevância a desempenhar, como passaremos a ver.**

3. AS RESPONSABILIDADES ADVINDAS DOS RELATÓRIOS ESG E O PAPEL DO DEPARTAMENTO JURÍDICO

Como foi visto até agora, o ambiente em torno de questões ESG encontra-se aquecido e as demandas por informações e relatórios crescem em ritmo acelerado.

Nessa linha da rapidez em que o cenário ESG vem se alterando, interessantíssimo artigo publicado no site do World Economic Forum argui que o que é financeiramente material para uma corporação ou indústria hoje, talvez não o seja amanhã, em razão de um processo denominado "materialidade dinâmica"[7].

Esse mesmo artigo defende a noção que identificar as questões que não são materiais hoje, mas serão no futuro, é uma capacidade sem a qual os investidores não poderão viver. É precisamente nesse espaço que departamentos jurídicos

---

7 Fonte: <https://www.weforum.org/whitepapers/embracing-the-new-age-of-materiality-harnessing-the-pace-of-change-in-esg>.

bem equipados, seja sob a perspectiva digital ou sob a perspectiva da experiência de seus membros, deverão exercitar um olhar mais aguçado.

O processo produtivo do presente e as declarações de ESG daí advindos deverão ser estudados com vistas ao futuro, onde a declaração de ESG de hoje se torna a causa de pedir em um litígio de amanhã. Indo mais além, as questões não se adstringem tão somente ao alcance local. As questões ESG têm um alcance global, o que engrandece sua materialidade. Esse entrelaçamento entre o presente e o futuro e o local e o global já tem deixado suas marcas na jurisdição brasileira.

Em termos de marco regulatório, o Brasil começa a movimentar-se na mesma direção do mercado global. Em 22 de dezembro de 2021, foi publicada a resolução CVM n. 59, que ditou novas regras para o formulário de referência, documento obrigatório para companhias listadas em bolsa. Diferentemente do que se vê na Europa, onde a CSRD será obrigatória a partir de 2023, com relatórios em 2024, a CVM alterou a norma com respeito a ESG de forma a orientar o mercado e não obrigá-lo.

Mas... o progresso é inexorável. Como acabamos de ver, até que se chegasse ao presente estágio, a regulamentação na Europa passou por um sem número de versões até seu formato atual, com uma significativa aceleração nos últimos anos.

E, antes mesmo que tais normas aterrissem em caráter mandatório no Brasil, já é possível identificar ativismo judicial tendo os componentes ESG como causa de pedir em ações ligadas à atividade empresarial.

Já são plurais os exemplos de litígios:

a) A descarbonização das cadeias de suprimentos é fundamental para atingir metas climáticas ambiciosas (CDP – Carbon Disclosure Project, 2020). As causas do desmatamento, por exemplo, e como combatê-lo estão intrinsecamente ligadas às cadeias produtivas de carne bovina, óleo de palma e soja (Lambin et al., 2018). A esse respeito, recentemente foi proposta ação contra a rede francesa de supermercados Casino por povos indígenas da Amazônia brasileira e colombiana e ONGs da França e dos EUA.

O caso usa evidências do Center for Climate Crime Analysis que sugerem que Casino teria comprado carne bovina de três frigoríficos que, por sua vez, utilizaram 592 fornecedores primários que foram responsáveis por pelo menos

50.000 hectares de desmatamento entre 2008 e 2020. O caso é explicitamente fundamentado no "dever de vigilância" previsto no Código Comercial francês, que exige que as empresas realizem a devida diligência em direitos humanos e ambientais em suas operações e cadeias de suprimentos. A ação também busca relativamente pouco em danos (US$ 3,7 milhões, enquanto as receitas latino-americanas do Casino chegaram a US$ 15 bilhões em 2020).

No entanto, é possível que o processo abra a porta para aumentar as ações legais contra empresas que violam as leis de desmatamento (Chain Reaction Research, 2021)[8].

b) Ministério Público de São Paulo *vs.* United Airlines e outros – ação buscando o reflorestamento para compensar a emissão de gases de efeito estufa e outros poluentes. O Ministério Público de São Paulo trouxe um conjunto de diversos processos que buscam obrigar as companhias aéreas que utilizam o aeroporto internacional da região a compensar suas emissões.

Espera-se que o tribunal consolide os processos contra os vários arguidos: United Airlines, TAAG Linhas Aéreas de Angola, Delta Airlines, Cia. Mexicana, Emirates Airlines, Aerolineas Argentinas e South African Airways. O meio de compensação solicitado foi o apoio ao reflorestamento na região. O tribunal rejeitou os processos contra várias das companhias aéreas alegando que não tinha jurisdição sobre as reivindicações[9-10] – Civil Appeal n. 000292010.2014.4.03.9999.

c) A mineradora brasileira Vale, por sua vez, encontra-se envolvida em litígios de fraude de valores mobiliários há vários anos. Tais litígios relacionam-se a alegadas deturpações em declarações públicas, aí incluídos relatórios de sustentabilidade e os compromissos assumidos pela empresa relativos ao meio ambiente, saúde, segurança e mitigação de riscos corporativos. Após o rompimento da barragem de Fundão, em

---

8 Fonte: <https://www.lse.ac.uk/granthaminstitute/wp-content/uploads/2021/07/Global-trends-in-climate-change-litigation_2021-snapshot.pdf>.

9 Sao Paulo Public Prosecutor's Office *vs*. United Airlines and Others – Climate Change Litigation (climatecasechart.com).

10 Fonte: <http://climatecasechart.com/climate-change-litigation/>.

2015, e na mina Córrego do Feijão, em 2019, os tribunais distritais de Nova York analisaram declarações públicas da Vale para avaliar se eram representações de "fatos atuais ou históricos" relacionadas às medidas afirmativas que a empresa teria tomado em relação ao meio ambiente, saúde e segurança.

O fato de a Vale ter feito declarações específicas sobre as práticas então existentes para monitorar a estabilidade das barragens rompidas pode ser a base para um questionamento com fulcro na regra 10b-5 (regra da Securities and Exchange Commission para tratar do Emprego de Práticas Manipulativas e Enganosas)[11].

Os exemplos são claros e a conclusão é óbvia. Ainda que não obrigatórias[12], as empresas devem permanecer atentas aos possíveis riscos legais e custos de litígio que podem estar associados à divulgação voluntária dessas informações.

Trouxemos como exemplo a legislação de valores mobiliários, mas a responsabilidade potencial pode surgir de outros estatutos e regulamentos, como leis de proteção ao consumidor. O fato é que são incontestes os riscos de litígio associados à divulgação desatenta de marcadores em ESG.

As empresas devem garantir[13] que as declarações nos relatórios ESG sejam apoiadas por fatos ou dados e devem limitar declarações excessivamente aspiracionais.

As declarações feitas nos Relatórios ESG têm grande potencial de geração de litígio sendo que, sob um olhar mais cauteloso, as empresas deveriam, em princípio:

a) Divulgar apenas o que for preciso e relevante, encontrando a fina sintonia entre o insuficiente e o excessivo.
b) Submeter os relatórios a um "rigoroso processo de revisão interna para garantir precisão e integridade", como preconiza a Câmara de Comércio dos EUA, em suas Melhores Práticas de Relatórios ESG.
c) Atentar para o linguajar utilizado em seus relatórios, já que declarações assertivas representam maior risco do que as omissões e compromissos

---

11 Growing ESG Risks (bakermckenzie.com).

12 Fonte: <https://corpgov.law.harvard.edu/2020/08/03/legal-liability-for-esg-disclosures/>.

13 Fonte: <https://corpgov.law.harvard.edu/2020/08/03/legal-liability-for-esg-disclosures/>.

assumidos em relatórios ESG são evidentemente mais litigiosos do que as declarações aspiracionais ali contidas.

d) Empregar auxílio especializado para verificação do cumprimento legal tanto na execução de seus processos quanto na forma por meio da qual divulgam seus resultados[14].

e) Conscientizar-se que, além, da padronização de métricas, elementos advindos do avanço tecnológico como as informações geradas via inteligência artificial ou *blockchain* estão redefinindo o comportamento corporativo e, particularmente, aquilo que se entende por integridade na gestão das cadeias de suprimentos. O alto grau de detalhamento e rastreabilidade faz com que questões que antes teriam alcance local e, portanto, materialidade reduzida, hoje tenham audiência global com materialidade muito superior, tornando-se públicas muito mais rapidamente[15].

Convergimos integralmente com o desenlace trazido no artigo Growing ESG Risks[16], que defende que, à medida que as empresas aumentam seus relatórios e declarações ambientais, sociais, de governança (ESG) em resposta às demandas do mercado e dos acionistas, os litígios igualmente se avolumam e apresentam crescente sucesso.

Teorias inventivas estão sendo apresentadas para atacar diretamente as empresas por supostas deficiências operacionais e de desempenho relacionadas ao ESG.

Existe ainda um crescente esforço para responsabilizar as empresas por má conduta dos fornecedores. A expansão do litígio para cadeias de suprimentos relacionadas sinaliza uma necessidade crescente de gerenciar cuidadosamente programas, desempenho e declarações de ESG.

Uma visão meticulosa sobre as declarações públicas e suas consequências são imperativas. O Departamento Jurídico 4.0 deve estar sempre atento, vigilante e municiado com ferramentas de inteligência artificial e *data analytics* que permi-

---

14 Fonte: <http://climatecasechart.com/climate-change-litigation/non-us-case-category/corporations/page/2/>.

15 Fonte: <http://climatecasechart.com/climate-change-litigation/non-us-case-category/corporations/page/2/>.

16 Growing ESG Risks (bakermckenzie.com).

tam levantar e agrupar informações a partir de diversos recortes, de forma que potenciais litígios e riscos reputacionais sejam antevistos, sendo os maiores deles[17]:

1) Alegações consumeristas sobre rótulos de produtos (questionamento sobre selos de conteúdo ESG e omissões); e
2) Reivindicações desafiando declarações do ESG em relatórios da empresa, sites e outros materiais de *marketing*.

Os departamentos jurídicos serão chamados a dedicar cada vez mais atenção e recursos ao seu processo de *performance* e relatórios e divulgação do ESG – desde a determinação das áreas programáticas do ESG até a coleta e divulgação de informações sobre elas, inclusive no que diz respeito às suas cadeias de suprimentos.

Uma gestão jurídica cuidadosa e precisa do desempenho e divulgação do programa ESG será cada vez mais necessária.

Sabemos que a lei sempre estará um passo atrás da inovação, mas isso não significa que não irá alcançá-la. É dever do Departamento Jurídico 4.0 olhar para o presente, mas sempre considerando o futuro.

REFERÊNCIAS

Just Transitions Framework – Framework-for-Just-Transitions_Download.pdf (justtransitioninitiative.org).

Principles for Responsible Investment – An investor initiative in partnership with UNETP Finance Initiative and the UN Global Compact – <https://www.unpri.org/download?ac=10948>.

Proposal for a Corporate Sustainability Reporting Directive (CSRD) – <https://ec.europa.eu/info/publications/210421-sustainable-finance-communication_en#csrd>.

TCFD – Taskforce on Climate Change Financial Disclosures – <https://www.fsb-tcfd.org/>.

Taskforce on Nature-related Financial Disclosures – <https://tnfd.global/>.

---

17 Fonte: <https://www.bakermckenzie.com/-/media/files/insight/publications/2020/10/growing_esg_risks_the_rise_of_litigation.pdf>.

The Global Compact – Who Cares Wins – Connecting Financial Markets to a Changing World – <https://www.unepfi.org/fileadmin/events/2004/stocks/who_cares_wins_global_compact_2004.pdf>.

World Business Council for Sustainable Development (WBCSD), "Materiality in Corporate Reporting – a white paper focusing on the food and agriculture sector" – <http://docs.wbcsd.org/2017/form/WBCSD_Materiality_Report.PDF>.

WEF (World Economic Forum) Embracing the New Age of Materiality Harnessing the Pace of Change in ESG – <https://www.weforum.org/whitepapers/embracing-the-new-age-of-materiality-harnessing-the-pace-of-change-in-esg>.

24.

O JURÍDICO DOS NOVOS MODELOS DE NEGÓCIOS

Atademes Branco Pereira[1]

1. DOS NOVOS MODELOS DE NEGÓCIOS – UBER

Travis Kalanick e Garret Camp, caso tenham consultado alguma grande banca de advocacia antes de ofertar seu novo negócio, inicialmente denominado Ubercab e, posteriormente, Uber, devem ter recebido um parecer com uma conclusão nos seguintes moldes:

> Entendemos que existe o risco de as autoridades governamentais concluírem que se trata de atividade irregular de transporte público (serviço clandestino de táxis), estando sujeita, portanto, a ordem de interrupção imediata, multa pecuniária e, ainda que remotamente, sanções penais.

---

1 Advogado. Bacharel em Direito pela Universidade Federal do Rio de Janeiro (2000), com Pós-graduação *Latu Senso* em Finanças e Controladoria pela Universidade Federal Fluminense (2002), especialização em Direito Societário pela Fundação Getulio Vargas (2002) e MBA Executivo pela Fundação Dom Cabral (2019). Atualmente, Diretor Jurídico da Bemobi Mobile Tech S.A., companhia atuante no setor de tecnologia e listada no segmento Novo Mercado da B3. S.A Brasil, Bolsa, Balcão e atividades em mais de 70 países. De 2015 a 2020, foi gerente corporativo da Iochpe-Maxion S.A., empresa no setor automotivo com plantas em 14 países. De 1998 até 2015, foi membro do Barbosa, Müsnich & Aragão Advogados em diversas áreas, tais como M&A e Mercado de Capitais. Desde 2015, é pai da Catarina!

> Adicionalmente, os tribunais podem entender que os condutores prestadores dos serviços são, de fato, empregados e não terceiros independentes, tratando-se o esquema contratual de fraude aos direitos dos trabalhadores. Nesse passo, poderão exigir o pagamento de todos os benefícios trabalhistas oriundos da regulamentação em vigor, incluindo também encargos previdenciários e tributários, acrescidos das multas aplicáveis.

Enfim, algum renomado jurisconsulto pode ter apresentado assim suas saudações ao Uber!

Todavia, Travis Kalanick e Garret Camp não acreditavam ter em mãos uma sofisticada empresa de táxi pirata, mas sim um novo modelo de negócios consubstanciado pela intermediação de serviços entre o transportador e passageiro, por meio de nova tecnologia embarcada em aparelhos de telefones celulares e com a utilização de meio diferenciado de pagamento, o qual dispensava a manipulação de dinheiro vivo.

Esse modelo de negócio concorreria com os serviços de transportes púbicos existentes, particularmente o de táxis, oferecendo uma nova experiência ao usuário, o qual saberia previamente quem seria seu condutor e sua respectiva reputação com base e um sistema de pontos. Almejava-se o fim das várias agruras sofridas pelos passageiros de táxis, tais como (i) longas esperas ou indisponibilidade; (ii) motoristas mal-educados; (iii) carros em mal estado de conservação; (iv) percursos longos com o propósito de aumento de tarifa; (v) motoristas sendo explorados por empresas de táxis ou cooperativas, tendo que se submeter a infindáveis horas de trabalho por uma remuneração mínima.

O novo modelo de negócios desestabilizaria o *status quo*, imporia um novo padrão e estava fadado a ser disruptivo.

De fato, Travis Kalanick e Garret Camp receberam ordem de suspensão do Uber sob pena de multa milionária e até prisão[2]. Enfrentaram ações trabalhistas. Além disso, eles foram (em conjunto com as autoridades reguladoras e os motoristas de Uber) alvos da ira dos taxistas. Tal fenômeno ocorreu em grande parte dos mercados onde o Uber ingressou.

---

[2] Em outubro de 2010, no início de suas atividades, o Ubercab recebeu uma ordem da prefeitura de São Francisco ordenando a suspensão dos serviços de táxis ilegais, sob pena de multa pecuniária e prisão por 90 dias. Vide em: *Uber:* Changing the way the world moves. Moon, Youngmee. Harward Business School. 9-316-101. Ver. Jan 4, 2017.

No Brasil, taxistas passaram a depredar os veículos de *chauffeurs* de Uber, inclusive havendo eventos em que proprietários de automóveis tiveram seus bens dilapidados por serem confundidos com motoristas de Uber[3]. Tribunais decidiram que condutores de Uber faziam jus aos benefícios da Consolidação das Leis do Traballho[4]. Prefeituras proibiram o Uber[5].

Ao final, o monopólio dos taxistas foi gradualmente encerrando-se em inúmeras jurisdições, contando, por diversas vezes, com o apoio dos usuários dos serviços do Uber. Motoristas que alugavam licenças de táxis por preços exorbitantes se encontraram no Uber sua redenção. Cidades menores e áreas de periferia, onde serviços de táxis eram caros, escassos ou até mesmo inexistentes, passaram a contar o novo modelo de transporte. Os taxistas se reciclaram. Verifica-se que houve uma melhora significativa no transporte público, apesar de mais recentemente verificar-se que as antigas mazelas do sistema de táxis já passaram a atingir o Uber. Não obstante, ainda há várias jurisdições que proíbem o Uber sob os surrados argumentos de sempre.

Hoje, sabemos que nem todos os benefícios à sociedade inicialmente propalados pelo Uber para seu estabelecimento no mercado se tornaram realidade. Curiosamente, várias das mazelas dos taxistas tornaram-se prática no Uber também. Não é incomum que motoristas desapareçam em dias de chuva ou façam trajetos curtos de cara feia.

Não obstante, é inegável que o modelo de negócio do Uber venceu, inclusive, sendo adotado, *mutatis mutandis*, com sucesso, por várias outras empresas

---

3 O presidente do Simtetaxis, Antonio Matias (Ceará), em virtude do equívoco cometido com o proprietário do Corsa, Jorge Carlos Ferreira Santos, na manifestação da última terça-feira (10/05), afirma que vai prestar todo atendimento necessário visando reparação do seu patrimônio. Disponível em: <https://jovempan.com.br/programas/sindicato-dos-taxistas-vai-pagar-conserto-de-carro-confundido-com-uber.html>.

4 O TRT 15 (Tribunal Regional do Trabalho da 15ª Região), em Campinas, acolheu um parecer do MPT (Ministério Público do Trabalho) e proferiu um acórdão reconhecendo o vínculo empregatício de um motorista com a Uber. Ele prestou serviços por meio do aplicativo durante mais de um ano. Disponível em: <https://www.uol.com.br/tilt/noticias/redacao/2021/04/28/justica-do-trabalho-reconhece-vinculo-empregaticio-de-motorista-da-uber.htm?cmpid=copiaecola>.

5 Agora o Uber é ilegal na cidade do Rio de Janeiro. A Lei n. 6.101 que proíbe o Uber e qualquer outro aplicativo de transporte remunerado de passageiros em veículos particulares que atuem na capital fluminense sem registro foi sancionada pelo prefeito Eduardo Paes e publicada no *Diário Oficial* na segunda-feira, 28. Disponível em: <https://www.bitmag.com.br/prefeito-do-rio-de-janeiro-sanciona-lei-que-proibe-uber-na-cidade/#:~:text=A%20Lei%206.101%20que%20pro%C3%ADbe%20o%20Uber%20e,O%20Uber%2C%20entretanto%2C%20n%C3%A3o%20se%20deu%20por%20vencido>.

em setores além do transporte urbano. Inegavelmente, o Uber foi um agente de mudanças de legislações mundo afora.

O caso do Uber apresenta um exemplo de que novos modelos de negócios (a) podem preceder o direito, na medida em que certas legislações são omissas; ou (b) possuem o condão de alterar legislações quando estas vetam determinadas atividades. Como vaticinou Bobbio, "o direito chega sempre atrasado é um obstáculo a mudanças"[6].

Um novo modelo de negócios não necessita ser tão polêmico quanto o Uber para suscitar debates jurídicos. A inovação trazida por modelos de negócios diferenciados, especialmente quando envolvem tecnologias modernas, configura um amplo manancial de discussões legais. As plataformas de *streaming*, o uso de *softwares* em *cloud*, *IoT*, *IA* e tantas outras tecnologias mais recentes trouxeram à baila diversas questões ligadas à propriedade intelectual, tributação, crimes cibernéticos, direitos humanos, dentre várias outras.

Como sempre, as lacunas legais e a morosidade de nossos processos legislativos e judiciais em lidar com eventos atuais não cooperam para o desenvolvimento ágil de novos modelos de negócios e acabam no rasto destes.

Nesse diapasão, em julgamento ocorrido em 18 de fevereiro de 2021, o Supremo Tribunal Federal alterou seu posicionamento em relação a tributação de *softwares* e excluiu a incidência do ICMS sobre operações que envolvam o licenciamento ou a cessão de direito de uso de programas de computador, decidindo que nesses casos incide o ISS. A discussão, iniciada na era dos CDs (alguém lembra deles?) se arrastou até após a extinção, sendo exarada na época do *Cloud* e do SaaS.

Por outro lado, mais recentemente, com o advento da pandemia causada pelo vírus Covid-19, vimos que os fatos se impõem e, quando há vontade política a roda gira. Por exemplo, o modelo de trabalho *home office* prosperou, fato este anteriormente tão difícil em face dos termos da legislação trabalhista então em vigor. Discussões sobre controle de ponto, despesas com *internet* e eletricidade, segurança do trabalho etc., foram solucionadas rapidamente graças ao *animus* de todos envolvidos (empregadores, empregados, poderes executivo, legisla-

---

6 Norberto, Bobbio. *Da estrutura à função*: novos estruturas da teoria do direito. São Paulo: Manole, 2007, p. 94.

tivo e Judiciário). Sem sombra de dúvidas, ainda há diversas questões a serem mais bem equalizadas (*e.g.*: horas extras), mas, não fosse a Covid-19, várias discussões inócuas ou de baixo valor intelectual sobre o *home office* perdurariam por anos a fio.

2. O JURÍDICO 4.0 E OS NOVOS MODELOS DE NEGÓCIOS

O apoio jurídico, seja do *in-house* ou *outside cousel*, é elemento importante para o sucesso dos novos modelos de negócios desenvolvidos em mundo VUCA[7]. O advogado moderno, dinâmico, tecnológico, tomador de riscos (sem que isso implique violação de leis e princípios) é figura crítica no processo de desenvolvimento de novos modelos de negócios. Porém, o consultor jurídico não está sozinho nessa jornada, da idealização até a sua implementação os novos modelos de negócios exigem conhecimentos multidisciplinares, os quais vão muito além das cátedras das faculdades de direito.

Além do conhecimento profundo do direito, necessidade básica de todo advogado, cabe ao Advogado 4.0 o conhecimento de novas tecnologias que o auxiliarão sobremaneira. Existem inúmeros *softwares* e AI no mercado que hoje substituem tarefas antes realizadas por advogados, especialmente os mais juniores. Anteriormente, pesquisas jurisprudenciais ou doutrinárias sobrecarregavam o time *sheet* dos advogados e precisava-se de um batalhão para a realização de diligência legal, mas hoje isso não é necessariamente realidade.

2.1 Trabalho multidisciplinar

Mister se faz, por óbvio, entender o modelo de negócio antes de analisá-lo à luz da legislação, doutrina ou da jurisprudência. Isso, *per si*, pode ser algo complicado. Modelos de novos negócios, na maioria dos casos, envolvem questões alheias à *expertise* do operador do direito. Novas tecnologias, produtos ou serviços podem envolver uma gama de aspectos que somente profissionais da respec-

---

7 VUCA é um acrônimo inglês, que significa volatilidade (volatility), incerteza (uncertainty), complexidade (complexity) e ambiguidade (ambiguity), uma combinação de qualidades que, em conjunto, caracterizam a natureza de algumas condições e situações difíceis. O conceito surgiu em 1987 com base nas teorias de liderança de Warren Bennis e Burt Nanus, dois grandes estudiosos norte-americanos sobre o tema, responsáveis, entre outras atividades, por mentorar ex-presidentes norte-americanos.

tiva área (saúde, tecnologia, engenharia etc.) conseguem compreender ou explicar com maestria. É primordial que os advogados saibam trabalhar com seus *experts* das demais áreas.

A interdisciplinaridade para apoio ao novo modelo de negócios também ocorre dentro dos campos do direito. Se na medicina uma junta médica pode ser necessária, no direito pode-se requerer o trabalho de uma grande banca. Por vezes, a junção de vários advogados para atacar um mesmo problema por seus diversos ângulos é mandatória.

A especialização em temas além do direito e o convívio diário com áreas operacionais também são instrumentos poderosos para um advogado na área de novos negócios. Se outrora o mestrado ou doutorado em direito era caminho natural ao advogado, hoje os cursos de MBA estão repletos de advogados.

Por outro lado, e menos óbvio, saliente-se que os empreendedores também devem compreender o direito. Administradores, engenheiros, médicos, biólogos devem, tanto quanto possível, entender o negócio sob o aspecto jurídico. Cabe ao Advogado 4.0 liderá-los nesse processo de aprendizado. Tão importante quanto conhecer o direito é saber ensiná-lo.

No complexo mundo dos novos negócios, interdisciplinaridade consubstancia uma das chaves para o sucesso.

2.2 Das fontes do Direito

O advogado, não o legislador ou os tribunais, é usualmente o primeiro a se deparar com questões jurídicas que envolvem modelos de novos negócios. Elaborar pareceres e expressar opiniões jurídicas sobre temas novéis é intrínseco ao exercício da advocacia.

Como enfrentar tais questões ou desafios?

Entendo que o primeiro movimento seja a tipificação do negócio à luz da regulamentação em vigor. Tipificar é encaixar o negócio em uma hipótese legal existente. Jocosamente, indago que é tarefa similar àquela no jardim de infância em que a criança deve encaixar as formas no seu lugar correto! Uma vez tipificado o negócio, sabe-se os próximos passos a seguir, tais como obtenção de licenças (se aplicável), registros em órgãos públicos, contratos necessários e por aí vai.

O problema surge quando a forma em mãos não se encaixa adequadamente no tabuleiro...

Tecnicamente versando sobre o tema: a questão que se põe desafiadora ocorre nos casos em que o negócio em apreciação não se encaixa perfeitamente no arcabouço legal. A solução, em muitos casos, passa pela busca nas fontes indiretas do direito para o deslinde do problema. Recorre-se à analogia, costumes e princípios gerais do direito, assim como a jurisprudência, doutrina ou equidade, almejando-se alcançar uma solução.

Por mais complexo ou novel que algo seja, existe sempre a possibilidade de que uma solução anterior, ainda que para outro problema seja ideal. Faço, a esse respeito, um paralelo com a medicina. Quando uma nova enfermidade é diagnosticada, busca-se o remédio dentre aqueles já existentes, em que pese estes servirem, em princípio, para outras doenças. Essa é uma técnica científica de abordagem de um problema.

Assim, a analogia põe-se como uma das principais ferramentas do operador do direito:

> A analogia se subdivide em legal: aquela que utiliza outra lei para casos semelhantes e analogia jurídica aquela que utiliza outras fontes do direito que não a lei. Para a aplicação da analogia exige-se três requisitos: 1) que o fato em questão não seja regulado de forma específica e expressa pela lei; 2) que a lei regule hipótese similar; 3) que a semelhança essencial entre a situação não prevista e aquela prevista na lei tenham a mesma razão jurídica[8].

Todavia, a analogia pode ser uma falsa amiga. Ao aplicá-la ao Uber, poder-se-ia concluir que o mesmo se trata de serviço de táxi. Não seria irrazoável argumentar que a utilização de um *app* para conexão entre *chauffeur* e passageiro não teria o condão de desvirtuar o serviço de táxis, assim como a prévia existência de uma central telefônica para chamada não o fez.

Ainda, a doutrina pode prestar o socorro. O advogado é um escritor contumaz. Talvez um dos poucos profissionais que entrega seu ganha pão (o conhecimento) tão democraticamente em prol do desenvolvimento social. E muitas vezes o advogado o faz gratuitamente, como verificado na infinidade de artigos

---

8 RODRIGUES, Lucas Amadeo Lucchi. Disponível em: <https://jus.com.br/artigos/78184/fontes-do-direito-conceito-e-classificacoes>.

que se encontram disponíveis na *world wide web*, seja em *sites*, *blogs*, redes sociais, palestras no estilo Ted Talk... É plausível que alguém já tenha refletido sobre um determinado tema ainda que não o tenha enfrentado na prática. O operador do direito, na sua maestria, sempre levanta hipóteses e busca antever o deslinde de situações futuras.

Sobre o exposto, abro parênteses para mencionar recente coletânea de artigos sobre negócios no Metaverso publicados pelo escritório em que advoguei por quase duas décadas[9]. Parte do mundo físico encontra-se em processo de migração para o mundo virtual. Vamos entrar na Matrix, digo, no Metaverso! E lá diversos novos modelos de negócios estão sendo desenvolvidos ou surgirão em breve. Tudo ocorrerá no Metaverso: prestação de serviços, compra e venda de bens tangíveis e intangíveis, pagamentos por meio eletrônicos! E meus ex-colegas já refletem sobre desafios que se pode vislumbrar. Para muitas questões formuladas ainda não há respostas, porém, conhecer o problema é o primeiro passo para solucioná-lo. É um trabalho de primeira linha que ilustra muito do que descrevi acima: (i) interdisciplinaridade para atacar uma questão; (ii) análise da regulamentação em vigor e de suas lacunas; (iii) aplicação das fontes do direito ao caso em análise para a busca de uma resposta.

Por fim, não menos relevante para desenvolvimento de um novo modelo de negócios são o costume, a moral, a ética e demais princípios de direito. Valores de uma sociedade podem indicar sua reação vindoura diante de determinada situação. O advogado 4.0 deve estar atendo a isso.

3. DOS ADVOGADOS DIANTE DE NOVOS MODELOS DE NEGÓCIOS

Não é incomum depararmos com os advogados do tipo "pode, porém" ou "não pode" quando questionados sobre novos modelos de negócios. Os primeiros, por exemplo, apegam-se ao princípio legal de que, se não há vedação, permitido é! Porém, por medida de resguardo, recheiam suas opiniões legais com ressalvas e deixam a decisão para o cliente. As ressalvas podem ser mais ou

---

9 Disponível em: <https://publicacoes.bmalaw.com.br/books/fdfh/?utm_source=whatsapp&utm_medium=social&utm_content=multidisciplinar&utm_campaign=newsletter%20%20-%20ebook%20metaverso%20publicador#p=1>.

menos amedrontadoras a depender dos valores e eventuais penalidades envolvidas. O segundo grupo é dos conservadores, totalmente avesso a riscos.

Tendo a dizer que o Advogado 4.0 deve ser o do tipo "pode e, apesar dos seguintes riscos ... proponho isso". O advogado deve participar não só do processo decisório, mas também da decisão.

E se um novo modelo de negócios é impossível em face da vedação ou da lacuna legal, cabe ao advogado enfrentar a questão buscando sempre formas (legais, éticas e morais, obviamente) de enfrentar o obstáculo. Como vaticina o provérbio inglês: *Where there is a will, there is a way*[10].

---

10 Tradução livre: "Quando se tem vontade, acha-se um caminho".

25.

O JURÍDICO COMO ALIADO DA SIMPLIFICAÇÃO E DA TRANSFORMAÇÃO DIGITAL

Eduardo Sampaio da Silveira Gil[1]

A busca permanente pela modernização tecnológica virou uma realidade em todas as empresas. Não importa o setor. Usa-se a transformação digital como mecanismo para tornar os processos mais eficientes e liberar o recurso humano das tarefas operacionais, para que este foque em áreas nas quais realmente possa agregar valor, tornando consequentemente a atividade econômica ainda mais lucrativa. Uma empresa inovadora trará ao seu acionista ou sócio controlador um sorriso no rosto ao analisar o Ebitda[2].

Inovar e abandonar de vez processos operacionais e analógicos é uma necessidade. Isso se dá não só para buscar maior eficiência operacional que traga

---

1 *Chief Counsel Brasil* – Diretor Jurídico na Mondelēz International.

2 O Ebitda, sigla em inglês para *Earnings before interest, taxes, depreciation and amortization*. Trata-se de um dos indicadores financeiros usados para medir os resultados de uma empresa. Muito usado para avaliar empresas de capital aberto, a correta análise do Ebitda permite ao investidor descobrir qual é a realidade financeira da companhia e se ela está melhorando sua competitividade e a sua eficiência ano a ano. Seu nome em português é Lajida, sigla da tradução em português para "Lucros antes de juros, impostos, depreciação e amortização". Disponível em: <https://corporatefinanceinstitute.com/resources/knowledge/finance/what-is-ebitda/#:~:text=EBITDA%20stands%20for%20Earnings%20Before,evaluate%20a%20company's%20operating%20performance.>. Acesso em: 20 de fevereiro de 2022.

melhor resultado financeiro, mas também por questões reputacionais e, principalmente, para se adequar a uma nova realidade do mercado de trabalho.

Desde a primeira revolução industrial, no século XVIII, que se busca avanços e transformações – principalmente tecnológicos – que permitam agilizar procedimentos, bem como acelerar e ampliar o processo produtivo.

Primeiro com o uso do carvão e a introdução da máquina a vapor, substituindo o processo totalmente manual até então predominante dos processos produtivos. Em um segundo momento, o aço, o petróleo e a incorporação da energia elétrica possibilitaram a produção em massa, a automatização do trabalho e o surgimento de diversas indústrias.

Esse salto no desenvolvimento tecnológico propiciou a produção em massa e, se por um lado houve uma significativa melhora no processo produtivo, também deu origem a novas relações entre os empregadores e empregados, com uma desvalorização significativa da mão de obra.

Após a Segunda Grande Guerra, um terceiro movimento industrial surge incorporando um acelerado desenvolvimento científico ao processo industrial. A alta tecnologia encontrada na robótica, nas telecomunicações, na eletrônica e na informática faz surgir novos setores, mas também uma nova relação entre os homens, provocando a tão falada globalização.

E agora, estamos entrando na quarta revolução, em que robôs, nanotecnologia, biotecnologia e inteligência artificial provocam a digitalização da relação humana e trazem novas oportunidade e desafios às empresas.

Esse breve resumo foi necessário para demonstrar que a história deixa claro que, estar associada à inovação, ao novo, é essencial à sobrevivência da empresa. A cada (r)evolução industrial criaram-se novas empresas que souberam identificar o momento de transformação, assim como também se decretou a extinção de muitas outras que se recusaram a enxergar o futuro.

Se a primeira e segunda revoluções industriais duraram aproximadamente 100 anos cada, é oportuno notar que essas mudanças acontecem agora de forma muito mais rápida e intensa. É um processo ultra-acelerado de transformação.

O objetivo das organizações é obter maior vantagem estratégica e liderar a corrida pelo lançamento das tendências do mercado. Segundo o estudo "Combustível digital - impulsionando a transformação e o crescimento empresarial", promovido pela KMPG[3], cerca de 71% dos entrevistados entendem que a corrida pela transformação digital é essencial aos negócios.

Ainda de acordo com a pesquisa, cerca de 46% dos líderes de tecnologia programaram crescimento no orçamento da estratégia de transformação digital ao longo de 2022, enquanto 27% procuram manter a estabilidade no patamar de gastos para o futuro. Esse movimento foi intensificado pela pandemia, que reforçou a importância da conectividade, principal alvo de investimento das empresas nos últimos anos, somente atrás de gastos com a inteligência artificial.

Aos conservadores que insistem em dizer que inovação é antônimo de tradição e que, portanto, põe em risco a identidade corporativa... É interessante ler um pouco mais sobre o Kaizen[4], também conhecido como a prática da melhoria contínua.

É possível conciliar esses dois aparentes contrapostos. Não existe dicotomia. Uma instituição somente se mantém viva se souber se adaptar às constantes oscilações do mercado, trazendo sempre novidade aos seus consumidores e aperfeiçoando seus produtos ou serviços. A tradição deve ser na entrega da excelência e o hábito por inovar deve ser encontrado em seu DNA.

Até o Poder Judiciário se deu conta de que é importante se modernizar para entregar mais serviços ao cidadão. O Conselho Nacional de Justiça (CNJ) lançou a cartilha "Justiça 4.0"[5], documento que concretiza o 4º Eixo da atual gestão do CNJ e objetiva a promoção do acesso à Justiça, por meio de ações e projetos desenvolvidos para o uso colaborativo de produtos que empregam novas tecnologias e inteligência artificial[6].

Assim como o Poder Público, a iniciativa privada tem feito investimentos significativos em transformação digital. Para impulsionar a vantagem so-

---

3 O estudo completo está disponível em: <https://home.kpmg/br/pt/home/insights/2021/10/transformacao-digital-crescimento-reinvencao-empresas.html>. Acesso em: 20 de fevereiro de 2022.

4 A melhoria contínua ajuda a identificar as oportunidades para redução de desperdício, as melhorias de processo e a busca constante por perfeição. Disponível em: <https://kanbanize.com/pt/gestao-lean/melhoria/o-que-e-melhoria-continua>. Acesso em: 20 de fevereiro de 2022.

5 A cartilha pode ser encontrada no site do CNJ, disponível em: <https://www.cnj.jus.br/wp-content/uploads/2021/06/Cartilha-Justica-4-0-WEB-28-06-2021.pdf>. Acesso em: 20 de fevereiro de 2022.

6 Melhorando a governança, a transparência e a eficiência, o Poder Judiciário efetiva a aproximação com o cidadão, gera economia de custos e definitivamente aperfeiçoa o acesso à justiça. Disponível em: <https://brasil.un.org/pt-br/156780-justica-40-avanca-nas-cinco-regioes-brasileiras>. Acesso em: 20 de fevereiro de 2022.

bre a concorrência, a automação está sendo vista como principal alvo da investida de recursos.

Tais números corroboram a ideia central que é sobre a importância do Departamento Jurídico em ser o principal aliado na jornada por uma realidade mais digital nas empresas. Por muitos anos visto como o grande "bloqueador" das iniciativas e um grande sinônimo de burocracia, o advogado corporativo tem, agora, não apenas a oportunidade para reconstruir sua imagem, mas também a responsabilidade de viabilizar que sua empresa se mantenha relevante nesse contexto dos novos modelos de trabalho.

Como guardião da segurança jurídica nas tomadas de decisão, propagador da cultura da ética, defensor da responsabilidade social e um dos principais garantidores da perenidade dos negócios, ser visto como aliado ou colíder permite ao Jurídico se conectar com o futuro e se antecipar às demandas que certamente se apresentarão nessa jornada da digitalização. E como fazer do Jurídico um dos protagonistas desta corrida?

Certamente não está sendo fácil para nenhuma área da empresa. Para o Departamento Jurídico... Talvez o desafio seja ainda maior. Mesmo quando o advogado corporativo fez a mudança de postura reativa para ser um *business partner*, ainda nos valíamos das referências normativas e dos paradigmas judiciais para nortear nossas decisões.

Entramos agora em uma era em que a novidade acontecerá muito antes de qualquer precedente legal, como é hoje o tal falado Metaverso. Enquanto a comunidade de jurídica começa a discutir qual lei e jurisdição será aplicável, negócios já acontecem nesse universo, exigindo o suporte do advogado corporativo.

Reúno, abaixo, cinco tópicos que estão longe de ser considerados exaustivos, mas que entendo ser os pontos de partida para tornar o Departamento Jurídico parceiro da jornada digital das organizações as quais pertencem. Os tópicos que considero essenciais são:

1) **Simplificação:** cabe ao Jurídico defender a simplificação de processos sendo pragmático em suas avaliações. A primeira vertente é a simplificação da entrega do próprio trabalho desenvolvido pelo Jurídico. Isso ocorre quando o advogado propõe contratos mais simples para a organização sem perder a robustez de cláusulas que garantem a segurança

que a empresa requer. Ou então quando as políticas e os procedimentos são redigidos com clareza, sendo acessíveis aos colaboradores e aderentes à realidade prática do cotidiano. E, ainda, quando a consulta jurídica é respondida de forma inteligível, pois não há mais espaço para "juridiquês" no ambiente corporativo. Uma segunda vertente da simplificação extrapola o "serviço jurídico". É o papel do advogado interno em simplificar atividades, mesmo que de outra área da empresa. O advogado não apenas pode, mas tem a obrigação de melhorar procedimentos e fluxos diversos como: cadastros, pagamentos, delegação de autoridade etc.

2) **Agilidade:** no mundo acelerado em que vivemos, as oportunidades comerciais se esvaem em poucos dias se não forem aproveitadas. Um Jurídico que quer ser visto como um parceiro promotor da inovação deve ter fluxos internos bem desenhados e comunicados à toda a organização, de modo que a velha expressão "está parado no Jurídico" fique no passado. Também é sempre importante estar alinhado com as metas e os objetivos de cada área da empresa para dar visibilidade dos projetos mais importantes. Isso certamente trará celeridade às análises de risco além da flexibilidade tão necessária quando tudo acontece muito rápido.

3) **Conhecimento:** a busca pelo conhecimento deve ser incessante. Se antes o advogado deveria ter uma vida baseada em uma formação continuada e em constante atualização por causa do mutável e complexo arcabouço normativo brasileiro... Hoje a realidade é pior e exige mais do profissional. O advogado que quer apoiar a transformação digital deve se instruir e buscar o conhecimento para que sua visão crítica seja estimulada além da educação jurídica. Tem que ter visão de mundo aguçada e multidisciplinar. Além de se aprofundar nas novas áreas jurídicas que surgem com a inovação, deve entender o contexto de ferramentas como o *blockchain*, o *sandbox* regulatório ajuda atividades inovadoras, o contexto prático da privacidade... É preciso também ter uma boa cultura tecnológica, além da visão de negócios para melhor entender sua empresa e seu setor de atuação.

4) **Curiosidade:** como diria o escritor Lewis Carroll, "a curiosidade nos faz descobrir mundos incríveis". Em um mundo com tantas novidades aparecendo todos os dias, ser curioso para entender melhor as novas

tendências certamente possibilitará que uma correta avaliação de riscos seja feita, permitindo uma interpretação de fato como as coisas são, sem espaço para subjetividade. É a curiosidade de entender o porquê das consultas que lhe são feitas, dos projetos que estão sendo avaliados, do impacto que as ações judiciais têm no negócio (financeiro ou reputacional), enfim, de não se contentar apenas com o contexto que lhe é trazido. Apenas entendo o porquê poderá o advogado corporativo analisar corretamente os riscos e até mesmo prover soluções e alternativas que não foram vislumbradas pela área de negócio. A curiosidade é o primeiro passo para a sabedoria.

5) **Tomada de decisão (risco):** em um cenário em que não há certeza das regras aplicáveis, a comunicação precisa ser simples e enxuta. A decisão precisa ser ágil. Esse contexto exige do Departamento Jurídico o exercício cada vez maior de decidir e assumir riscos. Não é algo fácil para um profissional treinado e contratado para evitar e resolver problemas... Mas se quiser dar à sua empresa a chance de competir neste novo cenário, o advogado precisará também exercitar essa capacidade. Não precisa assumir sozinho todos os riscos, aliás, é bom que assim não o faça. Identificando um risco além do razoável, deve-se discutir com todos os envolvidos e com as instâncias adequadas para que possam, em conjunto, tomar a melhor decisão. Nesse momento, o posicionamento do advogado será fundamental para permitir a melhor decisão do grupo e é quando ele mais precisará dos outros 4 tópicos anteriormente abordados.

Vários outros tópicos podem ser considerados para o advogado de empresa que queira melhor suportar seu empregador nessa nova realidade, mas esses cinco são hoje, na minha opinião, os primeiros a serem considerados para a reflexão.

Naturalmente, soma-se aos cinco tópicos algo em particular, imprescindível para qualquer um que queira ser parte de uma verdadeira transformação: **investimento**. Leia-se investimento como o ato ou efeito de empregar esforço. Não necessariamente só o investimento financeiro, mas principalmente investimento de tempo para promover a inovação e a tecnologia nas atividades jurídicas.

É importante ser acessível para tratar das novas oportunidades de negócios que surgirão. Em tempos de agendas comprometidas e inúmeras reuniões, marcar encontros recorrentes com os principais clientes internos que promoverão a inovação é essencial.

Outro importante ponto que vale destacar é também mapear onde e como o Departamento Jurídico pode adotar a inovação. É ter a coragem e a ousadia para experimentar o novo.

No seu ambiente de trabalho, há algum debate periódico sobre como utilizar as novas tecnologias e se atualizar na forma de advogar? Você estimula que seus colegas, pares, superiores, enfim, todos aqueles que participam do Jurídico na difícil arte de conscientização de que o progresso é necessário? É muito comum que, em um primeiro momento, um grupo mais conservador lembre que "nós sempre fizemos assim", mas é preciso perseverança de quem sabe que o mundo não é mais o mesmo para adotar novas formas de trabalhar.

Oras, obviamente é importante não se mexer em time que está ganhando. Inovar por inovar é desperdício de recurso financeiro e tempo. Todavia, é indispensável identificar quando, dentro do próprio Jurídico, não se inova por receio de experimentar algo novo, por comodismo, ou até mesmo por preconceito. Tal postura acaba por contaminar o resto da empresa e indiretamente vira um peso para aqueles que querem e buscam a prática da melhoria contínua. Além disso, como poderá o advogado corporativo auxiliar a empresa no processo de inovação se ele mesmo não entende ou não consegue inovar?

Para um Departamento Jurídico tornar-se efetivamente parte desse movimento de transformação, talvez seja necessária uma mudança radical de *mindset*, abrindo a cabeça para as novas tecnologias e modelos de trabalho.

O domínio de uma gestão ágil e *data driven*, socorrer-se à automação como a principal arma para concentrar esforços naquilo que a interferência humana definitivamente faz a diferença, o uso de métodos extrajudiciais inteligentes de solução de conflito – como a solução de disputas *on-line*, a abertura para práticas interdisciplinares, rotinas flexíveis e uso de tecnologia para a entrega dos serviços com mais eficiência e competitividade – são decisivamente algumas características do novo profissional jurídico que busca a inovação como uma verdadeira aliada nesse processo de transformação digital.

Dedicar tempo em novas formas de entregar os serviços jurídicos com o uso de *Design Thinking* e *Visual Law*, além de metodologia ágeis e adoção de modelos colaborativos e estruturas flexíveis, podem trazer resultados surpreendentes para sua organização.

Como já vimos, toda inovação implica riscos, mas a inércia talvez seja uma ameaça maior. Somente com um programa estruturado de inovação o Departamento Jurídico estará preparado para estimular provas de conceito e se permitir testar novas soluções.

Fica aqui o convite para não ficarmos estagnados. Aos advogados de empresas e aos Departamentos Jurídicos, invistam tempo na sua capacitação. Olhem para o futuro, para a prevenção, e ajudem diretamente na diminuição de litígios em nossos tribunais. Ser um operador do direito nessa nova revolução industrial necessitará, ao lado da sociologia e da antropologia, atenção especial para os negócios digitais e as novas tendências, de modo a entender como iremos solucionar os conflitos nos momentos de crise.

Considerando a importante função social da empresa, seu papel de gerador de riqueza e bem-estar para a sociedade, que as organizações cobrem do seu apoio jurídico mais clareza, presença e participação. Temos a responsabilidade de ajudar nossas empresas a navegar nesse novo cenário de muitas dúvidas. Afinal, "navegar é preciso" e a inovação é a caravela que nos levará a novas terras de grandes oportunidades para quem se arriscar.

26.

METALAW: O DIREITO NA ALVORADA DA WEB3 E DA DESCENTRALIZAÇÃO

Bruno Feigelson[1]
Tayná Carneiro[2]

1. CONSIDERAÇÕES INICIAIS

Compreender o presente/futuro do Direito é uma premissa para a elaboração de soluções eficientes e adequadas às demandas e conflitos que surgem na atualidade, e o objetivo deste artigo é apresentar não apenas um panorama que torne compreensível o debate sobre os fenômenos da Web3 e da Descentralização, mas sobretudo apresentar ferramentas e conhecimento que permita ao profissional jurídico antecipar-se à realidade, participando da construção de uma

1 Doutor e Mestre em Direito pela Universidade do Estado do Rio de Janeiro (UERJ). Bacharel em Direito pela Universidade do Federal do Rio de Janeiro (UFRJ). Professor convidado da Fundação Getulio Vargas e Coordenador convidado do Ibmec, abordando os temas Direito e Inovação. Cofundador e Membro do Conselho da Presidente da AB2L - Associação Brasileira de *Lawtechs* e *Legaltechs*. Coordenador da *Revista de Direito e as Novas Tecnologias* (RDTec – RT). *E-mail*: bruno@futurelaw.com.br.

2 Doutoranda em Direito pela Universidade de São Paulo (USP). Mestre e Bacharel em Direito pela Universidade do Estado do Rio de Janeiro (UERJ). CEO da *Future Law*. Coordenadora da *Revista de Direito e as Novas Tecnologias* (RDTec-RT). Foi *fellow* do programa internacional da Universidade de Kobe, no Japão. Professora e Coordenadora convidada do Ibmec, abordando os temas Direito e Inovação. Advogada, pesquisadora e professora atuante nas áreas de Web2 e Inovação no Direito. *E-mail*: tayna@futurelaw.com.br.

dimensão socioeconômica que em breve será tão ordinária quanto conectar-se ao *Internet Banking* e realizar um PIX.

Metalaw é o termo que decidimos utilizar para nos referir ao eixo de análise jurídica de uma nova dimensão, a qual não é apenas paralela à realidade presente, como também é transversal, pois permeia e imiscui-se a quase todas as dimensões da vida humana até aqui organizadas. *Metalaw* vai além do Direito do Metaverso, para compreender a natureza de todos os fenômenos relacionados à Web3, às redes *Blockchain*, às Finanças e Organizações Descentralizadas e a todo o ecossistema de possibilidades que se desdobram dessa realidade.

Não vislumbramos uma época mais feliz para a ascensão de todos esses fenômenos, por coincidirem com a transformações da educação e da prática jurídica que a conectam à realidade exponencial. Por séculos, profissionais do Direito se submeteram a metodologias de ensino, linguagem, conteúdos e práticas jurídicas desalinhadas das reais demandas da sociedade, resultando no descolamento entre a cultura jurídica e o contexto socioeconômico. Inovação aplicada ao Direito significa, portanto, alinhamento para uma relação dialógica entre Direito e Sociedade.

Ao conectarmos essa noção ao eixo de análise *Metalaw*, será possível identificar práticas relevantes nos ecossistemas da Web3, dos NFTs, do Metaverso e sobretudo das experiências de Finanças e Organizações Descentralizadas. Todos são ecossistemas construídos com estarrecedor índice de confiabilidade e eficiência, somados ao forte senso de comunidade e governança.

Para compreendermos melhor o potencial e os desafios desses fenômenos, vale apresentar de forma resumida o conceito que temos de cada um deles, com a ressalva de que todas as definições aqui registradas estão sujeitas às constantes e velozes mudanças, características dessa realidade.

1.1 Metaverso

Metaverso (meta – "além"; verso – "universo") é um conceito em construção, portanto, aqui trataremos da raiz dessa compreensão. Essa terminologia aponta para um modelo disruptivo de mundo virtual que usa tecnologias como: realidade virtual, realidade aumentada e internet, para replicar a realidade do mundo *off-line*. Na figura abaixo, traduzo a ilustração elaborada no trabalho de

Xu, Lin et al.[3], representando o conceito de coexistência entre as realidades física e virtual[4].

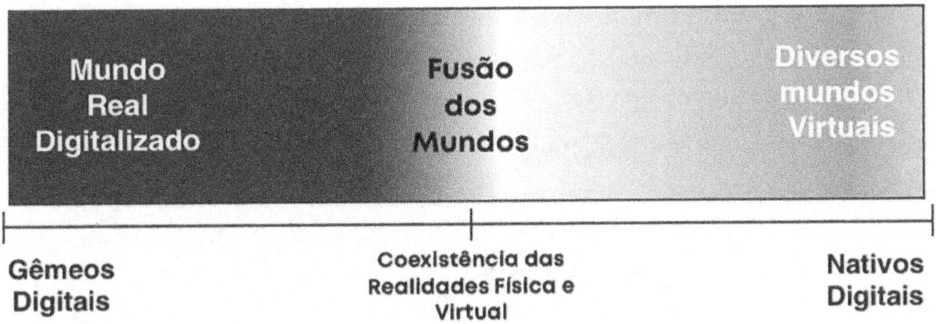

Fonte: elaborado pelos autores (tradução livre de Xu, Lin et al.[5])

1.2 Web3 ou DWeb

O conceito de Web3 ou DWeb (Web Descentralizada) remonta ao avanço da Internet e da *World Wide Web* (www)[6,7] desde o seu surgimento. A caracterís-

---

[3] XU, Dianlei; LIN, Zijun; KUMAR, Abhishek; BERMEJO, Carlos; HUI, Pan (2021). All one needs to know about metaverse: A complete survey on technological singularity, virtual ecosystem, and research agenda. Disponível em: <ttps://arxiv.org/abs/2110.05352>. Acesso em 20 jul. 2022.

[4] Gêmeo Digital (Digital Twin): "Um gêmeo digital é uma representação digital de uma entidade ou sistema do mundo real. A implementação de um gêmeo digital é um objeto ou modelo de software encapsulado que espelha um objeto físico único, processo, organização, pessoa ou outra abstração. Os dados de vários gêmeos digitais podem ser agregados para uma visão composta em várias entidades do mundo real, como uma usina de energia ou uma cidade, e seus processos relacionados." (tradução livre). Gêmeo Digital. Glossário do Gartner. 2022. Acesso em: 30 de agosto de 2022. Disponível em: <https://www.gartner.com/en/information-technology/glossary/digital-twin>.

[5] XU, Dianlei; LIN, Zijun; KUMAR, Abhishek; BERMEJO, Carlos; HUI, Pan (2021). All one needs to know about metaverse: A complete survey on technological singularity, virtual ecosystem, and research agenda. Disponível em: <ttps://arxiv.org/abs/2110.05352>. Acesso em 20 jul. 2022.

[6] Sobre a diferença entre Internet e www: "Os termos Internet e www às vezes são usados de forma intercambiável; no entanto, existe uma diferença. A Internet é a rede das redes conectada pelo TCP/IP. Às vezes, o termo Internet é usado para englobar tudo, inclusive infraestrutura, aplicativos (e-mail, ftp, Web) e conteúdo. O www é apenas um dos vários aplicativos da Internet, um sistema de documentos interligados conectados com a ajuda do HyperText Transfer Protocol (HTTP)". In: KURBALIJA, Jovan. Uma introdução à governança da internet. Trad. Carolina Carvalho. São Paulo: Comitê Gestor da Internet no Brasil, 2016. Disponível em: https://cgi.br/media/docs/publicacoes/1/CadernoCGIbr_Uma_Introducao_a_Governanca_da_Internet.pdf. Acesso em: 20 de ago. 2022.

[7] "O termo *internetwork* originalmente descrevia um conjunto de redes interconectadas – uma rede de redes. A Internet global, a maior e mais conhecida rede de computadores, não é diferente – é uma rede de redes. Como a Internet é uma rede de redes, ninguém é dono da Internet. Cada rede que compõe a Internet pertence e é operada por uma empresa privada, faculdade, governo ou outra

tica da centralização foi o que permitiu a construção de uma infraestrutura estável e robusta para o desenvolvimento da internet, representando as eras da Web1 e Web2. No contrafluxo da centralização, a Web3 representa uma nova etapa da internet, cujo modelo lógico subjacente é o de autonomia, descentralização e economias baseadas em *tokens*, a qual é possibilitada graças à tecnologia *Blockchain*, por muitos considerada uma nova tecnologia institucional, ou uma tecnologia de governança, devido à alta capacidade de realizar operações diárias em infraestruturas descentralizadas, aplicadas automaticamente para atender a comandos específicos predeterminados[8].

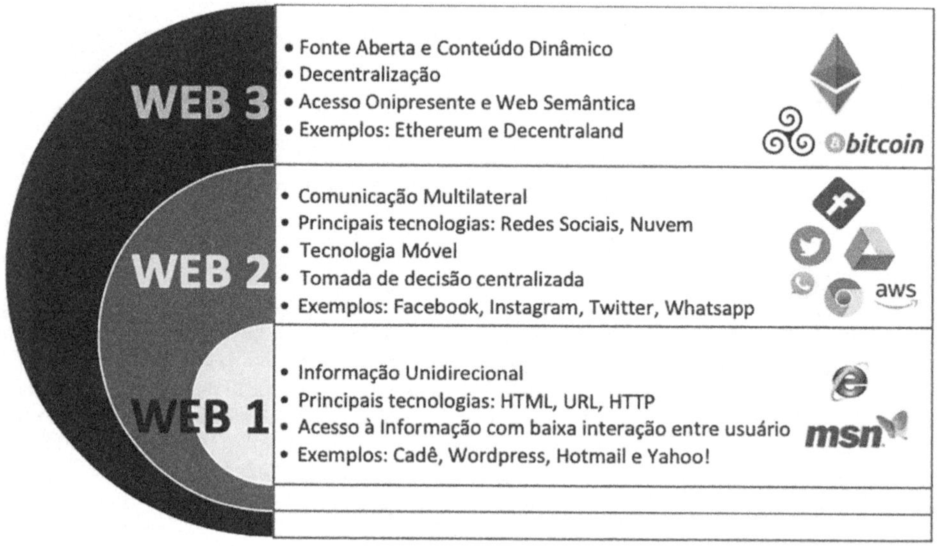

Fonte: Elaborado pelos autores.

1.3 NFTs

NFTs ou, em tradução livre, Tokens Não Fungíveis são uma inovação do mundo digital para a representação de bens digitais únicos e transacionáveis. Diferentemente das criptomoedas, como o Bitcoin, que têm a característica da fungibilidade, uma NFT que represente a propriedade sobre uma escultura de

organização" (tradução nossa). WHITE, Russ. The Centralization of the Internet. Disponível em: <https://www.thepublicdiscourse.com/2021/08/77139/>. Acesso em: 18 ago. 2022.

[8] Redes P2P. Disponível em: <https://www.gta.ufrj.br/grad/11_1/p2p/cxd.html>. Acesso em: 20 ago. 2022.

Aleijadinho não se confunde com a da propriedade sobre uma obra de Tarsila do Amaral. E esses ativos podem ser comprados, doados, vendidos ou, até mesmo, destruídos no mundo digital, tal qual uma propriedade[9].

Pela característica da não fungibilidade, NFTs não operam como moedas, mas, sim, como bens singulares, que podem representar obras de arte, músicas, vídeos e partes de mundos virtuais, como o emblemático caso *Decentraland*[10]. Qualquer ativo digital ou digitalizável pode ser registrado no *blockchain*, gerando uma *hash*, que funciona como um código de autenticidade no mundo digital, o qual poderá, por sua vez, ser comercializado de forma segura, pois sua originalidade é garantida pela verificação no *blockchain*, que assegurará a segurança criptográfica do ativo.

1.4 DeFis

A tokenização de ativos está no cerne do debate sobre as DeFi (Finanças Descentralizadas). Organizadas na estrutura *blockchain*, DeFi são modelos de serviços financeiros desintermediados, ou seja, são serviços que operam sem a intervenção de outros entes, como bancos ou corretoras. Direitos de propriedade, títulos imobiliários, precatórios e uma variedade de ativos financeiros podem ser tokenizados e, por sua vez, fracionados, de forma ágil, segura e verificável[11].

2. MUNDO CENTRALIZADO X MUNDO DESCENTRALIZADO

O cerne do surgimento da área do Direito que denominamos *Metalaw*, está na DWeb. O apogeu da Web2, em meados da década de 1990, é caracterizado pela presença imanente de organizações como Microsoft, Google, Facebook (Meta), Amazon e Apple, protagonistas no controle do tráfego na internet das últimas

---

9 CARNEIRO, Tayná. NFTs – Non-Fungible Tokens: a tokenização em 3 dimensões e seus reflexos jurídicos: Uma análise interdisciplinar. Disponível em: <https://www.futurelaw.com.br//blog/nfts-non-fungible-tokens-a-tokenizacao-em-3-dimensoes-e-seus-reflexos-juridicos-uma-analise-interdisciplinar>. Acesso em: 20 ago. 2022.

10 Acesse: https://decentraland.org/.

11 CARNEIRO, Tayná. NFTs – Non-Fungible Tokens: A tokenização em 3 dimensões e seus reflexos jurídicos: Uma análise interdisciplinar. Disponível em: <https://www.futurelaw.com.br//blog/nfts-non-fungible-tokens-a-tokenizacao-em-3-dimensoes-e-seus-reflexos-juridicos-uma-analise-interdisciplinar>. Acesso em: 20 ago. 2022.

décadas. O controle centralizado em um pequeno número de provedores ditou a modelagem da atual infraestrutura da internet, todavia, a concentração majoritária das informações circulantes, em um número tão pequeno de provedores, oferece riscos em uma economia global cada vez mais vinculada à internet.

Alguns casos emblemáticos ilustram tais riscos, como o incidente Facebook-Cambridge Analytica[12], em que os dados de mais de 87 milhões de usuários foram expostos, e os eventos de disseminação de *Fake News* por meio da plataforma WhatsApp, ferramenta de comunicação de mais de 100 milhões de brasileiros[13].

O desenvolvimento de estruturas centralizadas está na contramão da concepção originária da internet, mas o aumento da demanda de acessos, da velocidade dos acontecimentos, da necessidade de investimentos em infraestrutura e da complexidade das redes, pavimentou o terreno para a influência por um número limitado de organizações.

O processo de (re)descentralização da internet, há muito esperado, está em curso, mas ainda não se manifestou totalmente devido à necessidade de infraestrutura em computação, indexação, gerenciamento de dados, hospedagem, armazenamento e outros serviços essenciais. Essa é uma das razões pelas quais essas soluções ainda não ganharam força majoritária de usabilidade. Estamos nos estágios iniciais em que os aplicativos ainda estão em desenvolvimento. As soluções criadas nessa realidade endereçam as principais dores da Web2: baixa monetização de serviços e produtos relevantes; monopólio da infraestrutura; regulação datada ou inadequada e centralização dos dados e da informação.

A lógica de um mundo centralizado começa a ser subvertida na atualidade por meio da ascensão das redes *blockchain* e das soluções subjacentes. O pontapé inicial dessa revolução está na criação de moedas nativas da internet, como Bitcoin e Ethereum[14]. Por intermédio das finanças descentralizadas, novos produ-

---

12 ISAAK, Jim; HANNA, Mina J. User data privacy: Facebook, Cambridge Analytica, and privacy protection. *Computer*, v. 51, n. 8, p. 56-59, 2018.

13 MACHADO, Caio et al. A Study of Misinformation in WhatsApp groups with a focus on the Brazilian Presidential Elections. *Companion proceedings of the 2019 World Wide Web conference*. 2019, p. 1013-1019.

14 LEARN Hub. Ethereum.org. Disponível em: <https://ethereum.org>. Acesso em: 21 ago. 2022.

tos e modelos de negócio, reformulações de produtos e modelos existentes poderão surgir em uma realidade de autonomia, descentralização e desintermediação.

3. *METALAW*: DESAFIOS E OPORTUNIDADES JURÍDICAS

Considerando as perspectivas anteriormente analisadas, apresentamos alguns dos principais desafios e oportunidades jurídicas frente à realidade de Descentralização e Metaverso.

Um dos maiores desafios apontados é a criação de arranjos jurídicos que possam assegurar a proteção e o exercício de direitos, paralelamente acompanhando e fomentando a implementação de possíveis inovações. Um exemplo é o da expansão da definição de dados pessoais, incluindo dados inferidos biometricamente, que são predominantes em ambientes de realidade virtual. Nesse âmbito, há desafios relacionados à privacidade e à segurança da informação, como os casos de *deepfakes* e do manuseio de dados sensíveis[15].

As regulamentações de privacidade por si sós ainda não acompanham o ritmo da inovação. Esse desafio abre uma oportunidade interessante relacionada à experimentação na realidade exponencial. Por meio do instituto do Sandbox Regulatório[16], é possível pensar esse paradoxo de modo que a inovação tenha continuidade e os riscos socioeconômicos sejam mitigados. O Sandbox é um instituto que permite a testagem de projetos inovadores (produtos ou serviços experimentais) em situações reais, dentro de ambientes controlados e condições regulatórias específicas.

O ecossistema do metaverso possui uma série de pilares. Para fins deste artigo, selecionamos dois deles para compreender os desafios e oportunidades para o mundo jurídico: a avatarização e a criação de conteúdos[17].

---

15 VASIST, Pramukh Nanjundaswamy; KRISHNAN, Satish. Deepfakes: An Integrative Review of the Literature and an Agenda for Future Research. *Communications of the Association for Information Systems*, v. 51, n. 1, p. 14, 2022.

16 Banco Central do Brasil. Sandbox Regulatório. *Startup Point*. Disponível em: <https://www.gov.br/startuppoint/pt-br/legado/programas/sandbox-regulatorio>. Acesso em: 20 ago. 2022.

17 XU, Dianlei; LIN, Zijun; KUMAR, Abhishek; BERMEJO, Carlos; HUI, Pan (2021). All one needs to know about metaverse: A complete survey on technological singularity, virtual ecosystem, and research agenda. Disponível em: <ttps://arxiv.org/abs/2110.05352>. Acesso em 20 jul. 2022.

Do ponto de vista do processo de avatarização, ou seja, da construção de representações dos usuários em ambientes virtuais, os desafios e oportunidades estão na criação de soluções para o controle da identificação dos usuários por meio de seus representantes virtuais (avatares), gerando confiança entre usuários e avatares, além de identidades virtuais consistentes. Além da construção de arquiteturas jurídicas que tutelem as ações dos avatares, considerando a transposição das noções de responsabilidade civil e criminal para o ambiente virtual.

O pilar da criação de conteúdos apresenta desafios relacionados à propriedade intelectual. Os direitos autorais dos usuários em ambientes de Web3 ganham uma nova dimensão, tornando relevante a construção de diretrizes jurídicas que comportem as novas demandas que surgirão. A tendência nessa dimensão é a criação de modelos de negócio com alto índice de monetização e autonomia do usuário, tornando necessário entender os aspectos jurídicos que responderão às demandas relacionadas a essa nova era da produção de conteúdos na internet.

CONSIDERAÇÕES FINAIS

Neste capítulo, selecionamos dois pilares relevantes desse ecossistema para observar os desdobramentos jurídicos que incidem sobre eles, mas é relevante notar que os reflexos são distribuídos para as diversas áreas do Direito. Áreas não mencionadas neste trabalho, como Tributário, Trabalhista, Ambiental e *Compliance* serão diretamente impactadas e demandadas, seja nos pilares ora apontados neste trabalho, seja em outros que participam da composição desse ecossistema.

Do ponto de vista do Direito aplicado às demandas do Departamento Jurídico, pode-se observar uma crescente tendência dos modelos de negócio corporativos a abarcarem soluções, inovações e até mesmo novos produtos relacionados ao Metaverso e aos NFTs. Os negócios que antes adotarem essas novas experiências moldarão o futuro/presente. Há uma nova abordagem na entrega de valor, a partir de uma cisão atenuada entre mundos físico e virtual. Desse modo, é imperativo que o profissional jurídico 4.0 esteja alinhado a essas tendências, encarando o jurídico como a unidade do negócio que potencializará tais possibilidades.

Na década de 1990, as organizações discutiam a possibilidade de estabelecerem seus negócios por meio da internet. Do ponto de vista jurídico, chegamos a uma nova etapa dessa discussão: como contribuir para estabelecer os negócios da sua organização no ecossistema da Web3 e do Metaverso. Como encontrar novos formatos de colaboração e produção que dialoguem com os aspectos e limitações regulatórias, fortalecendo esses formatos.

Por fim, o elemento cultural será crucial para o sucesso dessa empreitada, não há mais espaço para metodologias de ensino, linguagem, conteúdos e práticas jurídicas desalinhadas das reais demandas socioeconômicas, não há mais lugar para o descolamento entre a cultura jurídica e a indústria 4.0. A advocacia inovadora no departamento jurídico 4.0 será mais relevante que nunca para que os modelos de negócio das corporações avancem nas possibilidades oferecidas por essa nova realidade.

REFERÊNCIAS

BANCO CENTRAL DO BRASIL. Sandbox Regulatório. *Startup Point*. Disponível em: <https://www.gov.br/startuppoint/pt-br/legado/programas/sandbox-regulatorio>. Acesso em: 15 ago. 2022.

CARNEIRO, Tayná. NFTs – Non-Fungible Tokens: A tokenização em 3 dimensões e seus reflexos jurídicos: Uma análise interdisciplinar. Disponível em: <https://www.futurelaw.com.br//blog/nfts-non-fungible-tokens-a-tokenizacao-em-3--dimensoes-e-seus-reflexos-juridicos-uma-analise-interdisciplinar>. Acesso em: 20 ago. 2022.

GÊMEO Digital. Gartner Glossary. 2022. Disponível em: https://www.gartner.com/en/information-technology/glossary/digital-twin. Acesso em: 30 de ago de 2022.

ISAAK, Jim; HANNA, Mina J. User data privacy: Facebook, Cambridge Analytica, and privacy protection. *Computer*, v. 51, n. 8, p. 56-59, 2018.

KURBALIJA, Jovan. Uma introdução à governança da internet. Trad. Carolina Carvalho. São Paulo: Comitê Gestor da Internet no Brasil, 2016. Disponível em: https://cgi.br/media/docs/publicacoes/1/CadernoCGIbr_Uma_Introducao_a_Governanca_da_Internet.pdf. Acesso em: 20 de ago. 2022.

LEARN Hub. Ethereum.org. Disponível em: <https://ethereum.org>. Acesso em: 21 ago. 2022.

MACHADO, Caio et al. A Study of Misinformation in WhatsApp groups with a focus on the Brazilian Presidential Elections. *Companion proceedings of the 2019 World Wide Web conference*. 2019. p. 1013-1019.

REDES P2P. Disponível em: <https://www.gta.ufrj.br/grad/11_1/p2p/cxd.html>. Acesso em: 20 ago. 2022.

VASIST, Pramukh Nanjundaswamy; KRISHNAN, Satish. Deepfakes: An Integrative Review of the Literature and an Agenda for Future Research. Communications of the Association for Information Systems, v. 51, n. 1, p. 14, 2022.

WHITE, Russ. A Centralização da Internet. *Public Discourse*. Disponível em: <https://www.thepublicdiscourse.com/2021/08/77139/>. Acesso em: 18 ago. 2022.

XU, Dianlei; LIN, Zijun; KUMAR, Abhishek; BERMEJO, Carlos; HUI, Pan (2021). All one needs to know about metaverse: A complete survey on technological singularity, virtual ecosystem, and research agenda. Disponível em: <ttps://arxiv.org/abs/2110.05352>. Acesso em: 20 jul. 2022.

OPINIÃO

RICARDO OBERLANDER

Muito além de *Dura Lex Sed Lex.*

Ao longo de quatro décadas no mundo corporativo, a minha geração de executivos e empresários foi agente e testemunha de transformações nas formas de operar, de lidar com impactos endógenos e exógenos ao negócio, de criar soluções para melhor servir a clientes e consumidores, de absorver e se adaptar ao progresso tecnológico e digital para o benefício do negócio.

Ainda que a maioria das empresas de médio e grande porte ainda sigam modelos organizacionais inspirados por princípios Taylorianos, é notável e admirável reconhecer a crescente sofisticação dentro das disciplinas corporativas (comumente conhecidas como departamentos), suas relações entre si, e sua evolução para lidar com diferentes demandas e desafios no sentido de maximizar o retorno ao acionista e demais partes interessadas (*stakeholders*).

Muito se tem reportado sobre o progresso em áreas como *Marketing*, Finanças, Recursos Humanos, Produção e Tecnologia de Informação. Pouco tenho lido sobre a renovação que vem ocorrendo no Departamento Jurídico, cujos profissionais há algum tempo passaram a modelar sua nova forma gestão, Direito 4.0.

Oriundo da área de *Marketing*, no início da minha trajetória profissional, era comum ouvir o seguinte conselho dos mais experientes: “se você for mostrar esse projeto ao time do Jurídico, vão te dizer não ...". No entanto, minha experiência com meus colegas "algozes do DJ" tem sido muito mais positiva, educativa e edificante.

Em diferentes regiões do mundo onde trabalhei, já com responsabilidade geral sobre o negócio, tive a oportunidade de contar com seu aconselhamento e acompanhar como esses gestores jurídicos se aproximaram de todas as áreas da empresa de uma forma interativa, compreensiva e crítica em muitas ocasiões.

À agenda clássica do Departamento Jurídico de uma empresa evolutiva, novas competências foram desenvolvidas e incorporadas: o departamento se tornou uma referência para o Knowledge Library, guardião do repositório de informações fundamentais para a longevidade de uma empresa, como o registro de patentes; ética & *compliance* se tornou um assunto devidamente mais sério requerendo que o DJ estabelecesse canais de comunicação (*whistleblowing*) para assegurar os direitos de colaboradores (abrangendo diversidade, igualdade e inclusão desde o recrutamento), fornecedores, clientes e, em última instância, acionistas e investidores; cumpre igualmente papel relevante na formação de relações externas e estabelecimento da reputação corporativa; segurança corporativa, agravada pelos riscos associados a *cybersecurity*, é hoje uma prioridade inevitável onde o DJ tem responsabilidades consideráveis; tem assento capital no mapeamento de riscos em Comitês de Auditoria; e ESG demanda uma atuação plena dos seus executivos para que a empresa alcance progresso relevante nesses pilares, se afastando das falsas promessas contidas em *greenwashing*.

Em uma empresa em sintonia com as exigências atuais e potenciais de reguladores, legisladores e a sociedade em geral, a missão de um Departamento Jurídico se resume, na minha opinião, em dois objetivos fundamentais: salvaguardar os interesses de investidores e proteger os negócios da empresa e todos seus colaboradores. Com a aceleração de transformações na sociedade e no mundo corporativo, catalisadas pela pandemia e pelo progresso tecno-digital, empresas que queiram se manter relevantes terão de rever seu *modus operandi* de maneira ágil, inequívoca e constante. A agenda Direito 4.0 oferece uma parceria altamente promissora e necessária nessa jornada.

Ricardo Oberlander

Advisory Board Member, Coast Capital LLC.

Ex-Presidente & CEO, Reynolds American Inc.

Ex-Presidente do Conselho de Administração, Souza Cruz LTDA.

EIXO III

CASES DE SUCESSO

27.

A IMPORTÂNCIA DOS CONTROLES E DA GOVERNANÇA DE CONTENCIOSO NA MITIGAÇÃO DOS RISCOS NAS OPERAÇÕES JURÍDICAS

Alessandro Maurício Januário Ribeiro[1]
Tiago de Oliveira Pedrosa[2]

Nos últimos anos, o papel e a importância do Jurídico dentro das organizações têm se ampliado de forma exponencial, indo muito além da atuação restrita em garantir a legalidade dos negócios e a atuação junto aos tribunais. Foi-se o tempo em que os Departamentos Jurídicos nas organizações ficavam à margem dos negócios, atuando na elaboração e revisão de peças processuais e emitindo orientações jurídicas desconectadas da real necessidade do negócio. O advogado assumiu o papel de parceiro para desenvolver novos modelos e oportunidades de negócios nas organizações, contribuindo para que elas obtenham vantagens competitivas em relação aos seus concorrentes.

É possível observar um esforço dos advogados em se aproximar mais dos seus clientes internos, conhecer melhor o negócio e participar das soluções para

---

1 Administrador e contador. Gerente de Avaliação de Riscos e de Controles de Contencioso no Jurídico da Petrobras. Mestrando em Administração – Gestão Empresarial na FGV/RJ, pós-graduado em Gestão de Negócios pela FIA/USP, em Gestão Tributária pelo IBMEC/RJ e em Gestão Estratégica de *Marketing* pela PUC Minas, graduado em Ciências Contábeis pela Universidade Veiga de Almeida (UVA/RJ) e em Administração pela PUC Minas.

2 Administrador de Empresas pelo UFJF e Mestre em Gestão Empresarial pela Fundação Getulio Vargas. Gestor com 12 anos de experiência em gestão jurídica, ocupou cargos de planejamento, análise de riscos e controle de contencioso na Petrobras, atualmente é Gerente de Gestão Integrada e Controles no Jurídico da Petrobras, responsável pelas áreas de Planejamento, Desempenho, *Legal Operation*, Inovação, Riscos e Controles.

os desafios organizacionais estabelecidos nos planos de negócio. O envolvimento do Jurídico desde o início dos projetos contribui para a construção conjunta com as áreas de negócio de soluções tempestivas, mitigadoras de risco e que possam ser implantadas pelas organizações.

Na gestão de contencioso, os advogados têm o desafio de ampliar seus conhecimentos em outras áreas, com uma visão abrangente do uso de tecnologias e da governança de controles que gerem benefícios em termos de produtividade e de confiabilidade das informações prestadas para os públicos interno e externo.

Na visão tradicional da atuação dos advogados nas questões litigiosas, o principal objetivo é obter sucesso contra os adversos ou celebrar acordos vantajosos para a organização nas situações em que a probabilidade de êxito for remota. No caso das empresas listadas em Bolsa de Valores, o Departamento Jurídico assume outro aspecto fundamental, que é a consistência e a confiabilidade das informações divulgadas ao mercado, seja por meio das Notas Explicativas que compõem as Demonstrações Financeiras, dos Relatórios de Administração, dos Comunicados ao Mercado ou dos Fatos Relevantes.

Em razão desse novo ambiente de negócios, a gestão jurídica deve prover o Departamento de mecanismos de controle para garantir a consistência das informações, bem como a mitigação dos riscos de falhas operacionais ou de falhas na divulgação das informações ao mercado.

Há vários aspectos no desenho dos processos internos que merecem atenção quanto aos riscos e controles:

1) O risco de não ter uma base de processos consistente e corretamente atualizada com o que está em andamento nos tribunais. É necessário que os novos processos e os eventos processuais sejam capturados e tratados tempestivamente pelos advogados, preferencialmente de forma sistêmica por meio de robôs que integrem as bases dos tribunais e das empresas;
2) Os temas mais relevantes, em termos de valor, impacto na imagem ou de chance de êxito, devem ser discutidos em nível estratégico dentro do Jurídico, pelos advogados mais experientes e de diversos ramos do Direito (visão multidisciplinar) e preferencialmente que as decisões sejam colegiadas;
3) O passivo ou ativo contingente divulgado ao mercado deve refletir a melhor estimativa da Companhia para aquele dado momento. Assim,

os valores dos processos precisam ser periodicamente atualizados, com os índices adequados para cada matéria;

4) A busca permanente pela melhor estimativa de valor e de risco dos processos, dentro dos preceitos da norma contábil CPC 25[3];
5) A exigência de que a melhor informação de contencioso seja divulgada ao mercado, pois embasará as análises de diversos *stakeholders* externos à empresa, como investidores e acionistas.

É um desafio para os Departamentos Jurídicos se preocupar com questões relativas à governança dos controles de contencioso, mas isso pode ser facilitado quando a estrutura do Jurídico conta com profissionais multidisciplinares, como administradores, contadores, analistas de sistemas, engenheiros e outros, além dos próprios advogados. A complementaridade de conhecimentos permite a essas equipes cumprirem tanto o *core business* do Direito, nas defesas processuais e assessorias jurídicas, quanto a melhoria de processos e governança adequada para gerir o dia a dia do contencioso.

De que adianta ter os melhores advogados se a empresa não consegue ter acesso tempestivo aos processos para preparar sua defesa? De que adianta ter o melhor conhecimento de teses do Direito se o advogado não possui a valoração atualizada que possa ser usada de forma adequada na celebração de acordos? De que adianta ter advogados experientes se eles não discutem periodicamente os principais litígios para conseguir a melhor estratégia processual?

Portanto, para se evitar problemas como esses, é fundamental uma base de dados corretamente atualizada e manter os processos mais relevantes periodicamente analisados sob o aspecto de chance de êxito e valor.

Ainda em relação aos controles de contencioso, outro ponto importante é a necessidade de inter-relação entre o Jurídico e a Contabilidade. A Contabilidade da organização deve ser vista como uma parceira dos Departamentos Jurídicos para discussões mais estratégicas sobre provisão e tratamento contábil dos resultados do contencioso. Cada vez mais vemos advogados que são contadores e vice-versa, pois os conhecimentos são complementares e contribuem para uma gestão adequada da informação de contencioso, bem como a correta e tempestiva divulgação das informações relevantes ao mercado.

---

3 Comitê de Pronunciamentos Contábeis – Pronunciamento Técnico CPC 25 Provisões, Passivos Contingentes e Ativos Contingentes. Disponível em: <http://static.cpc.aatb.com.br/Documentos/304_CPC_25_rev%2019.pdf>. Acesso em: 11 de abril de 2022.

No caso dos passivos contingentes[4], a norma contábil prevê como obrigatório o reconhecimento de uma provisão[5] quando o risco é classificado como provável, o que afeta o resultado econômico da empresa. Em outras palavras, a provisão reduz o lucro ou aumenta o prejuízo das empresas. Por isso, a governança do contencioso deve contemplar a discussão dos fundamentos jurídicos, teses, jurisprudência, casos análogos e documentação probatória para decidir em que momento e qual a melhor estimativa, em termos de valor, para alteração da expectativa para perda provável e consequente afetação do resultado econômico da empresa.

Recomenda-se que o advogado analise o processo olhando para o final de linha, não para a fase processual. Caso entenda-se que o caso é de grande dificuldade de vitória, deve-se considerar a provisão desde o início do litígio, não somente nas fases finais ou na execução. Isso traz mais previsibilidade para a Companhia e evita surpresas ao acionista.

Quando não há uma boa tese para defesa, uma reflexão importante a ser feita é: será que sairemos desse litígio sem perder nada? A partir desse ponto, deve-se buscar meios de estimar uma possível condenação. Da mesma forma, a alteração de expectativa de perda provável para possível ou remota, que enseja o caminho inverso (reversão da provisão) e se reflete na melhoria do resultado econômico da empresa, deve ser tratada com a mesma governança.

As contingências passivas, ao final do processo, em caso de insucesso, devem ser baixadas dos sistemas de controles de contencioso após o respectivo pagamento, evitando duplicidade de registros entre os controles do Jurídico e da Contabilidade.

Os pontos abordados até aqui são relevantes para atender normativos legais, como instruções da CVM e a Lei *Sarbanes Oxley* – *SOx*, para empresas listadas nas bolsas de valores dos Estados Unidos. Entretanto, todo esse proces-

---

4 De acordo com o CPC 25, "Passivo contingente é: (a) uma obrigação possível que resulta de eventos passados e cuja existência será confirmada apenas pela ocorrência ou não de um ou mais eventos futuros incertos não totalmente sob controle da entidade; ou (b) uma obrigação presente que resulta de eventos passados, mas que não é reconhecida porque: (i) não é provável que uma saída de recursos que incorporam benefícios econômicos seja exigida para liquidar a obrigação; ou (ii) o valor da obrigação não pode ser mensurado com suficiente confiabilidade".

5 De acordo com o CPC 25, "provisão é um passivo de prazo ou de valor incertos".

so de governança das informações no contencioso não deve ter como finalidade principal as questões regulatórias, mas sim a qualidade da gestão informacional dentro da organização.

Esses mecanismos são necessários para que os gestores tenham informações confiáveis e atualizadas para a tomada de decisão, os relatórios da Alta Administração sejam atendidos tempestivamente, os advogados possam tomar boas decisões na linha de frente e a organização consiga mensurar resultados, como indicadores de êxito, valores pagos e recuperados, *performance* dos escritórios externos e condenações evitadas. Sem mensuração e acompanhamento dos resultados, as decisões são tomadas com base em percepções, e não de forma estruturada e coerente com os objetivos da organização.

Ademais, é importante considerar que esse processo de implantação de uma governança das informações no Departamento Jurídico é complexo. Se não for bem planejado, pode ser muito custoso para a organização e onerar demasiadamente os advogados e a equipe administrativa, com controles e monitoramentos desnecessários, muitas vezes ineficientes. É preciso considerar o custo-benefício de se implantar controles e avaliar quais estarão de fato mitigando riscos e, principalmente, se o controle a ser implantado mitigará um risco financeiro-operacional ou de imagem da organização.

Com um bom planejamento e profissionais com perfil adequado é possível criar uma matriz de riscos e de controles eficiente, aplicar modelos estatísticos, automatizar processos suscetíveis a falhas e mitigar os impactos dos controles nas operações do departamento.

Considerando a necessidade de divulgação de informações fidedignas, tempestivas e completas de contencioso ao mercado, gestores, advogados e clientes internos, bem como a necessidade de obter aprovação de auditorias internas e externas sobre a confiabilidade e integridade das informações dos processos judiciais, os Departamentos Jurídicos das companhias abertas devem focar seus esforços na construção de controles eficientes e sólidos de governança do contencioso e na geração de informações confiáveis ao mercado e à Alta Administração.

28.

A IMPROVÁVEL REVISÃO DO PREÇO DE ENO

Carla Simas[1]

Este é um capítulo sobre coragem. Tem como fio condutor uma tese jurídica muito interessante e uma marca muito conhecida, mas, em última análise, é uma história de ousadia e de um time determinado a combater uma injustiça.

Estou falando da marca ENO, centenária, gigante e querida pelas velhas e novas gerações. É evidente que se deve descontar um enorme viés dessa autora que é grande admiradora da empresa dona da marca, a GlaxoSmithKline, ou GSK, como passarei a chamá-la. Ainda assim, acredito que se trata de uma marca unânime em termos de popularidade. É possível ser indiferente a ela, mas dificilmente haverá algum sentimento negativo.

Em 2014, eu liderava o Jurídico da Unidade de Produtos de Consumo da GSK na América Latina. Estávamos prestes a interpor um mandado de segurança no Brasil envolvendo um objeto sem precedentes. Foram anos de preparo para esse momento e não se falava em outra coisa em toda a empresa.

---

1 Advogada graduada na PUC-SP com mais de 20 anos de experiência em Departamentos Jurídicos de Multinacionais tais como Unilever, Reckitt Benckiser, Souza Cruz (BAT) e GSK (GlaxoSmithKline). Diretora Jurídica América Latina da Haleon (empresa criada a partir da cisão da unidade de Consumer Healthcare da GSK). Mestre em Direito pela PUC-SP com MBA pela Fundação Dom Cabral.

Tal qual os grandes roteiros de filmes, é preciso realizar uma volta no tempo para entender como nos colocamos nessa situação e, claro, explicar que situação era essa.

Em 2009, eu tinha acabado de ingressar na empresa e o tema "preço do ENO" era algo que estava na agenda da Direção da GSK no Brasil e era abordado pelos corredores como um problema impactante e insolúvel.

Um breve histórico do que se tratava esse tabu chamado "preço do ENO": desde o início do controle de preços de medicamentos no Brasil (Lei n. 10.742/2003), as apresentações do sal de frutas ENO eram vendidas por preços substancialmente menores que seus concorrentes, leia-se, medicamentos com composições idênticas e mesma indicação terapêutica, ou seja, substituíveis entre si. Seu principal concorrente chegou a ser vendido pelo triplo do preço de ENO.

Após a introdução dos medicamentos genéricos em 1999, houve uma grande pressão da opinião pública pelo controle dos preços em geral e os medicamentos, especificamente, eram parte fundamental de um dos temas de maior sensibilidade: a saúde.

Havia, de fato, um ambiente político e econômico favorável à interferência do Estado naquela ocasião e assim foi criada a CMED[2], órgão responsável até hoje pela regulação e fiscalização de preços de medicamentos. Recentemente as normas aplicáveis vêm recebendo atualizações periódicas que excluem algumas categorias de medicamentos do controle de preços. Porém, em 2003 e nos anos que seguiram, todos os medicamentos estavam sujeitos ao controle que permitia apenas aumentos anuais, calculados pela CMED com base em critérios definidos na Regulação[3].

A regulação que estabeleceu o controle de preços seguiu um momento no qual todos os preços foram congelados. Naquele instante, por razões comerciais relativas ao contexto da época, ENO estava sendo comercializado por valores menores que seus concorrentes. Por essa razão, seu preço permaneceu em patamares consideravelmente mais baixos e essa diferença foi aumentando com os

---

2 Câmara de Regulação do Mercado de Medicamentos, criada pela Lei n. 10.742/2003, a qual foi regulamentada pelo Decreto n. 4.937/2003. Dentre suas atribuições encontra-se a de estabelecer critérios para fixação e ajuste de preços de medicamentos (art. 6º, II, da Lei n. 10.742/2003).

3 De acordo com o Decreto n. 4.937/2003, esses critérios são: a) variação da inflação; b) ganhos de produtividade das fabricantes de medicamentos; c) Variação dos custos dos insumos (matéria-prima, materiais, serviços etc.); d) outras características de mercado.

anos, já que os reajustes permaneciam fixados linearmente para todos os produtos da mesma categoria.

Assim, a GSK realizou diversas tentativas de negociação com o Órgão regulador, sem sucesso. A lei era clara e a CMED alegava que não poderia decidir contrariando a norma. Além disso, no Brasil pós-Plano Real, é difícil identificar algum período no qual o aumento de preços não tenha sido uma questão delicada e politicamente sensível. Por isso, qualquer movimento naquela ocasião teria um grande potencial de passar uma mensagem de que o Governo estaria "aumentando o preço de medicamentos". A mudança da legislação parecia impossível.

Voltemos a 2009. Junto com minha chegada tomava posse um novo Gerente Geral da Unidade de Consumo da GSK, que rapidamente ficou indignado com a questão do "preço de ENO". Me lembro claramente de discutir o assunto com ele e de ter vislumbrado o enorme potencial de se construir uma tese jurídica maravilhosa em torno do que parecia um imbróglio sem solução.

Influenciada pela indignação que permeava toda a empresa em torno desse assunto, busquei alguns escritórios de advocacia. O tema era apaixonante. Envolvia questões relacionadas à falta de tratamento isonômico de indústrias do mesmo segmento além da análise dos limites de interferência do Estado na Economia. Tive o prazer de discutir o tema com grandes profissionais que desenvolveram estratégias interessantes e de muito valor.

Optamos pela contratação do escritório BMA[4]. A estratégia foi brilhantemente construída pelo advogado José Guilherme Berman, a quem devo minhas homenagens e muito respeito. A judicialização de um tema como esse nunca havia sido realizada e os poucos precedentes encontrados estavam relacionados a divergências quanto à definição do preço de medicamentos por ocasião de seu registro na ANVISA e sua introdução no mercado. Ou seja, jamais tinha acontecido uma discussão judicial envolvendo reajustes extraordinários aos permitidos pela Legislação vigente.

Havia dois desafios: retomar a discussão na esfera administrativa, para que se pudesse obter uma decisão da CMED passível de contestação judicial, e produzir provas contundentes, capazes de demonstrar o prejuízo financeiro da empresa e o impacto negativo para a concorrência saudável.

---

4 BMA – Barbosa, Müssnich Aragão. Saiba mais sobre o escritório em seu site institucional. Disponível em: <https://www.bmalaw.com.br/nos-sociedade>.

A reabertura da discussão administrativa requereu uma nova rodada de negociações com a CMED, que durou mais de um ano. Felizmente, o elevado nível técnico da equipe da CMED sempre nos possibilitou conversas francas e muito embasadas. De fato, embora sustentássemos o contrário, considero totalmente compreensível o entendimento daquele órgão de que suas ações eram limitadas pela legislação da época.

Após dois anos do requerimento de revisão extraordinária do preço de ENO, em outubro de 2013, obtivemos uma decisão formal da CMED contrária ao pleito. Tínhamos, agora, a possibilidade de ingressar com a medida judicial escolhida: um mandado de segurança.

A tese consistia em demonstrar a violação dos Princípios da isonomia e da livre concorrência, bem como a inconstitucionalidade da regulação do preço dos sais de fruta. Sustentamos que a intervenção do Estado deve ser excepcional e temporária, além do fato de não ter sido acertada no caso de ENO. Esse medicamento não preenchia os requisitos expostos na Medida Provisória mais tarde convertida na Lei n. 10.742/2003: não era vendido para a Administração Pública, não era um medicamento essencial e, principalmente, não estava inserido em um setor farmacêutico sem concorrência.

Era muito importante ter um jurista de peso para corroborar os aspectos constitucionais. Mas não menos importante era a necessidade de comprovar o prejuízo financeiro para a GSK decorrente da injusta discrepância entre o preço de ENO e da concorrência. Além disso, era ainda crucial que pudéssemos demonstrar que se pleiteava uma isonomia de tratamento para produtos substituíveis entre si, provando assim a ilegalidade da decisão da CMED.

Convidamos o ex-ministro do STF, Professor Eros Roberto Grau, para conhecer o caso e redigir um parecer. Coerente com suas opiniões anteriores, o Ministro discorreu de maneira brilhante sobre o assunto, concluindo, dentre outras coisas, que a conduta da CMED implicava em distorção de mercado, acarretando enriquecimento sem causa dos fabricantes de produtos concorrentes de ENO.

Para demonstrar o prejuízo financeiro da GSK foram usados um parecer econômico e pesquisas de mercado. Ambos demonstraram que o segmento de antiácidos é extremamente sensível ao investimento em publicidade, fator determinante para o ganho de participação de mercado. Estava provada a desvantagem da GSK. Com margens menores, a possibilidade de crescimento diminuía na mesma proporção. Ou seja, havia concorrência em desigualdade de condições naquele segmento.

Em relação à prova da substitutibilidade dos produtos, a GSK contou com um parecer de um médico especialista em gastroenterologia.

A essa altura, diversas áreas da empresa estavam envolvidas (*marketing*, finanças, área médica e assuntos governamentais) e o clima era de extrema animação, disfarçada de uma prudente desconfiança. Não era um caso simples.

Esse é o momento em que a posição do departamento jurídico tem um papel fundamental. Quando o advogado interno se dispõe a encampar desafios como esse, é muito importante que haja um clima de extrema confiança. É necessário endereçar o tema internamente de maneira a convencer a Organização de que há uma saída jurídica e que a inércia é mais perigosa do que a ação.

O investimento de tempo e dinheiro realizado nessa empreitada foi enorme. O apoio do Gerente Geral e a confiança nos advogados internos e externos encorajaram a contribuição de diversas áreas para um quebra-cabeças de dados e fatos (alguns muito remotos) que terminou por construir a tese submetida à análise do Poder Judiciário.

De maneira nenhuma quero desmerecer o trabalho fenomenal realizado pelo BMA, muito menos diminuir os pareceres técnicos mencionados, sem os quais o remédio jurídico proposto ficaria esvaziado. Mas devo enfatizar que poucos Departamentos Jurídicos teriam a coragem de propor e implementar uma ação judicial como essa.

Sim, seria um tremendo golaço obter a revisão do preço de ENO. Igualmente seria um tremendo fracasso frustrar as expectativas do negócio, que a essa altura eram altíssimas. A fama da área legal estaria marcada de qualquer maneira. Estávamos totalmente fadados ao reconhecimento pela ousadia e competência ou pela irresponsabilidade e gastos desnecessários dos recursos da empresa.

E eis que o resultado foi positivo! Em agosto de 2014, o juiz da 32ª Vara Federal do Rio de Janeiro proferiu uma decisão liminar favorável à GSK, acolhendo o pedido alternativo feito pela GSK, determinando que a CMED equiparasse os limites de preço entre o SAL DE FRUTAS ENO e o paradigma do principal concorrente, "calculando-se tal limite proporcionalmente às quantidades presentes em cada embalagem, de modo que ambos ostentassem limite de valor unitário idêntico".

O caso prosseguiu por anos e terminou perdendo o objeto após a liberação dos antiácidos do controle de preços, o que ocorreu em março de 2020[5].

Mesmo sem uma decisão definitiva, considero esse caso emblemático sob diversos aspectos. É uma tese jurídica muito interessante e multidisciplinar, englobando conceitos de Direito Administrativo, Constitucional e Concorrencial. Uma ação judicial como essa também pressupõe o envolvimento e alinhamento de diversas áreas internas, o que requer habilidades fundamentais de liderança por parte da área jurídica.

Mas muito além do valor incontestável dos argumentos e da condução interna do caso, essa ação judicial é o resultado de muita dedicação e ousadia. É fácil conduzir os assuntos legais de uma empresa seguindo uma cartilha predefinida. Há assuntos cuja complexidade e risco são tão altos que dificilmente se receberá críticas por não os levar adiante. Ou seja, esse era um caso que poderia ter permanecido um tabu indefinidamente. Era um caso tido como perdido. A falta de ação apenas corroboraria o sentimento de que não era possível fazer nada e isso não era culpa de ninguém.

Por esse motivo, sinto um tremendo orgulho de ter liderado um time composto por diversas áreas da empresa, que se permitiram ousar, sair da área de conforto e do lugar comum e contestar o impossível em nome de uma indignação justa e aparentemente sem solução. Esse é um exemplo de geração de valor pela área legal. Um exemplo de como ir além do *checklist* restrito de um menu de soluções. Pensar em possibilidades disruptivas, acreditar nelas e não ter medo do fracasso.

Ele não sabia que era impossível. Foi lá e fez[6].

---

5 Comunicado n. 2 da CMED, de 5 de março de 2020, que divulgou os grupos de medicamentos a serem liberados dos critérios de estabelecimento ou ajuste de preços, nos termos da Resolução CMED n. 2, de 26 de março de 2019.

6 Frase atribuída a Jean Cocteau e Mark Twain.

29.

UM CONTENCIOSO PARA REDUZIR O CONTENCIOSO: ATUAÇÃO ESTRATÉGICA EM LITÍGIOS

Fabian Rocha[1]
Ricardo Yamin Fernandes[2]

1. PALAVRAS INTRODUTÓRIAS

A parcela contenciosa do jurídico das empresas brasileiras, ou seja, a área responsável pelos processos judiciais das companhias, tem cada vez mais se tornado um problema insolúvel e custoso.

Não raro, a contemporaneidade tem levado as empresas, progressivamente, a investirem cada vez mais em ideias e iniciativas para solucionar problemas sem envolver o Poder Judiciário.

Empresas inovadoras são aquelas, atualmente, que apresentam saídas e meios aos seus clientes, de modo a evitar a judicialização de temas afetos à atividade empresarial.

---

1 Advogado. *Head Legal Counsel* na Qsaúde Operadora de Planos de Saúde. Bacharel em Direito pela Universidade Paulista, Especialista em Direito Tributário Brasileiro pelo Instituto Brasileiro de Direito Tributário e em Direito Contratual pela Escola de Direito do Instituto de Ciências Sociais (IICS). Membro da Comissão Especial de Saúde Suplementar OAB/Nacional – 2019/2022.

2 Advogado e Gerente Jurídico. Mestre em direito pela PUC-SP (Pontifícia Universidade Católica). Doutorando em direito pela PUC-SP. Professor assistente de processo civil na PUC-SP. Membro do IBDP – Instituto Brasileiro de Direito Processual. Membro da ABDPRO – Associação Brasileira de Direito Processual.

O Brasil é um país de litigantes, e isso pode facilmente ser verificado nos relatórios expedidos pelo Conselho Nacional de Justiça – CNJ.

O título deste capítulo traz um paradoxo. O áporo, do poema de Carlos Drummond de Andrade, cava a terra sem alarme na primeira estrofe, e corresponde a um problema, quase sem solução, em sua segunda estrofe. Tentaremos, neste estudo, explicar o paradoxo e demonstrar que o melhor contencioso, áporo de algumas empresas brasileiras, é o menor contencioso.

2. CULTURA DA JUDICIALIZAÇÃO

É muito comum nos depararmos com a afirmativa de que o Brasil é um país de litigantes. O Ministro Luis Felipe Salomão, com os juízes Valter Shuenquener de Araújo e Daniel Carnio Costa, apontou, em artigo publicado no jornal O *Globo*, a necessidade de se achatar a curva de crescimento das ações judiciais no Brasil. Os autores repetem uma afirmativa que é muito comum no meio jurídico nacional, na qual qualificam o brasileiro como litigante, e que o litígio é parte de nossa cultura.

O Poder Judiciário está completamente sobrecarregado com as milhares de ações que recebem mensalmente. Obviamente, esse enorme volume acaba por custar caro na qualidade das decisões judiciais.

Sob o título *Quem deve julgar é o juiz de direito*[3], o famoso advogado Antonio Cláudio Mariz de Oliveira, em 2014, escreveu na coluna "Espaço Aberto" do jornal *Estadão*:

> Para atingir as exigidas metas de produção, os magistrados estão "delegando" a sua constitucional e elevada atribuição de decidir a assessores. Até pouco tempo essa prática seria inimaginável. Ela representa uma assustadora inversão de papéis: assessores julgam e juízes assessoram, ou melhor, assinam[4].

---

[3] DE OLIVEIRA, Antonio Cláudio Mariz. Quem deve julgar é o juiz de direito. *Jornal o Estado de São Paulo*, seção Opinião, publicado em 31-7-2014.

[4] Segue o autor: "Com a indesejável expansão ou mesmo a só continuidade da aberrante 'delegação', será mais autêntico conceder aos auxiliares o direito de apor as suas assinaturas nos atos praticados. Ademais, quaisquer outros funcionários públicos não investidos de jurisdição dos poderes constitucionais poderão ser compelidos a colaborar no desempenho das funções privativas do Judiciário, elaborando sentenças e acórdãos. O Estado juiz poderá passar a ser representado por qualquer agente estatal, tornando desnecessária a carreira da magistratura. Assim, os assessores dos magistrados ou

A situação já está fora de controle, e o dia a dia do contencioso prova isso. Em uma sessão de julgamento do Tribunal de Justiça de São Paulo, cerca de 80 advogados e advogadas preenchem – a pandemia, ao menos, serviu para modernizar esse jurássico fluxo, que passou a ser feito por *e-mail* – fichas e papéis com pedidos para realização de sustentação oral ou para ter preferência no julgamento de seus casos.

Iniciada a sessão, após os atos de mera liturgia, é comum que o Presidente determine que todos os processos da pauta, já julgados de forma unânime, terão seus resultados divulgados por um funcionário, na parte de fora da sala.

As pautas têm, por vezes, número superior a 200 processos. Após anunciados os inúmeros processos que foram julgados sem qualquer tipo de divergência, os advogados e advogadas desses casos são convidados a sair do salão e ir para o corredor. Terminadas as sustentações orais – que inegavelmente, nos dias de hoje, não passam de mera formalidade – , a Câmara julga, de uma vez, uma grande quantidade de recursos.

O sistema está desmoronando.

Os autores deste capítulo atuam em um contencioso de saúde suplementar e testemunham, quase diariamente, a situação narrada acima. Se o tema judicialização[5] já é problemático, ao acrescentarmos o tema saúde, a dificuldade apenas aumenta.

---

quaisquer funcionários assumirão material e formalmente a missão de julgar. É claro que os dois últimos parágrafos representam uma situação por si caricata, fantasiosa. No entanto, ela é fruto de uma realidade também caricata, que seria ficcional em face da monstruosa ilegalidade que encerra, caso não se fizesse presente". DE OLIVEIRA, Antonio Cláudio Mariz. Quem deve julgar é o juiz de direito. *Jornal o Estado de São Paulo*, seção Opinião, publicado em 31-7-2014.

5 "A CF/1988 instituiu um verdadeiro Estado Democrático de Direito, marcado pelos preceitos majoritário – consolidado nas formas de participação popular no exercício do poder, ainda que mediante representação – e contramajoritário – retratado no núcleo duro e indevassável de direitos fundamentais oponíveis *erga omnes* e demais cláusulas pétreas. Por outro lado, o Estado Democrático de Direito brasileiro é, ainda, caracterizado pela promessa de inclusão social, para qual o Judiciário exerce importante papel. Num cenário como esse – regido por uma Constituição de intuito transformador, conteúda de um rol vasto de direitos, reguladora do Estado e da sociedade e guardada por uma jurisdição constitucional apta a enfrentar qualquer dos demais Poderes para assegurar o cumprimento das promessas constitucionais –, é, em certa medida, natural que uma gama maior de questões seja judicializada, principalmente quando se acresce ao quanto posto o processo de massificação da sociedade. A judicialização, portanto, é um fenômeno social, consistente na invocação do Judiciário para a resolução de um maior número de questões, e que, por si só, não constitui um problema da teoria do direito." NERY JR., Nelson; SANTOS, Maira Bianca Scavuzzi de Albuquerque; FERNANDES, Ricardo Yamin. Levando os limites do texto a sério: a taxatividade mitigada do agravo de instrumento à luz da Constituição e da hermenêutica. In: KUKINA, Sérgio et al. (Coords.). *O CPC de 2015 visto pelo STJ*. São Paulo: Thomson Reuters Brasil, 2021.

Falar do assunto judicialização da saúde não é nenhuma novidade. O tema é frequente nos corredores dos fóruns e nas pautas de julgamento dos tribunais. E, como não poderia ser diferente, tem sido assunto de diversas palestras, seminários, obras jurídicas e estudos.

O Conselho Nacional de Justiça – CNJ, no ano de 2019, produziu um estudo direcionado exclusivamente a esse assunto, intitulado: Judicialização da Saúde no Brasil: Perfil das demandas, causas e propostas de solução.

Segundo dados contidos no relatório, obtidos junto aos tribunais estaduais e federais, o volume de demandas judiciais distribuídos anualmente, em temas relacionados à saúde, aumentou 130%, entre 2008 e 2017, bem acima do número total de processos judiciais em geral, que cresceu 50% no mesmo período. Ao segregarmos por tema, vê-se que a entrada de processos versando sobre saúde é quase três vezes maior à distribuição total de processos.

A temática saúde, além de muito volumosa na discussão judicial, faz saltar, em diversos juízes, uma veia ativista[6].

Em linhas gerais, o juiz ativista é aquele que, no momento de julgar, fundamenta e decide baseado em questões alheias ao Direito como, por exemplo, religião, política ou sentimento. Decidir sobre questões de saúde – nas quais o apelo emocional é muito grande –, leva os juízes, muitas vezes, a tentar "salvar a vida" de determinada pessoa, ultrapassando as barreiras impostas pela legislação.

Ativismo, a seu turno, é um *modus operandi* do Judiciário no momento de julgar as causas judicializadas. O quanto reportado é sumarizado com excelência por Clarissa Tassinari em obra referência sobre o tema:

> É possível perceber, portanto, que a judicialização é mais uma constatação sobre aquilo que vem ocorrendo na contemporaneidade por conta da maior consagração de direitos e regulamentações constitucionais,

---

6 Já tivemos a oportunidade de, doutrinariamente, dissertar sobre o tema em diversas oportunidades. *Vide*: NERY JR., Nelson; SANTOS, Maira Bianca Scavuzzi de Albuquerque; FERNANDES, Ricardo Yamin. Levando os limites do texto a sério: a taxatividade mitigada do agravo de instrumento à luz da Constituição e da hermenêutica. In: KUKINA, Sérgio et al. (Coords.). *O CPC de 2015 visto pelo STJ*. São Paulo: Thomson Reuters Brasil, 2021; ABBOUD, Georges; SCAVUZZI, Maira; FERNANDES, Ricardo Yamin. Atuação do STF na pandemia: *Fine line* entre aplicação da Constituição Federal e ativismo judicial. *Revista dos Tribunais*, v. 1020, out. 2020, p. 77-97.

> que acabam por possibilitar um maior número de demandas, que, em maior ou menor medida, desaguarão no Judiciário; do que uma postura a ser identificada como positiva ou negativa. Isto é, esta questão está ligada a uma análise contextual da composição do cenário jurídico, não fazendo referência à necessidade de se criar (ou defender) um modelo de jurisdição fortalecido.
>
> Por tudo isso, pode-se dizer que a judicialização apresenta-se como uma questão social. A dimensão desse fenômeno, portanto, não depende do desejo ou da vontade do órgão judicante. Ao contrário, ele é derivado de uma série de fatores originalmente alheios à jurisdição, que possuem seu ponto inicial em um maior e mais amplo reconhecimento de direitos, passam pela ineficiência do Estado em implementá-los e desaguam no aumento da litigiosidade – características de sociedade de massas. A diminuição da judicialização não depende, portanto, apenas de medidas realizadas pelo Poder Judiciário, mas, sim, de uma plêiade de medidas que envolvem um comprometimento de todos os poderes constituídos[7].

Nada obstante o ativismo não se confundir com judicialização, ambos estão correlacionados de alguma maneira. As transformações político-jurídicas que deram azo à judicialização também impulsionaram a expansão do ativismo. Contudo, o ativismo é um acontecimento cuja causa direta e imediata é o proceder do magistrado. Cuida-se de um fenômeno cujo início e eventual fim dependem única e exclusivamente do Judiciário. A judicialização, de outra parte, não nasce da postura dos juízes, mas de uma série de fatores histórico-sociais que independem da sua vontade[8].

Em resumo, ativismo é um problema de interpretação/aplicação do direito; é um desvio no modo de efetivar a atividade jurisdicional, que substitui o direito por critérios decisórios extrajurídicos

---

7 TASSINARI, Clarissa. *Jurisdição e ativismo judicial*: limites da atuação do Judiciário. Porto Alegre: Livraria do Advogado, 2013, p. 32.

8 NERY JR., Nelson; SANTOS, Maira Bianca Scavuzzi de Albuquerque; FERNANDES, Ricardo Yamin. Levando os limites do texto a sério: a taxatividade mitigada do agravo de instrumento à luz da Constituição e da hermenêutica. In: KUKINA, Sérgio et al. (Coords.). *O CPC de 2015 visto pelo STJ*. São Paulo: Thomson Reuters Brasil, 2021.

3. COMO LIDAR COM A SITUAÇÃO? É POSSÍVEL UM CONTENCIOSO ESTRATÉGICO EM SAÚDE?

As perguntas feitas no início do capítulo afligem, provavelmente, o departamento jurídico de qualquer operadora de saúde. E a resposta, muitas vezes, pode ser percebida pelo enorme volume de ações judiciais que tem, no polo passivo, uma operadora de planos de saúde.

Por esse motivo, não é incomum que a gestão desse tipo de contencioso seja muito mais numérica, administrativa e econômica do que jurídica. Ou seja, os processos judiciais são tratados como um grande custo, que devem ser geridos dentro de um plano de contingência da empresa.

Por serem vistos como um custo inevitável, demandas judiciais são tratadas de forma completamente massificada, muitas vezes a um custo muito baixo. Isso significa que, pela tratativa que se dá a esses processos, a qualidade técnica das discussões e, consequentemente, das decisões judiciais, é muito baixa.

Não é incomum que diversos temas, deveras complexos, que envolvem a saúde suplementar, são mal interpretados e entendidos por advogados e, por conseguinte, por juízes. Isso acaba gerando uma jurisprudência extremamente negativa para as empresas.

Essa jurisprudência gera, então, um efeito bola de neve que continuará incentivando as empresas a não direcionarem esforços ao contencioso, tendo em vista que a certeza de que a decisão será negativa faz com que não se dê atenção a esses processos. Essa situação, invariavelmente, leva ao aumento no percentual de perda desses processos, o que, por óbvio, aumenta o custo.

A solução, em nosso modo de pensar, está na tratativa dada aos casos.

Atuar estrategicamente para ganhar os processos não tem feito parte da estratégia de diversas companhias.

Tendo em vista que as demandas judiciais têm sido tratadas exclusivamente como contingência, a mentalidade de diversos jurídicos tem sido, única e exclusivamente, reduzir ao máximo o impacto dessas demandas.

Isso não se sustenta.

A virada realizada, em nosso contencioso, tem se provado proveitosa. Ao investir em advogados tecnicamente qualificados para atuar dentro da empresa, ganhamos muita força na análise de demandas judiciais estratégicas.

O advogado corporativo, no contencioso, rende mais quando trabalha como advogado, e não como mero gestor de uma carteira de passivos. Além de conhecedor da legislação, o advogado interno conhece os fluxos e sistemas da empresa, o que permite uma contribuição relevantíssima na defesa dos interesses da companhia.

Fatalmente, o aumento da qualidade técnica em juízo aumenta o volume de êxito nas demandas judiciais. Nessa situação, a solução mais simples foi a que mais nos deu resultado: a melhor forma de se economizar com ações judiciais é ganhando os processos.

NOTAS CONCLUSIVAS

É sabido que a qualidade de um queijo suíço é medida pela quantidade de buracos que possui. Quanto mais queijo, mais buracos. Cada buraco ocupa o lugar em que haveria queijo. Assim, quanto mais buracos, menos queijo. Quanto mais queijos, mais buracos, e quanto mais buracos, menos queijo.

Temos, então, um paradoxo: o melhor queijo suíço é o que tem mais buracos, portanto, o não queijo.

Esse raciocínio se aplica à nossa ideia de contencioso. O melhor contencioso é aquele que é inexistente.

Obviamente que não cogitamos não receber processos. O que queremos dizer é: tratar os processos tecnicamente, e não simplesmente fazer sua gestão massificada, leva a resultados melhores e, consequentemente, a uma redução de volume.

REFERÊNCIAS

ABBOUD, Georges. *Processo constitucional brasileiro*. São Paulo: Revista dos Tribunais, 2021.

ARBACHE, Henrique Pires; SANTOS, José Carlos Van Cleef de Almeida. Análise sistêmica da saúde suplementar e sua importância para o equilíbrio e sustentabilidade das complexas e relevantes relações estabelecidas em seu entorno. *Revista Jurídica de Seguros*, n. 14, p. 65-83.

ALVIM, Teresa Arruda; DANTAS, Bruno. *Recurso especial, recurso extraordinário e a nova função dos tribunais superiores no direito brasileiro (de acordo com o*

CPC de 2015 e a Lei 13.256/16). 3. ed. rev. atual. e ampl. São Paulo: Revista dos Tribunais, 2016.

CÂMARA, Alexandre Freitas. *O novo processo civil brasileiro*. 2. ed. São Paulo: Atlas, 2016.

CAVALCANTI, Marcos de Araújo. *Incidente de resolução de demandas repetitivas*. São Paulo: Revista dos Tribunais, 2016.

DIAS DE SOUZA, Marcelo Alves. *Do precedente judicial à súmula vinculante*. Curitiba: Juruá, 2006.

FERNANDES, Ricardo Yamin. *Do incidente de assunção de competência*. São Paulo: Revista dos Tribunais, 2020.

GARAPON, Antoine. *O juiz e a democracia*: o guardião das promessas. Rio de Janeiro: Revan, 1999.

MANCUSO, Rodolfo de Camargo. *Incidente de resolução de demandas repetitivas*: a luta contra dispersão jurisprudencial excessiva. São Paulo: Revista dos Tribunais, 2016.

NERY JR, Nelson; NERY, Rosa Maria de Andrade. *Código Civil comentado*. 11. ed. São Paulo: Revista dos Tribunais, 2014.

STRECK, Lenio Luiz. *O que é isto? Decido conforme minha consciência*. 6. ed. Porto Alegre: Livraria do Advogado, 2017.

TASSINARI, Clarissa. *Jurisdição e ativismo judicial*: limites da atuação do Judiciário. Porto Alegre: Livraria do Advogado, 2013.

30.

DIÁLOGOS ENTRE CORTES CONSTITUCIONAIS: O STF, O TCRI E A "ANÁLISE ECONÔMICA DO DIREITO"

Bruno Curi[1]

Nos últimos tempos, tem-se revelado extremamente salutar que as Cortes Constitucionais dos países "dialoguem" entre si, como forma de aproximar a hermenêutica fundamental de sistemas jurídicos que embasem coletividades democráticas[2]. O uso de técnicas de direito comparado é considerado bem-vindo

---

1 Doutorando em teorias jurídicas contemporâneas (PPGD/UFRJ). Mestre em ciências jurídicas e sociais (PPGSD/UFF). Especialista em direito tributário (IBET-Rio). Graduado em direito (UFF). Professor de direito tributário (FND/UFRJ). Advogado. Ex-conselheiro do CARF (2011-2015). Autor de *Limitações constitucionais ao poder de tributar* – análise de sua fundamentalidade ante a razão pública de John Rawls e artigos em obras coletivas.

2 "No espaço geográfico não se trata de uma teoria geral – como fora concebido o positivismo jurídico – mas, sim, de uma teoria adequada às democracias ocidentais com pressupostos encontrados na dita fusão de horizontes (defesa dos direitos fundamentais, constituição rígida, mecanismos de separação de poderes e de freios e contrapesos etc.). Estes podem ser lidos como pressupostos do neoconstitucionalismo que aparece, com força e definição neste início de século, o seu marco temporal. É bem verdade que os seus pressupostos apareceram no pós-2ª Guerra Mundial, porém eles vieram se desenvolvendo desde então, até germinarem no neoconstiucionalismo, assim batizado por diversas publicações no início do século XXI." MOREIRA, Eduardo Ribeiro. Neoconstitucionalismo e teoria da interpretação. *Revista da EMERJ*, v. 11, n. 43, Rio de Janeiro: EMERJ, 2008, p. 249-250.

pelo neoconstitucionalismo e pelo transconstitucionalismo, que marcam o momento atual do pensamento jurídico[3].

Nessa seara, as razões de decidir assumem importante função de checagem da linearidade dos Tribunais Constitucionais em matéria de direitos fundamentais, e mesmo da previsibilidade do sistema jurídico. Revitaliza-se, nesse ambiente, a teoria da argumentação, da retórica e da tópica, e se reintroduz no ordenamento jurídico positivo as ideias de justiça e legitimidade, com o retorno aos valores e com a reaproximação entre a ética e o direito, materializados em princípios jurídicos abrigados na Constituição, que passam a ter maior efetividade normativa, influenciando sobremaneira a teoria da interpretação, inclusive a do Direito Tributário[4].

O Brasil não é profícuo em buscar aportes no direito comparado ao decidir questões constitucionais importantes, em matéria tributária. Recentemente, contudo, viu-se diálogo velado (ou, ao menos, interessante alinhamento) entre o Supremo Tribunal Federal (STF) e o Tribunal Constitucional da República da Itália (TCRI) em matéria de Imposto de Renda das Pessoas Jurídicas (IRPJ). O ponto de convergência está na adoção da Análise Econômica do Direito como linha-mestra para julgar casos análogos, que envolviam a tributação diferenciada de instituições financeiras, seguradoras e congêneres.

1. ANÁLISE ECONÔMICA DO DIREITO: BREVE APRESENTAÇÃO

A teoria da Análise Econômica do Direito (AED) encontra em Posner seu patrono. Partindo de bases kantianas, o autor busca reconciliar utilidade, igualdade e liberdade, usualmente tidos como princípios éticos que competem entre si, visando à maximização da riqueza. Em suas próprias palavras, "maximização da

---

3 Cf., com todas as ressalvas feitas pelo autor aos limites entre aproximação e "importação" acrítica: NEVES, Marcelo. Do diálogo entre as cortes supremas e a Corte Intermericana de Direitos Humanos ao transconstitucionalismo na América Latina. *Revista de Informação Legislativa*, n. 201, Brasília: Senado Federal, jan./mar. 2014, p. 198-200.

4 ABRAHAM, Marcus. Valores e princípios jurídicos no direito tributário e financeiro. ABRAHAM, Marcus; PEREIRA, Vítor Pimentel (Coords.). *Princípios de direito público*: ênfase em direito financeiro e tributário. Belo Horizonte: Forum, 2018, p. 204.

riqueza como norma ética dá peso à utilidade, embora menos leve do que os utilitaristas dão, e ao consenso, embora talvez menos pesado do que Kant teria dado"[5].

Considerando o escopo deste capítulo, não vamos nos estender sobre a epistemologia em torno da AED, de vasta produção tanto por Posner quanto por seus comentadores e críticos. Dada a brevidade necessária, enfatizamos apenas que a AED carreia algumas premissas – especialmente no que tange à igualdade.

A igualdade se manifesta pela neutralidade distributiva – que se pode presumir consentida por todos – e é alcançada mediante a rejeição de efeitos distributivos sistêmicos na concepção de justiça. Nem os juízes nem os grupos de interesses deveriam promover (ou tentar promover) redistribuição de riquezas, mas apenas se ocupar de maximizar a riqueza social. Efeitos distributivos surgem naturalmente dessa maximização da riqueza social pela via do próprio processo governamental[6].

Adotar o raciocínio da AED ao apreciar a noção de igualdade material usualmente atribuída à capacidade contributiva traz suas implicações. E isso ganha corpo ao se verificar que tanto a Constituição da Itália quanto a Constituição da República Federativa do Brasil (CRFB) positivaram a capacidade contributiva.

2. A CAPACIDADE CONTRIBUTIVA NOS ORDENAMENTOS CONSTITUCIONAIS BRASILEIRO E ITALIANO

Na CRFB, a positivação da capacidade contributiva é reconhecida pela doutrina e pela jurisprudência no § 1º do art. 145, nos seguintes termos:

> § 1º Sempre que possível, os impostos terão caráter pessoal e serão graduados segundo a capacidade econômica do contribuinte, facultado à administração tributária, especialmente para conferir efetividade a esses objetivos, identificar, respeitados os direitos individuais e nos termos da lei, o patrimônio, os rendimentos e as atividades econômicas do contribuinte.

---

5 Tradução livre. POSNER, Richard. *The economics of justice*. Cambridge: Harvard University Press, 1981, p. 98 e 115.

6 BRANDO, Marcelo Santini. A crítica da vertente econômica à teoria da justiça de John Rawls. *Quaestio juris*, v. 5, n. 2, Rio de Janeiro: UERJ, 2012, p. 28.

No ordenamento constitucional brasileiro republicano, a capacidade contributiva consta da Carta de 1946, cujo art. 202 possuía regra que se assemelha à do atual § 1º do art. 145, embora mais enxuta: "os tributos terão caráter pessoal, sempre que isso for possível, e serão graduados conforme a capacidade econômica do contribuinte". À época, Itália e Espanha não possuíam, nas respectivas Cartas, normas que dispusessem sobre capacidade contributiva.

Dos latinos, apenas a Constituição de Portugal de 1933 a continha, e ainda assim por intermédio da revisão de 1938, que atribuiu ao art. 28 a seguinte redação: "todos os cidadãos são obrigados a prestar ao Estado e às autarquias locais cooperação e serviços em harmonia com as leis, e a contribuir, conforme os seus haveres, para os encargos públicos". Tal disposição, contudo, restou suprimida do ordenamento constitucional de 1976[7].

Ao seu turno, a Constituição da Itália de 1947 positivou a capacidade contributiva nos seguintes termos: "Art. 53. Todos são obrigados a contribuir para os gastos públicos com base em sua capacidade contributiva".

O sistema tributário é baseado em critérios de progressão.

A regra não constava do Estatuto Albertino.

3. TCRI: A AED COMO FIO CONDUTOR DA *SENTENZA* 288/2019

A *Sentenza* 288/2019 avaliou duas regras que instituíram, temporariamente, adicional de Imposto de Renda sobre instituições financeiras, seguradoras de crédito e outras. Alegou-se ofensa à capacidade contributiva ante o fato de que o Executivo não conseguiu demonstrar empiricamente que tais empresas seriam mais fortes economicamente do que outras, a ponto de sofrerem maior ônus tributário; e a supervisão por órgãos públicos não pode ser indício suficiente de maior capacidade contributiva. Além disso, arguiu-se que esse adicional teria como único fundamento suprir perda de arrecadação decorrente da concessão de benefícios fiscais do Imposto Municipal Único (IMU), o que se afasta dos propósitos relacionados à solidariedade e à redistribuição.

O Tribunal, todavia, não acolheu os argumentos.

---

7 Ainda que o art. 104º da Constituição de Portugal contenha exigências próprias que possam ser relacionadas à capacidade contributiva e/ou econômica, como não se utiliza da expressão em si, não vamos abordá-lo.

Embora reconhecendo que a distinção qualitativa de renda para fins tributários tenha pouca margem tolerável de discricionariedade para o legislador, sendo um dos temas mais delicados do direito constitucional tributário, o TCRI considerou que o caso concreto apresentava razões suficientes para sua validação.

Em primeiro lugar, reputou descabida, porquanto simplista, a alegação de "tributação adicional". Isso porque aquelas pessoas jurídicas de carga majorada possuem excepcionalmente mais margem para deduzir valores de inadimplência de seus clientes, do que não resulta exatamente uma alíquota final maior do que as das demais empresas.

Adicionalmente, a mera existência de uma empresa no mercado financeiro pressupõe que esta possua patrimônio e estabilidade econômica, ambos certificados pelos órgãos regulatórios desde a emissão da licença para funcionamento. Tal circunstância induz a que a competição seja restrita a poucas pessoas jurídicas. Por fim, é da natureza desse mercado que sua demanda seja inelástica.

Essas questões, que integraram os trabalhos de elaboração da norma tributária combatida, indicam que o setor financeiro possui características que o diferenciam do mercado industrial. Assim, não é implausível que o legislador, especialmente em período de crise econômica, tenha inferido a existência de capacidade contributiva específica e autônoma.

A *Sentenza* ainda considera que:

> [...] em um contexto complexo como o prevalente, em que novas e variadas formas de criação de valor estão sendo desenvolvidas, o conceito de capacidade contributiva não deve se atrelar apenas a indicadores tradicionais como patrimônio e renda. De fato, outras e mais evoluídas formas de capacidade, que podem de fato indicar força ou potencial econômico, também devem ser levadas em conta[8].

Nada obstante, o Tribunal ressaltou que o aumento, puro e simples, da tributação direta sobre as instituições financeiras implicará repercussão desse custo aos clientes – o que, diante de serviços essenciais, pode induzir a regressividade, contrariando a capacidade contributiva. É necessário, portanto, parcimônia pelo legislador.

---

8 Tradução livre. ITÁLIA. Corte Costituzionale. Sentenza 288/2019. Relator: Luca Antonini. Roma, 20 de novembro de 2019. *GU* de 27 dez. 2019, p. 9.

O julgado reiterou, em matéria de capacidade contributiva, o posicionamento esposado na *Sentenza* 10/2015, relativo a adicional de Imposto de Renda sobre empresas dos setores de energia e hidrocarbonetos com faturamento superior a vinte e cinco milhões de Euros, em norma que proibia o repasse desse custo aos consumidores. Também ali a Corte entendeu que as características desses setores, oligopolistas com baixa variação de preços entre si e com demandas inelásticas, denota especificidade que justifica o tratamento diferenciado.

Assim, se o fato econômico que o legislador busca atingir revelar excepcional lucratividade de setor privilegiado em tempos de crise, esse fato deverá necessariamente se refletir na estrutura do tributo. A diferença entre os casos é que, no precedente de 2015, a exação foi tida por inconstitucional, mas por outro motivo: a vedação ao repasse desse custo ao consumidor concretamente se revelava inexequível e, portanto, irrazoável[9].

4. STF: A AED COMO FIO CONDUTOR DA AÇÃO DIRETA DE INCONSTITUCIONALIDADE 5.485

Na Ação Direta de Inconstitucionalidade (ADI) 5.485, apreciou-se a carga tributária diferenciada sobre companhias de seguros, resseguros, vida e previdência privada e saúde suplementar. Foi reconhecida a constitucionalidade do critério de discrímen, inclusive ante a capacidade contributiva. Embora adotando as mesmas conclusões da ADI 2.898, o STF trilhou searas um pouco diferentes[10].

---

9 ITÁLIA. Corte Costituzionale. Sentenza 10/2015. Relator: Giudice Marta Cartabia. Roma, 9 de fevereiro de 2015. *GU* de 11 de fevereiro de 2015.

10 Na ADI 2.898, o Ministro Dias Toffoli, em seu voto (nesse aspecto, muito semelhante ao que apresentara no RE 656.089, acerca da majoração de alíquotas de PIS e COFINS em função da atividade desempenhada pelo contribuinte), transcreve escólio de Ávila, que distingue os desdobramentos do tratamento tributário desigual na fiscalidade e na extrafiscalidade, inscrevendo a capacidade contributiva na função fiscal. Nesse caso, o tratamento distinto deve estar orientado com o critério de justiça prevalente no Direito Tributário, qual seja a capacidade contributiva dos contribuintes, "a qual pode ter sua concretude presumida, de modo a autorizar o legislador a utilizar-se de elementos de fato sintomáticos do grau de riqueza deles. De sua perspectiva, a medida adotada que se afaste desse raciocínio deve ser legitimamente justificada". Já nos tributos extrafiscais, a desigualdade deve ser proporcional (relação "medida-fim-bem jurídico"), sendo premente verificar se a medida é apta para a consecução da finalidade pretendida (e constitucionalmente amparada), se a medida é a menos gravosa relativamente ao direito à isonomia e se "as vantagens decorrentes da promoção da finalidade extrafiscal estão em relação de proporção com as desvantagens advindas da desigualdade (relação 'vantagens x desvantagens')". A conclusão, constante tanto do voto quanto da Ementa, é a de que, "atrelado ao valor da isonomia, o princípio da

Na ADI 5.485, o relator, Min. Luiz Fux, baseou-se na doutrina de Richard Posner. Após transcrição de excerto de *Economic Analysis of Law*, destaca os três fundamentos econômicos que, segundo o autor, devem ser absorvidos pelo Direito (a lei da demanda, a maximização das utilidades e a alocação dos recursos em seus usos mais eficientes). Afirma que "nesta visão, o objetivo da aplicação das normas jurídicas deve ser a maximização do aproveitamento dos recursos, obtida, em regra, em um livre mercado"[11].

O relator então discorre, apoiado tanto naquele autor quanto em artigo de Fábio Severiano do Nascimento, sobre as relações entre tributos e elasticidade da demanda, e afirma que, regra geral, o mercado de seguros é inelástico. Assim, conclui, pouco antes de transcrever a ementa da ADI 2.898, que "não se trata de tributação desarrazoada ou em oposição aos primados da isonomia e da capacidade contributiva, mas sim de fazer incidir a exigência sobre a grandeza econômica que representa a atividade do segmento de seguros", de modo que "a calibragem diferenciada das alíquotas apenas significa a maximização dos efeitos da participação do segmento no financiamento da coletividade sem desestimular o exercício da atividade"[12].

CONCLUSÃO: A "ELASTICIDADE DA DEMANDA" COMO CRITÉRIO ECONÔMICO APTO A MENSURAR A CAPACIDADE CONTRIBUTIVA

Dos julgados acima, vê-se que a mensuração da capacidade contributiva das pessoas jurídicas – e, adicionalmente, sua aplicação a casos concretos – foi efetuada em sede de controle concentrado, tanto no Brasil quanto na Itália, sob o prisma da elasticidade da demanda. Isso implica que o direito fundamental à

---

capacidade contributiva busca, exatamente, justificar a adoção de critérios de diferenciação de incidência, conforme exija a multiplicidade de situações sociais, sempre visando a uma tributação mais justa e equânime". BRASIL. Supremo Tribunal Federal. Plenário. ADI 2.898. Requerente: Confederação Nacional da Indústria – CNI. Intimados: Presidente da República e Congresso Nacional. Relatora: Ministra Ellen Gracie. Redator para o Acórdão: Ministro Joaquim Barbosa. Brasília, DF, 10 de abril de 2013, *DJe* de 11 fevereiro de 2014, p. 15-16.

11 BRASIL. Supremo Tribunal Federal. Plenário. ADI 5.485. Requerente: Confederação Nacional das Empresas de Seguros Gerais, Previdência Privada e Vida, Saúde Suplementar e Capitalização – CNSEG. Intimados: Presidente da República e Congresso Nacional. Relator: Ministro Luiz Fux. Brasília, DF, 16 de junho de 2020, *DJe* de 6 de julho de 2020.

12 Id. Ibid., p. 34.

propriedade das empresas é relativizado a partir do viés consequencialista. Por um lado, referido raciocínio encontra guarida no art. 20 da Lei de Introdução às Normas do Direito Brasileiro (LINDB).

Em contrapartida, também é digno de nota que elementos como concorrência e reflexos no preço ao consumidor (circunstâncias que podem modificar ao longo do tempo) sejam levados em conta na hermenêutica constitucional, notadamente em julgados de controle concentrado – os quais se pressupõem imutáveis por toda a vigência daquele ordenamento.

Temos, particularmente, ressalvas à metodologia da AED no controle concentrado. Nossas preocupações residem, além das vicissitudes mercadológicas acima, nos fatos e dados técnicos levados à Suprema Corte, para embasar a lógica a ser adotada. Buchanan, há décadas, pondera o problema do monopólio fiscal da informação – seja na credibilidade ou mesmo no acesso ao legislador[13], e que se estendem facilmente ao julgador. Sem embargo, não se pode desprezar a adoção da AED por dois países de cultura (inclusive jurídica) latina, em casos importantes. Trata-se de notável ocorrência do direito contemporâneo, de destaque ainda mais enfático por envolver matéria tributária.

---

13 BUCHANAN, James; BRENNAN, Geoffrey. *The power to tax*: analytical foundations of a fiscal constitution. Indianapolis: Liberty Fund, 2000(a). (The collected works of James M. Buchanan, v. 9), p. 29.

31.

OS IMPACTOS DA CULTURA DO *BURNOUT* NO MEIO JURÍDICO

Natasha Machado Kurrik[1]

O meio jurídico é famoso pelo pedágio que cobra dos profissionais. Dedicação exclusiva, ambiente competitivo e longas jornadas de trabalho são ainda rotinas da grande maioria. Mas por que passos significativos para transformar a cultura de *burnout* em uma verdadeira cultura de bem-estar não têm sido uma prioridade? Que mudanças precisam ser feitas para melhor salvaguardar a saúde mental e física dos advogados?

O debate envolvendo a importância do bem-estar no ambiente profissional não é novidade para ninguém. Mas a condição clínica denominada síndrome de *burnout*, apesar de já ser conhecida há alguns anos, ganhou tração desde o início da pandemia no meio jurídico.

Desencadeada pelo acirramento das pressões por maior produtividade, aumento da competitividade, longas horas de jornada e pelo *stress* na gestão de

---

1 Advogada. Mestre em Economia e Pós-graduada em Direito Tributário. Atualmente é responsável pela área de Relações Governamentais e Institucionais na Souza Cruz Ltda., uma empresa do grupo BAT. Com longa passagem pela área jurídica corporativa, já atuou no Brasil e nos Estados Unidos, tendo vasta experiência em empresas multinacionais, como Souza Cruz e Ernst Young. Apaixonada por inovação e movida a desafios, acredita que felicidade pessoal e produtividade no trabalho estão de braços dados.

conflitos interpessoais, a síndrome de *burnout*, conhecida também como síndrome do esgotamento profissional, atinge hoje quase um terço de toda população de trabalhadores brasileiros.

Não é para menos que os profissionais do direito estejam como protagonistas dessa história. Escritórios de advocacia, junto com consultorias e os bancos de investimento ostentaram por décadas uma cultura baseada em longas jornadas de trabalho.

Além disso, o advogado está a todo momento lidando com o ser humano e comumente, em momentos de angústia, ansiedade ou conflito.

É um ciclo vicioso. O trabalho não pode ser subestimado e a pressão é sentida em todos os níveis. À medida que os profissionais progridem na hierarquia, o *stress* crônico cumulativo torna-se maior. E quanto mais longo for o tempo de exposição, maior a probabilidade de se sucumbir às armadilhas do ambiente.

Trabalhar de forma extremamente "dura" e se esforçar além do limite ainda são comportamentos percebidos pela maioria dos profissionais sêniores, como símbolo de *status*. A corrida para cronometrar as horas faturáveis em sinal de desempenho estelar é real. É a famosa glamourização do trabalho excessivo.

Está claro que, quando essa carga de trabalho e as pressões intrínsecas desse ambiente unem forças com uma pandemia global, instabilidade econômica e política adicionado ao trabalho ininterrupto feito de casa por mais de dois anos, o resultado se torna não só previsível como inevitável: o adoecimento mental desses profissionais chegou a um nível crônico.

É o que confirma uma pesquisa internacional realizada pela consultoria Gartner Inc em julho de 2021, respondida por mais de 200 advogados corporativos, que mostrou que 54% dos entrevistados estão exaustos em algum grau, e 20% se classificaram como altamente exaustos.

Além disso, dentre os que reportaram estar altamente exaustos, 41% mostraram sinais de sofrimento psicológico, 68% queriam deixar a organização e 61% frequentemente atrasavam ou encerravam projetos nos quais estavam envolvidos, conforme evidenciado pela tabela abaixo.

	Não esgotado (46%)	Moderadamente Exausto (34%)	Altamente Exausto (20%)
Psicologicamente aflito	3%	28%	41%
Com intenção de deixar a organização	17%	18%	68%
Frequentemente atrasa, reduz os escopos ou elimina projetos	9%	34%	61%

Fonte: Gartner Inc (Tradução nossa)

Se não fosse o bastante, os impactos negativos da exaustão do advogado podem ainda aumentar, já que os advogados que saem ou trabalham de forma ineficiente simplesmente aumentam a carga de trabalho dos demais. Os líderes jurídicos precisam encontrar uma maneira de reduzir a exaustão pela raiz, mas as abordagens comuns têm demonstrado um efeito bastante limitado.

1. A NOVA CLASSIFICAÇÃO PELA ORGANIZAÇÃO MUNDIAL DE SAÚDE (OMS)

A síndrome de *burnout* foi incluída na 11ª Revisão da Classificação Internacional de Doenças (CID-11) como um fenômeno ocupacional. Isso se reflete também no Brasil, que desde 1º de janeiro de 2022 deixou de considerar a síndrome como transtorno psiquiátrico sendo agora entendida como "estresse crônico de trabalho que não foi administrado com sucesso" e logo, classificada como doença do trabalho.

A CID-11 descreve o fenômeno como "resultante do estresse crônico no local de trabalho" caracterizado por três dimensões:

- Sentimentos de exaustão ou esgotamento de energia;
- Aumento do distanciamento mental do próprio trabalho, ou sentimentos de negativismo ou cinismo relacionados ao próprio trabalho; e
- Redução da eficácia profissional.

Como se refere especificamente a fenômenos dentro do contexto ocupacional, o *burnout* não deve ser tratado como uma condição médica, mas uma manifestação de estresse crônico absoluto.

Um dos maiores problemas quando se trata de *burnout* é que a maioria das pessoas ainda se sente envergonhada por precisar de ajuda, muitas vezes por acreditarem que seus ambientes de trabalho não suportam a desaceleração. Assim, a tendência é que aceitação do problema ocorra apenas quando a fragilidade emocional atinge e limita as entregas profissionais.

Vale mencionar que, antes mesmo da pandemia, o Brasil já era considerado pela OMS como o país mais ansioso do mundo, com 9,3% da população ansiosa, e o segundo maior das Américas com depressão, sendo que tal doença atingia 5,8% da população.

Em junho de 2020, quando o Brasil chegava à marca de 50 mil mortos por Covid-19, uma pesquisa sobre saúde mental na quarentena, liderada pela Universidade do Estado do Rio de Janeiro, registrou um aumento de mais de 90% em casos de depressão, e de mais de 70% nas queixas de crise aguda de ansiedade.

E se até 2021 era responsabilidade exclusiva do indivíduo administrar e superar o estresse gerado pelo trabalho, isso agora mudou. Ao ser considerada doença do trabalho, a síndrome de *burnout* trouxe às organizações um protagonismo até então desconhecido. A responsabilidade objetiva sobre a saúde mental dos colaboradores, estando eles em trabalho remoto ou presencial, é agora da empresa.

Nessa seara, é importante que a liderança desenvolva um papel de apoio, incentivo e até mesmo de prevenção com o propósito de implementar ações que possam preservar a saúde mental. E acreditem: isso deve até contribuir com o crescimento do negócio.

Ademais, está claro que jovens talentos têm questionado o modelo atual de trabalho, que no passado era entendido como requisito para o sucesso, já que a cada dia demonstram menos interesse de passar pelos filtros tradicionais para chegar aos cargos do topo.

Essa é uma característica da nova geração, que ressignificou a palavra sucesso, o que se comprova por um estudo feito pela PwC, que mostrou que 95% dos Millenials consideram um bom equilíbrio entre o trabalho e a vida pessoal algo muito importante.

Como reflexo desse cenário, nos três primeiros trimestres de 2021, 32.217 associados saíram dos escritórios de advocacia em termos mundiais, segundo a Leopards, que reúne dados sobre 4.200 escritórios de advocacia mundiais. Perda de pessoal, é sim um dos assuntos mais debatidos atualmente.

2. PREOCUPAÇÃO GLOBAL

Apesar de o ambiente de pressão ainda ser exaltado por muitos escritórios e advogados, até mesmo os corporativos, é preciso, no mínimo, refletir novamente sobre a questão.

Foi o que fez a International Bar Assosiacion (IBA), que recentemente publicou os resultados iniciais de uma avaliação global sobre o bem-estar na profissão jurídica.

Usando uma abordagem bifurcada, duas pesquisas foram realizadas – uma para advogados individuais e outra para instituições jurídicas – e se obteve respostas de mais de três mil indivíduos e mais de 180 organizações jurídicas, incluindo ordens de advogados, sociedades de advogados, departamentos jurídicos internos e escritórios de advocacia.

As pesquisas são as primeiras do tipo realizadas em nível internacional com foco específico na profissão jurídica e foram abertas de julho a dezembro de 2020.

Nos documentos já publicados, afirma-se que, embora seja incrivelmente ingênuo pensar que tudo estava bem antes da pandemia, restou claro que a Covid-19 acelerou a instância e a intensidade do estresse no local de trabalho entre os profissionais do direito.

Como disse o então presidente da IBA, Horacio Bernades Neto, "os efeitos devastadores da depressão, estresse, vício e outros ataques semelhantes ao nosso bem-estar precederam a pandemia de corona vírus, mas não há dúvida de que exacerbou seu impacto".

Os resultados iniciais apontam para as seguintes conclusões:

- Confirmação de que o bem-estar do advogado é motivo de preocupação global;
- O estigma é um grande problema: 41% dos entrevistados disseram que não podiam discutir questões de bem-estar com seu empregador sem se preocupar que isso prejudicaria sua carreira ou meios de subsistência;

- A conscientização sobre o suporte e os serviços de bem-estar locais e internacionais disponíveis é baixa;
- Os empregadores podem pensar que o bem-estar é uma prioridade, mas isso não se reflete nas experiências de seus funcionários. A maioria dos funcionários acha que seus empregadores precisam fazer mais nessa área, incluindo 75% dos entrevistados com idade entre 25 e 35 anos;
- As questões de bem-estar têm um impacto ainda maior para os jovens, mulheres ou grupos que se identificaram como minoria.

Outra pesquisa, realizada pela Lawcare, no Reino Unido, em 2021, corrobora com essas conclusões na medida em que confirma que a maioria dos advogados entrevistados confessa ter experimentado problemas de saúde mental, relatando sintomas como mau humor, ansiedade e depressão.

Os resultados evidenciam ainda que os mais afetados são os advogados mais jovens, e as mulheres que muitas vezes têm menos espaço para trabalhar em casa e sentem menos segurança financeira e no emprego, em comparação com colegas mais experientes.

Como reflexo dessa cultura tóxica, que promove, alavanca e premia por alta *performance* o profissional que, mesmo sem qualquer preocupação com a forma, entrega seus resultados, nos parece que *O Príncipe*, uma obra de Maquiavel, produzida há mais de meio milênio, pode ainda ensinar, e muito, sobre uma sociedade marcada pela frenesia do imediatismo.

É que o meio jurídico ainda se pauta num modelo antigo, marcado por hierarquias verticais rígidas nas quais os associados trabalham em grupos sob o comando dos sócios, com sistemas e procedimentos burocráticos, e com baixa autonomia e grande desconexão digital.

Verdades sejam ditas, não há muito espaço para sugestões ou criatividade.

E, ainda que óbvio, parece importante mencionar que um aumento de salário não vai consertar a cultura de um local de um trabalho tóxico.

3. É HORA DE MUDAR

O tema relacionado às doenças ocupacionais mentais, tal como a síndrome de *burnout*, precisa ser discutido com grande responsabilidade por toda comunidade jurídica. Do contrário, a advocacia do futuro estará sob ameaça.

Essa é uma profissão que exige muita competência humana – capacidade de raciocínio rápido e lógico, foco, negociação, empatia, que demandam uma autorregulação emocional. Por isso, falar de saúde mental é tão importante.

É bem verdade que alguns escritórios e empresas já implementaram certas iniciativas de bem-estar. Mas, muito embora práticas como ioga na hora do almoço, opções de comida saudável e academias subsidiadas sejam ótimas melhorias e devam ser mantidas, estão longe de ser suficientes.

O fundamental, no avesso do esgotamento, é estabelecer uma estratégia bem definida e de longo prazo que abrigue a saúde mental como pilar. Não se trata de montar salas de descompressão com pufes coloridos e mesas de jogos. E ainda que mal não façam, também estão longe de ser a solução.

A mudança que precisa ser feita está profundamente enraizada na própria cultura do meio jurídico e deve começar ainda na faculdade de Direito. Ademais, promover e ensinar sobre ferramentas e técnicas de otimização de bem-estar parece, sim, ser um excelente começo.

Portanto, nada terá efeito se não se reconhecer que o maior ativo dentro da advocacia são as pessoas. E se houver interesse genuíno no tema, será necessário investir tempo e recursos em treinamento aos líderes, que na maioria das vezes nem sequer reconhecem o problema.

Entender que as motivações mudaram e o que funcionava no passado não é mais ingrediente de sucesso é imprescindível. Alguns bons exemplos de mudança de cultura já começam a aparecer: um escritório de advocacia boutique em San Francisco desliga *e-mails* de advogados à noite com respostas automáticas e os reativa de manhã cedo. Se houver emergências, mensagens de texto são enviadas ou chamadas telefônicas são feitas.

O que se observa é que a liderança precisa ser firme em suas próprias atribuições e também com os clientes, assegurando uma mensagem clara de que os associados não estão realmente disponíveis 24 horas por dia.

E a única forma de fazer isso funcionar de verdade é por exemplo.

Incluir elementos de bem-estar nas avaliações de desempenho também se mostra importante na medida que passam a ser vistos como critérios objetivos de *performance*.

Em um ambiente que privilegia a cultura do bem-estar, indivíduos que tecnicamente performam muito bem, mas que impactam negativamente o ambiente não devem ser reconhecidos.

Nesse sentido, parece que a síndrome do *burnout* pode sim ser evitada, desde que a cultura organizacional favoreça a execução de medidas preventivas do estresse crônico. A busca da prevenção da doença também depende de uma decisão interna, do querer mudar, da busca da ressignificação do trabalho e do viver.

Assim, a estratégia para criar um ambiente de bem-estar e de prevenir o adoecimento mental precisa ter como pilar a promoção dos valores humanos no ambiente de trabalho, para fazer dele o que deve ser: uma fonte de saúde e realização.

REFERÊNCIAS

ANKER, Justin; KRILL, Patrick R. Stress, drink, leave: an examination of gender-specific risk factors for mental health problems and attrition among licensed attorneys. 2021. PLoS ONE 16(5): e0250563. Disponível em: <https://doi.org/10.1371/journal.pone.0250563>. Acesso em: 25 de março de 2022.

EL PAÍS. Viver para trabalhar: a espiral exaustiva de consultoras, grandes escritórios e bancos de investimento. Disponível em: <https://brasil.elpais.com/economia/2021-04-04/viver-para-trabalhar-a-espiral-exaustiva-de-consultoras-grandes-escritorios-e-bancos-de-investimento.html>. Acesso em: 25 de março de 2022.

EXAME. Brasil é o país mais ansioso do mundo, segundo a OMS. Disponível em: <https://exame.com/ciencia/brasil-e-o-pais-mais-ansioso-do-mundo-segundo-a-oms/>. Acesso em: 25 de março de 2022.

IBA – INTERNATIONAL BAR ASSOCIATION. Mental Wellbeing in the Legal profession: A Global Study. 2020. Disponível em: <www.ibanet.org/Mental-wellbeing-in-the-legal-profession.aspx>. Acesso em: 25 de março de 2022.

LAW CARE, 2021. Life in The Law 2020/21. Disponível em: <https://www.lawcare.org.uk/media/14vhquzz/lawcare-lifeinthelaw-v6-final.pdf>. Acesso em: 25 de março de 2022.

MENDANHA, Marcos Henrique; BERNARDES, Pablo Ferreira; SHIOZAWA, Pedro. *Desvendando o burnout:* uma análise interdisciplinar da síndrome do esgotamento profissional. São Paulo: LTr, 2018.

ORNELL, Felipe. Síndrome de Burnout: como ela se manifesta na Advocacia? CAARS. Disponível em: <https://www.caars.org.br/saudemental-53-sindrome-burnout--como-ela-se-manifesta-na-advocacia>. Acesso em: 25 de março de 2022.

PRETTI, Gleibe; SANTOS, Marcos Oliveira. *A nova segurança e medicina do trabalho*: com exercícios práticos para evitar doenças laborais. São Paulo: LTr, 2019.

VÁLIO, Marcelo Roberto Bruno. *Síndrome de* Burnout *e a responsabilidade do empregador*. São Paulo: LTr, 2018.

32.

JURÍDICO SEM FRONTEIRAS: COMO APLICAR O CONHECIMENTO TÉCNICO-JURÍDICO EM UNIDADES DO NEGÓCIO FORA DO SEU PAÍS DE ORIGEM

Daniella Pessanha[1]

Julia Ivantes[2]

Não é mais novidade a intersecção dos países e suas economias mundo afora. De políticas migratórias e de comercialização às guerras com armamentos nucleares, os países e suas economias se comunicam e se posicionam – muitas vezes – em conjunto.

Como fica o Direito nesse contexto? Ainda é possível dizer que seu papel é adstrito à jurisdição na qual nasce? Seriam seus pressupostos técnicos aplicáveis apenas no país de origem?

Nós – Julia e Daniella – esperamos mudar essa percepção, dividindo aqui um pouco de como a nossa experiência tem nos mostrado o contrário.

***

---

1 Advogada formada pelo Ibmec. Especialista em Direito Administrativo, com pós-graduação pela PUC-RIO e MBA em *Business* pelo Ibmec. *Senior Legal Manager* em *Legal for Marketing* na BAT Brasil (Souza Cruz).

2 Advogada formada pela Universidade do Estado do Rio de Janeiro (UERJ), com especialização em Direito Empresarial pela UERJ e PUC-RIO. Mestre em Processo Civil pela UERJ. MBA Executivo em Gestão pela Fundação Dom Cabral. Diretora Jurídica da BAT Brasil (Souza Cruz).

Não é raro que nós, advogados formados e militantes no Brasil, ouçamos que o desenvolvimento de uma carreira internacional seria afetado pelas limitações que as legislações locais impõem ao exercício da nossa profissão. Assim, quase como um sofisma, o senso comum vaticina que nossa atuação em outras jurisdições ficará subordinada a temas de direito internacional ou que obrigaria um LL.M no país onde você gostaria de trabalhar.

A prática, contudo, é bem diferente dessa análise superficial e antiquada.

Durante os dois anos em que eu, Julia, atuei em Londres, na matriz da empresa em que trabalho, aprendi duas coisas importantes: Direito, em certa medida, é uma ciência universal; além disso, o Brasil é tão complexo e cheio de vicissitudes que te prepara para boa parte dos desafios que você encontrará pela frente.

Comecemos pela minha percepção de que o Direito é, em certa medida, uma ciência universal. Boa parte dos dois primeiros anos da nossa graduação são destinados a estudar História do Direito, Introdução ao Estudo do Direito, Direitos Fundamentais, Teoria da Justiça, Contrato Social, Hobbes, Maquiavel, Alexy, Rawls.

Para alguém com 17 ou 18 anos parece não fazer sentido e ser tudo muito teórico e, até certa medida, inútil. Mas a verdade é que ali está a base que nos forma como operadores do Direito de qualquer natureza; ali aprendemos o que é um direito básico e fundamental, o que são as teorias a partir das quais as leis são constituídas, os sistemas que existem mundo a fora, a necessidade de paridade de armas processuais, a ponderação dos princípios como forma de garantir a efetividade dos direitos fundamentais, ampla defesa e contraditório, a força normativa dos contratos e o dever de reparar danos criados intencionalmente ou não.

Com todas as ambiguidades e possibilidades que nossa ciência permite é ali que aprendemos as perguntas que devemos fazer, os ângulos que devemos acessar para analisar determinada situação. Claro que haverá especificidades, particularidades, mas essa formação inicial me parece nos oferecer um kit básico de sobrevivência para atuação em ambientes exógenos.

É difícil.

Quando em Londres, atuando pela matriz da empresa que trabalho, eu tive que enfrentar o desafio de lidar com 20 sistemas jurídicos diferentes, 20 culturas e suas respectivas regras.

Diante de tamanha diversidade, foram aquelas perguntas e provocações germinadas no início da faculdade que me permitiram refletir sobre cada um dos sistemas jurídicos e como as atividades econômicas poderiam ser viabilizadas em cada um deles.

E por falar em atividades econômicas, talvez seja esse o ponto de partida para entender e refletir sobre o Direito em diferentes jurisdições. Como executivo jurídico, o advogado é instado a pensar em como operacionalizar o *negócio* de maneira segura e em observância às regras locais. Essa demanda requer que o executivo seja, em um primeiro momento, um grande questionador. Questionando os pressupostos sociais e seus desdobramentos legais é que o executivo jurídico tem a oportunidade de refletir diferentes formas de fazer Direito.

Minha experiência trabalhando como advogada em uma multinacional mostra exatamente como o contato com diferentes culturas e ordenamentos jurídicos não é um limitador, mas sim uma ótima oportunidade de reflexão e de desenvolvimento de competências jurídicas e de negócio.

Ao fim, não ser um especialista local, também nos permite navegar nos pressupostos da norma, seja para melhor compreender o Direito no local de origem, seja para exportar diferentes visões e formas de pensar e integrar ordenamentos e equipes.

Julia Ivantes

***

If you can make it there, you'll make it anywhere.

Consagrada por Frank Sinatra, certamente o leitor já ouviu essa frase em referência à tão sonhada vida em Nova Iorque, uma das principais capitais americanas. Não faltam histórias de artistas, empresários e até advogados que relatam o sonho e as oportunidades disponíveis na cidade mais populosa dos Estados Unidos[3], mas também a dificuldade de exercerem suas profissões nessa pequena ilha.

---

3 Informações do Departamento de Planejamento de Cidades do governo do Estado de Nova Iorque. Disponível em: <https://www1.nyc.gov/site/planning/planning-level/nyc-population/population-facts.page>. Acesso em: 11 de março de 2022.

Sem modéstias, convido o leitor a refletir se o mesmo não poderia ser dito da advocacia no Brasil. Não estou me referindo apenas às dificuldades. Refiro-me à multiplicidade de pensamentos, às muitas inspirações e à riqueza de conteúdo que preparam o advogado para os desafios no mundo inteiro, rompendo as barreiras da legislação local.

No mundo corporativo, as experiências críticas são cada vez mais valorizadas e, não raro, assumem um papel mais relevante do que a própria *expertise* técnica. Habilidades relacionadas à capacidade de reflexão sobre o problema jurídico em si, análise das implicações das atividades empresariais em ambientes mais ou menos regulados e discussões de fundo financeiro são apenas alguns dos exemplos de conhecimentos adquiridos com a prática da advocacia no Brasil que suportam a possibilidade de atuação em outras jurisdições além da brasileira.

Atuando como advogada em uma multinacional, tenho observado exatamente esse cenário. A complexidade do sistema brasileiro e a diversidade de questões que aqui surgem tornam o Brasil sempre um ponto de referência (quando não de partida) de muitas das discussões jurídicas e regulatórias. Mesmo que atuando no Brasil, somos instados a dividir experiências com colegas de diferentes países sobre como lidamos com pontos críticos da operação ou sobre como construímos uma frente de atuação em determinados litígios.

No entanto, por vezes a interação vai além do compartilhamento de experiências. Há realmente uma integração de gestão. É assim que muitas multinacionais já têm se estruturado e é aqui que há mais sinergias técnico-jurídicas entre os países do que por vezes nos fizeram acreditar.

Minha vivência prática na gestão de litígios estratégicos me levou a esse caminho. Em razão da sensibilidade de determinados temas ao grupo econômico, a gestão dos casos judiciais relacionados a eles foi concentrada em uma única área, na sede internacional, com visibilidade e coordenação de diferentes países. Assim, discussões sobre direito material, como responsabilidade civil, ou mesmo processuais, são, sim, rotineiramente discutidas entre advogados de diferentes nacionalidades e formações.

Obviamente, há barreiras culturais e dificuldades de entender a complexidade do ordenamento jurídico brasileiro. Realmente não é fácil explicar e entender as quase 15.000 unidades judiciárias[4] e seu comportamento. Apesar de termos uma estrutura judiciária sólida e que não deixa nada a desejar quando comparada a diversos países europeus e aos Estados Unidos, alguns institutos, como o de precedentes, ainda não são aplicáveis aos moldes de países que adotam a *commom law*, o que por vezes gera um ambiente de multiplicidade de decisões e posicionamentos conflitantes.

Por outro lado, é justamente essa complexidade que gera mais reflexões e, de certa maneira, abre espaço para testar novas teses e movimentos estratégicos. As provocações realizadas por advogados de outras jurisdições são ótimas oportunidades para refletirmos se alguns dos argumentos e precedentes utilizados em outros países podem ser aplicados no Brasil, ainda que a título de parâmetro para a solução dos conflitos.

Essa troca tem sido tão exitosa que o intercâmbio de advogados tem sido cada vez mais frequente no meu local de trabalho. Além das migrações para a empresa Holding, já vivenciei até mesmo um *swap*[5] de executivos do Canadá e do Brasil, justamente para o aproveitamento das experiências locais.

Nesse período, tive o prazer de responder para uma canadense, sem experiência em *civil law*, mas que também lidava com casos judiciais semelhantes na unidade do Canadá. O resultado foi – *ao menos para mim* – uma rica oportunidade de reflexão sobre as próprias razões e natureza jurídica dos nossos institutos, com provocações diárias para um novo olhar e a incorporação de rotinas e argumentos técnicos que antes não eram utilizados.

Por vezes, a integração não é apenas uma opção e sim uma consequência de uma circunstância judicial. Esse foi o caso de uma ação judicial que incluiu como parte a nossa empresa Holding, PLC. Nessa hipótese, mais do que apenas uma integração para otimização e reflexão conjunta, o Direito realmente rom-

---

4 Relatório Justiça em Números 2021, Conselho Nacional de Justiça (CNJ). Disponível em: <https://www.cnj.jus.br/wp-content/uploads/2021/11/relatorio-justica-em-numeros2021-221121.pdf>. Acesso em: 10 de março de 2022.

5 A troca ou substituição de executivos. Trata-se de um movimento cada vez mais comum em empresas globais, sobretudo após a pandemia, evento que tem permitido a experiência até mesmo de forma remota. Disponível em: <https://valor.globo.com/carreira/noticia/2021/02/22/executivos-investem-em-carreira-internacional.ghtml>. Acesso :em 11 de março de 2022.

peu as fronteiras territoriais e bateu em terras estrangeiras demandando os advogados da Holding uma atuação no Judiciário brasileiro. Embora contem com escritórios locais para sua representação formal, na prática, a tomada de decisão estratégica sobre a defesa caberá a eles, sejam ou não registrados na OAB.

A verdade é que sempre teremos especificidades locais que demandarão o olhar de um especialista na legislação do país. Isso, contudo, não invalida as diversas oportunidades de atuação dos advogados, sejam eles brasileiros ou militantes em outras jurisdições. Já passou da hora de reconhecer que o conhecimento jurídico pode, sim, ser debatido em outros locais que não o da formação originária do advogado. *If you can make it there* [or here], *you'll make it anywhere.*

Daniella Pessanha

33.

COMUNICAÇÃO E *COMPLIANCE*: A LINGUAGEM ADEQUADA NO COMBATE À CULTURA DO MEDO

Kauan Wiese[1]

Durante as décadas de 1980 e 1990, Hollywood produziu várias sequências de sucesso que tiveram como enredo policiais, ciborgues e justiceiros – ou tudo isso misturado – capazes de aplicar leis e normas por meio de condutas pouco ou nada ortodoxas. Cenários distópicos, futuristas ou apocalípticos foram o palco para a ação reativa e monossilábica de ícones como Robocop e Exterminador do Futuro.

A proposta central em todos esses roteiros é bastante simples: combate-se o caos por meio de monitoramento constante, repressão enérgica, pouco – as vezes nenhum – espaço para o contraditório e aquela sanha por punição. Muita punição. O resultado dessa fórmula, além de muito sucesso de bilheteria, são cidades e espaços mais violentos, reféns do poder e da atuação dos tais "justiceiros". Com isso, estão postas as condições ideais para que o medo impere e formate o contorno de todas as relações daquele ambiente.

Nos espaços corporativos, tal qual no cinematográfico, é comum encontrar exemplos de emprego inadequado ou excessivo dos mecanismos e ferramen-

---

1 Advogado. Gerente Jurídico, *Compliance* & Privacidade na Mondelēz International. Bacharel em Direito pela Universidade Federal do Paraná (UFPR), pós-graduado em Direito Processual pelo Instituto Romeu Felipe Bacellar e em Direito Tributário pelo Instituto Brasileiro de Estudos Tributários (IBET).

tas de segurança e conformidade. Os programas de *Compliance*, quando mal geridos, ganham contorno sombrio e passam a ser identificados pelo conjunto de colaboradores como espaço inquisitório e repressivo.

A partir do instante em que essas percepções distorcidas são tidas como referência padrão para programas de conformidade, um emaranhado de possíveis razões pode ser dissecado e discutido. Em meio às infinitas possibilidades e motivações que justificariam o fracasso de qualquer programa, um elemento aparece e quase sempre se repete na equação do fracasso: comunicação. Ou melhor, a falta ou má gestão dela.

São inúmeros os desafios que colaboram para isso: ausência de equipes especializadas em empresas de menor porte; dificuldades de alinhamento em grandes corporações; distanciamento da liderança ou até mesmo excesso de ativações. Independentemente do tamanho da desordem, o famigerado pilar da comunicação não se desenvolve no ritmo e abrangência necessários.

Mas o que há por trás desse descompasso? Por vezes, os esforços são focados em apenas parte do time (time com mais membros, equipes geograficamente próximas etc.), negligenciando a informação do restante da organização. Em outras oportunidades, o tempo e os recursos são investidos em campanhas com cenários e hipóteses sem conexão com o dia a dia dos funcionários. Há, ainda, a tentativa de implementar plataformas complexas – especialmente para treinamentos –, nada aderentes à já tumultuada rotina dos profissionais.

Comunicação eficiente é aquela capaz de identificar os destinatários da mensagem com precisão, a realidade na qual estão inseridos e os pontos que serão explorados em cada interação. Sem nenhuma intenção de tentar reduzir tema tão plural a algum breve teorema, arrisca-se: simplicidade, clareza e eficiência da comunicação somente serão obtidas se a execução transcorrer com atenção ao tripé linguagem, formato e momento.

Começa-se pela linguagem. Como comunicar sobre *Compliance*, sendo que parte dos colaboradores sequer sabem o que esta palavra significa? É antigo o debate sobre como termos em inglês são artificialmente naturalizados, especialmente em escritórios corporativos. Aqui, no entanto, será necessária uma digressão honesta, já que o objetivo é comunicar para absolutamente todos sobre condutas esperadas de todos.

Se a peça, informativo, *post* ou treinamento trouxer termos que de partida são desconhecidos pelo receptor, de imediato se perderá a audiência. Se isso se torna habitual, as próximas interações serão descartadas por quem as receber. Ignorado o material, dois efeitos serão rapidamente percebidos. O primeiro, mais acentuado, é a recorrência de condutas indesejadas que serão percebidas pelos canais de denúncia, líderes de RH ou, no pior e mais caro dos cenários, em ações judiciais. O segundo efeito é a completa inibição de engajamento orgânico que, a longo prazo, funciona como antagonista de qualquer cultura positiva de conformidade.

Embora importante, substituir *Compliance* por Conformidade – coisa que o autor deste texto sequer fez no título – é apenas parte da tarefa. Traduzir jargões batidos por expressões correspondentes em português, atentar para as peculiaridades regionais, banir qualquer traço de "juridiquês" e garantir a acessibilidade com materiais inclusivos para todos são, sem exceção, outras inciativas poderosas.

Essas ações possibilitam que os colaboradores se conectem com a expectativa que a organização deposita nas políticas e nas condutas nelas previstas. No momento em que compreendem melhor suas responsabilidades e limites de atuação, um dos nós da cultura do medo se desfaz. Estabelece-se o primeiro elo, a ponte fundamental para que se busque mais informações em caso de dúvida, utilize-se os canais de denúncia diante de situação de potencial má conduta (sabendo dos benefícios da confidencialidade, anonimato etc.) e, principalmente, perceba-se como agente difusor do programa de integridade.

Mas não somente de boa linguagem depende a comunicação eficiente. É preciso definir com pragmatismo o formato e os meios utilizados para a divulgação de qualquer material. Como ao embalar um presente, o cuidado ao escolher a cor do papel e o tamanho do laço será determinante para provocar a curiosidade do destinatário sobre o conteúdo que se desvelará em seguida.

Isso se comprova quando o tema é treinamentos. Para muitos, *Compliance* é sinônimo daqueles longos, repetitivos e enfadonhos treinamentos eletrônicos (*e-learnings*) – também conhecidos como "testes (in)voluntários de leitura dinâmica". Apesar de importantes e utilizados por décadas, o modelo e a mecânica de aprendizado estão ultrapassados. Usar da gamificação, treinamentos mais curtos com maior interação ou mesmo experiências acessíveis por funcionários que não dispõem de *login* na rede interna (treinamento acessível via *QR Code*) são ferramentas benéficas.

Para além dos treinamentos, deve-se repensar também o formato das demais interações. Pílulas, vídeos ou áudios curtos (*minicasts*), e posts em plataformas organizacionais são alternativas interessantes aos conhecidos e, às vezes, pouco efetivos comunicados internos (*e-mail*). Em todos, mapear o público-alvo, afinar a redação e escolher a plataforma adequada para ativação evita zonas cinzentas.

É preciso estabelecer embaixadores e embaixadoras em cada um dos times ("administrativo", "campo", "planta" etc.) que sejam capazes de aferir e indicar qual o melhor caminho para as ativações. Esse trabalho conjunto, além de assegurar que o canal sugerido será efetivo (p. ex., nem todos os times têm acesso a plataforma "x", então se recorre à plataforma "y"), funciona como elo para mapeamento de dores e identificação de assuntos quentes que irão compor as próximas peças. Ao perceber que os temas propostos são um espelho do que é discutido na rotina diária, os colaboradores se identificam e engajam com maior facilidade. A ideia do *Compliance* "vingador" dilui e dá lugar a ideia de um programa verdadeiramente colaborativo no qual possuem vez e voz.

Uma vez estabelecida, a identificação entre colaborador e programa deve ser reforçada nas próprias ativações. Para isso, é fundamental abandonar a ideia de que utilizar a alta liderança é o "estado da arte" para qualquer programa de *Compliance*. É evidente que demonstrar o engajamento da cúpula da organização é necessário e traz bons resultados. No entanto, isso pode se dar de maneira indireta (matérias publicadas por terceiros, certificações, apresentação de resultados com ênfase em pilares de *Compliance* etc.). A comunicação direta é mais efetiva quando carregada de representatividade. Aterrissando: se a proposta é reforçar a identificação do time de vendas com o programa, ao invés de um vídeo com a presidente, por que não contar com o apoio de um vendedor para gravar – diretamente do campo – uma pílula para todo o restante do time? A mensagem é horizontalizada e interpretada como própria.

Tal naturalização, além de simplificar o processo de elaboração dos materiais, entrega resultados mais eficazes quando comparados às ativações preparadas em espaços bonitos, com luz ajeitada e texto demasiadamente caprichado.

Com a linguagem e plataforma adequadas, a definição do momento de ativação é chave para a execução exitosa. São duas as premissas a se enfrentar.

A primeira é que todo dia é dia de *Compliance*. A criação de portais (*fanpage*), canais de consulta de materiais e treinamentos já realizados é base para que o caráter educativo do programa não se perca de vista. Definir uma semana ou um mês para concentrar todas as interações sobre o tema tende a construir o sentimento de sazonalidade entre os colaboradores. Com o tempo, esse espaçamento dará vez ao esquecimento das boas práticas e ao (re)surgimento de mitos que alimentarão o temor desarrazoado sobre o descumprimento de políticas e procedimentos.

Nesse sentido, um dos primeiros desafios é remodelar ou explorar formas diferentes de apresentar políticas e procedimentos. Nos casos de políticas globais, mais estanques e com pouco espaço para alteração, uma opção é utilizar resumos ou *cards* com teor simplificado. Esse material de consulta será relevante para os períodos em que treinamentos e ativações estiverem voltados para outros temas – que não aquele objeto de dúvida.

A segunda premissa é evitar sobreposição de agendas e temas caros à organização. Afora os temas de *Compliance*, o time de Comunicação Interna maneja uma infinidade de outros projetos, eventos e notícias. Somente com a aproximação entre os times *Compliance* e Comunicação Interna a trilha para o desenvolvimento satisfatório das iniciativas será pavimentada. Assim, a organização do calendário de grandes ativações ou eventos do programa de conformidade deve ser pensada de maneira bastante antecipada e estratégica.

Ao desembrulhar todas essas ideias, fica claro que *Compliance* é conformidade, mas não somente. É também inclusão, identificação, confiança, diálogo e, principalmente, educação. Apenas o emprego de comunicação ostensiva e ações educativas tem o potencial necessário para transformar a cultura e, depois de algum tempo, desfazer a armadilha do medo.

Se esses pensamentos e valores fossem transportados para o cinema, o melhor elenco para protagonizar "As aventuras de *Compliance*" seria o de um grupo de brinquedos liderado por um caubói, cujo melhor amigo voou do espaço rumo à Terra – ao menos é nisso que ele acredita.

Com linguagem atenta, contrapondo os filmes policialescos de décadas passadas, *Toy Story* educa pelo exemplo e encampa a ideia de que o indivíduo se fortalece quando compartilha suas vulnerabilidades. Ou seja: fraqueza para os exterminadores pastelões, fortaleza para os sujeitos da vida real.

Em síntese, programas de *Compliance* bem estruturados e com comunicação eficiente garantem que onde há um "amigo, eu estou aqui" não haja espaço para "hasta la vista, baby".

34.

AS FRONTEIRAS DA REGULAÇÃO: COMO A VELOCIDADE DAS MUDANÇAS SOCIAIS REFLETE SEUS IMPACTOS NA DEMANDA LEGISLATIVA, QUAIS SÃO AS RESPOSTAS QUE O ESTADO PODE OFERECER E COMO A SOCIEDADE PODE CONTRIBUIR COM O PROCESSO DE EVOLUÇÃO NORMATIVA

Bruno Canto[1]

Um dos modelos teóricos mais utilizados para explicar o surgimento da sociedade (no sentido de coletividade organizada de indivíduos) é aquele denominado "Contratualismo", o qual se baseia na ideia de que os seres humanos viviam sob o chamado estado natural, em que não se conhecia qualquer noção de organização política, havendo tão somente a organização sob as leis da natureza. Nesse período pré-social, inexistia qualquer conceito civilizatório que solucionasse os problemas oriundos do convívio entre os indivíduos.

---

1 Advogado graduado pela Universidade Federal Fluminense (UFF). Pós-graduado em Direito Processual Civil e Gestão Jurídica. Especializado em Ciências Políticas e Governamentais pela University of Copenhagen. *Head of Public Affairs*.

Buscando pacificar a convivência e dirimir os conflitos existentes, a humanidade concebe a ideia de sociedade e Estado, buscando proteger seus integrantes. A referida escola de pensamento tem, entre seus maiores precursores, autores denominados contratualistas, como **John Locke** (1632-1704), **Thomas Hobbes** (1588-1679) e **Jean-Jacques Rousseau** (1712-1778). Para estes, os seres humanos optam por abandonar a liberdade natural em troca de uma liberdade civil, submetendo-se às leis da sociedade e do Estado que, em contrapartida, se compromete a prover proteção e condições para o desenvolvimento.

Dessa forma, a função do Estado[2] seria representar um grupo de indivíduos que transfere sua capacidade de ação individual para uma entidade maior, o que se dá por meio da gestão um conjunto de regras gerais que se manifesta por meio das leis.

Ainda que contraposta por filósofos, como David Hume (1711-1776) e Norberto Bobbio (1909-2004), a teoria contratualista possui extrema importância para que possamos tentar compreender as motivações para a busca do convívio em sociedade e os direcionamentos da política, especialmente quando fundamentada em um caráter social.

Essa breve e superficial introdução tem o intuito tão somente de pontuar que, objetivando o bem comum, a organização político-social da coletividade na qual estamos inseridos tem como preceito um poder político soberano que se expressa por meio de um ordenamento jurídico impositivo. O povo é o ator que institui e, ao mesmo tempo, se subordina a esse poder[3] – "O povo submetido as leis deve ser o seu autor"[4].

Vemos assim que o arcabouço legislativo é (ou ao menos deve ser) um reflexo direto dos anseios da população, o que nos leva ao questionamento: **como agir quando o tempo de resposta legislativa não parece acompanhar as aspirações sociais?**

---

2 "O Estado constitui a unidade final. Ele sintetiza numa realidade coletiva a totalidade dos interesses individuais, familiares, sociais, privados e públicos. Somente nele o cidadão se torna verdadeiramente real e somente nele se define a existência social e moral dos homens." CHAUÍ, Marilena. *O que é ideologia*. 2. ed. São Paulo, Brasiliense, 2008.

3 O Estado de Direito é aquele em que os homens são governados pelo poder da lei e não pelo poder de outros homens. A lei é a proposição jurídica que trata igualmente todos que estejam na mesma situação. A vontade da lei se impõe tanto aos particulares como aos agentes do Estado como pessoa de direitos e obrigações (NOGUEIRA, 1989).

4 ROUSSEAU, J. *Discurso sobre a economia política e do contrato social*. Petrópolis: Vozes, 1995.

As relações entre o Estado e a sociedade se tornam cada dia mais complexas à medida que a tecnologia evolui e impõe alterações significativas na dinâmica das relações. A mutação e evolução das ideias tem reflexos objetivos sobre a realidade social e, por consequência, sobre as necessidades normativas que o contexto coletivo impõe.

A sociedade busca, recorrentemente, se adaptar às novas configurações culturais que se apresentam, o que se potencializou com o aprofundamento da globalização e o ritmo acelerado das transformações trazidas pela evolução tecnológica. Da mesma forma, o Estado, na qualidade de garantidor do bem-estar social, deve reagir de forma equivalente e simultânea às remodelagens estruturais da comunidade por ele regida.

O arranjo normativo não pode nascer ou se manter alheio aos fatos sociais. As mudanças que ocorrem em determinado contexto social, ainda que levem certo tempo para ser absorvidas de forma plena pela sociedade como um todo, precisam ser absorvidas pelo ordenamento jurídico vigente.

Com esse argumento, não se propõe acusar eventual ócio do legislativo, ao contrário. Estudo elaborado pelo Instituto Brasileiro de Planejamento e Tributação – IBPT visando uma avaliação quantitativa das normas editadas no país indicou que, nos 32 anos que se seguiram à promulgação da Constituição Federal de 1988, mais de 6,4 milhões de normas foram editadas no Brasil[5].

Esse levantamento estatístico comprova que, além de termos um sistema legislativo extremamente complexo, a falta de ditames normativos não é o problema a ser enfrentado. Longe disso. Manter o cerne dos trabalhos legislativos em pontos que efetivamente requerem a diligência estatal é o que deveria configurar uma maior inquietude.

Essa profusão legislativa desenfreada, que traz consigo uma série de problemas já conhecidos – insegurança jurídica, custo de monitoramento, dificuldades de adequação, entre outros –, corrobora a necessidade de focar na qualidade normativa. A título ilustrativo, vale ressaltar que, dentre os anos de 2007 e 2014, a média anual de leis parlamentares que prestam homenagens e/ou instituíram datas simbólicas/comemorativas compreenderam 47% da pro-

---

5 Estudo sobre a quantidade de normas editadas no Brasil desde a última Constituição – 2020. Disponível em: <https://drive.google.com/file/d/1lqRDhY1k6Fd7nEr8uR_bde3VrWX5vwad/view>.

dução parlamentar, conforme levantamento feito pelo Instituto de Pesquisa Econômica aplicada – IPEA[6].

Se, conforme doutrina contratualista mencionada anteriormente, a função do Estado é reger um conjunto de regramentos em nome dos indivíduos que cedem esse poder a um ente maior – ou seja, a função do Estado é zelar por e tomar decisões em nome da coletividade[7], se faz necessário que o exercício desse encargo se dê com adequação às carências apresentadas e coma apropriada celeridade, sob pena de a intempestividade ocasionar a completa insuficiência da prestação estatal devida.

Vários são os temas que podem ser utilizados para exemplificar a necessidade de atualização e inclusão de novas visões e modelos na previsão legal. Desde matérias há muito debatidas e aguardadas como as reformas tributária e administrativa, regulamentação do *lobby*, execução de pena a partir da condenação em segunda instância etc., àquelas que se fizeram mais prementes em função do impacto que seu surgimento trouxe, tais como a regulação de aplicativos de mobilidade urbana, surgimento das *fake news*, regulamentação da LGPD e tantos outros casos.

Um artigo publicado pela revista *Visual Capitalist*[8] sobre os efeitos da inserção digital indicou que enquanto os aviões levaram 64 anos para atingir 50 milhões de pessoas, os *smartphones* chegaram à mesma marca em 12 anos, o Facebook em 4 e o jogo *Pokémon Go* cruzou o mesmo patamar em apenas 19 dias. O volume da conectividade atual faz com que as transformações ocorram em velocidade recorde, trazendo mudanças sociais que impactam a vida dos cidadãos e dos Estados. As pessoas precisam aprender mais rápido e os governos precisam exercer seu poder de forma mais inteligente e eficaz.

Fatores macroambientais são determinantes na evolução legislativa, e o ordenamento jurídico deve ser maleável o suficiente para acolher inovações,

---

6 Acir Almeida, do Ipea (Instituto de Pesquisa Econômica Aplicada), no artigo Processo Legislativo: mudanças recentes e desafios. Disponível em: <https://www.ipea.gov.br/portal/images/stories/PDFs/boletim_analise_politico/150714_boletim_analisepolitico_07_cap6.pdf>.

7 "(...) a lei devia ser a expressão da vontade geral, portanto da identificação do interesse comum, pela razão humana despida de preconceitos e perversões, ao qual a vontade de todos necessariamente haveria de tender. A expressão dessa vontade cabe à Nação, por seus órgãos que a representam." FERREIRA FILHO (2009, p. 81).

8 How Long Does It Take to Hit 50 Million Users? Disponível em: <https://www.visualcapitalist.com/how-long-does-it-take-to-hit-50-million-users/>.

oferecendo um tempo de resposta adequado. A título exemplificativo, a plataforma Uber, que conecta motoristas e passageiros dentro de um modelo de *Gig economy*, cuja chegada no mercado trouxe consigo uma série de debates, iniciou sua operação brasileira no Rio de Janeiro, em maio de 2014. Apenas entre os meses de agosto e setembro de 2015 – mais de 1 ano depois – as primeiras regulamentações sobre o tema foram emitidas pelo Poder Público local, visando preencher a lacuna legislativa.

Vale considerar ainda que o modelo extremamente disruptivo e as diversas discussões havidas, aliadas a pesadas estratégias de engajamento estruturadas tanto pela parte apoiadora como pelos opositores tiveram o condão de acelerar a tomada de decisão, o que não reflete o *timing* habitual.

A demora na prestação legislativa traz, ainda, outro impacto: diante do déficit normativo, o Poder Judiciário é levado a preencher o vácuo deixado, nublando a separação entre os Poderes. Dessa forma, a omissão da casa legislativa sobre temas de interesse nacional força uma resposta do Judiciário, prejudicando a própria prerrogativa de legislar daquela casa.

Obviamente não se defende que, em busca de uma resposta célere, o legislador sacrifique o processo legislativo ou relativize a necessária ordenação dos atos administrativos que levam ao nascimento de uma norma, tão menos que cedam ao populismo legislativo[9] e editem regulações apenas para satisfazer o clamor popular, afinal "Antes de redigir a lei, é preciso pensá-la"[10]. O que se sugere é uma maior preocupação em prover uma resposta eficaz e ágil para as demandas que se apresentam.

Algumas exceções à regra podem ser listadas como *cases* de sucesso: a atuação legislativa durante o período de pandemia, ainda que alguns conteúdos sejam debatíveis, buscou ofertar respostas imediatas à situação enfrentada pelo país; a Lei Complementar n. 135/2010, mais conhecida como Lei da Ficha Lim-

---

9 "Basta acontecer um crime de grande repercussão e o Parlamento logo se reúne para fazer uma lei de ocasião, para atender àquela demanda popular surgida com o clamor provocado. Isso acaba sendo prejudicial pois anarquiza todo o sistema jurídico, gerando confusão e um emaranhado legislativo contraditório entre si." CAPEZ, Fernando. Disponível em: <https://www.conjur.com.br/2022-mar-27/leis-sao-feitas-base-agenda-oportunista-fernando-capez>.

10 DELLEY, Jean-Daniel (2004). Disponível em: <https://www.al.sp.gov.br/StaticFile/ilp/pensar_a_lei_-_jean-daniel_delley.pdf>.

pa, veio como resposta ao clamor popular que se avolumava ao solicitar uma maior exigência de idoneidade dos postulantes a cargos públicos; a Lei n. 12.737/2012, conhecida como Lei Carolina Dieckmann, tipificou os delitos informáticos em resposta a uma situação recente enfrentada pela atriz nomeada. Esses casos demonstram como a sociedade atual demanda soluções mais velozes e, quando estas ocorrem, os desdobramentos positivos são percebidos de imediato.

Pelo exposto, resta nítido que o legislador precisa se manter atento ao contexto social para que execute de forma hábil a sua incumbência. Em um mundo digital, as novidades surgem sem qualquer previsão legal, cabendo à Administração Pública acompanhá-las e, quiçá, antecipá-las. Promover a desburocratização e digitalização de procedimentos, além de modernizar os mecanismos de acesso às informações e serviços são passos essenciais nesse caminho.

A concepção do Renave[11] (sistema digital de transferência de propriedade de veículos), o estímulo ao uso da assinatura eletrônica (mediante aprovação da Lei do Governo Digital[12]) e a implementação do Sandbox regulatório[13] para teste de projetos na área financeira são ótimos exemplos de medidas que potencializam esse exercício de acomodação.

O ponto de vista aqui exposto obviamente traz consigo uma responsabilização dos parlamentares acerca dos desafios enfrentados. Contudo, é imprescindível que a iniciativa privada exerça um mea-culpa e proceda com uma reflexão sobre seu papel nesse processo de evolução. As empresas, entidades representativas, associações e grupos de influência devem assumir um papel de protagonismo e compreender que podem contribuir para esse movimento de modernização.

O papel fundamental do profissional de Relações Institucionais e Governamentais é exatamente construir a participação de determinada empresa ou setor no processo decisório, contribuindo para que, de forma transparente e republicana, todos os pontos de vistas e desdobramentos inerentes a alguma questão sejam considerados. Dentro desse escopo, atuar em busca de maior celeridade na prestação legislativa é um pilar essencial.

---

11 Fonte: <https://renave.denatran.serpro.gov.br/#/>.

12 Lei n. 14.129/2021. Disponível em: <https://www.in.gov.br/en/web/dou/-/lei-n-14.129-de-29-de-marco-de-2021-311282132>.

13 Fonte: <https://www.bcb.gov.br/estabilidadefinanceira/sandbox>.

Debater junto a representantes do Poder Público as inovações trazidas pelo mercado e a necessidade de legislações que as espelhem são pedras fundamentais na construção de um ambiente mais propício ao desenvolvimento social e econômico.

Estruturar um modelo estratégico de engajamento, listando pautas mais relevantes, dados que fundamentem o seu pleito, principais *stakeholders* com jurisdição sobre a tomada de decisão e os impactos que esta traria, contribui de forma significativa para o processo decisório, assegurando a qualidade e a celeridade necessárias na construção regulatória.

Essa tarefa não deve ficar restrita ao ambiente corporativo. O mesmo modelo de atuação pode e deve ser empregado pela sociedade organizada, seja por meio de grupos de interesse[14] ou entidades e associações. A participação coletiva no debate e construção de políticas públicas, pressionando o legislador para atuar de forma mais enérgica, é, além de absolutamente legítimo, uma ferramenta essencial do processo democrático, assegurando que todos aqueles que venham a ser afetados, direta ou indiretamente, por alguma ação estatal tenham voz ativa na concepção do ato. O envolvimento do cidadão que representa um grupamento de interesses na produção política é, sem dúvida, um dos ápices da democracia.

Agindo assim, as empresas ganham em competitividade ao promover um ambiente de negócios mais ágil e propício. O corpo social ganha ao ampliar sua representatividade e se certificar de que suas necessidades estão sendo levadas àqueles cuja função inclui zelar pela defesa dos que representa. E, por fim, ganha a Administração Pública ao exercer de forma apropriada e oportuna a sua função de cuidado social.

Como visto, as transformações sociais trazem em seu bojo reflexos legislativos que devem ser observados com diligência e prontidão. Se o surgimento da sociedade como organização se deu baseado no conceito do estabelecimento de um contrato social visando transferir para o Estado a tomada de decisão em

---

14 "Os grupos de pressão são grupos que se empenham pela adoção – ou pela rejeição – de políticas públicas que afetem os seus interesses." KEY, Valdimer Orlando. *Politics parties and pressure groups*. New York: Thomas Y. Crowell Company, 1944.

troca de proteção e paz social[15], é preciso que o governo efetive seu papel de forma tempestiva. Afinal, tomando emprestado o tradicional preceito jurídico, *pacta sunt servanda* (os pactos devem ser cumpridos).

REFERÊNCIAS

CHAUÍ, Marilena. *O que é ideologia*. 2. ed. São Paulo: Brasiliense, 2008.

DELLEY, Jean-Daniel. Pensar as leis. Introdução a um procedimento metódico. *Cadernos da Escola do Legislativo*, Belo Horizonte, v. 7, n. 12, jan./jun. 2004, p. 101-143: 101.

FERREIRA FILHO, Manoel Gonçalves. *Princípios fundamentais de direito constitucional*. São Paulo: Saraiva, 2009.

GINZURG, Carlo. *Medo, reverência, terror*: quatro ensaios de iconografia política. Tradução de Federico Carotti, Joana Angélica d'Avila Melo, Júlio Castañon Guimarães. São Paulo: Companhia das Letras, 2014.

HOBBES, Thomas. *Leviatã*. Tradução de João Paulo Monteiro e Maria Beatriz Nezza da Silva. São Paulo: Abril, 1974, p. 111.

NOGUEIRA, R. B. *Curso de direito tributário*. 9. ed. São Paulo: Saraiva, 1989.

ROUSSEAU, J. *Discurso sobre a economia política e do contrato social*. Petrópolis: Vozes, 1995.

RECIO, Encarnación Moya; NASCIMENTO, Paulo Roberto. *Introdução a ciências políticas*: teoria, instituições e autores políticos. São Paulo: Rede For, 2012.

---

15 "Diz-se que um Estado foi instituído quando uma multidão de homens concorda e pactua, cada um com cada um dos outros, que a qualquer homem ou assembleia de homens a quem seja atribuído pela maioria o direito de representar a pessoa de todos eles (ou seja, de ser seu representante), todos sem exceção, tanto os que votaram a favor dele como os que votaram contra ele, deverão autorizar todos os atos e decisões desse homem ou assembleia de homens, tal como se fossem seus próprios atos e decisões, a fim de viverem em paz uns com os outros e serem protegidos dos restantes homens." HOBBES, Thomas. *Leviatã*. Tradução de João Paulo Monteiro e Maria Beatriz Nezza da Silva. São Paulo: Abril, 1974, p. 111.

35.

LOBBYING E TECNOLOGIA: UMA TENDÊNCIA GLOBAL

Filippo Scelza[1]

A discussão sobre representação de interesses junto a Governos é profunda e muito rica. Com a consolidação do regime democrático representativo e a evolução dos modelos de gestão pública – iniciados com a burocracia weberiana, a partir do século XIX, passando pelo gerencialismo da New Public Management (NPM), na década de 1970, e culminando com as recentes discussões sobre a New Public Governance (NPG) –, acrescentando-se, ainda, a velocidade imprimida pelo mercado, com novos produtos e novas formas de se gerar riqueza, o binômio "Estado-Mercado" ganhou – e ainda ganha – nova dinâmica e, como era de se esperar, novos atores.

Este capítulo tem como objetivo convidar o Leitor a refletir sobre o papel estratégico dos departamentos de *Government Affairs*[2] para apoiar empresas, especialmente as de tecnologia, na formação e consolidação de políticas públicas, por meio de ações de *lobbying* e articulação institucional.

---

1 Coordenador de Assuntos Externos e Governamentais na Nissan do Brasil. Mestre em Administração Pública pela Escola Brasileira de Administração Pública e de Empresas da Fundação Getulio Vargas (EBAPE-FGV). Bacharel em Direito pela Universidade Federal do Rio de Janeiro (UFRJ). Certificado em Negociações pela Harvard Business School (HBS) e em Gestão de Projetos de Desenvolvimento pelo Banco Interamericano de Desenvolvimento (BID).

2 E seus equivalentes, tais quais: *Public Affairs*, *Public Policy*, Relações Governamentais e Institucionais, Relações Externas etc.

Mas, afinal, o que é *lobbying*, quem o pratica e qual sua real relevância para o sucesso de novas tecnologias?

Endereçamos essas perguntas destacando, inicialmente, que este capítulo entende o profissional de *Government Affairs* como um agente indutor do processo de formulação de políticas públicas, trazendo ao Governo novos pontos de vista, novas informações e dados, e indicando para onde a atenção do Estado deveria estar voltada; neste sentido, em seu relatório Lobbying in the 21st Century (2021), a Organização para Cooperação e Desenvolvimento Econômico (OCDE) aponta que:

> Lobbying in all its forms, including advocacy and other ways of influencing public policies, is a legitimate act of political participation. It gives stakeholders access to the development and implementation of public policies. Lobbyists, as well as advocates and all those influencing governments, represent valid interests, and they bring to policy makers' attention much-needed insights and data on policy issues. A wide variety of interests and stakeholders can help policy makers learn about options and trade-offs. An inclusive policymaking process provides opportunities for better informed and ultimately better policies (p. 16, 2021).

Praticado por empresas, associações empresariais, entidades de classe, grupos organizados da sociedade civil entre outros, *lobbying* é a ação de se defender interesses junto a quem pode tomar uma decisão; como apontam Mancuso & Gozetto (2018):

> De forma mais restrita, no entanto, o *lobby* ocorre quando agentes sociais tomam a iniciativa de contatar membros do poder público, capazes de tomar decisões, a fim de apresentar-lhes seus interesses e pleitos (p. 20, 2018).

Superada a compreensão do papel do profissional de *Government Affairs*, do que é o *lobbying* e de quem o pratica, passa-se ao objeto deste capítulo.

Em janeiro de 2022, o *Washington Post*[3] e o *Politico*[4] publicaram que as empresas de tecnologia investiram, em 2021, quase US$ 70 milhões com *lobbying*, somente na esfera federal americana; a título de comparação, em 2020, o valor investido foi de, aproximadamente, US$ 65 milhões, enquanto, uma década atrás,

---

3 Fonte: <https://www.washingtonpost.com/technology/2022/01/21/tech-lobbying-in-washington/>.

4 Fonte: <https://www.politico.com/newsletters/morning-tech/2022/01/24/tech-spent-big-on-lobbying-last-year-00001144>.

em 2011, US$ 23 milhões foi a quantia aproximada em investimentos com *lobbying* no governo federal americano. Na União Europeia, a tendência se repete: os investimentos, em 2021, foram de, aproximadamente, €79 milhões, superando indústrias tradicionais como a farmacêutica, química e a de combustíveis[5].

A realidade é que as cifras milionárias não causam surpresa alguma. Analisando com atenção, observa-se que tanto as recentes problemáticas enfrentadas pelo setor, por exemplo, os constantes vazamentos de dados, a disseminação de *fake news*, o aumento da cibercriminalidade, a tendência de trusteficação dos *players* mais estruturados, quanto o atual contexto regulatório que vem se desenhando nos últimos anos, com novas legislações para proteção e tratamento de dados e novos regimes tributários sobre a economia digital, apontam para uma tendência de aumento expressivo nos investimentos, nos próximos anos, em *lobbying*.

Precisa-se ter em mente um grande desafio do setor – se não o maior deles –, que é a falta de paradigmas, algo bem característico da economia digital. Há pelo menos 10 anos, a ideia de se produzir riqueza fornecendo, por exemplo, transporte individual privado sem possuir uma frota própria ou de prover hospedagem sem possuir imóveis/acomodações próprias não era fácil de ser compreendida. Até hoje, no Brasil e em muitos países, governos não conseguiram, ainda, adequar suas legislações para receber, de maneira correta, essas novas modalidades econômicas, mesmo com o inegável sucesso. Acrescente-se a isso o constante surgimento de novas tecnologias, resultado de massivos investimentos em R&D[6], da ampliação dos ecossistemas de inovação e da difusão do empreendedorismo.

Michael Park (2022) afirma que, tratando-se de inovações tecnológicas:

> Lobbying can be understood as the act of strategically providing information to policymakers in order to be involved in the process of changing regulations (...). Policymakers are often unable to keep up with the latest developments in the industry (...). By delivering key information, firm lobbying can direct regulators' attention to current needs of the industry (p. 1).

Ademais, o autor sustenta, em seu artigo, que sem um *framework* regulatório bem estabelecido, novos componentes tecnológicos/inovações enfrentarão incertezas as quais podem colocar em risco seu sucesso (p. 8).

---

5 Fonte: <https://corporateeurope.org/en/2021/08/lobby-network-big-techs-web-influence-eu>.

6 Especialmente nas indústrias mais tradicionais, como a automobilística, agropecuária e farmacêutica.

Nesse sentido, a atividade de defesa de interesses deve estar em consonância com os objetivos corporativos traçados. Os departamentos de *Government Affairs* devem desenhar suas estratégias de atuação buscando, em todo momento, traduzir as inovações aos ambientes legislativos e regulatórios de seus respectivos países/regiões, bem como aos *polickymakers*.

Há, contudo, dois pontos de atenção citados por Park (2022) que podem, de alguma forma, atrapalhar ou atrasar o processo de *lobbying*: o vazamento de informações sensíveis e a singularidade das inovações. O primeiro risco está relacionado às interações entre empresas e às trocas de informações que, apesar de públicas, podem ser interpretadas como objetivos estratégicos[7-8]; já o segundo está relacionado à dificuldade em poder falar publicamente sobre tecnologias/inovações singulares – o que resultaria em perda de competitividade da empresa detentora –, impactando, consequentemente, o avanço de uma agenda regulatória para a temática[9].

É, portanto, imprescindível que as empresas saibam comunicar os *policymakers* e seus pares setoriais, em busca de agendas regulatórias transparentes e sem colocar em risco os objetivos do negócio.

LOBBYING FUNCIONA: CONCLUSÃO

Nos últimos anos, a economia digital e as novas tecnologias vêm sendo colocadas no escrutínio dos Governos. A agenda pública tem se voltado para tentar regular os novos produtos e serviços que surgem, sem haver, contudo, uma plena compreensão do fenômeno em curso. Regulamentações inadequadas são, portanto, inevitáveis.

Inevitáveis, porém, mutáveis. E para estarem sujeitas à alteração, faz-se mis-

---

7 É bastante comum a interação entre empresas como Associações setoriais, nas quais são debatidas agendas regulatórias comuns, como Anfavea, Abiquim, Abimaq *etc*.

8 Nesse sentido, Park (2022) afirma: "Although theses interactions among lobbyists are aimed at identifying mutually beneficial changes, because firms of an industry are competitors, firms are often seeking opportunities to gain advantage over their rivals even during the lobbying process (...), firms often act on their competitive nature by exploiting opportunities that arise during the process (...)" (p. 12).

9 Ainda sobre o risco atrelado à singularidade das inovações, Comin e Hobijin (2005) concluem que o processo de *lobbying* de novas tecnologias pode ser diretamente prejudicado pelo *lobbying* contrário de empresas detentoras de tecnologias mais atrasadas: "These institutional characteristics make easier for lobbies associated with old technologies to induce the legislative authorities to raise barriers to the diffusion of new (and superior) technologies" (p. 26).

ter que os departamentos de *Government Affairs* estejam bem estruturados para atender suas empresas, sempre em consonância com as áreas fins. Em última análise, o profissional de defesa de interesses é um embaixador corporativo: sabe o que comunicar, quando engajar os *Policymakers* e como defender suas teses.

Outro ponto a ser destacado: ***lobbying*** **funciona e pode ser mensurado. Em estudo publicado por Jason W. Ridge et al. (2017)[10], para cada US$ 1 investido em atividades de *lobbying*, pela Boeing, o retorno calculado era de US$ 7,25. No caso do setor que analisamos, o histórico crescente de investimento é um sinal de que esta equação é levada a sério.**

O fato é que tanto o desenvolvimento tecnológico quanto o amadurecimento das interlocuções democráticas são processos contínuos. Como tal, demandam constante atenção e compromisso por parte dos profissionais de *Government Affairs*, a fim de se evitar distorções e riscos.

REFERÊNCIAS

COMING, D.; HOBIJN, B. *Lobbying and Technology Diffusion*, 2005.

OECD. Lobbying in the 21st Century: Transparency, Integrity and Access, 2021.

PARK, M. *Caring but sharing unintentionally*: Lobbying for innovations and the leakage of knowledge, 2022.

PEREIRA, B. A. D.; CKAGNAZAROFF, I., B. Contribuições para a consolidação da New Public Governance: identificação das dimensões para sua análise, *Cadernos Ebape*, v. 19, n. 1, FGV Ebape, 2021.

SHOWALTER, R. Democracy for Sale: Examining the Effects of Concentration on Lobbying in the United States, *Working Paper Series on Corporate Power*, n. 10, American Economic Liberties Project, 2021.

---

10 RIDGE, Jason W. et al. Beyond Lobbying Expenditures: How Lobbying Breadth and Political Connectedness Affect Firm Outcomes, 60 Academy of Mgmt. J. 1138, 1138 (2017) Apud SHOWALTER, R. (p. 4, 2021).

36.

ATRÁS DE UM BOM NÚMERO HÁ UMA GRANDE HISTÓRIA

Ricardo M. Cavallo[1]

Em matéria de gestão, sempre atrás de um "bom número" há uma "grande história". Por exemplo, o índice de alfabetização de Cuba é de 99,8%, um bom número sem dúvidas. Esse índice é um dos maiores do mundo, à frente dos EUA, Reino Unido, Alemanha, França, Itália, Canadá, Bélgica, Dinamarca, Suíça, Suécia dentre outros países do primeiro mundo.

Considerando as idiossincrasias cubanas, como: sua localização, clima, retaliações e embargos sofridos, modelo político, ser um país latino, população de predominância negra etc., e agregando a esses fatores os dados globais de que há 800 milhões de analfabetos no mundo e 3/4 desses são mulheres, o "bom número" de Cuba passa a ser "extraordinário".

A "grande história" por trás desse resultado remonta ao período entre setembro de 1960 e dezembro de 1961, quando foram engajados 270 mil alfabetizadores cubanos, em sua maioria jovens entusiasmados de 14 a 16 anos.

Sob o lema de que "todos que sabem devem ensinar e todos que não sabem devem aprender" eles adentraram aos mais distantes rincões da ilha cubana: em

---

1 Executivo Jurídico, *Compliance*, RelGov e DPO, com passagens pelo Banespa/Santander, Kimberly Clark, Votorantim e CSN, lecionou no Mackenzie, PUC-SP, FIRB, FDC e Insper, graduado, especializado e mestrado pela PUC-SP, com pós graduação pela FDC, Insper e Harvard Law School.

meio a conflitos armados, intempéries climáticas, geografia inóspita, passaram fome, saudades da família, perderam amigos e tiveram, ainda, que absorver com determinação o impacto de uma realidade de pobreza extrema dos camponeses que seriam alfabetizados. Não esmoreceram, e o índice de analfabetismo caiu dos 25% para 3,9% em apenas 2 anos.

Inspirado por esse processo de alfabetização, nos anos 2000, o próprio governo cubano concebeu o método educacional "Yo, sí puedo" ("Sim, eu posso", em português), desenvolvido pela educadora cubana Leonela Relys, cuja história encontra-se no relato da autora Shirley Langer, no livro *A Revolução de Anita*.

Com um caráter internacionalista, "o método já alfabetizou mais de 3,5 milhões de pessoas" em países como Bolívia, Venezuela, Argentina, México, Equador, Nicarágua e Colômbia. O projeto também foi adotado em lugares como Nova Zelândia, Espanha e países da África. O "Sim, eu posso" está no Brasil e já formou milhares de pessoas. Agora é com você, qual é seu "bom número", qual é "sua grande história". Já pensou nisso?

1. FORMAÇÃO DE LÍDERES

No meu caso, gostaria de narrar a experiencia de gestão de pessoas, cujo "bom número" foi a quantidade de liderados que se transformaram em líderes.

Ajudamos a formar mais de uma dúzia de *heads* jurídicos e outra dúzia mais está nesse caminho.

A "história" por trás desse número foi baseada no "foco em pessoas". Basicamente, esse foco em pessoas se deu com a implantação de um sistema de gestão que tinha como força motriz integração, mentoria, exposição e aprendizado.

O apoio da alta liderança e do RH foi essencial também, aliado às empresas complexas e dinâmicas, que criavam um ambiente propício ao conhecimento e aos desafios. Conclusão, todos ganhavam e a satisfação era imensa!

No dia a dia, tínhamos processos bem definidos. Da contratação ao desligamento, tudo era bem pensado e com processos escritos, bem como treinamento para aplicá-los, sem que houvesse engessamento, burocracia ou demora na sua concretização.

2. PASSO A PASSO

- A partir da estrutura do departamento jurídico **definida**, sempre levando em consideração as necessidades da empresa e não copiando modelos já existentes, traçávamos o **perfil** da equipe levando em conta não apenas a parte técnica, mas a **diversidade** no seu sentido mais abrangente possível: equilibrando gêneros, observando idades diferentes, trazendo colegas de regiões distintas, bem como privilegiando as diferentes raças, formação acadêmica e perfil diversos. Ou seja, sempre destacávamos o princípio da **complementariedade** para a composição do time, evitando redundâncias e privilegiando a **multidisciplinariedade.**

– Passo seguinte, o processo de seleção era rigoroso, do menor aprendiz até o gerente, passando por um intenso processo de **entrevista**, dinâmica de grupo, avaliação técnica, perfil comportamental e histórico reputacional.

A regra principal era contratar um talento que enxergássemos como diretor ou CEO no futuro. O **caráter** era vetor principal, mais que a técnica, vez que para essa observávamos mais o potencial do candidato, traduzido em *faster learning*, do que o *status quo* de conhecimento dele.

Outras características indispensáveis no perfil do selecionado eram:

- **maturidade:** entendíamos que o funcionário maduro trazia um ambiente de trabalho saudável, na medida que este respeita e se faz respeitar, sabe seus limites, ajuda de forma genuína os colegas e entende cenários políticos com perspicácia e velocidade. O grau de responsabilidade e comprometimento do profissional maduro é maior, vez que ele tem consciência de que seus atos reverberam a favor da empresa, dos pares, dos liderados, dos líderes e, principalmente, a seu próprio favor. A maturidade não tem idade, percebemos jovens de 17, 19 anos com grau de maturidade maior do que pessoas de 30, 40 anos.
- **curiosidade:** a sede de aprender está estritamente ligada à curiosidade. No segmento jurídico, o aprendizado é infinito, seja pelo volume de áreas, pelas inúmeras relações jurídicas que se formam e suas especificidades, pelo nascimento de novas áreas, a exemplo da criação da área de Proteção de Dados pela LGPD, seja pela introdução de novas doutrinas, leis e jurisprudência. O mundo jurídico não é estático, ao contrário, é dinâmico. Diferentemente da psicologia, que estuda o ser humano em si mesmo, o Direito tramita no mundo das relações.

Não existiria Direito se houvesse apenas ermitões no mundo. A propósito, uma técnica muito interessante de entrevista para detectar a profundidade do candidato é narrar um evento e perguntar quantas relações jurídicas ele percebe e poderá acontecer sobre e a partir daquele evento. Por exemplo, narre ao candidato um "acidente numa fábrica com óbito" e pergunte a ele **quais as relações e consequências jurídicas que podem ocorrer a partir desse evento.**

Quando fazíamos essa pergunta, percebíamos que a maioria dos candidatos tinha dificuldade em avançar além de três dos itens abaixo:

1) Processo criminal;
2) Fiscalização da Delegacia Regional do Trabalho com atuações, inclusive com multas, exigências e até interdição;
3) Reclamação Trabalhista;
4) Ação Acidentária;
5) Ação Civil Pública por parte do Ministério Público;
6) Ação Regressiva por parte do INSS.

Além disso, o candidato poderia falar sobre:

7) Dano à imagem da empresa;
8) Mobilização do porta-voz e da área de comunicação;
9) Reporte do incidente às autoridades;
10) Elaboração de apresentação de causa raiz e soluções;
11) Acionar o seguro da empresa;
12) Prestar assistência social e psicológica aos familiares;
13) Assistir o cônjuge na obtenção de auxílios, desde funeral até pensão por morte;
14) Fazer nota do acidente aos funcionários, autoridades e imprensa;
15) Desenvolver treinamento para que o evento não ocorra mais;
16) Destacar interlocutor para um acordo com a família etc.

Percebam que um evento pode produzir uma série de outros eventos e relações jurídicas. Como bem descrito nessa situação, um evento é como uma pedra atirada no meio de um lago calmo. Seus efeitos, após o impacto da pedra na água, são representados pela formação de círculos ao seu redor, os primeiros menores em raio, mas mais densos, gradativamente vão se formando outros círculos menos volumosos, e mais extensos em raio até chegarem à borda do lago. A densidade desses círculos representa o impacto do evento naqueles que estão mais próximos, conforme a distância do evento aumenta, menor é o impacto.

Assim, o colaborador, com esse espírito curioso e maduro, enxerga muito mais longe, conseguindo gerir melhor situações complexas, capturando oportunidades, eliminando ou mitigando riscos e mantendo um excelente ambiente de trabalho.

– Contratado o talento, o primeiro ato deve ser uma exaustiva **integração**. Essa deve se dar por meio de apresentação detalhada da empresa, desde sua constituição, passando pelas metas atuais, políticas, sistemas, processos até chegar nos objetivos de médio e de longo prazo. A liderança tem que passar os objetivos do seu departamento, as equipes terão que acolhê-lo e o *briefing* de seu líder direto é essencial para o direcionamento do dia a dia desse colega.

O que buscamos aqui é desenvolver o sentimento de **pertencimento** do entrante. Sabíamos que o bom direcionamento do funcionário, aliado a um sentimento de acolhimento, fazia com que ele produzisse mais e mais rapidamente, com qualidade e custo menores, sem impactar no clima de sua área, departamento e empresa.

– Como principal ferramenta de desenvolvimento tínhamos um forte e contínuo **treinamento**, seja usando recursos internos ou externos. Isso era contagiante, vez que, quanto mais aprendizado, maior era a produtividade e qualidade dos trabalhos. Extrapolando a produtividade, qualidade e rapidez do trabalho, o talento conquistava a sonhada autonomia, esta que era antecedida pelo direcionamento claro da liderança.

A **exposição** do talento a desafios era uma tração importante em seu desenvolvimento. Percebemos que, quanto mais exposição, mais crescimento, e quanto mais crescimento, mais produtividade, e quanto mais produtividade, mais oportunidades surgiam para todos.

Outro foco da nossa gestão era a intensa rotina de ***feedbacks*** e mentorias. Embora houvesse ritual de *feedbacks* estipulados no calendário de pessoas da empresa, visando atender às formalidades dos processos, nunca nos ativemos apenas a esses. Sempre deixávamos os *feedbacks* para eventos que entendíamos importantes. Por exemplo, ao final de uma reunião, após uma apresentação, no decorrer de um projeto etc.

O processo de *feedback* era extremamente disciplinado, iniciado com elogio ao funcionário por eventos positivos que ele geriu, trazendo à luz uma ocorrência especifica que queríamos nos concentrar naquele *feedback*, pedindo para o colaborador refletir sobre seus atos naquele evento, abrindo oportunidade para ele dizer "se tivesse oportunidade de voltar naquela situação o que faria de diferente", elogiando-o se ele respondesse percebendo que poderia ter feito melhor e como ele faria se acontecesse novamente e, por fim, qual o caminho para reverter as consequências dessa situação que já ocorreu.

Entendemos que o melhor *feedback* é o constante, no qual o líder **captura**, no átimo seguinte ao evento que pode ser melhorado, todas as percepções do liderado, corrigindo rotas e melhorando seu desempenho. Esse processo de desenvolvimento acelera a capacidade do talento em perceber o ambiente em que ele transita, aumentando sua percepção sobre as consequências de suas atitudes não só nos terceiros, mas nele mesmo.

Nesse processo de desenvolvimento do jovem profissional, destacamos o ***mentoring*** como uma alavanca e acelerador de carreira. O mentor é uma das contribuições mais preciosas na vida profissional de um colega de profissão. Sua função, além de direcionadora de caminhos, é a de economizar tempo e evitar dessabores ao mentorado. O mentor, desde que bem escolhido, pode abreviar o aprendizado, facilitar o cotidiano do talento, ampliar a leitura de cenários de forma a buscar oportunidade aonde o mentorado enxerga apenas problemas. Ainda, trabalhar com alegria e satisfação de forma a realizar as ambições do mentorado é objetivo desse processo de *mentoring*.

Evidentemente, vários outros processos e fatores nos auxiliaram na obtenção do êxito desse projeto de desenvolvimento de líderes, a exemplo da **regra de ouro**, segundo a qual um funcionário só era promovido se tivesse desenvolvido o seu **sucessor**. Essa filosofia fazia com que o **medo** de trazer alguém melhor que o próprio líder caísse por terra. Esse medo era baseado na falsa tese que se o líder contratasse alguém melhor que ele, em pouco tempo, perderia o cargo para esse liderado.

Com a regra de ouro, isso jamais aconteceria, vez que o líder só seria promovido se tivesse um sucessor validado por um comitê de pessoas para exercer suas funções. Ou seja, a estagnação não era um viés possível nessa cultura, sendo admissível somente movimentações horizontais e verticais, seja dentro do mesmo departamento ou em departamentos diferentes.

Foi enraizado o sentimento de que trabalhar ao lado de pessoas talentosas aumentava a régua de todos. O patamar da equipe sobe de forma contínua e a convivência entre os talentos enriquece uns aos outros.

Resultado dessa gestão foi não apenas o desenvolvimento de líderes na área jurídica, mas em diversas outras áreas também, a exemplo da área minerária, relações com investidores, relações governamentais, *compliance*, proteção de dados, riscos, auditoria, patrimonial, imobiliária, internacional, estratégica, recursos humanos etc.

CONCLUSÃO

Sempre que você se deparar com excelentes resultados, faça um *benchmarking* para descobrir a história por trás dos números. Com certeza você irá descobrir projetos incríveis, os quais poderão ser adaptados a sua empresa e a seu cotidiano.

No caso que tratamos, aprendemos ser essencial:

1) Investir um tempo na definição do perfil do talento a ser contratado, visando atender o princípio da complementariedade, incluindo a diversidade no seu sentido mais amplo;
2) Desenvolver processos dinâmicos na área de gestão de pessoas, incluindo o de seleção, contratação, *feedbacks*, treinamentos etc.;
3) A seleção de pessoas é pedra fundamental do sucesso desse projeto. Entrevistas, dinâmicas, testes etc. são instrumentos essenciais para trazer um talento de muito potencial e caráter;
4) Não se prenda apenas no conhecimento que o candidato tem, embora importante, o essencial é seu caráter e sua velocidade de aprendizado;
5) Maturidade e curiosidade são características indispensáveis ao talento;
6) As principais ferramentas de desenvolvimento para alcançar a liderança são: aprendizado, exposição, treinamento, *feedbacks* constantes e mentoria;
7) Implantar uma regra de ouro onde o talento só é promovido se desenvolver seu sucessor é fundamental para essa engrenagem funcionar;
8) A integração e sentimento de pertencimento dos talentos, privilegiando a autonomia de maneira a buscar alta produtividade com rapidez e qualidade são afirmações presentes nesse processo.

Na esperança de ter contribuído para reflexão dos leitores sobre desenvolvimento de liderança, finalizo minhas considerações com a mensagem de que persistência e resiliência em atingir seus objetivos são tão importantes como a obstinação pelo pensamento positivo e a perseverança em estudar e trabalhar.

OPINIÃO

FERNANDO ROSA

Não faz mais sentido um Jurídico focado apenas na letra da lei. Essa área também precisa ter visão de dono e ser verdadeiramente parceira e inovadora. Sem comprometer a segurança jurídica, deve ser acessível (inclusive quanto à linguagem), ágil, empática (em relação às necessidades do negócio e às dores dos clientes internos) e estar em constante desenvolvimento (não só no que se refere às suas *hard skills*, mas, principalmente, quanto às suas *soft skills*).

Não basta mais ter apenas "boa técnica"; o Jurídico precisa ir além: ser curioso, democratizar o seu conhecimento e ousar nas estratégias e soluções.

Um Jurídico eficiente é um combustível de crescimento para a Companhia, que nos permite investir corajosamente no negócio.

Aqui na Kraft Heinz nosso Jurídico tem se dedicado constantemente em estar cada vez mais próximo do negócio, com foco em comunicação assertiva junto aos seus clientes internos. Outro ponto interessante, é que compartilhamos do sonho de uma área proativa, que pensa fora da caixa, buscando oportunidades não somente financeiras, mas de caráter preventivo!

Fernando Rosa

CEO Kraft Heinz Brasil S.A.

EIXO IV

LEGAL OPERATIONS

37.

UMA INTRODUÇÃO SOBRE *LEGAL OPERATIONS*: *LEGAL OPS* COMO UMA FERRAMENTA DE GESTÃO MAIS EFICIENTE E HUMANA

Paulo Silva[1]

"Não sois máquina! Homens é que sois!"[2]

Para alguns, pode parecer estranho encontrar, entre os capítulos constantes em uma obra que objetiva discutir o papel dos Departamentos Jurídicos no contexto da chamada "quarta revolução industrial" e seus aspectos mais frequentemente abordados, como o avanço tecnológico e a busca por eficiência, um texto que, em sua epígrafe, faz menção a um dos mais célebres discursos conhecidos, proferido pelo gênio Charles Chaplin, em seu igualmente genial filme O *Grande Ditador*.

Essa estranheza, para alguns, decorrerá de uma percepção de que a citada frase pode parecer contrária a tudo que se prega quanto ao avanço tecnológico e a busca pela eficiência; já para outros, tal estranheza decorrerá do entendimento de que a frase não se encaixaria no debate sobre gestão jurídica.

A realidade é que a frase tem total relação com gestão jurídica, *Legal Operations* e eficiência, porém tal compreensão não é imediata e exige alguma reflexão.

---

1 Advogado especialista em direito civil e do consumidor pela Escola Paulista de Direito, *controller* jurídico e gerente de *Legal Operations*. Membro do Corporate Legal Operations Consortium – CLOC e cofundador do #Jurtech e da Comunidade Legal Operations Brasil – CLOB.

2 Trecho do discurso final de Charles Chaplin, no filme O *Grande Ditador*. Disponível em: <https://www.youtube.com/watch?v=U_uVZqiFnJc>. Acesso em: 17 de março de 2022.

Tal reflexão é proposta neste texto "introdutório", que também aproveita para conceituar o *Legal Operations* e apresentar o seu guia mais conhecido elaborado pelo *Corporate Legal Operations Consortium*[3] – CLOC.

Nos últimos 25 anos, os Departamentos Jurídicos passaram por movimentos de expansão e contração, tanto quanto ao seu tamanho, quanto em relação às suas funções.

Uma das consequências diretas disso é que o perfil do advogado que atua no chamado "jurídico corporativo" mudou e continua mudando.

No final do século XX, era comum que os Departamentos Jurídicos fossem grandes, com profissionais atuando em todas as frentes, do contencioso ao societário, passando pelo contratual e regulatório. Quanto maior a empresa ou conglomerado, maior e mais segmentado era o departamento jurídico.

A consequência direta desse "modelo" era a ineficiência materializada, por exemplo, na falta de uniformidade em procedimentos e estratégias, gastos elevados e uma enorme dispersão da produção técnica.

Além da ineficiência, existia uma percepção por parte das demais áreas da empresa de que os Departamentos pouco contribuíam na viabilização dos negócios, sendo vistos como uma divisão burocrática, com o objetivo de impedir ou manejar os chamados "problemas legais", sem uma conexão direta com o "negócio".

Aliás, não raras vezes, a percepção era de que, na prática, tais departamentos acabavam por representar um verdadeiro obstáculo e era onde "os negócios travavam".

Porém, os Departamentos se viram obrigados a rever suas práticas, já que trabalhavam em razão de três grandes motivos: 1) a busca por maior lucratividade, com maior eficiência quanto aos custos; 2) a revisão dos princípios de governança corporativa em razão da lei SOX; e 3) um processo cada vez mais rápido de digitalização, com adoção de diversas tecnologias.

Os dois primeiros motivos geraram a forte terceirização de muitas das atividades dos Departamentos e a consequente redução nas equipes. Assim, o perfil do advogado que compunha esses times reduzidos começou a mudar e cada vez mais e exigiu-se de tais profissionais – e principalmente dos gestores – que atuassem fortemente no gerenciamento de pessoas e resultados.

---

[3] Disponível em: <https://cloc.org/what-is-legal-operations/>. Acesso em: 17 de março de 2022.

Impõem-se, assim, aos Jurídicos e seus membros, o desafio da "gestão jurídica", dando início a uma busca por "ferramentas e modelos" que atendessem esse desafio, que nada mais seria do que "a profissionalização da atividade jurídica por meio da implementação de ferramentas de gestão em diversos níveis e para diferentes processos".

Esse desafio se tornou maior, se considerarmos as profundas mudanças pelas quais o mundo, e por consequência, o ambiente de negócios, tem passado nos últimos 20 anos, principalmente, em razão do surgimento de tecnologias e empresas disruptivas.

O mundo tornou-se cada vez mais *frágil, ansioso, não linear e incompreensível*[4], em que um dos recursos mais preciosos é o *tempo* e cada vez mais as pessoas precisam aplicar bem tal recurso.

Precisamos ser mais eficientes.

Mas não se trata apenas de uma eficiência justificada em si mesma ou em razão do resultado financeiro, mas baseada na necessidade de tornar a rotina das pessoas melhor e mais "humanizada".

Departamentos Jurídicos têm rotinas exaustivas e, na maioria das vezes, o advogado não exerce seu potencial criativo. Isso se dá porque não há padrão no seu processo de trabalho; igualmente não exerce seu potencial criativo porque não possui dados estruturados disponíveis que lhe permitam tomar melhores decisões; porque está submetido a demandas repetitivas ou porque faz tarefas robóticas e, portanto, desumanas; e, ainda, porque não consegue usar a tecnologia como sua aliada.

A partir dessa reflexão, pode-se dizer, está sendo estruturada a ferramenta de *Legal Operations* ou de Operações Legais.

1. PESSOAS, PROCESSOS E TECNOLOGIA

Pode-se definir a área de *Legal Operations*, ou de Operações Legais, como a área que:

---

4 Disponível em: <https://www.cortex-intelligence.com/blog/inteligencia-de-mercado/o-que-e-mundo-bani>. Acesso em: 17 de março de 2022.

é a responsável por um conjunto de processos de negócios, atividades e profissionais que permitem que os Departamentos Jurídicos atendam seus clientes de maneira mais eficaz, aplicando práticas comerciais e técnicas à prestação de serviços jurídicos[5].

Planejamento estratégico, gerenciamento financeiro e de projetos, bem como um plano de adoção e gerenciamento de soluções tecnológicas são algumas das ofertas de uma área de *Legal Operations* que permitem aos profissionais jurídicos concentrarem-se apenas em fornecer consultoria jurídica e com os aspectos técnicos de sua área de atuação.

Trazendo para si as atividades não técnicas que estão sendo realizadas pelos advogados, a área de *Legal Operations* propõe uma análise crítica dessas atividades, fundamentada em mapeamento de processos e análise de dados, identificando as oportunidades de eficiência e aplicando, quando necessário, a tecnologia mais adequada àquele processo.

Tal área tem como características foco **exclusivo na gestão do Departamento Jurídico,** buscando **eficiência e escalabilidade,** bem como sendo a grande responsável pela continuidade das atividades do departamento.

Com esse foco, e tomando os ensinamentos preconizados por Willian Edwards Deming de que **"não se gerencia o que não se mede, não se mede o que não se define, não se define o que não se entende, e não há sucesso no que não se gerencia"**[6], é uma área cujas estratégias e táticas devem ser direcionadas e avaliadas a partir da análise de dados. Assim, a área de *Legal Operations* é uma área *data driven* por princípio.

Sua atuação é **sistêmica e integrada em relação a todo o departamento jurídico, devendo buscar atendê**-lo como um **todo,** atuando como grande **intermediadora** entre o time jurídico e as demais áreas da companhia, como o financeiro ou recursos humanos, ou mesmo com a auditoria interna e externa.

Por fim, na busca por eficiência e escala, é a área responsável por identificar as oportunidades de **sinergia, tanto em processos, quanto em ferramentas.**

Estruturada a partir da chamada "tríade da transformação digital" – **Pessoas, Processos e Tecnologia** – uma área de *Legal Operations* não é uma área pura-

---

5 What is Legal Operations? CLOC (Corporte Legal Operations Consortium), 2020. Disponível em: <https://cloc.org/what-is-legal-operations/>. Acesso em : 23 de setembro de 2021.

6 DEMING, W. Edwards. *O método Deming de administração*. 5. ed. São Paulo: Marques Saraiva, 1989.

mente "suporte" ao Jurídico. Como deve participar do planejamento estratégico do departamento desde o início, acaba por ser a área responsável por viabilizar que o Jurídico cumpra com suas metas e objetivos.

Quando se aborda o elemento **PESSOAS**, é essencial a uma área de *Legal Operations* que seja um time dedicado, exclusivo, multidisciplinar e complementar em suas competências técnicas e comportamentais.

O segundo elemento da tríade refere-se aos **PROCESSOS.**

Fazendo uso de um "mapeamento crítico de processos críticos", a área de *Legal Operations* identifica os pontos de ineficiência com o objetivo de criar processos **escaláveis e simples,** evitando rotinas extremamente burocráticas, com várias etapas de aprovação ou que tenham muitas derivações, objetivando, assim, uma **boa experiência do usuário**, sem tornar tais processos inseguros, garantindo o chamado ***accountability.*** Ainda, tais processos precisam ser pensados de modo que sejam **integráveis:** um processo que se conecta a outro, que se conecta a outro e assim por diante, até que toda uma cadeia esteja toda integrada.

Com uma equipe dedicada e com processos mapeados e definidos, é possível, então, o desenvolvimento adequado do elemento da tríade: a **TECNOLOGIA.**

Assim, no âmbito da tecnologia, o papel da área de *Legal Operations* basicamente envolve uma criteriosa avaliação das soluções tecnológicas disponíveis, identificando aquelas que são **aderentes, eficientes, acessíveis, escaláveis e que não se tornem obsoletas em um curto espaço de tempo.**

A partir dessas definições e princípios, empresas e associações do mundo jurídico, como a Deloitte ou *Association of Corporate Counsel* (ACC) passaram a construir seus *guides*, porém o mais difundido e que, atualmente, é o mais conhecido, foi o elaborado pelo já citado *Corporate Legal Operations Consortium*[7] (CLOC).

2. A "MATRIZ" CLOC

O CLOC é uma associação global de profissionais de *Legal Operations*, membros de departamentos jurídicos, escritórios de advocacia e instituições de ensino, que colaboram entre si para aprimorar a entrega de serviços jurídicos e estabelecer diretrizes para a indústria. A instituição foi fundada em 2016 e tem

---

7 © 2021 Corporate Legal Operations Consortium (<https://cloc.org/>).

como pilares de atuação educar, otimizar os negócios jurídicos, mudar o mercado jurídico (indústria), conectar o ecossistema e promover o *networking*, por meio do fomento e realização de diversos eventos e fóruns.

Seja por ser mais "eficiente" em comunicar-se, seja porque é o produto de uma associação exclusiva de profissionais de *Legal Operations*, fato é que o modelo do CLOC teve mais êxito em "apresentar" o que seria o *Legal Operations* a profissionais e ao mercado.

Tal modelo, também chamado de "CLOC 12 core" propõe que uma área de *Legal Operations* atue em 12 funções para excelência operacional:

- *Business Intelligence*;
- Gestão financeira;
- Gestão de escritórios e fornecedores;
- Governança da informação;
- Gestão do conhecimento;
- Otimização e saúde da organização;
- Operações práticas;
- Gerenciamento de projeto/programa;
- Modelos de entrega de serviço;
- Planejamento estratégico;
- Tecnologia;
- Treinamento e desenvolvimento.

Assim, em razão de sua estruturação e abrangência, para esta obra, o referencial usado foi o modelo CLOC.

Os capítulos que seguirão este texto abordarão, cada um, uma dessas funções ou competências, trazendo análises e *cases* sobre como isso está sendo pensado e trabalhado aqui no Brasil, bem como o que a experiência brasileira pode aportar em operações legais. São textos elaborados por profissionais que estudam e vivenciam o *Legal Operations* diariamente. Logo, são capítulos profundamente baseados na experiência e na prática.

A esta altura, é possível que já tenhamos claro como a epígrafe se relaciona com o *Legal Operations* e com o tema da eficiência. Uma área de *Legal Operations* (ou de Operações Legais) é necessária porque a busca pela eficiência deve privilegiar o humano.

Estruturas de *Legal Operations* são necessárias justamente porque os advogados não são máquinas. São necessárias justamente porque o tempo é precioso e curto, e deve ser empregado naquilo que nos difere das máquinas, *a nossa capacidade criativa.*

Junte-se à construção de um modelo de gestão legal mais eficiente e humano.

Há um desafiante caminho a ser trilhado, porém, extremamente recompensador.

38.

LEGAL OPERATIONS: OTIMIZAÇÃO E SAÚDE NA ORGANIZAÇÃO

Cláudia Tunger[1]

A otimização e saúde da organização é uma das doze competências centrais do *Corporate Legal Operations Consortium* (CLOC)[2], grande comunidade e eixo de especialistas jurídicos que orientam departamentos corporativos e escritórios de advocacia na construção de times engajados e cada vez mais eficazes.

Nesse contexto, o mundo ideal está baseado em organizações com times diversos, extremamente comprometidos e de alto impacto, com experiência transversal, hábeis na metodologia *lean*[3], ágeis, que trabalhem tanto em equipes tradicionais quanto em *squads* multidepartamentais, tudo isso em um ambiente que proporcione bem-estar mental, com o desejado equilíbrio entre vida profissional e pessoal. Pergunto: é possível? Atrevo-me a pensar que sim, é possível. E

---

1 Advogada pela Universidade Presbiteriana Mackenzie, pós-graduada em Direito Empresarial pela mesma instituição e em Direito Ambiental pela Universidade de São Paulo, com diversos cursos de gestão e liderança por renomadas instituições. Diretora Executiva para a América Latina do Grupo Saint-Gobain, multinacional francesa Top Employer e campeã 2022 na categoria inovação no segmento de materiais para a construção civil – Valor Econômico. Profissional com ampla experiência na área empresarial corporativa, com mais de 20 anos de carreira em empresas multinacionais.

2 Disponível em: <https://cloc.org/what-is-legal-operations/>.

3 Disponível em: <https://www.lean.org.br/o-que-e-lean.aspx>.

que esse pensamento deve ser o foco de todo jurídico moderno e bem sucedido, fomentado e alicerçado por *Legal Operations*.

A competência de otimização e saúde na organização, de acordo com o exposto pelo CLOC, visa: a) possibilitar ao time uma importante visão macro do que é relevante, estratégico, de modo que possibilite os *insights* e conexões necessárias; b) criar um processo de contratação objetivo, justo e realmente inclusivo; c) buscar oportunidades e meios de desenvolvimento, inclusive planos de carreira e promoções para aqueles que se destacam; d) criar e manter um banco de talentos, fomentando programas de mentoria e um bom plano de sucessão; e) incorporar iniciativas voltadas à saúde mental do time, por meio do almejado equilíbrio entre trabalho e vida pessoal.

Como podemos conjugar tais objetivos com a realidade dos departamentos jurídicos e escritórios de advocacia diante da grande transição digital, de trabalho e das relações humanas, que já afetou e ainda afeta a maioria das organizações?

Aine Lions[4], Vice-Presidente e Diretora Jurídica Adjunta da WMware, em seu artigo The Future We Want in *Legal Operations*, publicado no *website* do CLOC, menciona como a pandemia, dentre outras afetações, rompeu barreiras que pensávamos quase intransponíveis. Destaca, de forma acertada, que os investidores de hoje buscam prioritariamente vincular o capital investido a organizações que foquem esforços na promoção da justiça social, racial, combate ou minimização dos efeitos da mudança climática global e seus impactos na Environmental, *Social and Corporate Governance* (ESG), assim como privacidade e cibersegurança. Relaciona *Legal Operations* a sinônimo de mudanças, ou seja, oportunidades. Conclama toda a comunidade de *Legal Operations* a não temer o desconhecido, mas a enfrentá-lo e a abraçá-lo. Destaca três grandes áreas como foco: ecossistema, tecnologia e pessoas.

1) Ecossistema – conectar todas as frentes de modernização e atualização da mentalidade, práticas e ferramentas, que geraram capacidades adicionais e novos conhecimentos. Contudo, o problema está em trabalhar apenas no seu quintal, ou como gosto de dizer, na sua cozinha. Mas

---

4 LYONS, Aine. The Future We Want in Legal Operations, 19 de outubro de 2021. Disponível: <https://cloc.org/the-future-we-want-in-legal-operations/>.

Aine provoca-nos a pensar de forma holística e buscar a solução dos problemas de forma coletiva. Engajar de forma coletiva com os escritórios de advocacia, fornecedores de tecnologia e demais atores do segmento jurídico.

2) Tecnologia – repensar de forma profunda como a tecnologia é considerada, utilizada e alavancada. As opções, até bem recentemente, eram mínimas. Hoje o céu é o limite, o que não torna nossa vida mais fácil necessariamente. Por outro lado, soluções que permitam conectar dados coletados com uma governança adequada trarão a simplificação e integração esperadas, eliminarão tarefas de baixo valor agregado por exemplo. Novos *insights* surgirão e com eles oportunidades a explorar. Nessa frente, *Legal Operations* entra como provedor de padronizações voltadas ao usuário final. Tecnologia holística, segundo Aine.
3) Humanidade, que prefiro denominar Pessoas – melhorar o suporte e serviços. Como levar o lado humano, a inclusão e o propósito por meio de *Legal Operations*, área voltada a processos, organização e tecnologia, a endereçar e assegurar a satisfação, o equilíbrio e o alinhamento de valores da organização considerando que as expectativas e demandas hoje são diferentes? Todos queremos nos identificar com um propósito, algo em que acreditamos, além de sentirmo-nos apoiados, ouvidos. Comando e controle evoluíram para ouvir, engajar, compreender e empoderar. Nova cultura em construção, nada fácil, mas que pode ser acelerada contando com os diferenciais de *Legal Operations* para contribuir com essa transformação.

Conclui que o futuro é agora, que não são conceitos abstratos, mas vividos em diferentes dimensões e intensidades por cada time e que *Legal Operations* tem a missão de encarar e abraçar tais desafios. Inspirador, não?

"Moderninzing legal services"[5], pesquisa realizada pela Deloitte Risk & Financial Advisory em 2021 junto a 81 departamentos jurídicos de 5 segmentos distintos sobre a maturidade de pessoas, processos e tecnologia sobre as 12 com-

---

5 Modernizing legal services, 2021 State of Legal Operations Survey, Deloitte Risk and Financial Advisory. Disponível em: <https://www2.deloitte.com/content/dam/Deloitte/us/Documents/finance/state-of-legal-operations-survey-2021-updated.pdf>.

petências do CLOC, com destaque a experiência com a pandemia da Covid-19 e seu impacto. Durante 3 meses, a Deloitte realizou entrevistas *on-line* e não *on-line*, entrevistas individuais por telefone ou videoconferências, considerando 313 questões, que resultaram em contribuições quantitativas e qualitativas. Uma fotografia, concordo, mas que aponta elementos interessantes sobre a evolução dos departamentos jurídicos e sua transformação por meio de *Legal Operations* como elemento relevante nestas mudanças.

Sem adentrar nas demais competências abordadas e focando apenas na competência "Otimização e saúde na Organização", o resultado da pesquisa apontou que somente 48% dos entrevistados selecionou esta competência dentre as demais ou em conjunto com as demais.

Mais da metade dos entrevistados acredita que sua organização envolveu os times no desenho das atividades da área e, de forma geral, os entrevistados responderam que acreditavam que não haviam sido envolvidos os empregados de todos os níveis. A maioria destacou a comunicação frequente e transparente para suportar as mudanças necessárias.

Interessante que a maioria dos entrevistados se classificou como nível básico na maturidade de tal competência.

Quando questionados sobre o envolvimento dos times no desenho do trabalho/atividades, 64% responderam negativamente e 49% que utilizam dados para estruturar as atividades dos times. Tratando-se de criar uma visão, 44% discordaram total ou parcialmente que os colaboradores de todos os níveis foram envolvidos na cocriação da visão de mudança em sua organização. Apenas um terço acreditava que havia sido envolvido e os demais não tiveram opinião a respeito. Destaca-se que há uma grande oportunidade a ser explorada quanto ao redesenho do modelo operacional para melhorar as eficiências por meio do redesenho dos papéis.

Quanto a comunicar/comunicar *top down*, 56% dos entrevistados concordou total ou parcialmente que suas organizações comunicavam de forma frequente e transparente para suportar mudanças e adaptação. Contudo, deixaram claro que as iniciativas de suporte pelos profissionais seniores eram positivas a auxiliar nesse quesito. Em suma, todo colaborador deve ser estimulado e empoderado a contribuir nas discussões sobre como redesenhar seus papéis para maior eficiência inclusive por meio da automação e análise de dados. A comunicação executiva da liderança é chave.

Como envolver tantas reflexões e direcioná-las de forma efetiva? Primeiramente, visualize o farol a sua frente. Pare, olhe e simplesmente escute. Dedique um tempo para si, isole-se as interferências e reflita sobre a organização no qual a sua área jurídica está inserida e depois sobre a área jurídica propriamente dita, sua criação, trajetória, tudo o que alcançou, dificuldades, metas e o comportamento que apresentou e tem apresentado pós pandemia da Covid-19.

Depois, olhe para sua área e também ao seu redor. Faça um exame de consciência. Olhe atentamente para compreender o comportamento de cada integrante do time e o que lhe transmitem. Certamente haverá algo a explorar, mas permita-se realmente dedicar um tempo e prestar atenção nas pessoas próximas a você. Atente-se também às demais áreas e como estão se movimentando. Certamente há grandes aliados na jornada e esforços poderão ser somados no caminho comum das organizações.

Agora, ouça com atenção. Abra espaço para ouvir seu time e seus clientes. Reflita sobre onde estão as maiores lacunas e possiblidades de transformação, de crescimento. Direcione energia para reavaliar a jornada do profissional jurídico na organização em todas as suas frentes e busque oportunidades de mudanças. Certamente você as encontrará. Afinal, somos nós os protagonistas das mudanças que desejamos.

39.

POR QUE ADAPTABILIDADE E APRENDIZADO CONTÍNUO SÃO OS ELEMENTOS ESSENCIAIS PARA RESSIGNIFICAR O DEPARTAMENTO JURÍDICO

Daniel Stade Ruy[1]

Ressignificar o Departamento Jurídico: inserir tecnologia, análise de dados, automação, diversidade, ferramentas gráficas e visuais simplificados, linguagem objetiva, foco na experiência do cliente/parceiro interno e externo. Esse é o novo caminho da inovação e, como qualquer ressignificação, essa transformação passa por dois elementos essenciais, sem os quais todo o investimento de tempo e dinheiro se esvai: o aprendizado contínuo e a adaptabilidade.

Desde 2018, a Klabin S.A. mudou radicalmente a experiência dos clientes internos com o Jurídico. Alcançamos um patamar admirável em pouquíssimo tempo, ganhando prêmios e reconhecimentos nacionais e internacionais. Nossas iniciativas fizeram parte da agenda de diversos eventos sobre inovação e esses dois elementos foram os pontos críticos para alcançar tais resultados extraordinários, além, é claro, do espírito inquieto e inovador da equipe, afinal de contas o mais importante sempre são as pessoas e tudo começa e termina nelas.

---

1 Advogado, Gerente Jurídico na Klabin S.A., formado pela Faculdade de Direito de São Bernardo do Campo, com especialização em Direito Empresarial pela Universidade Presbiteriana Mackenzie, especialização em Relações Governamentais e Gestão de Departamentos Jurídicos pelo Insper e *Compliance* Ambiental, Social, de Governança e Proteção de Dados (ESG&D) pela PUC/RJ.

1. APRENDIZADO CONTÍNUO

A primeira e mais fundamental forma de mudança do Time Jurídico Klabin foi mudar a postura perante o aprendizado. Trocamos no nosso dia a dia o bom e velho "Plano de Desenvolvimento Anual – PDI", feito anualmente, engessado, com pouca (ou nenhuma) revisão, focado somente em progressão de carreira, pelo conceito de *Sprints* de Desenvolvimento, com ciclos mais ágeis de aprendizagem, trocas constantes, foco nos interesses e necessidades de aprendizado tanto na carreira quanto na vida pessoal, objetivos práticos e mais adequados para ambientes de incertezas, como o que vivenciamos[2].

Cada colaborador é incentivado a montar a sua própria trilha de aprendizado, seja por meio de treinamentos internos ou externos, estudos individuais, pesquisas ou experiências práticas como agendar uma conversa com alguma pessoa experiente da área que está sendo estudada e, até mesmo, participar de projetos, reuniões e definições sobre o tema.

Temos agenda para conversar sobre desenvolvimento individual e em grupo com frequência e toda última terça-feira do mês temos o "palco aberto" para quem quiser preparar uma apresentação sobre suas experiências de aprendizado, compartilhar com o todo o Time, que lhe dedicará em troca atenção, informações adicionais sobre o tema e *feedbacks*.

Além disso, a maneira como mantemos a equipe alinhada semanalmente, num conceito batizado de *Playbook*, permite que se compartilhem assuntos relevantes da semana, praticando oratória e objetividade nas apresentações ao mesmo tempo que mantém todos informados dos últimos acontecimentos, ensinando e aprendendo sobre conceitos a cada novo projeto ou tema relevante que surge no Jurídico.

Ou seja, toda a estrutura de trabalho do dia a dia é pensada para incentivar a equipe a aprender e continuar aprendendo e não é diferente a cada novo projeto de tecnologia ou parceria feita pelo Jurídico. Muitas vezes entramos nesses projetos sem as respostas necessárias, buscando realizar testes e provas de con-

---

2 Conceito trazido para a Klabin e Time Jurídico por Alex Bretas e Conrado Schlochauer. Para mais informações, recomenda-se o livro *Lifelong learners*: o poder do aprendizado contínuo, de autoria do Conrado Schlochauer, e seguir conteúdo das redes sociais do Alex Bretas.

ceito para fins de aprendizado contínuo e, quando fazem sentido, são incorporados automaticamente no nosso dia a dia já com a junção de conhecimento e a ferramenta certa a ser aplicada. Por isso, sempre digo que o melhor parceiro de tecnologia é aquele que realmente integra nosso Time, com esse mesmo espírito de ensinar e aprender. Assim, todos os integrantes da equipe, seja interna ou externa, têm uma meta fixa e constante, continuar aprendendo (e ensinando!).

2. ADAPTABILIDADE

"Aptidão ou propriedade daquilo que se demonstra adaptável; que pode se adaptar" e "Evolução. Capacidade de sobrevivência e/ou reprodução apresentada por um certo indivíduo possuidor de um genótipo específico" – esses são alguns conceitos de Adaptabilidade.

Evoluir, adaptar-se, entender o novo cenário, novas pessoas, nova cultura, nova forma de trabalhar, exige novas atitudes, habilidades, motivação, preparação contínua e o entendimento do desafio proposto – evoluir é inserir-se numa cultura de aprendizado amplo e contínuo, como mencionado, então não dá para dissociar um conceito do outro. Esses dois elementos, juntos, são os mais poderosos para ressignificar o Departamento Jurídico.

O outro fator da adaptação é, obviamente, externo, o Time precisa estar preparado e disposto a adapta-se, dar apoio, alinhar expectativas, ter paciência, compreensão, suporte, aceitação para erros e acertos. Uma cultura corporativa ruim obviamente diminui possibilidades para o Time vencer e os profissionais se adaptarem. É função essencial do líder também evoluir e se adaptar, ele é parte direta deste sucesso (ou fracasso).

A parcela de responsabilidade, assim, é sempre dividida, em mais ou menos proporção, pois adaptabilidade é uma via de várias mãos, e o ambiente da empresa e o profissional precisam achar um ponto de intersecção para que o Time, ao final, seja bem sucedido.

Sendo assim, ao se deparar com um novo desafio de ressignificar o trabalho do seu time, sempre tenha um tempo para refletir sobre os seguintes pontos:

1) Peça apoio, seja com o próprio time, gestores e colegas, *coaching*, mentoria, alinhamento de expectativas, é preciso saber que muito depende de você, mas adaptação é uma via de várias mãos;

2) Insira na sua rotina uma cultura de aprendizado contínuo, compreendendo a melhor maneira como você e seu Time aprendem, exercem sua criatividade, resiliência, aumentam o seu *portfolio* de conhecimento e, assim, trazem soluções para problemas, sejam eles os seus próprios para com a fase de adaptação ou os que o novo desafio colocará no caminho. Ao fazer isso, dê o exemplo para o time de que aprender é, sempre, uma prioridade;
3) Motive-se com o processo de adaptação, a boa *performance* está diretamente atrelada ao quanto se demonstra de vontade de estar ali, de se adaptar; nada pode abalar sua confiança e convicção de que a sua decisão de mudar e ressignificar é positiva e será recompensadora para todos.

CONCLUSÃO

É verdade que momentos turbulentos exigem o retorno do líder, mas continua sendo a missão deste líder aprender a atuar em novos cenários, delegando responsabilidades e formando novos líderes. Para isso, o gestor deve integrar de forma sinérgica, equilibrada e isenta, ousadia e pertinência, criatividade e tecnologia. É importante pensar em diversidade (em todos os sentidos), buscar os melhores parceiros externos, papéis e responsabilidades bem alinhados, pessoas curiosas e motivadas no time com foco em desenvolvimento.

Eu me orgulho muito da "categoria de base" do time jurídico que gerencio, pois muitos dos brilhantes profissionais que o integram hoje foram formados em casa, entraram como estagiários ou aprendizes e, com a devida atenção e treinamento, foram dados a eles desafios e oportunidades para aprender, se adaptar e, assim, progredir.

Lembre-se, ainda que você não mude de local ou de empresa ou seja bem-sucedido em ressignificar o trabalho jurídico do time, já dizia Heráclito de Éfeso, o mundo está sempre mudando e a única coisa realmente permanente é a mudança. Mesmo parado, ela chegará até você, por isso, para líderes e liderados, adaptabilidade é a principal competência corporativa e a Chave Mestra para chegar lá é o aprendizado contínuo.

A GESTÃO DO CONHECIMENTO (TÁCITO) E OS GANHOS DE EFICIÊNCIA EM DEPARTAMENTOS JURÍDICOS

Gabriela Bratkowski Pereira[1]

Você já parou para pensar qual é o produto do seu trabalho como advogado? A lista pode ser extensa e incluir pareceres, opiniões, peças processuais, contratos, relatórios. Ou podemos simplificar e resumir em uma palavra: conhecimento. Estamos constantemente transformando estudo, pesquisa, debate e experiência em conhecimento que solucione as dores dos nossos clientes. Para tanto, precisamos conseguir localizar, compartilhar e organizar esse conhecimento nas suas mais diversas formas, desde aquele presente em documentos até o disponível apenas nas mentes de colegas *experts* em determinados assuntos. Esse é o desafio que a disciplina de gestão do conhecimento busca superar.

Não faltam definições para gestão do conhecimento, sendo a mais utilizada a que foi criada por Tom Davenport, que a conceituou como "o processo de capturar, distribuir e utilizar o conhecimento de forma efetiva". Em um contexto jurídico, podemos dizer que gestão do conhecimento é a forma como Departamentos Jurídicos e escritórios criam, compartilham e encontram informação dentro e fora da organização. Embora todas as organizações tenham a sua forma

---

[1] Advogada. Gerente Jurídica na Lojas Renner S.A. Cofundadora da Comunidade *Legal Operations* Brasil. Mentora e Coordenadora do grupo técnico "Gestão e Inovação" na Women in Law Mentoring. Formada em Direito pela PUCRS, possui MBA Executivo pela Universitat de Barcelona e pós-graduação em Direito dos Negócios e em *Design* de Interação e *Design* de Serviços pela Unisinos.

de gerir o conhecimento, é ao garantir que a informação já produzida seja facilmente encontrada e que o conhecimento desenvolvido seja amplamente compartilhado que a gestão do conhecimento se torna uma ferramenta para ganho de eficiência.

Não à toa, o Corporate Legal Operations Consortium (CLOC) e a Association of Corporate Counsel (ACC), duas organizações consideradas como referência em *Legal Operations*, apresentam a gestão do conhecimento como uma competência central para essa área. Se a área de *Legal Operations* busca trazer mais eficiência aos Departamentos Jurídicos, faz muito sentido olhar para essa disciplina como uma forma de se atingir esse objetivo.

Porém, os esforços e projetos para a melhoria da gestão do conhecimento costumam enfocar no conhecimento explícito, ou seja, o conhecimento objetivo e racional que pode ser facilmente formalizado e compartilhado com outras pessoas a partir de recursos como documentos, manuais, políticas. O conhecimento tácito, mais subjetivo e baseado na experiência, é ainda pouco explorado, apesar de ser ele que as pessoas levam consigo quando saem das organizações: modelos mentais, *know-how* e outras formas não codificadas, existentes apenas na mente dos indivíduos.

Até recentemente, era justamente essa a maior preocupação dos gestores de Departamentos Jurídicos com esse tema, a perda do conhecimento com a saída de pessoas da organização. Contudo, com equipes trabalhando em espaços e horários distintos e a pressão por respostas cada vez mais rápidas, nos deparamos com a necessidade de garantir que as pessoas terão a informação que precisam a qualquer momento e de forma autônoma, sob pena de perdermos velocidade e dinheiro.

Para inspirar a adoção de práticas que facilitem o compartilhamento do conhecimento tácito, é válido conhecer a teoria de Ikujiro Nonaka, presente no livro *The Knowledge Creating Company*. Na visão de Nonaka, a transferência do conhecimento é um movimento em quatro etapas:

1) **Socialização:** é o processo que transfere o conhecimento tácito de uma pessoa para o conhecimento tácito de outra. É um processo entre indivíduos que ocorre por meio da interação e experiência compartilhada e resulta em novas habilidades e modelos mentais.

2) **Externalização:** é o processo que torna explícito o conhecimento tácito, por meio da tradução da experiência em recursos que possam ser compartilhados com um grupo mais amplo.
3) **Combinação:** é o processo de disseminar o conhecimento explícito por toda a organização por meio de documentos, modelos, políticas, processos.
4) **Internalização:** é o processo de compreender o conhecimento explícito da organização e transformá-lo novamente em conhecimento tácito individual.

Esse processo em etapas é conhecido também como espiral do conhecimento, tendo em vista que o ciclo de aprendizado permite uma compreensão em níveis cada vez mais profundos.

A teoria de Nonaka evidencia a relevância do conhecimento tácito na criação de novos conhecimentos. Em suas próprias palavras: sem uma verdadeira troca, não se pode gerar conhecimento. Assim, antes de criar práticas para a organização do conhecimento explícito, é importante criar o espaço necessário para a conversão do conhecimento tácito.

Ter rituais que possibilitem a troca entre as pessoas é fundamental. Podem ser simples como interações individuais ou encontros que permitam aos participantes aprender uns com os outros; ou complexos como a criação de comunidades de prática ou *hubs* de conhecimento. Não há um caminho único nem um que funcione para todos. Cada Departamento tem suas próprias necessidades, recursos e modos de trabalho que influenciam a forma de gerir o conhecimento.

Independentemente da solução encontrada, é importante não esquecer que a gestão do conhecimento depende muito da colaboração das pessoas. Envolvê-las na identificação das práticas que fazem sentido para a organização pode gerar a confiança e engajamento necessários para se obter o resultado esperado.

REFERÊNCIAS

ACC. *Legal Operations* Maturity Model. ACC – Association of Corporate Counsel. Disponível em: <https://www.acc.com/maturity/knowledge-management>.

CLOC. What is *Legal Operations*. CLOC – Corporate Legal Operations Consortium. Disponível em: <https://cloc.org/what-is-legal-operations>.

FRYKMAN, Leif. Knowledge management: how to make your team smarter. *Juro*. Disponível em: <https://juro.com/blog/legal-operations-knowledge-management>.

HSM EXPERIENCE. A sabedoria de Ikujiro Nonaka. HSM Experience. Disponível em: <https://www.hsmexperience.net.br/trails/como-esta-a-cutura-da-inovacao-em-sua-empresa/post/a-sabedoria-de-ikujiro-nonaka>.

HUMANTECH GESTÃO DO CONHECIMENTO. Gestão do Conhecimento: o que é e por que aplicá-la na sua empresa. Humantech Gestão do Conhecimento. Disponível em: <https://www.oconhecimento.com.br/gestao-do-conhecimento>.

KM WORLD. What is KM? Knowledge Management Explained. KM World. Disponível em: https://www.kmworld.com/About/What_is_Knowledge_Management.

NONAKA, Ikujiro. The Knowledge-Creating Company. *Harvard Business Review*. Disponível em: <https://hbr.org/2007/07/the-knowledge-creating-company>.

SBGC. O que é Gestão do Conhecimento? SBGC – Sociedade Brasileira de Gestão do Conhecimento. Disponível em: <http://www.sbgc.org.br/blog/o-que-e-gestao-do-conhecimento>.

41.

A GESTÃO DE PROJETOS NA ADVOCACIA

Lívia Carolina[1]

Os estilos de gestão têm caminhado cada vez mais para uma priorização das pessoas, que agora ocupam o centro das estratégias de gerenciamento empresarial. Tendo em vista que a formação de direito e a cultura da advocacia no Brasil nos levam a investir em departamentos jurídicos mais estratégicos, o estudo de gestão se faz ainda mais necessário para garantir um negócio sustentável e organizado a longo prazo[2]. Esse movimento acaba impulsionando o crescente surgimento dos chamados Departamentos Jurídicos 4.0: uma atualização da gestão na área jurídica e do modo de lidar com o direito.

Não obstante, a pandemia da Covid-19 intensificou a transformação digital das empresas, obrigando-as a se adaptarem ao trabalho remoto ou híbrido e gerenciar os colaboradores de forma mais inteligente para alcançar a eficiência do negócio, como demonstrado pelo *2021 Report on the State of the Legal Ma-*

---

1 *Head of Operations* da Associação Brasileira de Lawtechs e Legaltechs – AB2L. Advogada, mediadora de conflitos e pesquisadora em Resolução de Disputas *on-line* Núcleo Legalite – PUC/Rio. Pós-graduada em Direito Empresarial pela UCAM. LLM em *Compliance* pela Fundação Getulio Vargas (FGV).

2 *Podcast:* O que é *Legal Operations*? Direito 4.0. Disponível em: <https://www.youtube.com/watch?time_continue=2458&v=aMnu1W8_9c4&feature=emb_title>.

rket[3], estudo conduzido pela Universidade de Georgetown em parceria com a Thomson Reuters sobre o mercado jurídico.

Nesse contexto, entra em cena a discussão sobre os melhores métodos de gestão e a necessidade de um departamento focado nesse ponto específico do negócio, para que o setor jurídico entregue a melhor qualidade possível no próprio serviço, de maneira assertiva. Daí a "adoção de uma cultura *data driven*, transparente e colaborativa passa a ser uma realidade e a área de *Legal Operations* consolida tal conceito"[4].

1. O QUE SÃO AS *LEGAL OPERATIONS*?

Uma boa operação jurídica precisa de organização administrativa, uma vez que estão intrínsecos ao trabalho da advocacia os prazos e as etapas burocráticas de uma ação, bem como o trabalho em sincronia de uma boa equipe especializada e a garantia de cumprimento de todas as etapas de um processo. A área de *Legal Operations* surge, nesse contexto, justamente para garantir uma organização clara e simples da parte administrativa do trabalho, o que assegura um serviço jurídico de excelência[5].

Além disso, o setor de *Legal Ops* agiliza o trabalho jurídico de fato ao desonerá-lo de demandas administrativas, ao mesmo tempo em que constrói uma base de dados organizada e útil desde o início da operação, que auxiliará em um ciclo de boas práticas jurídicas, estrategicamente, desde a cobrança de honorários mais justos e adequados por escritórios parceiros até a implementação de plataformas de ODR[6] (*on-line dispute resolution* ou resolução de disputas *on-line*), que auxiliem no contingenciamento de demandas judiciais e que ainda podem gerar um impacto positivo em relação à fidelização de clientes finais que veem as suas demandas solucionadas de maneira célere e eficaz.

---

3 Disponível em: <https://legal.thomsonreuters.com/content/dam/ewp-m/documents/legal/en/pdf/reports/2021_sotlm_web_v2.pdf>.

4 *Legal Operations*: O impacto da transformação Digital. Disponível em: <https://www.semprocesso.com.br/post/legal-operations-transformacao-digital-mercado-juridico>.

5 O que é essencial ao estruturar uma área de *Legal Operations*. *Migalhas*. Disponível em: <https://www.migalhas.com.br/depeso/357872/o-que-e-essencial-ao-estruturar-uma-area-de-legal-operations>.

6 Radar de *Lawtechs* e *Legaltechs*. *AB2L*. Disponível em: <https://ab2l.org.br/ecossistema/radar-de--lawtechs-e-legaltechs/>.

Não só isso: dados organizados conduzem a uma orientação melhor de todo o trabalho e uma definição de metas mais claras e efetivas[7] e "as grandes organizações podem alcançar vantagens competitivas mediante o aproveitamento dos ganhos de mercados obtidos com a curva da experiência"[8].

É importante ressaltar, no entanto, que esse trabalho não se trata de uma demanda da área de controladoria ou eficiência jurídica e sim de *Legal Ops*, uma área estratégica que auxilia a empresa como um todo, olha para as atividades e as entende como um fluxo e visa trazer melhorias e celeridade aos processos envolvidos nesse trabalho, por meio da análise de indicadores, dados e métricas, bem como o conhecimento de tecnologias e gestão de pessoas, encaixando-se em todo o conceito da Quarta Revolução Industrial, em que vivemos, e "caracterizada pela celeridade da disseminação e integração das novas tecnologias e pela interação entre os ambientes físicos e virtuais"[9].

2. COMO O DEPARTAMENTO DE *LEGAL OPS* CONTRIBUI NA PRÁTICA PARA A EFICIÊNCIA DO DEPARTAMENTO JURÍDICO?

Em princípio, cabe ressaltar que o departamento de *Legal Ops* não deve ser ligado a apenas um setor da empresa[10], pois é necessário que ele tenha a visão do todo e possa mapear os processos de ponta a ponta. Nesse mapeamento, é possível entender quais processos não jurídicos impactam o curso das ações jurídicas.

Com essa visão completa, torna-se possível perceber pequenos ajustes que podem reduzir custos de toda a operação, como acontece, por exemplo, quando empresas deixam de receber intimações e avisos judiciais fisicamente e os substituem por um sistema de gestão de documentos e assinatura digital, serviços realizados por *lawtechs* e *legaltechs* associadas à AB2L.

---

7 In Practice: Why strategic planning is the essential roadmap of the modern law department. *Thomsom Reuters*. Disponível em: <https://www.thomsonreuters.com/en-us/posts/legal/in-practice-tellmann-gsk-strategic-planning/>.

8 In Practice: Why strategic planning is the essential roadmap of the modern law department. *Revista Adm. Mackenzie*. Disponível em: <https://www.scielo.br/j/ram/a/sCpPRnd5Dt5YhPRd3ThFgRc/?lang=pt>.

9 SCHWAB, Klaus. *A quarta revolução industrial*. São Paulo: Edipro, 2016.

10 *Podcast:* O que é *Legal Operations*? Direito 4.0. Disponível em: <https://www.youtube.com/watch?time_continue=2458&v=aMnu1W8_9c4&feature=emb_title>.

Essas e outras *lawtechs* e *legaltechs* auxiliarão na prática a otimização de muitas atividades dentro de departamentos jurídicos e estão no radar da AB2L (consulte o radar atualizado no endereço institucional oficial da associação).

A identificação dessas pequenas falhas pode reduzir inclusive o risco de condenações, uma vez que elas podem ser decorrentes de uma falha no processo de armazenamento de documentos de funcionários, ou do ajuste e acompanhamento de prazos processuais – falhas simples e gerenciáveis com os métodos certos. Dentre os métodos possíveis, destacam-se alguns que serão analisados ainda neste capítulo, mas cada caso deve ser analisado e implementado de acordo com a equipe e as necessidades da empresa, já que os métodos são apenas ferramentas para auxiliar o trabalho humano[11].

---

[11] Análise comparativa entre as abordagens ágil e tradicional de gestão de projetos: um estudo de caso no setor industrial. Simpósio Internacional de Gestão de projetos, Inovação e sustentabilidade. Disponível em: <https://singep.org.br/5singep/resultado/289.pdf>.

3. QUAIS SÃO E COMO FUNCIONAM OS MÉTODOS DE GERENCIAMENTO DE PROJETOS?

O primeiro método a se destacar é o *Design Thinking*[12], uma vez que ele funciona não só como método de gerenciamento, mas também como incentivo à inovação, atualizando conceitos e ideias para encontrar soluções práticas e criativas para os problemas reais da empresa. Esse incentivo à criatividade desperta nos colaboradores a vontade de contribuir e os auxilia a trabalhar com mais intencionalidade, pensando em como resolver problemas cotidianos. Afirma-se, inclusive, que ele não é apenas um método, mas uma forma de abordagem na resolução de problemas[13].

O *Scrum*[14], um modo ágil de gestão, também tem sido bastante usado para gerenciamento de projetos com bons resultados e determina a resolução de problemas em um período curto e determinado. Esse método se diferencia, inclusive, por ter como uma das etapas o mapeamento de tudo o que faltou nas anteriores. Assim, nenhum passo do processo deixa de ser feito. Escritórios de advocacia podem se beneficiar dele inclusive para atualizar os próprios métodos de trabalho, como o Google, empresa destaque no ramo de inovação, faz[15].

Lean Inception[16], outro modo completo de gestão, tem como base as práticas e resultados do sistema Toyota, com foco totalmente voltado para a criação de valor para os clientes, em um trabalho orientado por propósito. A diferença desse método reside na constante mudança de formato do trabalho, de acordo com os propósitos e objetivos da empresa e da visão dos clientes.

Há também modelos mais simples, como o *Model Canvas*[17] e o Kanban, baseados em uma organização mais visual dos projetos, e cada caso deve ser analisado de acordo com a realidade e necessidade da empresa.

---

12 BROWN, Tim. *Design thinking*: uma metodologia poderosa para decretar o fim das velhas ideias. São Paulo: Alta Books, 2009.

13 *Design thinking*: uma forma inovadora de pensar e resolver problemas. Disponível em: <https://rockcontent.com/br/blog/design-thinking/>.

14 ADKINS, Lyssa. *Treinamento de equipes ágeis*: um guia para *scrum masters*, *agile coaches* e gerentes de projeto em transição. São Paulo: Alta Books, 2020.

15 KNAPP, Jake. *Sprint*: o método usado no Google para testar e aplicar novas ideias em apenas cinco dias. São Paulo: Intrínseca, 2017.

16 CAROLI, Paulo. *Lean inception*: como alinhar pessoas e construir o produto certo. Brasil: Caroli, 2018.

17 FINOCCHIO JR., José. *Project model Canvas*. Amsterdã, Elsevier, 2013.

CONCLUSÃO

Ferramentas e métodos são importantíssimos para orientar o caminho e nortear os passos de qualquer projeto, seja ele um megaevento ou a implementação de alguma nova prática dentro de um departamento jurídico, mas o que é essencial para o sucesso em todos os casos é que se ouça, veja e toque nos problemas com a visão de que eles garantem uma infinidade de oportunidades e abrem as portas para um mundo novo mais colaborativo e por excelência inovador.

Há inúmeras formas de se inovar na gerência de projetos aplicados ao direito, e essa inovação segue sendo cada vez mais necessária não só para a diferenciação como também para a própria sobrevivência das empresas. Acompanhando essa necessidade, há iniciativas diversas destinadas justamente à organização de toda a base de conhecimento já existente e otimização do registro seguinte, e elas devem ser usadas, uma vez que "toda atividade que não contribui para se aprender a respeito dos clientes" é um desperdício, como afirmou Eric Ries em *A Startup Enxuta* e como se viu neste capítulo.

42.

GESTÃO DE FORNECEDORES E PARCEIROS

Fabiana Velasco[1]

Atualmente, no mundo jurídico, ouve-se muito falar da área de *Legal Operations* dentro das empresas e dos escritórios de advocacia. Mas o que seria essa área?

Algumas pessoas entendem que é uma área que deveria ser responsável por toda atividade operacional do Jurídico, tal como: fluxo de pagamentos, gestão de cadastro de processos, dentre outras atividades. Para outros estudiosos do tema, essa área seria como o coração de um Jurídico, seja cuidando de atividades operacionais, seja tratando dos processos estratégicos.

Na minha opinião, quem melhor definiu a área de *Legal Operations* foi a Corporate Legal Operations Consortium (CLOC), que é uma comunidade global de especialistas com foco em redefinir o negócio jurídico. Vejamos a definição:

> *Legal Operations* (ou *legal ops*) representa um conjunto de processos de negócios, atividades e profissionais que permitem que departamentos jurídicos atendam seus clientes de forma mais eficaz, aplicando técnicas

---

1 Advogada. Gerente Jurídica, *Head de Legal Operations* na UnitedHealth Group. Bacharel em Direito pela Universidade do Estado do Rio de Janeiro (UERJ), pós-graduada em Direito Tributário pela Universidade Estácio de Sá. MBA Empresarial pela Fundação Dom Cabral, com especialização na Kellogg School of Management.

para a prestação de serviços jurídicos. A área de *Legal Operations* fornece planejamento estratégico, gerenciamento financeiro, gerenciamento de projetos e gestão em tecnologia que permitem que os profissionais jurídicos se concentrem em fornecer consultoria jurídica[2].

Segundo essa comunidade, os profissionais que trabalham na área de *Legal Operations* podem desenvolver doze áreas funcionais dentro de um departamento jurídico ou de um escritório de advocacia. Não se faz necessário o desenvolvimento de todas as áreas, pois cada organização pode investir naquelas que mais agreguem valor aos seus negócios, a depender dos objetivos, oportunidades e recursos organizacionais da empresa ou do escritório.

Uma área funcional, no entanto, que julgo extremamente relevante é a Gestão de fornecedores e parceiros, a qual vou explorar um pouco mais detalhadamente neste capítulo.

Segundo o CLOC, as empresas precisam migrar de um estágio no qual os fornecedores são selecionados por razões táticas ou relações pessoais, para um modelo em que o relacionamento é pautado nas necessidades de negócio e as experiências, tanto dos fornecedores quanto dos profissionais internos, se complementem. Para isso, alguns passos podem ser adotados:

- integrar novos fornecedores de forma rápida e eficiente;
- possuir em seu cadastro de fornecedores um portfólio amplo com várias opções de serviços;
- criar *Request For Proposal* (RFP) – Solicitações de Propostas justas e eficazes que reflitam exatamente o que o negócio precisa;
- negociar modelos de preços que estimulem resultados positivos para as duas partes;
- evitar conflitos e questões éticas realizando a devida diligência em fornecedores potenciais ou até mesmo nos fornecedores atuais.

Penso, ainda, que para as empresas, os escritórios de advocacia são grandes parceiros, pois muitas vezes o jurídico interno não possui a *expertise* necessária para um determinado projeto ou até mesmo não tem recursos internos suficientes para cumprir os prazos estabelecidos pelas áreas clientes. Dessa

---

2 Tradução livre. Disponível em: <https://cloc.org/what-is-legal-operations/#>.

forma, é muito importante que os escritórios conheçam o *business* para o qual foram contratados.

Nessa linha, a área de *Legal Operations* pode ser uma grande facilitadora para que os escritórios estejam inseridos na realidade do negócio, agendando bate-papo (formais ou informais) dos escritórios com as áreas internas ou, até mesmo, agendando visitas *in loco* nas empresas (uma realidade que ocorria com uma certa frequência antes da pandemia e que espero volte a acontecer nesse novo normal).

Ponto importante nessa parceria, é termos o acompanhamento da *performance* dos escritórios que apoiam o jurídico interno. Por isso, *Legal Operations* é essencial não só para definir metas que deverão ser seguidas pelos escritórios parceiros, como também para fazer o acompanhamento dessas metas, analisando se ajustes precisam ser feitos no meio do caminho ou se os escritórios estão entregando conforme esperado.

Muitas empresas já se estruturaram internamente e já possuem *ranking* dos melhores escritórios, proporcionando reconhecimento para aqueles que se sobressaem. Esse reconhecimento não necessariamente precisa ser um bônus ou uma remuneração diferenciada, podemos pensar em outras formas de premiar o escritório que esteja entregando melhores resultados.

Um exemplo dessa prática ocorre muito nas empresas que possuem contencioso de massa, muitas vezes os escritórios que não performam bem, acabam tendo um congelamento de sua base, ou seja, não recebem processos novos até que voltem a entregar os resultados esperados. Por outro lado, aqueles escritórios que estão perfomando dentro ou acima das metas, terão um volume maior de processos para atuar e, consequentemente, receberão uma maior remuneração.

Na esteira ainda da parceria dos escritórios com as empresas, vejo que esse acompanhamento de indicadores é algo importante e que os escritórios têm cada vez mais investido no desenvolvimento. Entendo que o diferencial hoje são os escritórios que conseguem trazer não só uma visão dos processos de que cuidam para o seu cliente, mas também uma visão comparativa com o mercado em que o seu cliente está inserido, o que é possível por conta de toda tecnologia que hoje nos atende no mundo jurídico.

Para finalizar, não podemos deixar de tratar de um tema que hoje está sendo bastante discutido no que tange a serviços jurídicos, ou seja, será que apenas os escritórios de advocacia estão preparados para atender as empresas?

Temos serviços para o jurídico que podem ser prestados por outro tipo de empresa que não seja um escritório de advocacia?

A resposta para essa pergunta é sim, são os prestadores de serviços jurídicos alternativos, termo em inglês conhecido como *Alternative Legal Service Provider* (ALSP). Há cerca de quatro anos, vimos uma evolução desses prestadores para o mercado jurídico e, com o fenômeno da pandemia, houve uma aceleração no seu crescimento, pois as empresas começaram a buscar soluções para problemas jurídicos como estruturas mais flexíveis e abertas, envolvendo não apenas recursos humanos (advogados), mas também tecnologia e outros profissionais "não jurídicos".

O Centro de Estudos da Profissão Jurídica da Georgetown University (com o Thomson Reuters Legal Executive Institute) foi o primeiro a definir os ALSPs, na edição de 2018 do seu Relatório Anual sobre situação de mercado jurídico. Esse estudo vem guiando as empresas para definição e busca desses serviços, sendo que a última análise desse estudo foi divulgada um pouco antes da pandemia em janeiro de 2020[3].

Com o crescimento desse mercado de ALSPs, teremos mais concorrência no mercado jurídico, com diferenciais de serviços que podem ser explorados pelas empresas e também pelos escritórios de advocacia. É mais uma porta de serviços e parceiros em que podemos trabalhar.

No final, entendo que essa parceria entre fornecedores de serviços jurídicos e empresas é essencial, sendo uma competência importante de *Legal Operations* a ser trabalhada pelos profissionais que atuam nessa área.

---

3 Disponível em: <https://www.law.georgetown.edu/news/fundamental-shifts-are-disrupting-the-legal-market-2020-report-on-the-state-of-the-legal-market-from-georgetown-law-and-thomson-reuters-legal-executive-institute/>.

43.

A GESTÃO FINANCEIRA EM *LEGAL OPERATIONS* SOB O OLHAR DA LIDERANÇA

Kleber Silva[1]

Ao longo dos anos, o Departamento Jurídico Corporativo foi visto apenas como um centro de custo para as empresas. Em outras palavras, tratava-se de uma área que administrava contingências passivas da Companhia e ao final de cada ação judicial solicitava ao Departamento Financeiro a realização do pagamento para quitar eventual débito constado no caso.

Todavia, com a modernização da forma de trabalho dos Departamentos Jurídicos, atuando cada vez mais próximos às áreas do chamado *core business*, essa ideia foi se modificando e oportunidades para uma mudança de conceito já podem ser observadas dentro das organizações.

Porém, para os profissionais do Direito, realizar a administração financeira dos recursos destinados ao Departamento Jurídico de uma Companhia nem sempre é tarefa fácil, uma vez que, não raro, referidos profissionais são apresentados a conceitos contábeis e matemáticos que não faziam parte de sua formação originária.

Como evolução da profissão, teses tributárias que objetivam uma revisão nas questões dos tributos pagos pela Companhia, melhorias na gestão de con-

---

1 Advogado. Gerente Jurídico, *Head of Litigation* e *Legal Operations* na Mondelēz International. Bacharel em Direito pelo Centro Universitário FMU – São Paulo, com MBA em Administração de Empresas pela FGV.

tingências cíveis e trabalhistas passaram a ser tratadas muito além da questão técnico-jurídica e sim como uma fonte extremamente importante para melhorar os resultados da Empresa durante determinado exercício, sempre com um trabalho muito forte e conectado entre as áreas Jurídica e Financeira.

De igual forma, a parceria existente entre o Jurídico e o Financeiro poderá afetar positivamente o planejamento estratégico da Companhia, à medida que haverá uma melhor gestão das contingências que se conectam impreterivelmente ao fluxo de caixa para que sejam evitadas "surpresas" no transcorrer dos meses, buscando trazer ao negócio maior previsibilidade aos pagamentos e recebimentos vinculados às questões judiciais.

E essa tal aclamada previsibilidade passa primordialmente por um preciso e acurado processo de provisionamento de ações judiciais, tanto na esfera trabalhista como na cível.

Especificamente no que tange à provisão contábil de ações judiciais (contingenciamento), uma base histórica de processos encerrados devidamente trabalhada, por exemplo, poderá gerar inúmeros *insights* para uma melhor tomada de decisões olhando para a carteira de processos atual.

Logo, o portfólio de ações judiciais de uma Companhia segue determinadas tendências que se repetem ao longo do tempo, possuindo uma similaridade capaz de direcionar melhor os esforços para uma gestão financeira mais adequada na rotina diária. Um bom exemplo disso é uma estruturada campanha de acordos em processos consumeristas e/ou trabalhistas.

Explicando um pouco melhor: ao fazer um prévio alinhamento com a equipe Financeira para aprovar a disponibilização de caixa para um Projeto de Acordos Judiciais, caso tenhamos uma base histórica de processos já encerrados devidamente saneada e que serviu de parâmetro para o atual provisionamento da demanda, a tarefa dos advogados nas negociações de cada ação restará facilitada, pois todos os critérios para a obtenção dos *savings* serão matemáticos, trazendo agilidade, simplicidade e bons resultados financeiros à Companhia, bem como ao Jurídico na redução da base para gestão.

É cristalina a importância da gestão financeira em Departamentos Jurídicos especificamente para os resultados gerais das Companhias, pois aquela premissa antiga de que referida área trata-se apenas de centro de custo e despesas já não tem mais espaço, especialmente nos tempos atuais, em que planejamento estratégico, ações de curto prazo e imediatidade de resultados são tão necessários.

44.

COMO A GESTÃO E A INOVAÇÃO NO JURÍDICO IMPACTAM OS RESULTADOS DAS EMPRESAS

Guilherme Araújo[1]

Um dos pilares essenciais para a manutenção e sustentabilidade dos mais variados negócios e segmentos, sejam eles produtos financeiros, bens e serviços etc., é a sua gestão. No departamento jurídico isso não é diferente.

A figura do *Legal Operations* nasce a partir da necessidade de se fazer uma gestão, em especial financeira, do departamento jurídico, reunindo, conforme o CLOC *core 12*[2], competências como finanças, planejamento estratégico, operações práticas, tecnologia, entre outras. Dito isso, neste capítulo vamos explorar de forma breve como se apresenta a gestão financeira no departamento jurídico de uma organização.

Inicialmente, é importante entender o contexto em que o departamento jurídico está inserido na organização, o que se espera da área e como podemos contribuir positivamente para o alcance das metas financeiras e planejamento estratégico. Para isso ser possível, cabe ao gestor de *Legal Operations* conectar o

---

1 Graduado em Direito pela Universidade Anhembi Morumbi, Certificado em Gestão de Riscos pelo Global Institute For Risk Management Standards, pós-graduando em Gestão de Projetos pela Faculdade de Informática e Administração Paulista (FIAP) e candidato ao MBA executivo em Finanças e Controladoria no Insper. É apaixonado por inovação aplicada ao direito e inquieto por natureza.

2 CLOC *core 12*. Disponível em: <https://cloc.org/cloc-announces-updates-to-its-core-12-functions-of-legal-operations/>.

Jurídico à estratégia da Cia, buscando alavancar os resultados por meio de um gerenciamento financeiro estruturado.

Um dos mais importantes elementos para uma boa gestão financeira é o orçamento. Aprofundar a análise de dados de áreas que possuem maior concentração de recursos, a exemplo do contencioso, pode ajudar a ter um ciclo orçamentário menos doloroso, mais eficiente e capaz de demonstrar quais as oportunidades para agregar valor no negócio.

Cabe ressaltar que, quando falamos em agregar valor ao negócio, não nos referimos apenas a resultados diretos – demonstrações financeiras ou demonstrativos de resultados, mas principalmente, indiretos, como entregar uma gestão financeira sólida e previsível, o que resulta no que chamamos *reliability*[3].

Assim, a estruturação preferencialmente sistêmica e gerencial de informações se faz importante para se ter maior visibilidade e clareza do que será objeto de análise e levantamento de indicadores para tomadas de decisões no processo de *accountability*[4] jurídico, bem como para compartilhamento de resultados com áreas de negócios, tornando o jurídico mais *data-driven*[5].

A visão holística do *Legal Operations*, ao compreender não somente a base de custo, como o impacto que as despesas oriundas do departamento jurídico têm nos resultados da organização, agrega em análises com base em previsibilidade e *cost avoidance*[6], logo, gera sinergia com áreas de negócio, oferecendo *insights*[7], trazendo receita e caixa para a organização.

Alguns exemplos práticos de como isso pode ser feito:

1) negociando passivos reconhecidos com deságio;
2) substituindo despesas por garantias;
3) conciliando contabilmente os ativos;
4) oferecendo *insights* para áreas de negócio na precificação de produtos e serviços e análise de riscos;
5) aplicando técnicas de modelagem de provisão;

---

3 *Reliability* – Confiabilidade, segurança.

4 *Accountability* – Prestação de contas.

5 *Data driven* – Decisão orientada em dados.

6 *Cost avoidance* – Custo evitado.

7 *Insights* – Percepções, ideias.

6) aumentando o percentual de assertividade do provisionamento das despesas relacionadas a terceiros e judiciais, como custas e depósitos judiciais, seguro garantia, contingências, entre outras práticas estratégicas que, com planejamento, trazem resultados positivos diretos e indiretos para a organização, portanto, fortalece o processo de *accountability* e leva maior previsibilidade de caixa para as áreas de finanças e planejamento atuarem.

O processo de gestão financeira tem por objetivo trazer maior eficiência para a área e melhorar a alocação de recursos, inclusive os recursos humanos, parte essencial do negócio e que estão no centro da gestão. Quando falamos nos recursos humanos nessa área, logo pensamos no corpo jurídico, ou seja, nos advogados.

Um dos pilares do *Legal Operations*, ainda de acordo com o CLOC *core 12*, são as operações práticas, que, em sua maior parte, não são atividades jurídicas. É pensando nisso que se faz necessário analisar os contextos técnico e operacional com visão de negócio. Com a modernização do direito e a demanda crescente por resultados, é necessário ganhar escalabilidade também no departamento jurídico. Isso requer uma análise crítica profunda sobre a manutenção de departamentos jurídicos tradicionais e a importância da multidisciplinaridade para alcançar máxima eficiência, otimizar os recursos e alavancar resultados com menor impacto no orçamento.

Por fim, é possível afirmarmos que não existe um modelo de gestão financeira para o departamento jurídico, mas a junção de alguns fatores pode ajudar a melhor geri-lo. A compreensão do contexto estratégico da organização, posicionamento da área, aprofundamento nas operações, análise e elaboração de um orçamento realístico e o gerenciamento dos recursos são fatores que podem aumentar o *Valuation*[8] jurídico e dar maior visibilidade a área.

---

[8] *Valuation* – avaliação, valoração.

45.

POR QUE UM PROFISSIONAL QUE VIVE DE ESTRATÉGIA NÃO APRENDE NADA SOBRE ISSO NA UNIVERSIDADE?

Rafaella N. de Carvalho Corti[1]

Desde que me apaixonei pelo tema planejamento estratégico, nunca parei de me fazer essa pergunta: por que um profissional que vive de estratégia não aprende nada sobre isso na universidade? Eu tive uma formação diferente, cursei bacharelado de Direito ao mesmo tempo que o de Relações internacionais. Acredito que esse caminho tenha semeado em minha mente o desejo por entender mais sobre estratégia e como planejá-la adequadamente para alcançar uma determinada finalidade.

Todavia, foi somente quando iniciei minha carreira como gerente do Departamento Jurídico que identifiquei a necessidade de buscar ferramentas que me ajudassem a entender a estratégia do negócio. E de pronto me perguntava: como eu e meu time poderíamos ajudar a empresa a alcançar os seus objetivos?

Responder essa questão não foi um exercício fácil, pois no caminho em busca da resposta encontrei muitos obstáculos. Logo de início, foi o do próprio

---

1 Diretora Executiva - Jurídico e *Compliance* na Cyrela Brasil Realty S.A. Formada em Direito e Relações Internacionais na UFRJ e na UniverCidade, com pós-graduação em Direito Empresarial e Direito Registral e Notarial na FGV e no IBMEC e MBA em Gestão Empresarial na FDC com módulo internacional na Northwestern University - Kellogg School of Management. *Executive LLM* pela CEU LawSchool. Membro das Comissões de Direito Imobiliário e de Relações Internacionais da OAB RJ e do Comite Jurídico da ABRAINC. Coeditora da Revista da Carreira, uma revista digital com foco em temas de Gestão e Carreira.

planejamento. De forma geral, um Departamento Jurídico ou a área de *Legal Operations* tem como papel estratégico alinhar os objetivos e operações de uma organização com o ordenamento jurídico para viabilizar os negócios.

Parece muito complexo, mas com as ferramentas corretas e metodologia adequada todos os obstáculos podem ser superados. Assim, vou propor aqui um passo a passo para facilitar qualquer organização a construir o seu planejamento estratégico.

O **primeiro passo** é identificar o propósito da empresa, respondendo o **PORQUÊ** de ela existir. Uma das melhores formas de saber é reconhecer como você gera valor para as principais partes interessadas, tais como: clientes, funcionários, fornecedores, comunidade, acionistas e outros. No cerne de qualquer planejamento está o que hoje chamamos de propósito, ou seja, entender o motivo pelo qual a sua organização existe e, consequentemente, identificar como o trabalho de uma gerência e seu time se encaixam nesse contexto. Isso precisa ser o começo de tudo.

Entretanto, em muitos casos, os gestores se concentram somente nas metas, mas, sem entender primeiro qual é o seu propósito a estratégia acabará ficando sem consistência e, por isso, a chance de as pessoas se engajarem será mais baixa. O porquê é a base da sua estratégia, pois dessa resposta irão derivar o propósito e consequentemente os seus valores – que são inegociáveis. Somente depois de concluir essa parte é que passamos para coleta e análise de dados: estudar os resultados anteriores e os requisitos para alcançar os números futuros esperados; verificar quais são seus pontos fortes e fracos; e, ainda, entender o ambiente externo, concorrência, mercado, ambiente regulatório etc.

O **segundo passo** será identificar onde se está e se quer chegar. Então, para isso precisaremos entender o nosso **QUEM**. Quem é você e quem é o seu cliente alvo? Sabendo a resposta você terá maior clareza sobre qual valor você tem para entregar e qual valor o seu cliente alvo deseja.

Se você não sabe quem você é, se tornará vulnerável a pressões internas e externas que são naturais do desenvolvimento de qualquer negócio, além disso, poderá acabar se perdendo tentando atender aos anseios de todos. No final, não agradará a ninguém. Essa lição serve tanto para uma organização quando para nós como indivíduos, especialmente líderes.

Do mesmo modo, se você não souber quem é o seu cliente alvo, será difícil priorizar! Sempre existem mais oportunidades e desafios do que somos capazes de endereçar. Então, muito do que fazemos no planejamento é priorizar.

Com conhecimento de quem é o seu cliente alvo, você saberá o que para ele gera mais valor e o que é imperdoável, assim poderá direcionar seus recursos para os objetivos que ajudarão a atender melhor esse público.

No **terceiro passo** você responderá **O QUÊ**. O que você irá fazer vai definir os seus objetivos e resultados esperados sempre com foco no longo prazo. E lembre-se, o que você irá fazer precisa estar intrinsicamente conectado com o que as partes interessadas querem de você.

Uma vez que tenhamos clareza de onde queremos chegar, os nossos valores precisam ser integrados a todos os processos de pessoas, desde métodos de contratação, sistemas de gestão de desempenho, critérios para promoções e recompensas e até mesmo políticas de demissão.

Da primeira entrevista ao último dia de trabalho, os funcionários devem ser constantemente lembrados de que os valores essenciais formam a base de todas as decisões que a empresa toma. E é justamente nesse ponto do alinhamento das pessoas com a estratégia que aparece muitas vezes o próximo obstáculo. Os documentos que tratam do planejamento estratégico frequentemente são tratados como um segredo para os poucos líderes que ocupam o topo da estrutura hierarquizada tradicional, que ainda está presente em muitas empresas.

As lideranças recebem suas metas, mas nem sempre têm clareza do motivo pelo qual essas foram escolhidas e nem como elas colaborarão com os objetivos estratégicos da organização. Isso é um grande problema, pois conectar os objetivos de longo prazo com as ações de curto e médio prazos é o cerne da gestão estratégica. No caso concreto, faça a visualização do objetivo de longo prazo e identifique os requisitos para alcançá-lo, a forma de superar esses requisitos serão suas metas de curto prazo.

Só então você passará para o **quarto passo**, no qual será respondido o **COMO**. Como você e seu time executarão essa estratégia. É por isso que, com as metas na mão, precisamos nos organizar para cumpri-las, seja liderando uma organização, gerenciando um time ou o administrando o seu próprio trabalho. Para isso, um bom plano de ação é fundamental.

E essa tarefa também pode ser um grande desafio, pois muitas vezes a forma como a estratégia é descrita representa uma lista de ações ou indicadores em sua maioria inúteis – do ponto de vista tático. É essencial entender como todos esses quereres se interrelacionam entre si e com as perguntas técnicas anteriores.

E é por meio de uma boa metodologia de *design* de estratégia que essa conexão é construída. O desenho do planejamento deve nos ajudar a definir objetivos como conhecimento obtido pelas respostas às perguntas antes elencadas. E com tudo sistematizado em mãos, finalmente, chegamos à execução. Nesta fase, iremos realizar as tarefas e atividades planejadas, controlar e avaliar o processo.

Na execução, o obstáculo invariavelmente enfrentado é a comunicação do que foi planejado, por isso: deixe muito claro o que precisa ser feito. Uma vez feita a comunicação, esteja sempre próximo do time, pois uma gestão estratégica no mundo de hoje tem que ser ágil e isso só acontecerá se você estiver perto da execução.

Por fim, padronize e/ou corrija a rota. Ao medir os resultados constantemente, você terá *inputs* do que está funcionando e do que não está. É a hora de agir. Padronize tudo que tiver dado certo e corrija o que não funcionou.

A execução é a fase em que o planejamento encontra a realidade, as metas individuais se alinham com os objetivos e os resultados são alcançados.

Eu gostaria de ter aprendido mais sobre estratégia durante a minha formação de bacharelados. Entender o que é estratégia e como se monta um planejamento estratégico desde o início teria me ajudado muito em meu desenvolvimento e também na minha atividade como advogada, não tenho dúvidas.

MODELO DE ENTREGA DE SERVIÇOS

Walner Júnior[1]

INTRODUÇÃO

Dentre as doze funcionalidades reconhecidas da área de *Legal Operations* estabelecidas pelo *Corporate Legal Operation Consortium* (CLOC), está o modelo de entrega de serviços. Esse é um pilar de extrema importância para que um gestor jurídico estabeleça seu modelo de gestão ao negócio que assessora e, com base nesse pilar, este capítulo tem como intenção o desenvolvimento de cenários, reflexões e, quiçá, propor algumas respostas de como pode ser implementado esse modelo de entrega de serviços em departamentos jurídicos.

Além de buscar provocar o interesse da matéria deste capítulo aos gestores jurídicos *in-house*, acreditamos que a reflexão traz ideias de atuação para prestadores de serviços de departamentos jurídicos, como escritórios de advocacia, consultoria e *lawtechs*, permitindo que possam cooperar com seus clientes de forma mais efetiva para que ele atenda o seu objetivo.

O mundo e a nossa interação com ele têm mudado constantemente e desafios do passado são hoje apenas pequenos gravetos no nosso caminho.

---

1 *Global General Counsel* da Suzano S.A., Conselheiro da Portocel, Veracel e da Asklisa. Pós-graduado em Direito Contratual pela Pontifícia Universidade Católica de São Paulo (PUC/SP) e em Direito Societário pelo Insper. L.LM na University of California.

Novos desafios que estão surgindo sequer eram imaginados no último ciclo do planejamento estratégico. A dinâmica da relação problema e solução se alterou substancialmente.

Nesse ambiente de mudança alguns limitadores comuns, como recursos financeiros, necessidade de CAPEX e implementações longas estão sendo neutralizados ou, pelo menos, bastante mitigados. O acesso às novas tecnologias está cada vez maior, inclusive no aspecto financeiro – ferramentas mais baratas. A falta de qualidade técnica é substituída pela terceirização especializada. Até mesmo a barreira da distância foi extremamente reduzida com a pandemia que nos assolou em 2020 e 2021.

Então, diante desse mundo de maiores possibilidades e acessibilidade, quais são os reais desafios? A restrição de tempo, sem dúvida, é o que nos impede de seguir adiante na mesma velocidade em que as novas tecnologias. A relação de trabalho se alterou, a hora de começo e término do trabalho foi substituída pela escolha mais adequada de conciliação da vida pessoal e profissional, a oferta de informações, novidades e possibilidades é exponencialmente maior que o tempo que temos para a sua absorção. Os problemas atuais não são solúveis com uma resposta ou respostas simples.

Se é o tempo um novo limitador de nossos resultados profissionais, e acredito que poderíamos dedicar mais um capítulo sobre essa matéria, o que nos resta de escolha? Ser mais eficientes, mais produtivos, alterar nossa forma de atuação para que um mesmo *slot* de sessenta minutos agregue mais valor do que se entregava há um ano e, nesse sentido, o modelo de entrega de serviços é essencial para qualquer gestor.

1. ENTRE QUATRO PAREDES

A discussão sobre como alocar o time jurídico para atendimento da demanda de sua organização é um tema bastante antigo e a própria evolução da prática e papel do jurídico interno trouxe diferentes formas de fazer, inclusive de momentos de estruturas internas mais inchadas como na década de 1980 até um desenho de terceirização absoluta dos serviços jurídicos que aconteceu com maior volume na década de 1990.

A forma de estruturar um jurídico interno depende de dois fatores fundamentais: (i) a característica de sua organização, incluindo volume de demandas regulares, objetivo de crescimento ou desinvestimento etc.; e (ii) o plano de evolução do seu papel como jurídico interno, basicamente, em que momento de desenvolvimento a área está, por exemplo, ainda entendendo seus dados para conseguir apresentar um trabalho mais efetivo, já dono de uma posição mais estratégica e desejada pela organização ou em transição desses papéis.

Independentemente da estrutura ou da proposta de estrutura a ser apresentada, o que um gestor jurídico ou de *Legal Operations* não pode permitir é que o trabalho aconteça sem que haja um efetivo entendimento do motivo pelo qual aquele desenho organizacional ajudará ou atrapalhará nas suas entregas.

Assim, qualquer profissional que assuma uma posição de gestão deve, em primeiro lugar, diagnosticar a estrutura do time, pontos fortes, fracos, oportunidades e fraquezas e estruturar uma proposta de modelo de entrega de serviços consciente. Identificar essa necessidade (ainda que existam desafios de implementação) é importante para entender como organizar o trabalho e as entregas de modo efetivo.

Voltando aos fatores fundamentais para explorarmos as infinitas hipóteses de modelo de entrega de serviços, o gestor jurídico precisa entender a característica de sua organização. Essa característica não é estanque e depende muito do momento que a empresa está vivendo ou se planejando para viver. Não se engane e pense que a sua organização vai estabelecer o que se espera do jurídico, este é o papel do gestor jurídico. O foco aqui é entender quais são os planos do negócio e os prazos para implementação deste plano. O desenho da organização é crescer? De forma orgânica ou inorgânica? Está passando por um *turn around?* Quais são os principais desafios dessa fase? Está desinvestindo? Busca um *IPO?* Investidores?

Todas essas perguntas são de extrema relevância para a sua proposta de modelo de entrega de serviços. Com base nessas características podemos propor uma estrutura organizacional mais especializada ou generalista, mais intensificada em áreas que serão mais relevantes para o momento, como M&A, societário e serviços paralegais em uma empresa que está crescendo via consolidação de mercado; ou ainda, com mais foco em advogados financeiros e de contencioso em uma empresa que está passando por um período longo de *turn around*.

Além dessa estrutura mais técnica que atende as características de sua organização, é necessário o modelo tratar outro fator trazido neste capítulo, que é o plano de evolução do papel do jurídico na organização. Como tratamos mais acima, o tempo tem sido um grande limitador de entregas mais efetivas, tornando-se cada vez mais essencial que exista uma preocupação recorrente com a entrega técnica, mas, também, com os pilares da estrutura para propulsionar a entrega.

Como estruturar a área de *Legal Operations*, por exemplo, para capitanear os trabalhos mais transacionais de todo o departamento jurídico e buscar inovação e tecnologia para elimina-los ou otimiza-los. Como estruturar um *pipeline* de ideias que mudarão a forma de trabalho e permitirão um posicionamento mais estratégico. Criar um modelo organizacional no qual exista uma área direcionando tecnologia e inovação; enfrentando controles e serviços paralegais na busca de sua diminuição e otimização pode permitir que esse movimento ocorra com muita velocidade.

2. REDE DE SUPORTE

No entanto, não se faz um bolo apenas com farinha, e o modelo de entrega de serviços deverá conscientemente se estender à rede de suporte que o seu departamento jurídico necessita. Da mesma forma que a decisão de estrutura interna depende de um entendimento claro das necessidades de sua organização e da sua intenção de posicionamento do jurídico, a rede de suporte precisa ter a mesma atitude ativa do gestor do departamento jurídico, definindo quem será o parceiro, por que e por quanto.

Além da questão de *compliance* e governança nos processos que objetivam remover parcialidades e influências não legítimas com o propósito da contratação, o modelo de entrega de serviços da área deve buscar o melhor profissional para lidar com a questão em mãos, sendo que "melhor" não quer dizer o maior especialista da área, mas, sim, quem está mais alinhado com o que é importante para aquela demanda.

Um dos pontos importantes é se estabelecer uma terceirização desejada e organizada, isto é, que seja pensada com base no orçamento anual da área e no que efetivamente o time precisa em termos de *skills* e características, e não pensada em cada um dos casos concretos que o time enfrentará pressionado por fatores como prazo. O estabelecimento de uma matriz por área de atuação que identifique previamente o que é importante do parceiro daquela área pode trazer essa tecnicidade e modelo ao negócio.

Como exemplo, ao estabelecer uma matriz de um contencioso massificado, o time do Jurídico pode entender que preço e visão de tecnologia poderão ser mais relevantes para o escritório de advocacia que atenderá a área do que para uma terceirização de um processo ambiental que pode interromper a operação da empresa, quando a técnica e uma visão mais sistêmica poderão ser os diferenciais pretendidos.

Essa definição pode e deve ocorrer antes mesmo de existir o caso. O estabelecimento dessa matriz, como forma de planejamento da terceirização, permite não somente uma escolha mais alinhada com um processo planejado e pensado, mas como um guia para futuras discussões orçamentárias para os próximos ciclos.

Voltando ao tema de aceleração da tecnologia, é certo que diversas empresas, escritórios e *startups* têm construído soluções não pensadas há alguns anos. Criar um modelo que absorva o que há de novo no mercado pode potencializar os resultados do departamento. Algumas empresas abriram suas portas para a inovação e recebem, de formas variadas, empresas, consultorias e *lawtechs* para ouvir sobre o produto desses prestadores de serviço e avaliar se faz sentido uma parceria.

O desafio não é apenas estabelecer o melhor modelo de entrega de serviços, mas fazer com que o seu modelo faça sentido para os objetivos da organização em que trabalha.

47.

GOVERNANÇA DA INFORMAÇÃO – ADVOGADOS E DEPARTAMENTOS JURÍDICOS CONTEMPORÂNEOS

Fábio Magalhães[1]

Vivemos no que pode ser chamado de "a era da informação". A evolução tecnológica reinventou a forma como produzimos, armazenamos e tratamos dados.

O *volume* das informações, sua *variedade*, a *velocidade* com que somos expostos a elas, seu potencial *valor* e os fatores – algumas vezes negligenciados – sobre sua *veracidade* compõem o conjunto de cinco itens mais relevantes dos mega dados ou *big data*[2].

Nessa era de conhecimentos em evolução ao pós-industrial (BELL, 1973), o debate sobre dados ganha especiais contornos, especialmente quando se considera que boa parte dos serviços prestados hoje conta com alguma interface tecnológica, ainda que mínima, e que não raramente envolvem o tratamento de

---

1 Advogado. Graduado em Ciências Jurídicas e Sociais pela Universidade Federal do Rio de Janeiro, com pós-graduação pela Fundação Getulio Vargas e pelo COPPEAD/UFRJ. Atualmente é o Diretor Sênior Jurídico e de Relações Governamentais da operação brasileira da norte-americana Kimberly-Clark Corporation, onde também é o *Data Privacy Officer* para a América Latina.

2 De acordo com a consultoria especializada Gartner Group, "Big data is high-volume, high-velocity and/or high-variety information assets that demand cost-effective, innovative forms of information processing that enable enhanced insight, decision making, and process automation". Disponível em: <https://www.gartner.com/en/information-technology/glossary/big-data>.

dados para se investigar as preferências do consumidor, oferecer bens e serviços mais relevantes ou simplesmente melhorar a experiência de compra.

De fato, no mundo corporativo, as possíveis aplicações dos mais variados dados obtidos e devidamente tratados nos processos de tomada de decisão são inúmeras.

Na esteira desse processo de desenvolvimento tecnológico, não só os negócios, mas também o mundo jurídico, é impactado: os litígios, a forma como os tribunais os solucionam e a própria legislação, por exemplo, acabam por sofrer mutações que dão origem ou, pelo menos, nova roupagem a conceitos como privacidade, consentimento, interesse legítimo, anonimização e assim por diante.

Não por acaso, a quase ilusória possibilidade de se navegar anônimo na internet e o direito ao esquecimento[3], apenas para citar dois casos, continuam a fazer parte de debates contemporâneos em diferentes geografias.

É importante perceber, contudo, que na maioria das vezes a discussão acerca dos dados está atrelada ao conceito de dado pessoal (seja este sensível ou não) e, por conseguinte, aos limites éticos e regulatórios do seu uso. Sob essa perspectiva, discute-se, por exemplo, se determinada atividade de tratamento tem uma base legal identificada, se tal atividade pode eventualmente vir a gerar riscos e restrições às liberdades dos titulares dos dados, e por aí em diante.

No entanto, é preciso ter em mente que nem todo dado é pessoal. Há um sem-número de informações que *não* estão atreladas a pessoas naturais. E isso não faz com que o seu uso e a sua correta preservação deixem de ser necessários para a sociedade em geral.

Tomemos como exemplo dados sobre disposição de resíduos nucleares. Apesar de não serem pessoais, não há dúvidas de que a preservação de acervo digital contendo tais dados pode ser uma questão vital, já que a sociedade precisará sempre saber, mesmo a centenas de anos no futuro, em que locais estão armazenados os resíduos. Embora tais dados existam hoje, será essencial garantir que desenvolvedores imobiliários, fornecedores de água, autoridades reguladoras e o público em geral continuem a ter acesso garantido a tais dados, de forma, aliás, aberta (OVENDEN, 2019)[4].

---

3 Brasil. Supremo Tribunal Federal. Recurso Extraordinário 1.010.606. Rio de Janeiro. Nelson Curi e outro *versus* Globo Comunicação e Participações S/A. Relator Ministro Dias Toffoli. 2021.

4 OVENDEN, Richard. The Economist. *We must fight to preserve digital information*. The Economist Group Limited. 21 de fevereiro de 2019.

Toda essa dinâmica a respeito de quais dados são e não são pessoais e quais os limites e deveres quanto ao seu uso, tratamento e armazenamento fazem parte da Governança da Informação.

Somente por meio de tal governança é que transformamos as diversas informações que recebemos, de maneira cada vez mais desordenada e descentralizada, em conhecimento e inteligência.

Por isso, nas corporações, como reflexo em menor escala de uma dinâmica social geral, a necessidade de processos claros de governança da informação se faz evidente.

E não apenas para dar cumprimento ao comando regulatório quanto ao uso e ao tratamento de dados, mas para dar eficiência à coleta de quaisquer dados, mesmo que anonimizados.

Desde uma perspectiva prática, o maior desafio de uma empresa não é simplesmente dar cumprimento às regras regulatórias sobre uso de dados. Para tal existem diversos consultores, advogados internos e externos capacitados e programas são implementados e auditados com certa regularidade.

Isso, evidentemente, não significa diminuir a importância de um programa de privacidade, por exemplo, luz da legislação atual. Nem de longe. Mas sim que devemos pensar a questão dos dados para além do parâmetro dado pessoal-regulação.

Imaginemos dados puros e simples, sem qualquer qualificadora de determinado indivíduo. Nesse caso, o desafio dos gestores privados é dar destino prático a esses dados. Por exemplo, entender quais são os produtos do portfólio da empresa que menos performam em termos de margem, se eles alavancam ou não as vendas de outro produto de maior margem de seu portfólio, quais os canais de vendas em que tais produtos trafegam e sua *performance*, são dados que podem estar plenamente disponíveis na sua organização.

Mas o número de pessoas na liderança que têm acesso a tais informações e que tomam decisões com base nelas – ou que mesmo consegue detalhar o quão confiáveis esses dados são – pode ser surpreendentemente baixo.

Avancemos um ponto mais em nossa abstração para além dos dados pessoais e sensíveis e tomemos por exemplo um Departamento Jurídico qualquer.

Quantos dos advogados e profissionais administrativos têm ciência de alguns dados simples: valor médio das disputas judiciais mensais e duração média de casos? Ou, ainda, custo profissional-hora para preparar ou revisar um contrato? Causa-raiz das perdas processuais?

Esses são dados amplamente disponíveis em qualquer Departamento Jurídico. Basta cruzar uma ou outra informação financeira, basta analisar em retrospecto uma determinada carteira de litígios. Porém, esses dados, ainda que aparentemente simples, podem proporcionar reflexões e decisões importantes sobre temas como qual a política de acordos judiciais da empresa? Qual o valor mínimo para que um contrato seja analisado pelo Jurídico? Quantas vezes o Departamento pagou pelos seus próprios custos por ter *salvado o dia* em determinado tema? E por aí em diante.

Ora, se é assim, então pouco importa se a gestão da informação está direcionada: i) a aplicar limites regulatórios ao uso de informações pessoais em sistemas que organizam as preferências do consumidor; ou ii) em determinar a frequência de reabastecimento de determinados pontos de vendas com base nos hábitos de consumo por georreferencia; ou iii) em decidir que produtos terão as vendas incentivadas e quais serão tirados de circulação; ou mesmo iv) em identificar quais os contratos comerciais que o departamento jurídico deve dar foco. Não importa, portanto, em que tipo de dado a gestão da informação está centrada, desde que haja gestão da informação direcionada a um resultado sob uma determinada governança.

Nesse caso, o essencial é que haja em tal governança uma segregação clara que considere fatores como o **tipo de informação** e os **limites regulatórios ao seu uso**, os **requisitos específicos** aplicáveis a determinado tipo de informação, a sua acessibilidade aos profissionais que dela dependem, a existência de **sistemas de proteção a perdas**, o mapeamento de todas as **bases de dados** ou a existência de **padronização na sua análise**.

Assim é que o aspecto regulatório que se aplica a dados pessoais talvez não se aplique da mesma forma a outros tipos de dados, sendo, portanto, um dos vários aspectos a serem levados em consideração, mas de certo que não o único.

Desse modo, se o sistema de governança for construído apenas com foco em dados pessoais, será, no mínimo, incompleto. Ainda que atenda aos requisitos legais para dados pessoais, talvez tenha pouca eficácia na gestão de dados na empresa como um todo.

Se estabelecer a governança da informação tendo em vista apenas aspectos regulatórios é a primeira barreira a ser quebrada, considerar a informação como um privilégio de poucos na hierarquia organizacional talvez seja então o segundo desafio das companhias na sociedade contemporânea.

A universalização da informação, isto é, torná-la acessível para os fins práticos aos quais ela se destina, sempre respeitadas as fronteiras que a ética e a lei estabelecem é, por certo, o fim precípuo de uma boa governança da informação.

Como profissional integrado às decisões corporativas e considerando a capacitação técnica própria da função, os advogados e os Departamentos Jurídicos como um todo podem e devem exercer papel fundamental na construção de uma abordagem prática para gerir a informação de forma a cumprir por meio dela própria um propósito.

48.

PARA ALÉM DA TECNOLOGIA: MANEIRAS DE IMPACTAR POSITIVAMENTE O DEPARTAMENTO JURÍDICO DAS ORGANIZAÇÕES

Daniel Santos Lyra[1]

O propósito deste capítulo é levantar alguns questionamentos para provocar uma discussão sobre a inovação e disrupção no Direito, bem como compartilhar algumas boas práticas sobre recentes avanços tecnológicos e de tendências que devem impactar, especialmente, o Departamento Jurídico das organizações.

Inicia-se a reflexão a partir de interessante visão geral do tema publicado no site do Fórum Econômico Mundial:

> A Quarta Revolução Industrial representa uma mudança fundamental na forma como vivemos, trabalhamos e nos relacionamos. É um novo capítulo no desenvolvimento humano, possibilitado por avanços tecnológicos extraordinários compatíveis com os da primeira, segunda e terceira revoluções industriais. Esses avanços estão mesclando os mundos físico, digital e biológico de maneiras que criam enormes promessas e perigos potenciais. A velocidade, amplitude e profundidade dessa revolução está

---

1 Advogado. *Lead Counsel, Downstream & Chemicals Law* na Chevron Brasil. Bacharel em Direito pela Universidade Cândido Mendes – RJ (UCAM), pós-graduado em Direito Empresarial pela Fundação Getulio Vargas – RJ (FGV) e Óleo e Gás pela COPPE/Universidade Federal do Rio de Janeiro (UFRJ) e Mestre em Direito Econômico, linha de pesquisa regulação e concorrência, pela Universidade Cândido Mendes – RJ (UCAM).

nos forçando a repensar como os países se desenvolvem, como as organizações criam valor e até mesmo o que significa ser humano. A Quarta Revolução Industrial é mais do que apenas uma mudança impulsionada pela tecnologia; é uma oportunidade para ajudar a todos, incluindo líderes, formuladores de políticas e pessoas de todos os grupos de renda e nações, a aproveitar as tecnologias convergentes para criar um futuro inclusivo e centrado no ser humano. A oportunidade real é olhar além da tecnologia e encontrar maneiras de dar ao maior número de pessoas a capacidade de impactar positivamente suas famílias, organizações e comunidades.

Portanto, quais são os desafios e impactos que esta Quarta Revolução Industrial traz aos Departamentos Jurídicos e, mais especialmente, ao advogado corporativo? O setor jurídico está mudando rapidamente e isso levanta uma série de questões, tais como: A profissão jurídica está devidamente equipada para compreender essas mudanças e tirar proveito delas? Existe interesse e curiosidade suficientes sobre tecnologia e inovação? A profissão jurídica está equipada para compreender e aconselhar sobre as questões legais e éticas que as novas tecnologias levantam (e que não são poucas...)?

A profissão jurídica precisa caminhar para fazer mais do que simplesmente adotar tecnologia. Precisa desafiar os métodos e processos de trabalho existentes. Desafiar o *status quo*!

Nesse cenário, identificam-se algumas barreiras que advogados de empresas enfrentam em seu dia a dia. A primeira delas, e talvez a mais relevante, é a cultural. As organizações estão aptas e dispostas a apoiarem e investirem nesta mudança? Em seguida, depara-se com o entrave do tempo, ou melhor dizendo, a alegação de sua falta para provocação e realização de mudanças.

Assim, cabe aqui compartilhar algumas boas práticas sobre como implementar avanços tecnológicos e tendências no Departamento Jurídico das organizações. Crie um fórum para discussão do assunto. Exercite a escuta ativa e tome nota de todas as boas ideias. Pode ser um grupo multidisciplinar de advogados e profissionais com outra formação, porém que apresentem interesse comum em debater o assunto direito e tecnologia, de todas as localidades da empresa, se for uma empresa de âmbito nacional, ou de todos os lugares do mundo, se for uma empresa multinacional. Importante que sejam profissionais com mentalidade inovadora. Dê um nome a esse grupo e mantenha encontros recorrentes com pautas previamente bem definidas, por meio de um facilitador.

A experiência indica que, com o passar do tempo, esses fóruns, além de serem uma ótima ferramenta para compartilhamento de aprendizado, incentivo e apoio, fomentam a incorporação da cultura da inovação e geram legitimidade na busca de financiamentos internos nas organizações, com destino a aquisição de *softwares*, aplicativos, ferramentas e qualquer outro tipo de inteligência tecnológica que auxilie os advogados a executarem seus planos disruptivos dentro de suas organizações.

Este capítulo não tem nem de longe a pretensão de exaurir o tema, mas sim, a partir de uma realidade histórica irreversível, trazer alguns questionamentos para provocar uma discussão sobre a inovação e disrupção no Direito, especialmente nos Departamentos Jurídicos das organizações.

Por fim, algumas sugestões – ou seriam provocações aos causídicos corporativos?

Comecem algo...

Comecem pequeno....mas pensem grande! O sonho é grátis!

Desafiem o *status quo*...

Não encarem a tecnologia como uma inimiga...

Encarem a tecnologia como uma aliada para auxiliá-los na rotina de trabalho...

Não achem que a tecnologia é uma perda de tempo...

Comecem a adotar isso para a vida, no dia a dia...

Pois... Devemos compreender e adotar as novas tecnologias no direito e em nossas vidas antes de sermos deixados para trás.

49.

INTELIGÊNCIA JURÍDICO-COMERCIAL: PARCEIRO DE NEGÓCIOS ORIENTADO A DADOS

Guilherme Tocci[1]

As competências de *Legal Ops* determinadas pelo CLOC[2] devem ser lidas e questionadas com a perspectiva do mercado jurídico e comercial brasileiro, permitindo a ocorrência de pequenas mutações da sugestão inicial do Consórcio. Em um sentido amplo, *business intelligence*[3] pode ser um dos tópicos com menos variações entre países e mais alterações entre setores da economia e áreas jurídicas.

Antes de a ótica jurídica ser abordada, vale ressaltar brevemente o conceito de inteligência de negócios, que é a capacidade de uma empresa aproveitar todas as suas atividades/informações e transformá-las em conhecimento para as pessoas e canais certos. Empresas buscam coletar as informações de forma automatizada por meio de sistemas que coletam dados de todas as transações realizadas interna e externamente. Os dados ajudam a organização a ter maior auto-

---

1 Ávido por inovação na prática do direito, teve uma carreira não tradicional no mundo jurídico. É Gerente Global de *Legal Ops* na Gympass e Cofundador da CLOB (Comunidade Legal Ops Brasil). Candidato ao MBA pela FGV e formado em Direito pelo Mackenzie. Trabalhou em *legaltech*, multinacional chinesa e escritório de advocacia.

2 *Corporate Legal Operations Consortium* (Consórcio de Operações Jurídicas Corporativas, em tradução livre).

3 Inteligência de negócios, em tradução livre.

conhecimento, além de auxiliar em estratégias para novos negócios, mitigação de riscos, dentre outros.

No entanto, apenas possuir dados não é mais um diferencial competitivo. Um dos principais desafios no mundo que vivemos é conseguir filtrar a quantidade de informação acumulada. Ter, por exemplo, um *dashboard*[4] com numerosas informações sobre o negócio pode ser encarado como desvantagem, sobrecarregando e tirando o foco do objetivo fim da análise – é necessário encontrar um ponto de equilíbrio[5].

A Inteligência de Negócios se mostra como um subproduto de todas as iniciativas realizadas pelas outras competências do CLOC. Pode ser a provocação inicial para a realização de todas as atividades envolvendo operações jurídicas, mas raramente há uma inteligência, por meio de dados, jurídica e comercial, sem prévias atividades consolidadas e operantes.

O mercado jurídico possui uma grande dificuldade de tomar decisões orientadas por dados, visto que: 1) a prática jurídica tradicionalmente é pautada por opiniões e doutrinas, não por dados; 2) não há muito controle das atividades (consultas são realizadas por *e-mail*, contratos são geridos em pastas locais e processos são acompanhados por planilhas); 3) os advogados têm dificuldade de se enxergar como um parceiro de negócios e entregar outros valores, além dos jurídicos, para uma empresa.

O advogado deve gerar mais valor para o negócio com o uso inteligente de dados. Apesar de ser inteligência comercial, a ideia é cada vez mais o jurídico ser uma área pró-ativa e parceira de negócios, conseguindo cada vez mais trazer *insights* para a empresa e repensar o seu posicionamento interno. E isso tem evoluído. Os advogados têm cada vez mais se apropriado de metodologias de outras áreas (como controles sistematizados, gestão de projetos e OKRs), seja por demanda do mercado corporativo, seja por serem profissionais ávidos por inovação e gestão. No final, as partes beneficiadas por essa onda são os jurídicos corporativos e seus clientes internos.

Ao perceber que doutrinas e opiniões são importantes, mas não únicas fontes, e os dados existem para orientar decisões, e não ditar comportamentos[6],

---

4 Visualização de dados e indicadores por meio de gráficos.

5 APPLEBAUM, Zena. *Business Intelligence for Law Firms*. Ark Group, USA, 2012.

6 BOYLE, Becky. Fact or fiction: what it actually means to be data-led in 2022. GWI, 2022. Disponível em: <https://blog.gwi.com/marketing/data-led-marketing/>. Acesso em: 9 de abil de. 2022.

o advogado ganha um papel de protagonismo ao saber dosar a quantidade de valor em cada fonte para poder fazer escolhas de maneira mais consciente e com mais domínio de situações jurídico-comerciais.

Aqui podemos utilizar o termo Inteligência Jurídico-Comercial. Os dados crus coletados pelo jurídico podem não ser em si úteis para o negócio, muitas vezes exigem interpretação de um advogado parceiro para poder ordenar e organizar, colocando a análise em perspectiva. É bastante comum usarem o termo *Legal Analytics* para a inteligência comercial aplicada nos escritórios de advocacia, mas para a empresa faz mais sentido chamar de Inteligência Jurídico-Comercial, visto que o valor agregado não é apenas para o jurídico, mas para as áreas de negócio como um todo.

O jurídico é muito conhecido por ser um anestesiador de novas ideias, mas não como um parceiro de negócios. Com a implementação de gestão de dados, pode ser mais fácil identificar gargalos e padrões repetitivos de comportamento – mudando a percepção sobre o departamento. A aplicação desta competência varia muito de setores da economia e áreas jurídicas, não existe uma fórmula certa.

Para áreas consultivas os principais indicadores geralmente são: quantidade de consultas por áreas internas, matéria jurídica, advogados responsáveis; SLA de tempo de resposta. Essas informações auxiliam a ter clareza sobre o tempo que os advogados estão gastando com demandas internas, podendo até mesmo dar suporte em um projeto de automação de consultas repetitivas.

Para áreas contratuais: quantidade de contratos assinados com revisão do jurídico, sem revisão do jurídico, por região; qual a média de tempo gasto para se assinar um contrato de determinada unidade de negócio; histórico entre meses. Isso pode auxiliar o departamento jurídico a criar regras, com os clientes internos, de percentual de revisão jurídica em contratos, auxiliando a escalabilidade dos contratos mais simples, além de trazer clareza sobre a necessidade de mais ou menos advogados em determinadas demandas contratuais.

Já para áreas contenciosas: quantidade de processos distribuídos por vara; resultados de sentença por tipo de pedido e região; probabilidade de acordos antes da sentença. Auxiliando o jurídico e os times de atendimento na estratégia de política de acordos, diminuindo custos com litígios; remanejar escritórios de advocacia por resultados em ações; identificar em nível local alguma problemática que gera mais processos do que outras regiões.

Todos os controles mencionados acima exigem um processo interno da empresa e provavelmente uma mudança cultural para valorizar a coleta de dados. Para isso, áreas de tecnologia e *Legal Ops* precisam ser envolvidas no programa. Times de tecnologia geralmente são resistentes a iniciar projetos sem comprovação de necessidade por meio de dados – porém não ter dados para possuir uma inteligência jurídico-comercial pode ser justificativa suficiente para comprovar a necessidade de implementação de controles iniciais.

Reforçando o exposto acima, em 2017, a *The Economist* cravou que o recurso mais valioso do mundo não é mais petróleo, mas sim dados[7] – assim, antes de iniciar qualquer projeto para gestão de informações do departamento jurídico, é necessário ter em mente que deve-se construir um sistema com campos filtráveis e *logs*. A partir disso, com algum esforço, podem ser implementadas ferramentas de análise de dados e relatórios, como o *Tableau*, *Power BI* e *Data Studio* – auxiliando a entender e descobrir tendências no negócio, pensar em eficiência no processo e mensurar dados relevantes.

É preciso entender quais são os objetivos da empresa e quais são as métricas relevantes para o negócio. As análises são completamente diferentes se o foco da empresa é diminuir o ciclo de vendas, diminuir a quantidade de passivo judicial, fazer com que todas as áreas tenham um braço jurídico para dar suporte, dentre outros. Um projeto de *dashboard*, para auxiliar na inteligência corporativa, precisa contar uma história. A jornada da coleta de dados passa pelas seguintes etapas: ter os dados; conseguir ordená-los; organizá-los; apresentá-los visualmente; e explicá-los com uma história.

Não basta querer ter *dashboards* sem uma base de dados consistente, ou ter uma base de dados consistente sem saber quais são as informações chave para a empresa – ter muita informação ou informação crua é desvantajoso. A informação deve ser analisada e acompanhada de um plano de ação. É necessário ter clareza sobre qual será o objetivo e a história a ser contada. Reforçando o papel essencial do advogado como um parceiro comercial e não apenas uma área de suporte no funcionamento de uma organização.

---

7 HUMBY, Clive. The world's most valuable resource is no longer oil, but data. *The Economist*, 2017. Disponível em: <https://www.economist.com/leaders/2017/05/06/the-worlds-most-valuable-resource-is-no-longer-oil-but-data>. Acesso em: 9 de abril de 2022.

50.

OPERAÇÕES PRÁTICAS

Camila Nicolau de Lima Oliveira[1]

Quando falamos sobre *Legal Operations*, geralmente tomamos por base as 12 áreas funcionais divulgadas pela *Corporate Legal Operations Consortium* (CLOC)[2], dentre as quais está "Operações Práticas", objeto desta singela contribuição, que tem como objetivo garantir que advogados empreguem suas capacidades intelectuais em estratégias jurídicas de forma plena, com eficiência e qualidade, a partir da avaliação e da (re)organização de suas rotinas e formas de trabalhar.

A importância de se olhar a operação de Departamentos Jurídicos e Escritórios de Advocacia sob esse prisma se dá pelo fato de que, em muitos casos, além das entregas efetivamente jurídicas, ou seja, aquelas que exigem a habilitação necessária para advogar, existem diversas outras demandas concorrendo com aquelas e consumindo o tempo e a energia de seus profissionais.

A bem da verdade, seja na advocacia ou em qualquer outro ofício, e até mesmo na vida pessoal, é sempre válido entendermos o que, por que e para

---

1 Advogada. Gerente Jurídica, *Head* do Jurídico DTC na Ambev. Bacharel em Direito pela Universidade Presbiteriana Mackenzie, pós-graduada em Direito Tributário pela Pontifícia Universidade Católica de São Paulo (PUC-SP).

2 Disponível em: <https://cloc.org/what-is-legal-operations/>. Acesso em: 1º de fevereiro de 2022.

quem investimos os nossos recursos[3] e se esse investimento trará o resultado esperado. Isso porque, muitos recursos são limitados e devem ser aproveitados da melhor maneira, de forma efetiva e acertada.

E o que fazer para garantir o escopo das Operações Práticas?

Ao refletir sobre isso, acredito ser impossível não pensar na filosofia do pensamento enxuto (*lean thinking*), uma vez que ela é pautada na transformação organizacional pela potencialização de resultados, a partir do melhor aproveitamento do capital humano e da eliminação de desperdícios[4] nos processos[5] de produção de bens ou de prestação de serviços, para que se priorize aquilo que realmente gera ou maximiza valor[6] aos clientes aos quais os produtos ou serviços são oferecidos.

Com base nela, suas ferramentas se apresentam como um meio de se alcançar e de se aproveitar uma nova forma de olhar, um novo entendimento e novas ideias sobre como estruturar um processo, aprimorar a gestão da organização e otimizar o custo-benefício de suas atividades, partindo sempre da percepção de criação de valor do cliente, sobre o qual devemos conhecer profundamente.

Trazendo essa mentalidade para o cerne deste capítulo, elenco as ações que entendo fundamentais para a frente de Operações Práticas, quais sejam: (a) identificar o valor; (b) mapear o processo; (c) desenhar novo fluxo; e (d) buscar inovações constantemente.

Para explorarmos melhor isso, vamos imaginar, hipoteticamente (mas nada incomum na realidade de diversos Departamentos Jurídicos), a rotina de um Jurídico responsável pela elaboração, negociação e validação de contratos, o qual recebe um volume enorme das mais variadas minutas (desde simples e repetitivas até complexas e vinculadas a grandes projetos) e que tem recursos bastante limitados.

---

3 Pessoas, tempo, dinheiro etc.

4 Atividades não essenciais que consomem tempo e/ou esforço e aumentam o custo de uma operação.

5 Etapas percorridas (fluxograma) desde o recebimento da demanda até a entrega do bem ou do serviço final.

6 A definição do valor está atrelada àquilo que o cliente enxerga como importante. Por exemplo, se, para uma empresa, o ideal é não ter um volume alto de contencioso, oferecer teses brilhantes pode não atender a sua expectativa; bons acordos para o encerramento de processos judiciais podem ser mais interessantes.

A cliente desse Jurídico é a área de Negócio, a qual deseja que os contratos por ela solicitadas sejam assinados rapidamente (senão "para ontem"), independentemente da quantidade demandada ou do esforço necessário para que isso seja viabilizado. Na percepção de tal cliente, então, velocidade é o que gera valor, e bastaria avaliarmos como entregá-lo apenas com esse foco, certo? Na verdade, não.

Quando falamos sobre cliente, é natural que pensemos na operação de forma macro e vinculemos essa figura à última ponta da cadeia, na qual está o cliente do escritório ou o consumidor final de uma empresa, superando até mesmo o cliente interno do Departamento Jurídico no contexto desta.

Entretanto, chamo atenção para o fato de que, para que uma organização opere efetivamente sem desperdícios, focar na visão macro não é suficiente e devemos também considerar como cliente todo e qualquer destinatário da entrega de cada etapa de um processo.

No caso hipotético em comento, vamos supor que determinado tipo de contrato tenha o seguinte fluxo: 1º) A área de Negócios demanda; 2º) Suprimentos negocia; 3º) Jurídico elabora ou revisa o contrato; 4º) Contraparte avalia e aceita a minuta; e 5º) o contrato é assinado. Para Suprimentos negociar, é necessário que a demanda do Negócio seja compreensível e entregue todas as informações necessárias, caso contrário não será possível fazer uma boa negociação ou levará tempo até que ela termine. Para o Jurídico elaborar ou revisar o contrato, ele deve receber com clareza o objeto e as condições comerciais. E por aí vai.

A grande questão que deve ser notada com essa provocação é que, apesar de a proposta desse exercício ser analisar como o Jurídico gera valor para o seu cliente final, o Negócio, é imprescindível que seja feita uma análise crítica do macro ao microprocesso, pois tudo está interligado e, sim, podemos considerar que o destinatário da entrega de cada etapa do fluxograma também deve ser visto como cliente. Isso quer dizer que, na hipótese em comento, Suprimentos e Jurídico também figuram como clientes em determinados momentos do processo.

Se garantirmos que os atores de cada fase recebam valor da fase anterior, poderemos estabelecer toda uma cadeia de valor até a ponta final. Por essa razão, um bom mapeamento de processo deve conter exatamente todos os agentes/clientes nele envolvidos e os recursos aplicados em cada fase. Assim, é possível que todos os interlocutores envolvidos entendam onde estão os desperdícios, para então discutirem como otimizar os recursos.

Quando o responsável pela etapa antecedente não enxerga o responsável pela etapa subsequente como cliente e não gera valor a ele, muito provavelmente haverá desperdício. Se o Negócio não é capaz de passar corretamente o que ele precisa ao Jurídico, por exemplo, é bem provável que o Jurídico dependa de várias trocas de *e-mails* e/ou reuniões, até que receba o que precisa para elaborar o contrato, desperdiçando tempo e capacidade intelectual do Jurídico.

Com a compreensão disso, todos os profissionais envolvidos no fluxograma que resultará na minuta assinada entenderão qual é o papel e a responsabilidade de cada um, e o que pode ser feito de outra maneira para que tudo flua melhor e para que seja possível desenhar um novo fluxo, só que agora contínuo, isto é, sem desperdícios, sem interrupções.

O mesmo raciocínio se aplica aos diversos outros recursos empregados e à busca constante por inovações (novas ferramentas e soluções), por exemplo: negociação via trocas infinitas de e-mails *versus* via sistema, grandes quantidades da trabalhos manuais *versus* possíveis automatizações, interrupções desnecessárias *versus* gestão visível, perda de tempo buscando informação *versus* gestão de conhecimento, dentre outros.

Para que tudo isso seja possível, deve-se investir na capacitação e no pleno engajamento das pessoas envolvidas, as quais deverão se permitir navegar uma pelo universo da outra para que, juntas, consigam entender o que é necessário para que todos gozem de suas capacidades intelectuais, sem distrações.

Imagino que estejam se perguntando: "e onde entra *Legal Operations* em tudo isso?".

Agora vem a melhor parte: a área ou a função de *Legal Operations*[7] é justamente aquela responsável por conhecer profundamente: (i) a organização, incluindo seus colaboradores, parceiros e clientes; (ii) as metodologias, ferramentas, soluções e tecnologias disponíveis e compatíveis com as necessidades do Departamento Jurídico ou Escritório de Advocacia; (iii) os treinamentos necessários e o método de engajamento das pessoas; e (iv) a melhoria contínua dentro do pilar das Operações Práticas para a revisão das rotinas e das formas de trabalho, que resultarão na otimização dos recursos com a eli-

---

7 Disponível em:<https://www.conjur.com.br/2020-ago-21/camila-nicolau-verdadeira-construcao--legal-operations>. Acesso em: 1º de fevereiro de 2022.

minação de desperdícios, principalmente no que tange à devolução de tempo aos advogados, para que foquem naquilo que é estratégico e jurídico, consigam trabalhar sem interrupções e tarefas desnecessárias e dediquem sua capacidade intelectual naquilo que gera valor para a organização e, melhor ainda, resulta em suas realizações profissionais.

OPINIÃO

MARCILIO POUSADA

Na RD (Raia Drogasil), a área jurídica tem atuação estratégica, ela viabiliza os negócios dentro dos parâmetros legais, bem como auxilia os gestores na tomada de decisão sobre os mais diversos assuntos. Na minha visão, este é o papel ideal para uma área jurídica moderna, sempre orientando sobre os riscos nos negócios e suas medidas de mitigação/solução adequadas.

O jurídico se relaciona com os diversos *stakeholders* e deve se comunicar bem e influenciar positivamente para o alcance dos nossos objetivos empresariais.

Marcilio Pousada

CEO da RD – Raia Drogasil